Muster und Strukturen im mathematischen Anfangsunterricht

Waxmann Verlag GmbH
Steinfurter Straße 555, 48159 Münster
info@waxmann.com

Empirische Studien zur Didaktik der Mathematik

herausgegeben von

Götz Krummheuer
und Aiso Heinze

Band 9

Waxmann 2012
Münster / New York / München / Berlin

Miriam M. Lüken

Muster und Strukturen im mathematischen Anfangsunterricht

Grundlegung und empirische Forschung
zum Struktursinn von Schulanfängern

Waxmann 2012
Münster / New York / München / Berlin

Bibliografische Informationen der Deutschen Nationalbibliothek
Die Deutsche Nationalbibliothek verzeichnet diese Publikation in
der Deutschen Nationalbibliografie; detaillierte bibliografische
Daten sind im Internet über http://dnb.d-nb.de abrufbar.

Diese Arbeit wurde von der Philosophischen Fakultät
der Leibniz Universität Hannover im Jahr 2011
als Dissertation angenommen.

Empirische Studien zur Didaktik der Mathematik, Band 9

ISSN 1868-1441
ISBN 978-3-8309-2628-3

Waxmann Verlag GmbH, 2012

www.waxmann.com
info@waxmann.com

Umschlaggestaltung: Christian Averbeck, Münster
Titelbild: Miriam M. Lüken, Hannover
Satz: Stoddart Satz- und Layoutservice, Münster

Gedruckt auf alterungsbeständigem Papier,
säurefrei gemäß ISO 9706

Printed in Germany
Alle Rechte vorbehalten. Nachdruck, auch auszugsweise, verboten.
Kein Teil dieses Werkes darf ohne schriftliche Genehmigung des
Verlages in irgendeiner Form reproduziert oder unter Verwendung
elektronischer Systeme verarbeitet, vervielfältigt oder verbreitet werden.

Für Dorothee

Danke

Die Entstehung dieser Arbeit wurde von vielen Personen begleitet und unterstützt. Bei ihnen allen möchte ich mich an dieser Stelle bedanken.

Mein besonderer Dank gilt Herrn Prof. Dr. Klaus Hasemann, meinem Doktorvater, für die wertvolle Beratung und die geduldige Betreuung meiner Forschungsarbeit. Mit seinem aktiven Interesse, dem mir und meiner Arbeit entgegengebrachten Vertrauen und der Freiheit, eigene Wege zu gehen, unterstützte er mein Projekt von Anfang an und trieb die Weiterentwicklung voran.

Meiner Gutachterin Frau Prof. Dr. Andrea Peter-Koop danke ich sehr herzlich für ihre hilfreichen Anregungen bei der Datenerhebung und die ermutigenden Gespräche.

Meine Kollegen[1] am Institut für Didaktik der Mathematik und Physik an der Leibniz Universität Hannover begleiteten die Arbeit mit kritischen Kommentaren und vielfältigen guten Anregungen im Rahmen des Didaktischen Kolloquiums und unserer Doktorandentreffen. Für die Möglichkeit, mich national wie international über mein Promotionsvorhaben austauschen zu können, bin ich der Gesellschaft für Didaktik der Mathematik sehr dankbar. Allen Menschen, die in diesen mathematikdidaktischen Foren durch ihre konstruktiven Hinweise und Anregungen in zahlreichen Diskussionen und Gesprächen zum Gelingen dieser Arbeit beigetragen haben, ein herzliches Dankeschön.

Ein spezieller Dank geht an Christine Barden und Thorsten Futterer für die großartige Unterstützung bei Fragen zur statistischen Auswertung meiner Daten. Für das mühevolle, äußerst sorgfältige und kritische Korrekturlesen danke ich sehr herzlich Stefan Barden und Dorothee Lüken.

Diese Arbeit hätte ohne das aktive Mitwirken der Kinder, die an der empirischen Untersuchung teilgenommen haben, nicht entstehen können. Bei ihnen sowie ihren Erzieherinnen und Lehrerinnen in Kindergarten und Grundschule möchte ich mich für die offene und engagierte Kooperation bedanken.

Mein Freund Udo Jakobs hat alle Höhen und Tiefen dieser Arbeit miterlebt. Ihm danke ich für das unaufgeregte Auffangen bei letzterem und Mitfreuen bei ersterem.

Schließlich gilt der größte Dank meiner Schwester Dorothee, die mich zu dieser Arbeit angeregt, mich mit ehrlichem Interesse an meiner Forschung begleitet und in allen Phasen geduldig helfend unterstützt hat. Liebe Dorothee, schön dass es dich gibt!

---

1 In dieser Arbeit wird aus Gründen der besseren Lesbarkeit für Personenbezeichnungen die männliche Form benutzt. Die weibliche Person ist jedoch immer mitgedacht!

Inhalt

Einleitung 13

1 Muster und Struktur 18
1.1 Muster und Struktur – eine Begriffsschärfung 18
1.1.1 Muster und Struktur im allgemeinen Sprachgebrauch 18
1.1.2 Muster und Struktur in der Mathematik 20
1.1.3 Das Verständnis der Begriffe Muster und Struktur
 in vorliegender Arbeit 22
1.2 Muster und Struktur am Schulanfang 25
1.2.1 Musterfolgen 29
1.2.2 Räumliche Muster – Zahlbilder 40
1.2.3 Dekadisch strukturierte Anschauungsmittel als räumliche
 Muster und als Musterfolgen 46

**2 Wahrnehmungspsychologische und didaktische Grundlagen der
 Mustererkennungs- und Strukturierungsfähigkeit** 53
2.1 Wahrnehmungspsychologische Grundlagen der
 Mustererkennungs- und Strukturierungsfähigkeit 54
2.1.1 Strukturierung des Wahrnehmungsfeldes aufgrund
 gestaltpsychologischer Gesetze 54
2.1.2 Wahrnehmung als aktiver Konstruktionsprozess 62
2.1.3 Entwicklungsstand zum Zeitpunkt der Einschulung –
 Wahrnehmung und Lernen 64
2.2 Anschauungsmittel und mentale Vorstellungsbilder 71
2.2.1 Zur Repräsentation mathematischer Strukturen 72
2.2.2 Anschauungsmittel als Werkzeuge 74
2.2.3 Wahrnehmung und mentale Vorstellungsbilder 75
2.2.4 Die Mehrdeutigkeit von Anschauungsmitteln und die
 Wahrnehmung ihrer Struktur 76
2.3 Anzahlerfassung „auf einen Blick". 78

**3 Die Bedeutung von Muster und Struktur für die
 mathematische Entwicklung in Vor- und Grundschule** 80
3.1 Funktion und Bedeutung von Muster und Struktur in der
 mathematikdidaktischen Literatur 80
3.1.1 Muster und Struktur als *ein* Aspekt unter anderen 81
3.1.2 Muster und Struktur als *grundlegender* Aspekt 82
3.2 Muster und Struktur in den deutschen Bildungsstandards und
 internationalen Mathematikcurricula 84
3.2.1 Bildungsstandards und Kerncurriculum 85

3.2.2	Internationale Kompetenzerwartungen und Lerninhalte bezüglich Muster und Struktur	87
3.2.3	Muster und Struktur im vorschulischen Bildungsbereich	89
3.3	Erkenntnisse nationaler und internationaler Studien zu Muster und Struktur	89
3.3.1	Untersuchungen zu räumlichen Mustern	90
3.3.2	Untersuchungen zu Musterfolgen	96
3.3.3	Untersuchungen zur Entwicklung kindlicher Strukturierungsfähigkeiten	104
3.3.4	Zusammenfassung zum Stand der Forschung	114
4	**Empirische Untersuchung der Muster- und Strukturfähigkeiten von Schulanfängern**	**118**
4.1	Zielsetzung, Fragestellungen und Hypothesen	118
4.1.1	Zielsetzung	118
4.1.2	Fragestellungen	119
4.1.3	Hypothesen	119
4.2	Design der Untersuchung	121
4.2.1	Methodologischer Rahmen	121
4.2.2	Untersuchungsdesign	124
4.2.3	Stichprobe	125
4.2.4	Messinstrumente	126
4.2.5	Durchführung	146
4.2.6	Dokumentation der empirischen Daten	148
4.3	Auswertung der empirischen Daten	149
4.3.1	Auswertung der Aufgabenlösungen und der standardisierten Tests	149
4.3.2	Auswertung der Lösungswege der Muster- & Strukturaufgaben	153
4.4	Ergebnisse der quantitativen Auswertung	160
4.4.1	Analyse und Qualitätsüberprüfung der Muster- & Strukturaufgaben	160
4.4.2	Ergebnisse der Muster- & Strukturaufgaben	164
4.4.3	Ergebnisse der Mathematiktests	170
4.4.4	Zusammenhänge zwischen den Mathematiktests und den Muster- & Strukturaufgaben	172
4.4.5	Vorhersage der Mathematikleistung	173
4.5	Ergebnisse der qualitativen Auswertung	178
4.5.1	Überblick der mathematischen Fähigkeiten der Quartile	179
4.5.2	Aufgabenbezogene Unterscheidung der Lösungsprozesse und Handlungsmuster	179
4.5.3	Quartilbezogene Unterscheidung der Muster- und Strukturfähigkeiten	198

5	**Zusammenfassung, Diskussion und didaktische Konsequenzen**	205
5.1	Zusammenfassung	205
5.2	Beantwortung der Forschungsfragen	209
5.3	Diskussion und offene Fragen der Studie	213
5.3.1	Zusammenhang zwischen visueller Wahrnehmung und mathematischen Vorkenntnissen	213
5.3.2	Gedanken zu einem möglichen Zusammenhang zwischen den Muster- & Strukturaufgaben vorliegender Untersuchung und einem Intelligenztest	215
5.3.3	Offene Fragen	217
5.4	Didaktische Konsequenzen	218
5.5	Struktursinn als Schlussfolgerung	220

Literatur ... 223

Liste der verwendeten Mathematik-Schulbücher ... 236

Anhang ... 237
I. Interviewleitfaden der Muster- & Strukturaufgaben ... 237
II. Statistische Kennwerte ... 242
III. Auswertung der Muster- & Strukturaufgaben ... 245
IV. Kategorienschema ... 250

111	I	Ich hab noch ein Bild mitgebracht. Erzähl mal, was du da siehst.	
112	R	(*zählt mit den Fingern alle Vierecke von links oben nach rechts unten*) Zwanzig Kasten.	
113	I	Mhm, und was kann man noch da sehen?	
114	R	Lücken.	
115	I	Wo denn?	
116	R	(*zeigt auf die kleinen Lücken zwischen den Vierecken*)	

(aus dem Interview mit Rebecca)

> Pattern recognition
> is highly correlated with
> the ability to succeed
> on school-type learning task.
> (BURTON 1982, 39)

130	A	Das ist das große Loch hier. (*schiebt eine vertikale Lücke zwischen die 10er-Blöcke*)
131	I	Gut, klasse.
132	A	Ich weiß, dass das das zehn sind, wenn das zehn sind, (*zeigt auf den linken 10er-Block*) dann sind das auch zehn. (*zeigt auf den rechten 10er-Block*)

(aus dem Interview mit Ares)

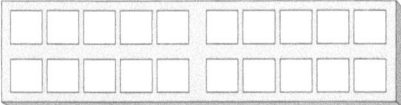

Einleitung

„Was ist eine Lücke?" Diese Frage eines Erstklässlers auf meine Erklärung zur Strukturierung einer Rechenheftseite markiert den Ausgangspunkt meiner Beschäftigung mit dem Entdecken und Bilden mathematischer Muster, dem Erfassen vorgegebener Gliederungen, dem Wundern über die große Bandbreite an Mustererkennungs- und Strukturierungsfähigkeiten meines 1. Schuljahres und der Frage nach Zusammenhängen dieser Fähigkeiten mit dem Lernerfolg der Kinder. Zeitgleich erfolgte die Einführung der Bildungsstandards Mathematik für die Primarstufe und mit ihnen des neuen Inhaltsbereiches ‚Muster und Strukturen'. Mathematik als Wissenschaft von Mustern rückte in den Fokus der Lehrerinnen und Lehrer und gewinnt seitdem an Bedeutung für den Mathematikunterricht. Meine persönliche Auseinandersetzung mit Muster und Struktur am Schulanfang ergänzte sich durch die Umsetzung der entsprechenden Kerncurricula zum Inhaltsbereich ‚Muster und Strukturen' im eigenen Unterricht, die in der Planung und Durchführung einer empirischen Studie und schließlich in der nun vorliegenden Arbeit mündet.

Mathematikdidaktiker bringen das Erkennen von Mustern und Strukturen häufig in einen Zusammenhang mit mathematischer Leistung. So sprechen sie leistungsstarken Kindern einen kompetenten Umgang mit Mustern und Strukturen zu, Kindern mit Schwierigkeiten beim Rechnen hingegen eine Fähigkeit zur Strukturerkennung und Strukturnutzung ab. Die Zitate von WITTMANN & MÜLLER sowie SCHIPPER beschreiben treffend die beiden Seiten dieses Zusammenhangs: „Leistungsstarke Kinder sind gerade deshalb leistungsstark, weil sie gelernt haben,

Muster zu nutzen." (WITTMANN & MÜLLER 2007, 49) „[Kinder mit besonderen Schwierigkeiten beim Rechnen sind] häufig unfähig, bei Zahlen und Zahlrepräsentanten […] Strukturen zu erkennen und zu nutzen." (SCHIPPER 2002, 250) Auch international ist der Zusammenhang zwischen mathematischen Kompetenzen und Muster- und Strukturfähigkeiten bekannt: „The more that the child's internal representational system has developed structurally, the more coherent, well-organised, and stable in its structural aspects will be their external representations, and the more mathematically competent the child will be." (MULLIGAN, PRESCOTT & MITCHELMORE 2004, 394; vgl. auch BURTON oben auf dieser Seite) Die Sichtung nationaler und internationaler Fachliteratur zeigte jedoch, dass dieser vielfach postulierte Zusammenhang empirisch bisher noch nicht nachgewiesen wurde. Ein Anliegen vorliegender Arbeit besteht deshalb in der Prüfung eines möglichen Zusammenhangs von Mustererkennungs- und Strukturierungsfähigkeiten mit mathematischen Kompetenzen. Da es bislang keine Tests zur Erhebung von Muster- und Strukturkompetenzen gibt, ist die Entwicklung entsprechender Aufgaben im Rahmen dieser Arbeit nötig.

Eine Schwierigkeit in der schulischen Arbeit mit Mustern und Strukturen besteht in der unklaren Bedeutung und teilweise sogar Doppeldeutigkeit des Begriffes ‚Muster'. Was genau ist ein Muster, was eine Musterfolge und worin unterscheiden sich Muster und Struktur voneinander? Häufig synonym verwendet, vermischt sich die Bedeutung der Begriffe im allgemeinen Sprachgebrauch mit deren mathematischer Bedeutung und beschert Mathematik-Arbeitsheften Übungen zur „Mustererkennung" wie in Abbildung 1. Fox (2006) beschreibt das Problem für die Arbeit in australischen Vorschulen, LILJEDAHL (2004) für den kanadischen Mathematikunterricht im Sekundarbereich und es trifft auch auf den deutschen Mathematikunterricht in der Primarstufe zu: *Mit dem Konzept von Muster und Struktur wird implizit umgegangen, es gibt so gut wie keine expliziten Definitionen.*

Trotz diffuser Begrifflichkeiten ist die Bedeutung von Fähigkeiten im Umgang mit Mustern und Strukturen nicht zu unterschätzen. So ist es für den Aufbau neuen mathematischen Wissens und für ein echtes Verständnis von Zahlen und Rechenoperationen von Bedeutung, dass Kinder gezielt Strukturen in mathematischen Anschauungsmitteln und Diagrammen – die eben Beziehungen und Strukturen repräsentieren – erkunden und Analogien zwischen strukturverwandten Medien herstellen, Muster erkennen und aktiv erforschen (vgl. SÖBBEKE 2005, 46). Die Verschwommenheit der Begriffe zeigt sich jedoch auch in den überhöhten Erwartungen an die Rolle und Funktion von Musteraufgaben im weitesten Sinne, der die empirische Forschung in diesem Bereich nicht standhalten kann. Die Erwartungen insbesondere an Muster*folge*aufgaben reichen von der Förderung schlussfolgernden Denkens, einer Hilfe für Kinder, Sinn in ihrem Alltag zu entdecken bis hin zu Mustern als erster Schritt auf dem Weg zu Zahlenfolgen und zur Algebra. In internationalen (und inzwischen vermehrt auch in nationalen) Schuleingangstests finden sich Musterfolgeaufgaben zur Erhebung mathematischer Fähigkeiten am Schulanfang. Unklar bleibt allerdings, welche Erkenntnisse bezüglich der mathema-

Einleitung 15

Abbildung 1:
Mathematische
Muster erkennen?!
(HATT u.a. 2008, 40)

tischen Entwicklung des jeweiligen Kindes der Lehrer durch eine Bearbeitung dieser Aufgaben erhält. Welche Bedeutung hat es, wenn ein Kind eine Musterfolge nicht korrekt fortsetzen kann? Es gibt nur wenige Studien, die den Prozess des Musterbildens und -fortsetzens und seinen Beitrag zur mathematischen Entwicklung junger Kinder untersucht haben. Insbesondere ist unklar, inwieweit der Einsatz von Musterfolgeaufgaben eigentlich auf empirischen Befunden beruht. Vergleichbar wenig Literatur gibt es zu den kindlichen Vorkenntnissen zu Muster und Struktur am Schulanfang und der schulischen Fähigkeitsentwicklung in der Primarstufe (vgl. CLARKE, CLARKE, GRÜSSING & PETER-KOOP 2008; WATERS 2004).

Neben der Prüfung eines möglichen Zusammenhangs zwischen mathematischen Kompetenzen und Mustererkennungs- und Strukturierungsfähigkeiten bestehen zwei weitere Anliegen der Arbeit darum zum einen in dem Versuch, die Begriffe Muster und Struktur zu klären und zum anderen in der Erhebung von Muster- und Strukturfähigkeiten bei Schulanfängern, ähnlich den mathematikdidaktischen Untersuchungen zu zahlbezogenen oder geometrischen Vorkenntnissen am Schulanfang (vgl. FRANKE 2000; HASEMANN 2003; SCHMIDT & WEISER 1982).

In *Kapitel 1* gehe ich auf einer theoretischen Ebene ausführlich auf die Bedeutung und Verwendung der Begriffe ‚Muster' und ‚Struktur' ein und arbeite in dem Versuch einer Begriffsschärfung die mathematische Perspektive und die alltagssprachliche Verwendung der beiden Begriffe heraus, grenze sie voneinander ab und beziehe sie auf den Mathematikunterricht am Schulanfang. Eine Analyse beschreibt anschließend ausführlich, welche mathematischen Muster und Strukturen Schulanfängern begegnen und stellt sie anhand konkreter Beispiele dar. In diesem Kontext beleuchte ich auch die Musterfolgen und arbeite mit Hilfe internationaler Literatur diesen, im deutschen Sprachraum bisher wenig beachteten Bereich, auf.

Wichtige Grundlagen, auf denen die Fähigkeit zur Muster- und Strukturerkennung beruht, betrachtet *Kapitel 2*. Es zeigt in diesem Rahmen zentrale Erkenntnisse aus dem Gebiet der Wahrnehmungsforschung auf, die für das vorliegende Forschungsinteresse von Relevanz sind, und diskutiert sie im Hinblick auf die mathematikdidaktische Perspektive. Insbesondere arbeitet es die Wahrnehmung als aktiven Konstruktionsprozess heraus – trotz allgemeiner Prinzipien, welche die Wahrnehmungsprozesse prägen. Als Basis zur Planung der Muster- & Strukturaufgaben für die Interviewstudie stellt die Klärung des Entwicklungsstandes der Wahrnehmungsfähigkeiten zum Zeitpunkt der Einschulung ein besonders wichtiges Kapitel dar. Ich schließe das Kapitel ab mit einer kurzen Betrachtung der Rolle von strukturierten Darstellungen bei der Anzahlerfassung „auf einen Blick" und gehe auf den bedeutsamen Zusammenhang von Wahrnehmung und mentalen Vorstellungsbildern ein.

Den Stand der Forschung zur Bedeutung von Muster und Struktur für die mathematische Entwicklung in Vor- und Grundschule arbeitet *Kapitel 3* auf. Hierfür listet es Vorstellungen von Mathematikdidaktikern zur Rolle von Muster- und Strukturaktivitäten auf, erstellt einen Vergleich von Kompetenzerwartungen und Lerninhalten deutscher und internationaler Curricula in Bezug auf Muster und Struktur und stellt diesen *Vorstellungen* zur Bedeutung von Muster und Struktur für mathematisches Lernen die tatsächlich vorhandenen, empirischen *Forschungsergebnisse* gegenüber. Die meisten Befunde sind eingebettet in Studien zu anderen Bereichen der (vor-)schulischen mathematischen Entwicklung und müssen „zwischen den Zeilen" herausgelesen werden. Drei empirische Untersuchungen beschäftigen sich explizit mit Mustern und Strukturen und entfalten Theorien zur Entwicklung von Strukturierungsfähigkeiten. Diese Studien werden ausführlich beschrieben und die drei Theorien zusammenfassend verglichen.

Kapitel 4 widmet sich der vorliegenden empirischen Untersuchung. Nach der Entwicklung der Zielsetzung und der Formulierung der Forschungsfragen in *4.1* erläutert *4.2* ausführlich das Design der Studie. Es spannt zunächst einen allgemeinen, methodologischen Rahmen auf und begründet das kombinierte methodische Vorgehen der Integration qualitativer und quantitativer Methoden. Es folgt eine Beschreibung der Konzipierung und Durchführung der Interviewstudie, in diesem Rahmen nimmt die begründete Entwicklung der Muster- & Strukturaufgaben einen Schwerpunkt ein. Auswertungsteil *4.3* beschreibt sowohl die statistischen Verfahren zur Überprüfung des Zusammenhanges zwischen mathematischen Kompetenzen und Mustererkennungs- und Strukturierungsfähigkeiten als auch das Vorgehen bei der Interviewanalyse. Letzteres orientiert sich eng an dem Ansatz des thematischen Kodierens und hilft, die kindlichen Muster- und Strukturfähigkeiten am Schulanfang beschreiben und unterscheiden zu können. In einem zweigeteilten Ergebnisteil wertet *4.4* die empirischen Daten zunächst quantitativ aus. Nach einer deskriptiven Analyse, an der bereits Muster- und Strukturkompetenzen von Schulanfängern abgelesen werden können, geht es einem möglichen Zusammenhang zwischen mathematischen Kompetenzen und Mustererkennungs- und Strukturierungsfähigkeiten sowie der Vorhersage der Rechenleistung am Ende des 2. Schuljahres durch Muster- und Strukturfähigkeiten am Schulanfang nach. Ergebnisteil *4.5* analysiert die kindlichen Sichtweisen, Strategien, Erklärungen und Fähigkeiten beim Umgehen mit Mustern und Strukturen qualitativ, beschreibt diese aufgabenbezogen und fasst zentrale Ergebnisse quartilweise zusammen.

Den Abschluss der Arbeit bildet in *Kapitel 5* eine Zusammenfassung, die die Befunde vorliegender Studie miteinander und der theoretischen Diskussion verknüpft und bewertet, in den Stand der Forschung einordnet und offene Fragen anspricht. Als Schlussfolgerung der theoretischen Überlegungen, den Ergebnissen bereits vorhandener sowie der eigenen Studie entwickele ich abschließend das Konstrukt des Struktursinns und differenziere dieses in einem ersten Anlauf inhaltlich aus, indem ich die den Struktursinn konstituierenden Fähigkeiten beschreibe und zur Diskussion stelle.

Die vorliegende Arbeit verfolgt damit das Ziel, die Rolle von Mustererkennungs- und Strukturierungsfähigkeiten beim Mathematiklernen am Schulanfang weiter zu klären und mit einem kritisch-konstruktiven Blick auf die nationale und internationale Praxis des Einsatzes von Muster- und Strukturaufgaben im (vor-)schulischen Bereich zur didaktischen Weiterentwicklung des Inhaltsbereiches ‚Muster und Strukturen' beizutragen.

130 I Woher weißt du, welche Farbe als nächstes kommt?

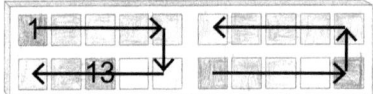

It is the repetitive nature of pattern that distinguishes it from random arrangement or design.
(Fox 2006, 224)

131 E Weil ich damit angefangen hab, (*zeigt auf 1*) und in der Mitte, (*zeigt auf nächstes zu bemalendes Quadrat 13*) wenn man endet fängt man mit der anderen Farbe wo man angefangen mit hat, wieder an bei der anderen Seite.

(aus dem Interview mit Esther)

1 Muster und Struktur

Die Begriffe Muster und Struktur werden in der mathematikdidaktischen Literatur häufig verwendet, die meisten Autoren sehen allerdings keine Notwendigkeit, ihr Begriffsverständnis offen zu legen. Tatsächlich lassen sich Muster und Struktur schwer voneinander trennen und werden im alltäglichen Sprachgebrauch auch oft synonym verwendet. Aufgrund vielfacher Erfahrung in der Schule und auf Lehrerfortbildungen behaupte ich, dass insbesondere Lehrern häufig unklar ist, was genau – und auch – was alles mit Muster und Struktur gemeint ist und vor allem, welche Aspekte für das Mathematiklernen von Kindern wichtig sind.

In diesem ersten Kapitel sollen deshalb die Begriffe geschärft und die Inhalte geklärt werden. Zunächst nehme ich eine allgemeine Begriffs(er)klärung vor und beleuchte das Verständnis von Muster und Struktur im Bereich der Mathematik. Hieran schließt sich eine ausführliche Darstellung an, welche Bedeutung der Begriffe vorliegender Untersuchung zugrunde liegt. Ein weiterer Teil analysiert die Muster und Strukturen, denen Kinder im Mathematikunterricht am Schulanfang begegnen, belegt sie mit Beispielen, stellt sie dar und erklärt ihre Rolle beim Mathematiklernen.

1.1 Muster und Struktur – eine Begriffsschärfung

Was also sind die genauen Bedeutungen von ‚Struktur' und ‚Muster' und wo gibt es Unterschiede und Überschneidungen?

1.1.1 Muster und Struktur im allgemeinen Sprachgebrauch

Das Wort **Struktur**, vom lateinischen ‚structura' kommend, bedeutet so viel wie Bau, Gefüge oder Ordnung. Unter Struktur versteht man allgemein die Anordnung der Teile eines Ganzen zueinander, einen gegliederten Aufbau sowie eine innere Gliederung. Im wissenschaftlichen Bereich meint Struktur ein *Beziehungs*gefüge und dessen Eigenschaften sowie „ein nach Regeln aus Elementen zu einer komplexen Ganzheit aufgebautes Ordnungsgefüge" (vgl. Brockhaus 2006, Bd. 26, 501; Duden 1995, 3295). Vereinfacht ausgedrückt ist Struktur also die Art und Weise, wie Teile eines Ganzen untereinander und zu diesem Ganzen verbunden sind. Außerdem können die Teile des Gefüges wechselseitig voneinander abhängen. Das deutsche Wort „Gestalt" hat einen ähnlichen Bedeutungsgehalt, wird aber fast ausschließlich in der Gestaltpsychologie verwendet (siehe Kapitel 2.1.1). Im Besonderen hat der Begriff Struktur in verschiedenen Fachbereichen eine abweichende Bedeutung. In Naturwissenschaft und Technik kennzeichnet Struktur beispielsweise den räumlichen Aufbau eines Materials (Chemie: Anordnung der Atome und Atomgruppen, Biologie: Bauelemente der Zellen und Organe, Mineralogie: räumliche Anordnung der Bausteine im Kristall, ...). Aber auch die Systemstruktur in den Geisteswissenschaften, das Strukturniveau in der Psychologie, die Datenstruktur in der Informatik oder die reliefartig gestaltete Oberfläche von Stoffen in der Textilindustrie sind nur einige wenige Beispiele aus der Vielzahl spezifischer Bedeutungen (vgl. Brockhaus 2006, Bd. 26, 502). Die spezifische Bedeutung von Struktur in der Mathematikdidaktik ist daher noch explizit zu beleuchten.

Der Begriff **Muster** (engl. ‚pattern') leitet sich vom spätmittelhochdeutschen Wort ‚mustre' ab, welches auf das lateinische ‚monstrare' zurückgeht, was so viel bedeutet wie zeigen oder weisen. Im allgemeinen Sprachgebrauch kann man drei verschiedene Bedeutungen von Muster unterscheiden (vgl. Brockhaus 2006, Bd. 19, 178; Duden 1994, 2325).

So kann ein Muster erstens eine *Vorlage* für etwas sein: Beispielsweise eine Zeichnung nach der etwas hergestellt wird (z.B. das Schnittmuster beim Nähen) oder zeitlich abläuft (z.B. das Zupfmuster beim Gitarrenspiel). Eine Warenprobe ist eine Vorlage, eine kleine Menge einer Ware, an der man die Beschaffenheit des Ganzen erkennen kann (z.B. Muster von Stoffen, Tapeten etc.).

Zweitens ist ein Muster etwas in seiner Art Vollkommenes und damit ein nachahmenswertes, beispielhaftes *Vorbild* in Bezug auf etwas Bestimmtes. Mit dieser Bedeutung verbinden wir häufig den Begriff *mustergültig*.

Als Muster wird aber auch drittens eine *graphische Struktur* im Sinne eines Flächendekors bezeichnet: „Aus der Kombination von einzelnen Motiven bestehende (regelmäßige), sich wiederholende, flächige Verzierung [...] oder Anordnung" (z.B. das Muster eines Stoffes) (vgl. Duden 1994, 2325). Aus diesem Verständnis heraus entwickelte sich die Bedeutung für Muster als ein immer wieder anwendbares Schema, eine *immer wiederkehrende oder wiederholbare Struktur*. „Das läuft hier doch immer nach dem gleichen Muster (*Schema*) ab." (vgl. ebd., Hervorhebung i. O.) Beispiele hierfür sind Verhaltensmuster oder Denkmuster, in der Soziologie gesellschaftliche Handlungsmuster, sowie in der Musik eine wiederkehrende, selten veränderte, rhythmische, harmonische oder melodische Tonfolge. Wie wir später sehen werden, beziehen sich Muster im Mathematikunterricht auf dieses letztgenannte Verständnis von Muster als entweder graphische Strukturen oder wiederholt zu beobachtende, regelhafte Phänomene.

Im Gegensatz zur Struktur kann ein Muster also durch gleichförmige Wiederholung gleichbleibender Merkmale gekennzeichnet sein. Ähnlich der Struktur kann der Begriff Muster aber auch die Merkmale bezeichnen, die einer sich wiederholenden Sache *zugrunde liegen*. Muster kann also gleichzeitig der Grundbaustein sein (z.B. eine Denk-, Gestaltungs- oder Verhaltensweise, die zur Reproduktion bestimmt ist) und das nach gleichförmiger Wiederholung entstandene Ergebnis. Diese Doppeldeutigkeit, die teilweise inhaltliche Überschneidung von Struktur und Muster sowie die Vielzahl möglicher Bedeutungen des Wortes Muster machen jede Definition unscharf und eine exakte Trennung beider Bereiche schwierig.

Im Folgenden betrachte ich die Unterscheidung der Begriffe bezogen auf den Bereich der Mathematik.

1.1.2 Muster und Struktur in der Mathematik

„Structure in mathematics can be seen as a broad view analysis of the way in which an entity is made up of its parts. This analysis describes the systems of connections or relationships between the component parts." (Hoch & Dreyfus 2004, 50)

„If I were giving a talk on ‚what is mathematics', I would already have answered you. Mathematics is looking for pattern." (Feynman 1995, 100)

Der Strukturbegriff spielt in der Mathematik und ihren Anwendungen eine zentrale Rolle und entspricht im Wesentlichen dem oben beschriebenen Verständnis von Struktur als Beziehungsgefüge.

Eine mathematische Struktur wird einer Menge durch die Beziehungen zwischen den Elementen (und auch zwischen Teilmengen) dieser Menge aufgeprägt. Die Beziehungen zwischen den Elementen entsprechen bestimmten Anforderungen, die durch Definitionen – durch Axiome der jeweiligen Struktur – festgelegt sind und die die verschiedenen Strukturen induzieren. Die Vielfalt möglicher Beziehungen zwischen den Mengenelementen führt zu einer Vielfalt von strukturierten Mengen. Die gesamte Mathematik beruht laut Basieux (2000, 10) allerdings auf nur drei Grundstrukturen: der Ordnungsstruktur, der algebraischen Struktur und der topologischen Struktur – „kurz: Ordnungen, Verknüpfungen und Nachbarschaften". An anderen Stellen wird zusätzlich noch die geometrische Struktur unterschieden. Basieux bezieht sich mit seiner Unterscheidung der Grundstrukturen auf das Autorenkollektiv Nicolas Bourbaki, das Mitte des 20. Jahrhunderts in Fortführung von Ideen David Hilberts einen neuartigen Aufbau des Faches aus dem Begriff der Menge und aus den Grundstrukturen versuchte: Mathematik als Strukturwissenschaft (vgl. Hazewinkel 1993, 40; Bronštein & Semendjaev 1997, 279; Basieux 2000, 10ff.).

In den letzten Jahrzehnten hat sich das Verständnis von Mathematik als einer „Wissenschaft von den Strukturen" (RADATZ u.a. 1998, 25) verändert zu einer Auffassung von Mathematik als einer „Wissenschaft von den Mustern" (DEVLIN 2003, 23; WITTMANN & MÜLLER 2007, 43), womit der Begriff des Musters in der Mathematik in den Fokus gerückt ist. Eine Definition eines mathematischen Musters gibt es allerdings nicht in der gleichen Weise wie die einer mathematischen Struktur. DEVLIN versucht eine deskriptive Erklärung, was „die Mathematiker mit ‚Mustern' meinen":

> „Der Mathematiker untersucht abstrakte ‚Muster' – Zahlenmuster, Formenmuster, Bewegungsmuster, Verhaltensmuster und so weiter. Solche Muster sind entweder wirkliche oder vorgestellte, sichtbare oder gedachte, statische oder dynamische, qualitative oder quantitative, auf Nutzen ausgerichtete oder bloß spielerischem Interesse entspringende. Sie können aus unserer Umgebung an uns herantreten oder aus den Tiefen des Raumes und der Zeit oder aus unserem eigenen Inneren (ebd. 1997, 3f.).
> Die Muster und Beziehungen, mit denen sich die Mathematik beschäftigt, kommen überall in der Natur vor [...]. Manchmal lassen sich die Muster durch Zahlen beschreiben, sie sind ‚numerischer Natur', etwa das Wahlverhalten der Bevölkerung. Oft sind sie jedoch nicht numerischer Natur; so haben Strukturen von Knoten oder Blütenmuster nur wenig mit Zahlen zu tun." (ebd. 2003, 97)

Ein mathematisches Muster stellt in diesem Verständnis – ähnlich einer Struktur – eine Beziehung zwischen Zahlen, Formen, Funktionen usw. dar, die allerdings in einem bestimmten Bereich *regelmäßig* auftritt und für diesen Bereich allgemeine Gültigkeit besitzt. SAWYER (1955), der die Mathematik als einer der ersten als die Wissenschaft von den Mustern bezeichnete, versteht unter Muster jegliche Art von Regelmäßigkeit, die der menschliche Geist erkennen kann. Im mathematischen Zusammenhang kommt einem schnell ein geometrisches Muster z.B. das eines Bandornaments in den Sinn, die Bedeutung ist jedoch noch weitgreifender. „Alle Sätze, Formeln und Algorithmen der Mathematik sind in diesem Sinn ‚Muster'. So sagt der Satz ‚Die Winkelsumme im Dreieck ist 180°' etwas für *alle* Dreiecke in der (Euklidischen) Ebene aus, die binomischen Formeln [...] gelten für *alle* Paare von Zahlen und die schriftlichen Rechenverfahren sind auf *alle* natürlichen Zahlen anwendbar." (WITTMANN & MÜLLER 2007, 48, Hervorhebungen i. O.) Die Bezeichnung „Muster" als Oberbegriff für alle möglichen Arten von Regelmäßigkeiten hat sich in den letzten Jahren eingebürgert und sie wird inzwischen häufig als Synonym für Gesetzmäßigkeiten, Ordnungen, logische Beziehungen oder eben Strukturen verwendet, womit eine scharfe Trennung der Begrifflichkeiten kaum möglich ist (vgl. DEVLIN 2003, 97).

1.1.3 Das Verständnis der Begriffe Muster und Struktur in vorliegender Arbeit

Trotz der Schwierigkeit einer scharfen Trennung der Begrifflichkeiten kristallisieren sich übereinstimmende Grundzüge im Begriffsverständnis von Muster und Struktur heraus. Die oben geführte Diskussion wird daher nun verdichtet und – ausschließlich auf den Bereich der Primarstufen-Mathematikdidaktik bezogen – ein Grundverständnis von Muster und Struktur für die vorliegende Arbeit herausgearbeitet, auf dem schließlich die (Literatur-)Analysen zur Muster- und Strukturerkennung am Schulanfang sowie die Planung und Auswertung der empirischen Untersuchung basieren.

Ein **Muster** – das wurde in den obigen Ausführungen deutlich – beschreibt eine Regelmäßigkeit. Unter einem mathematischen Muster soll deshalb jegliche numerische oder räumliche Regelmäßigkeit verstanden werden. Die Beziehungen zwischen den verschiedenen Bestandteilen eines Musters stellen seine **Struktur** dar (vgl. MULLIGAN, MITCHELMORE & PRESCOTT 2006, 209). Als Struktur wird hier also die Art und Weise bezeichnet, in der ein Muster gegliedert ist. „Mathematische Struktur wird häufig in Form einer Generalisation ausgedrückt – eine numerische […] oder räumliche Beziehung, die in einem bestimmten Bereich als wahr gilt." (MULLIGAN & MITCHELMORE 2009, 34; Übersetzung ML) Eine Gleichung beispielsweise kann die mathematische Struktur kennzeichnen, die in ein Muster hineingedeutet wird. Auch wenn das Muster ein und dasselbe ist, kann die Deutung der Struktur durchaus unterschiedlich ausfallen (vgl. STEINWEG 2006, 72).

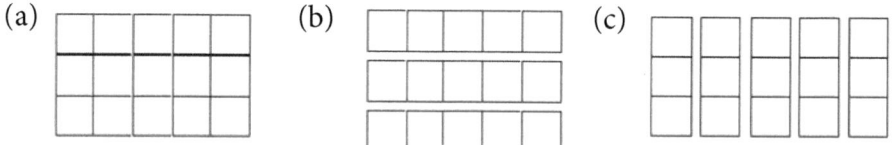

Abbildung 1.1:
Grid Pattern (MULLIGAN & MITCHELMORE 2009, 34)

Ein Beispiel für ein Muster und die es konstituierende Struktur beim Mathematiklernen in der Grundschule ist das in Abbildung 1.1a dargestellte Rechteck. Das Muster des 3 x 5 Quadrat-Gitters besitzt als implizite Struktur drei Reihen zu je fünf Quadraten (vgl. Abb. 1.1b) oder fünf Spalten zu je drei Quadraten (vgl. Abb. 1.1c), deren Seiten vertikal und horizontal verbunden sind. *Wiederholung* (der einzelnen Reihen oder Spalten) und *räumliche Beziehungen* (Kongruenz, Parallelität und Rechtwinkligkeit) sind die entscheidenden strukturellen Eigenschaften (vgl. MULLIGAN & MITCHELMORE 2009, 34). Es gilt hier, sowohl räumliche als auch damit verbunden, numerische Strukturen zu entdecken.

Schließlich kann das Entdecken der unterschiedlichen Zerlegungen des 3 x 5 Quadrat-Gitters zur Kommutativität der Multiplikation führen, später ausgedrückt in der Generalisation $ab = ba$.

Durch die gleichförmige Wiederholung gleichbleibender Merkmale ist ein Muster fortsetzbar und die Beziehung zwischen einem Folgenglied und seiner Position in der Sequenz vorhersagbar. In der Sequenz der Vielfachen von 3 (3, 6, 9, 12, 15…) beispielsweise ist jede Zahl einfach dreimal seine Position in der Sequenz (z.B. ist die 4. Zahl 3 x 4 = 12), eine Beziehung, die später eventuell in der allgemeinen Form $t = 3n$ ausgedrückt werden kann (vgl. ebd., 35).

Andere Muster lassen sich nur schwer fortsetzen und in einer allgemeinen Form ausdrücken. Als Beispiel sei hierfür das Punktemuster der Würfelfünf (vgl. Abb. 1.2) ausgeführt. Die Punkte sind nicht beliebig auf der quadratischen Oberfläche verteilt, sondern strukturiert ange*ordnet*. Der Anordnung liegt eine Regelmäßigkeit, im Sinne einer gleichförmigen Wiederholung gleichbleibender Merkmale zugrunde; die es konstituierende Struktur besteht wiederum aus einem Teil des Musters, das durch Wiederholung das Gesamtmuster erzeugt. Allerdings findet die Wiederholung des „Teil-Musters" nicht wie im obigen Beispiel in Form von Translationen statt, sondern (je nach Sichtweise) durch Achsenspiegelung beziehungsweise durch punktsymmetrische Abbildungen. In dieser Art Punktemuster sind ebenfalls sowohl räumliche als auch numerische Strukturen zu erkennen. In die regelmäßige räumliche Anordnung der Würfelbildpunkte können die möglichen Zerlegungen der Fünf in 4 und 1 oder 3 und 2 auf verschiedene Weisen hineingedeutet werden.

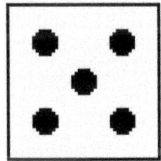

Abbildung 1.2:
Würfelmuster (http://home.arcor.de/
burkhard-john/kombiampel/ kwuerfel.htm
[letztes Zugriffsdatum 22.09.2009])

Abbildung 1.3:
Muster (links: SCHÜTTE 2000, 34; rechts: WITTMANN & MÜLLER 2004a, 16)

Bei anderen (Punkte-)Mustern (vgl. Abb. 1.3) gilt die strukturelle Eigenschaft der Wiederholung nur für einen Teil des Musters, fehlende oder überstehende Elemente machen diese Muster besonders. Die räumlichen Beziehungen und damit auch das Erkennen der numerischen Beziehungen stehen hier im Vordergrund.

Muster werden am Schulanfang (vgl. das folgende Kap. 1.2) häufig genutzt, um numerische (und später auch arithmetische) Strukturen in einer speziellen geometrischen Form zu veranschaulichen. Bestimmte Eigenschaften der Zahlen sind so darstellbar. Die Besonderheit der mathematischen Beziehungen besteht jedoch darin, dass sie sich nicht konkret abbilden lassen, sondern abstrakt verstanden und in die Muster *hineingedeutet* werden müssen. Die Struktur eines Musters kann nicht durch einfaches Hinschauen erfasst werden: „We assume that an individual does not ‚read off' a structure from objects, but instead, creates a structure of his or her mental actions concerning the objects." (BATTISTA & CLEMENTS 1996, 282)

Wenn ich in vorliegender Untersuchung vom *Umgehen* der Kinder mit Mustern und Strukturen oder von Muster- und Struktur*erkennung* spreche, meine ich damit also immer eine aktive, konstruktive Tätigkeit des einzelnen Individuums. Damit verbunden sind komplexe perzeptuelle und kognitive Wahrnehmungstätigkeiten, die teilweise Gestaltprinzipien unterliegen, vom Vorwissen beeinflusst werden und vieles mehr. Kapitel 2.1 beschreibt diesen wahrnehmungspsychologischen Teil der Muster- und Strukturerkennung ausführlich. Inwiefern gehen Kinder aber mit Mustern und Strukturen um? Es stellt sich die Frage nach der Art der Tätigkeit beim „Umgehen" mit Muster und Struktur, die im Rahmen vorliegender Begriffsklärung ebenfalls kurz beantwortet wird. Muster sind meist vorgegeben und müssen, ebenso wie Strukturen, erkannt bzw. erfasst werden. Schwer vom Strukturerfassen zu trennen ist das Strukturieren, wobei letzteres sowohl eine konkrete als auch eine mentale Operation bezeichnet, ersteres dagegen rein mental abläuft.

Strukturieren oder eine Struktur erfassen
Um die Struktur eines vorgegebenen „Ganzen" zu erfassen, müssen die räumlichen Bestandteile eines Objekts identifiziert, zu Untereinheiten zusammengefasst und miteinander in Beziehung gesetzt werden (vgl. BATTISTA u.a. 1998). Eine Menge „loser" Objekte muss durch konkrete oder mentale Operationen miteinander in Beziehung und damit in eine räumliche Ordnung gebracht werden, um die Anzahl und damit das Ganze (ohne alle Elemente einzeln abzählen zu müssen) erfassen zu können.

Muster erkennen
Zum einen kann in einer Anordnung von Objekten eine *Regelmäßigkeit* erkannt werden. Werden gleichbleibende Merkmale gleichförmig wiederholt, ist ein solches Muster fortsetzbar und damit auch vorhersagbar. Hierfür wäre es nötig, die dem Muster zugrundeliegende Struktur zu erfassen, also die räumlichen und/oder numerischen Bestandteile zu identifizieren und miteinander in Beziehung zu setzen (siehe oben). Zum anderen kann die räumliche Anordnung eines bereits bekannten Musters sozusagen als *„Bild"* wiedererkannt werden. So erkennen zum Beispiel viele Kinder das Muster der Würfelfünf wieder, da sie wissen wie „die Fünf" aussieht. Sie können die räumliche Struktur aber nicht flexibel nutzen und von daher auch nicht auf die numerische Struktur schließen, sie kennen nur das Bild auswendig (vgl. SCHERER 1999, 33f.).

Mit Mustererkennungs- und Strukturierungsfähigkeiten (der Einfachheit halber im Folgenden auch als Muster- und Strukturfähigkeiten bezeichnet) meine ich in dieser Arbeit also zunächst ganz allgemein die oben beschriebenen kindlichen Fähigkeiten, eine bildliche oder reale Anordnung von Elementen zu strukturieren sowie Regelmäßigkeiten oder bekannte Anordnungen wiederzuerkennen. Welche expliziten Kompetenzen den Umgang mit Mustern und Strukturen am Schulanfang ausmachen, führt das folgende Kapitel aus.

1.2 Muster und Struktur am Schulanfang

Welchen Mustern begegnen Kinder am Schulanfang? Mit welchen Strukturen müssen sie umgehen, beziehungsweise lernen umzugehen? Um diese Fragen zu beantworten, wurden Mathematiklehrwerke des 1. Schuljahres als Spiegel des realen Mathematikunterrichts herangezogen und unter dem Aspekt analysiert, mit welcher Art Muster und Struktur Kinder sich am Anfang ihres Mathematikunterrichtes implizit und explizit auseinandersetzen müssen. In die Analyse wurden aktuelle Ausgaben der Lehrwerke Denken und Rechnen, Mathematikus, Die Matheprofis, Primo, Welt der Zahl, Das Zahlenbuch, u.a. (vgl. Verzeichnis der verwendeten Mathematikbücher) einbezogen. Die Auswahl erfolgte nach Kriterien der zahlenmäßig weiten Verbreitung, besonderen didaktischen Ausrichtung sowie Aktualität von Neuerscheinungen.

Im nun folgenden Teil wird zunächst eine Schulbuchdoppelseite beschrieben, an der exemplarisch diejenigen Muster- und Strukturaspekte herausgearbeitet werden, die am Schulanfang von Bedeutung sind. Diese werden in den anschließenden Kapiteln aufgegriffen, differenziert betrachtet und mit weiteren Beispielen belegt.

Abbildung 1.4:
Zweite Doppelseite des Lehrwerks ‚Denken und Rechnen 1' (EIDT et al. 2001a, 4f.)

Die oben abgebildete und im Folgenden beschriebene Abbildung ist die zweite Doppelseite des Lehrwerks ‚Denken und Rechnen 1' (EIDT et al. 2001a, 4f.; vgl. Abb. 1.4), die die Kinder selbständig bearbeiten sollen (vgl. EIDT et al. 2001b, 4). Ihr vorangestellt ist eine Doppelseite mit zehn Musterfolgen, die – im Sinne der abgebildeten Aufgabe 2) – durch Anmalen fortgesetzt werden sollen. Beim Betrachten der Seite wird zunächst – wie bei jeder Buchseite, jedem Arbeitsblatt oder allgemein jedem Bild – mit Hilfe der Figur-Grund-Diskrimination die Struktur der Seite, ihr Aufbau, erfasst. Die Abfolge der Einzelwahrnehmungen ist verschieden, weshalb im Folgenden beschrieben wird, was alles wahrgenommen und strukturiert werden kann, aber nicht, in welcher Reihenfolge Kinder oder Erwachsene dies tun.

Anfangs könnte man sehen, dass auf der Doppelseite zwei Aufgaben abgebildet sind. Die Reihe der geometrischen Objekte ist tatsächlich nicht der Ständer der Wäscheleine, sondern eine zu bearbeitenden zweite Aufgabe, die eventuell zunächst ausgeblendet werden muss. Es ist Schrift abgedruckt: oben eine Überschrift, unten die Aufgabenerklärung für Lehrer, die ohne Lehrerhandbuch arbeiten. Für die Schulanfänger, die zu diesem Zeitpunkt in der Regel nicht lesen können, sind diese Informationen unwichtig und können ebenfalls ausgeblendet werden. Schließlich gilt es, mehrere Ziffern zu identifizieren: in den äußeren Ecken geben sie Seitenzahlen an, am linken Seitenrand die Nummern der Aufgaben, außerdem finden sich auf dieser Seite Kärtchen mit der Ziffer 2 sowie 3 oder 5, die anzeigen sollen, dass für diese Aufgabe Ziffernkärtchen verwendet werden können (vgl. EIDT et al. 2001b, 4). Zentral in der Mitte der Doppelseite befindet sich eine Wäscheleine mit Zahlen von 1 bis 10. Hier könnte auffallen, dass die Zahlen in der „richtigen" Reihenfolge aufgehängt sind und dass der Abstand zwischen der 5 und der 6 größer ist als zwischen den anderen Zahlen, was allerdings auch der Buchmitte geschuldet sein könnte. Auf beiden Seiten der großen Lücke hängen gleich viele (je fünf) Blätter mit Zahlen. Man könnte die Leine und die gleichmäßig, durch die Wäscheklammern sozusagen an senkrechten Strichen zugeordneten Zahlen als Zahlenstrahl interpretieren. An der 1 hängt ein grüner Luftballon mit einem Elefanten, der als einziges Tier einen Stift hält. Hierbei handelt es sich um das Beispiel, wie die Aufgabe bearbeitet werden soll. Diese „Muster-Lösung" muss verallgemeinert und auf die anderen Tiere bezogen werden: es sollen Mengen eingekreist und mit der jeweiligen Zahl verbunden werden. Sebastian, ein Kind eines ersten Schuljahres, in dem mit ‚Denken und Rechnen' gearbeitet wurde, kreiste auf dieser Seite fünf der acht Vögel auf der rechten Seite oben als zusammengehörig ein. Eine weitere Frage, die sich beim Bearbeiten dieser Seite stellt ist also: Was gehört zusammen? Es müssen Klassen über Objekte gebildet werden, die Menge der Tiere nach Merkmalen sortiert werden: alle sind Tiere, einige davon Vögel, diese können in Rotkehlchen und Enten unterteilt werden. Es müssen gemeinsame Eigenschaften gefunden werden, die sie von den anderen unterscheidet. Gemeinsamkeiten zu erkennen, Ähnliches zu verbinden und von Unähnlichem zu unterscheiden heißt immer, Strukturen zu erkennen. Bei dieser Aufgabe könnte man allerdings auch erkennen, dass der Zeichner dieser Seite die Menge nicht nur durch Tierart und Farbe strukturiert hat, sondern auch durch die räumliche Anordnung: zusammengehörige Gruppen stehen nach dem gestaltpsychologischen Gesetz der Nähe eng beieinander. Zusätzlich wurden sie in einer strukturierten Anordnung für eine simultane Zahlerfassung gezeichnet (vgl. ebd.). Hierbei sind als Strukturierungsaspekt im Sinne ‚Kraft der 5' mehrere Fünfer-Strukturierungen zu finden. Bei Tiergruppen mit mehr als fünf Objekten stehen jeweils fünf räumlich getrennt von den übrigen, bei den sechs Mäusen sind fünf sogar als Würfelbild angeordnet. Die neun Hasen sind räumlich in einer 3x3-Struktur angeordnet, die zehn Fische in zwei Fünferreihen.

In Aufgabe 2) soll im Sinne einer Musterfolgeaufgabe eine vorgegebene Reihenfolge fortgesetzt werden. Die Abfolge der geometrischen Formen ist dabei bereits vorgegeben (*Kreis, Quadrat, Dreieck, Dreieck*), die Kinder sollen die Farbabfolge weiterführen (*grün, blau, rot, rot*). Wenn Musterfolgeaufgaben in dieser Form gestellt werden, ist das Erkennen einer Reihenfolge allerdings gar nicht unbedingt notwendig. Die Aufgabe kann auch gelöst werden, indem alle Kreise grün, danach alle Quadrate blau und schließlich alle Dreiecke rot angemalt werden. Zu verallgemeinern, dass alle Kreise grün sind, ist auch eine nicht zu unterschätzende kognitive Leistung, intendiert ist mit dieser Aufgabe allerdings das Erkennen und Fortsetzen eines ‚Farbmusterbandes' beziehungsweise einer bestimmten Reihenfolge (vgl. ebd., 5).

Auf der eben beschriebenen Seite kommen Muster und Strukturen auf zwei Bedeutungsebenen vor: Muster und Struktur im Verständnis des allgemeinen Sprachgebrauchs und mathematische Muster, denen eine mathematische Struktur zugrunde liegt.

Die „Muster-Lösung", also das Bearbeitungsbeispiel, kann bezogen auf den **allgemeinen Sprachgebrauch** als *Muster im Sinne einer Vorlage* bezeichnet werden. Das Beispiel ist die Vorlage, die zeigen soll, nach welchem Schema die Aufgabe zu lösen ist.

Struktur im Sinne eines gegliederten Aufbaus, der sich nicht auf mathematische Aspekte bezieht, findet man auf dieser Schulbuchseite in Form einer räumlichen Anordnung der Seiten- und Aufgabenelemente. Die Seite weist mit Überschrift, Aufgabennummern und Seitenzahlen eine allgemein gebräuchliche und vor allem auf allen Seiten des Mathematikbuches wiederholte Struktur auf. Ein immer gleich gegliederter Aufbau hilft der Figur-Grund-Diskrimination bei der Aufmerksamkeitsfokussierung.

Die vom Autor des Schulbuches als Farbmusterband bezeichnete Musterfolge könnte ein *Muster im Sinne einer graphischen Struktur* darstellen. Das Farbmusterband, das aus einzelnen, sich wiederholenden graphischen Elementen besteht, erhält zusätzlich durch seine Anordnung – nämlich die Einrahmung der ersten Aufgabe an drei Seiten – die Bedeutung einer Verzierung. Legt man den Schwerpunkt der Betrachtung allerdings auf die Art und Weise der regelmäßigen Wiederholung der einzelnen Elemente, kommt man zur zweiten Bedeutungsebene: den mathematischen Mustern und Strukturen.

Die beschriebene und in Abbildung 1.4 dargestellte Doppelseite des Mathematikbuchs ‚Denken und Rechnen' ist exemplarisch für die im Anfangsunterricht auftretenden **mathematischen Muster**. Diese lassen sich zunächst grob einteilen in die *Folgen* und die *räumlichen Muster*.

Das Farbmusterband aus Aufgabe 2) ist eine *sich wiederholende Musterfolge*. Die Struktur der Musterfolge besteht aus einer Grundeinheit (*grüner Kreis, blaues Quadrat, zwei rote Dreiecke*), die in Form einer Translation fortlaufend wiederholt wird. Auch an der Leine kann eine Grundeinheit aus fünf, nahe beieinander hängenden Wäscheklammern mit Blättern entdeckt werden, die mit jeweils fünf weiteren, nahe beieinander hängenden Blättern auch über die Buchseite hinweg fortgesetzt werden könnte. Die abgebildeten Zahlen von 1 bis 10 könnten außerdem als *wachsende Zahlenfolge* interpretiert werden, auch wenn sie im dargestellten Zusammenhang sicherlich nicht als eine solche gemeint sind. Der Folge der natürlichen Zahlen liegt eine gleichbleibende Regel zugrunde: Jedes Folgenglied vergrößert sich im Vergleich zu seinem Vorgänger um genau eins. Damit ist die Zahlenfolge genau wie die Musterfolge vorhersagbar, bis ins Unendliche fortsetzbar und die Beziehung zwischen einem Folgenglied und seiner Position in der Sequenz kann in einer allgemeinen Form ausgedrückt werden (zur ausführlichen Darstellung sich wiederholender und wachsender Musterfolgen vgl. Kap. 1.2.1).

Die auf der Schulbuchseite abgebildeten Anzahlen sind nicht ungeordnet dargestellt, sondern räumlich gegliedert. Diese Art von Mustern werden hier als *räumliche Muster* (vom englischen Begriff ‚spatial structure pattern' s.u.) bezeichnet, auch wenn die räumlichen Muster am Schulanfang nicht im Raum, sondern ausschließlich in der Ebene gegliedert sind. Zunächst ist die Menge der einzukreisenden Tiere in diesem Beispiel durch unterschiedlich große Abstände, verschiedene Farben und äußere Merkmale (unterschiedliche Tierarten) gruppiert. Die Aufgabe des Einkreisens grenzt sie noch einmal stärker räumlich voneinander ab. Durch ihre Lage und äußere Merkmale werden die einzelnen Elemente miteinander in Beziehung gesetzt. Innerhalb einer Menge sind die zugehörigen Elemente ab der Anzahl fünf wiederum räumlich gegliedert. Hierbei werden als Strukturierungen sowohl bekannte, festgelegte Anordnungen wie das Bild der Würfelfünf genutzt, als auch (fast-)lineare Reihenanordnungen mit Fünferzäsur (siehe die Anordnung der acht Rotkehlchen und der sieben Enten) sowie Feldstrukturen (3x3 Hasen, 2x5 Fische). Dem regelmäßigen Aufbau räumlicher Muster liegen häufig Symmetrieaspekte zugrunde, Wiederholung und räumliche Beziehungen sind kennzeichnend für diese Art Muster (vgl. Kap. 1.1.3).

In der internationalen Literatur findet sich für den vorschulischen und Primarbereich eine ähnliche Kategorisierung der Muster, wie ich sie in dieser Arbeit vornehme. PAPIC, MULLIGAN & MITCHELMORE (2009) teilen die Gesamtheit der Muster in ‚repeating', ‚growing' und ‚spatial structure pattern'. Fox (2006) nimmt ebenfalls eine Zweiteilung vor, sie spricht von ‚pattern' und ‚relationship' – Beziehungsmustern. Auch wenn der Begriff wunderbar ausdrückt, was diese Art Muster ausmacht, habe ich mich in vorliegender Arbeit entschieden, den Begriff der räumlichen Muster zu nutzen, um sich aufdrängende Assoziationen im allgemeinen Sprachgebrauch vorzubeugen und bereits durch die Begriffswahl den Fokus auf die Mathematik zu lenken.

Kindern am Schulanfang begegnen Muster und Strukturen wie oben beschrieben also nicht nur in mathematischen Zusammenhängen, die mathematischen Muster stellen jedoch den Fokus der vorliegenden Studie dar. Wie die Schulbuchanalyse zeigte, handelt es sich bei den mathematischen Mustern am Schulanfang zum einen um Musterfolgeaufgaben und zum anderen um räumliche Muster, die hauptsächlich im Zusammenhang mit Übungen zur Zahlzerlegung und -darstellung (Zahlbilder) sowie mit dekadisch gegliederten Anschauungsmitteln (dieser Aspekt ist durch die Zahlenreihe auf der oben beschriebenen Doppelseite nur angedeutet) vorkommen. In den folgenden Kapiteln 1.2.1–1.2.3 werden diese drei Aspekte ausführlich dargestellt und mit Beispielen belegt.

Mit der Figur-Grund-Diskrimination, den Gestalt-Gesetzen und der simultanen Zahlerfassung wurden bereits Stichworte genannt, die wahrnehmungspsychologische Grundlagen des Mustererkennungs- und Strukturierungsprozesses darstellen. Diese sind für die Planung der eigenen Studie von Bedeutung und werden deshalb in einem eigenen Kapitel 2 ausführlich dargestellt und erklärt, insbesondere auch die kindliche Wahrnehmungsentwicklung bis zum Schulanfang.

Durch die mathematische Struktur des Zehnersystems bedingt, ergeben sich im weiteren Verlauf der Schulzeit in Verbindung mit den Rechenoperationen und den Erweiterungen der Zahlräume viele weitere zu entdeckende Muster, wie „schöne" Ergebnisse, Zahlenfolgen oder auch Rechengesetze. Diese sind *nicht* Gegenstand dieser Arbeit.

1.2.1 Musterfolgen

Zunächst allgemein formuliert, versteht man unter einer Musterfolge die Wiederholung verschiedener Elemente nach einer bestimmten Regel. Die Regel der Wiederholung unterscheidet sich grob in zwei Arten, je nachdem ob es sich um eine *sich wiederholende Musterfolge* (als wörtliche Übersetzung des englischen Begriffs ‚repeating pattern') oder eine *wachsende Musterfolge* (‚growing pattern') handelt. Auch wenn in vorliegender Untersuchung nur die sich wiederholende Musterfolge zum Einsatz kommt, werden der Vollständigkeit halber im Folgenden beide Arten näher beschrieben, unterschieden und mit Beispielen illustriert.

1.2.1.1 Repeating Pattern – sich wiederholende Musterfolge

Abbildung 1.5:
Sich wiederholende Musterfolge (eigene Abb.)

Bei einer sich wiederholenden Musterfolge (vgl. Abb. 1.5) kann eine Grundeinheit identifiziert werden, die beim Fortsetzen der Musterfolge unverändert aneinandergereiht wird, wodurch die Musterfolge eine periodische Struktur erhält. In diesem Sinne sind beispielsweise die Tage der Woche, die Jahreszeiten, ein Bandornament und viele Mosaike sich wiederholende Musterfolgen.

Die Grundeinheit ist definiert als kleinste Einheit der Elemente einer Musterfolge die diese durch Wiederholung erzeugen kann. Die Musterfolge *ABABAB...* beispielsweise hat eine Grundeinheit der Länge 2 *(AB)*, die Musterfolge *ABCABC...* hingegen besitzt eine Grundeinheit der Länge 3 *(ABC)*. In einer AB-Musterfolge würden also abwechselnd zwei Objekte oder Symbole auftreten, wie *Dreieck, Quadrat, Dreieck, Quadrat...* oder *X,O,X,O,...*.

Das grundlegende Prinzip einer sich wiederholenden Musterfolge ist ihr periodischer Aufbau. Ist eine Musterfolge mit einer Grundeinheit der Länge n gegeben, hat dieser Aufbau für die Bestimmung eines nächsten Elements zur Folge:

Jedes Element der Musterfolge ist gleich einem der ersten n Elemente. Und: *Jedes Element der Musterfolge ist gleich dem Element n Positionen vorher.*

Die Länge der Grundeinheit erzeugt einen Isomorphismus zwischen sich wiederholenden Musterfolgen, weshalb beispielsweise *ABAB...* isomorph ist zu *grün, blau, grün, blau ....* Diese Übersetzung einer sich wiederholenden Musterfolge von einer Darstellungsform in eine andere verändert nicht die entscheidende strukturelle Beschaffenheit der Musterfolge (vgl. BURTON 1982; LILJEDAHL 2004).

Die Grundeinheit einer sich wiederholenden Musterfolge kann unterschiedlich komplex sein. Beispielsweise kann sie Anzahlen als zusätzliche Dimension umfassen (z.B. zwei Objekte jedes Elements wiederholen sich) oder die Elemente der Musterfolge wiederholen sich hinsichtlich eines oder mehrerer Attribute, z.B. hinsichtlich der Farbe, Größe, Form oder Ausrichtung der Objekte, während die anderen Aspekte gleich bleiben oder willkürlich verändert werden (vgl. THRELFALL 1999, 19). Aus einfachen Objekten können daher unter Umständen sehr komplexe Musterfolgen entstehen (vgl. Abb. 1.6).

Abbildung 1.6:
Sich wiederholende Musterfolge aus zwei geometrischen Formen in zwei verschiedenen Größen
(THRELFALL 1999, 19)

PAPIC (2007) unterscheidet die sich wiederholenden Musterfolgen in die Unterkategorien ‚linear', ‚cyclic' und ‚hopscotch'. Typischerweise werden sich wiederholende Musterfolgen in der linearen Form einer geraden Linie dargestellt. Lineare Musterfolgen können in beide Richtungen und bis ins Unendliche fortgesetzt werden. Die oben abgebildeten Beispiele zeigen lineare Musterfolgen in horizontaler Anordnung, Türme aus unterschiedlich farbigen Bausteinen (vgl. Abb. 1.7) wären aber ebenfalls Beispiele für lineare Musterfolgen, die jedoch in vertikaler Ausrichtung fortgesetzt werden.

„Nicht nur in Reihen wiederholen sich Muster, sie können sich auch im Kreis drehen wie beim Tannenzapfen." (HOENISCH & NIGGEMEYER 2004, 52) ‚Cyclic patterns', frei übersetzt als Ring-Musterfolgen, besitzen keinen festgelegten Anfangs- oder Endpunkt. Die simple Wiederholung der Grundeinheit ist kreisförmig oder als rechteckige Umrandung angeordnet (vgl. Abb. 1.8). Dadurch sind die Anzahl der Wiederholungen der Grundeinheit sowie die Gesamtanzahl der jeweiligen Elemente fest vorgegeben. Diese Art der Musterfolgen eignet sich laut PAPIC dazu, Einsicht in das kindliche Verständnis einer Musterfolge als sich wiederholende Grundeinheit sowie in ihre Zählstrategien zu gewinnen. Man legt Kindern dazu ein unvollständiges Umrandungsmuster (‚border pattern') vor und bittet sie, die Anzahl eines der verwendeten Objekte zu bestimmen.

Hüpfkästchen-Musterfolgen (‚hopscotch patterns') bestehen aus rechteckigen Formenplättchen, die zum Teil horizontal nebeneinander, zum Teil vertikal übereinander angeordnet werden (vgl. Abb. 1.9). Diese Musterfolgen erfordern räumliche Orientierungsfähigkeit, da die Grundeinheit bei der Wiederholung rotiert oder mit Richtungswechsel der einzelnen Elemente neu zusammengesetzt wird. Es bietet sich daher an, unter diese Kategorie auch Bandornamente und flächige Parkettierungen zu fassen (vgl. Abb. 1.9). Bei diesen Mustern lässt sich ebenfalls eine Grundeinheit identifizieren, die – teilweise gedreht – in horizontaler *und* vertikaler Richtung wiederholt wird.

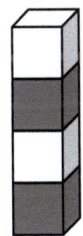

Abbildung 1.7:
Beispiel eines linearen
‚Tower Pattern' (eigene Abb.)

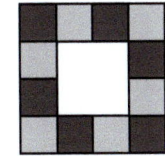

Abbildung 1.8:
Beispiel eines ‚Cyclic Border
Pattern' (eigene Abb.)

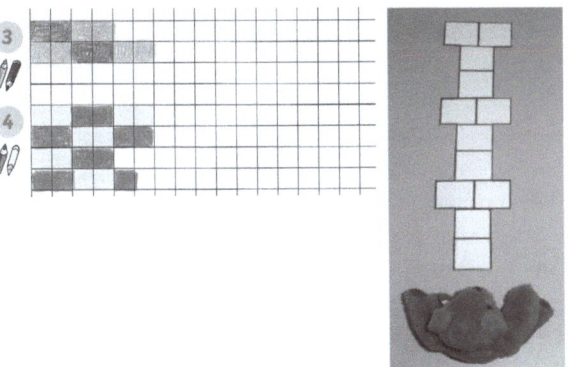

Abbildung 1.9:
Beispiele für flächige Musterfolgen (li: REDAKTION
GRUNDSCHULE 2006a, 20) und ‚Hopscotch Pattern'
(re: PAPIC & MULLIGAN 2007, 597)

1.2.1.2 Growing Pattern – wachsende Musterfolge

Bei einer wachsenden Musterfolge (vgl. Abb. 1.10) wächst (oder schrumpft) die Grundeinheit systematisch bei jeder Wiederholung. Ob man hier tatsächlich von einer Grundeinheit sprechen sollte ist fraglich, da das Augenmerk hier weniger auf einer Einheit als Grundbaustein, sondern auf der Beziehung aufeinanderfolgender Folgenglieder und dem Vergleich ihrer Veränderung liegt, um die Regel der Veränderung zu finden. Wachsende Musterfolgen sind meistens geometrische Darstellungen elementarer Zahlenfolgen, eine arithmetische Analyse der Folgenglieder ist daher unumgänglich. Abbildung 1.11 zeigt hierzu ein Beispiel: Zur Grundeinheit ‚ein Plättchen' kommt bei jedem Farbwechsel genau ein Plättchen hinzu. Die Musterfolge könnte in die Zahlenfolge *1, 2, 3, 4, 5, …* übersetzt werden, sie stellt die Folge der natürlichen Zahlen dar (vgl. PAPIC 2007, 10; WITTMANN & ZIEGENBALG 2004, 42ff.).

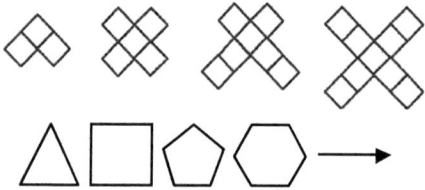

Abbildung 1.10:
Wachsende Musterfolgen (o: WARREN 2005b, 307; u: eigene Abb.)

Abbildung 1.11:
Wachsende Musterfolge, die die Folge der natürlichen Zahlen darstellt (WITTMANN & MÜLLER 2004a, 17)

1.2.1.3 Musterfolgeaktivitäten

Musterfolgen können in verschiedenen Repräsentationsmodi dargestellt werden: visuell, auditiv oder motorisch. Die visuelle Darstellung kommt laut BURTON (1982) am häufigsten vor und umfasst Musterfolgen aus realen Objekten, aus Bildern und aus Symbolen. Im auditiven Modus bestehen Musterfolgen aus akustischen Geräuschen, z.B. Klatschen, Trommelschläge, gesungene Töne, Tiergeräusche, etc. Eine motorische Bewegungssequenz wäre: *Zehen berühren, Hände an die Hüften* oder *stampfen, springen, stampfen, stampfen, springen, stampfen, stampfen, stampfen, springen, ….* Viele Bewegungslieder und Tanzschritte sind Beispiele für Bewegungsmusterfolgen (vgl. BURTON 1982, 40; HOENISCH & NIGGEMEYER 2004, 51ff.).

An Musterfolgeaktivitäten beschreibt die internationale Literatur sechs Aufgaben (vgl. z.B. BURTON 1982; WARREN & COOPER 2006):
- **reproduce** – eine vorgegebene Musterfolge nachmachen im Sinne einer gleichen Reproduktion;
- **identify** – die sich wiederholende Grundeinheit identifizieren und eventuell markieren; *„Welcher Teil wiederholt sich?"*
- **extend** – die Musterfolge fortsetzen (eventuell in beide Richtungen); *„Was kommt als nächstes?"*
- **extrapolate** – ein oder mehrere fehlende Folgenglieder des Musters ergänzen / vorgegebene Lücken in der Musterfolge ausfüllen (vgl. Abb. 1.12); *„Was kommt hier?"*

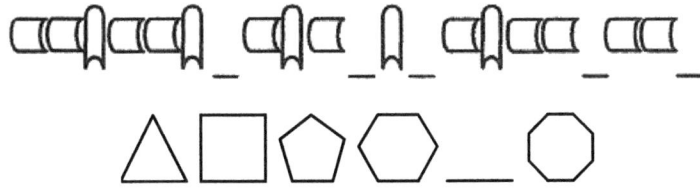

Abbildung 1.12:
Musterfolgen mit zu ergänzenden Folgengliedern (o: WARREN 2005a, 761; u: eigene Abb.)

- **translate** – die Musterfolge innerhalb eines Repräsentationsmodus oder von einem Modus in einen anderen übersetzen (vgl. Abb. 1.13 & 1.14);
- **create** – eigene Musterfolgen erfinden. *„Erfinde eigene Muster!" „Warum ist es eine Musterfolge?" „Wie würdest du dein Muster fortsetzen?"*

Insbesondere der Prozess des Übersetzens einer Musterfolge scheint äußerst wichtig für das mathematische Lernen auf allen Stufen zu sein. Es soll Kindern bei der Entwicklung der Fähigkeit, verschiedene Repräsentationsformen miteinander in Verbindung zu bringen, sowie Gemeinsamkeiten und Unterschiede zwischen ihnen zu sehen, helfen. Die Unterschiede zwischen Musterfolgen sind meistens oberflächliche Unterschiede der Folgenglieder (z.B. *grün, blau, grün, blau*, anstatt *Dreieck, Quadrat, Dreieck, Quadrat*), die Gemeinsamkeiten sind die strukturellen Eigenschaften (z.B. eine Musterfolge besteht aus zwei Elementen und jedes Element tritt einmal auf, bevor es wiederholt wird) (vgl. WARREN & COOPER 2006; HOENISCH & NIGGEMEYER 2004, 52f.).

> „Wir entwerfen Musterreihen: eine Puppe, ein Bauklotz, eine Puppe, ein Bauklotz …. Wir verbinden dieses Spielzeug-Muster mit Körperbewegungen, zeigen auf die Puppe und schnippsen mit den Fingern, zeigen auf den Bauklotz und klatschen in die Hände. Nach einer Weile Schnippsen und Klatschen ändert ein Kind die Kategorie. Obst kommt an die Reihe: Apfel, Banane, Pfirsich, Apfel, Banane, Pfirsich …. Später wechseln wir zu Buchstaben und rufen beim Schnippsen, Klatschen und Fußstampfen: ‚A, B, C, A, B, C …'." (HOENISCH & NIGGEMEYER 2004, 52)

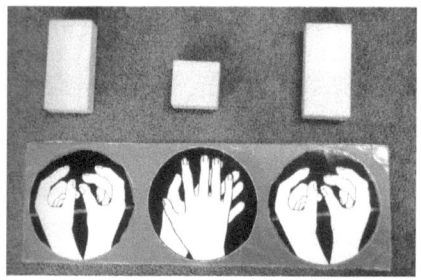

Abbildung 1.13:
Übersetzung einer Musterfolge innerhalb eines Repräsentationsmodus (COBURN 1993, 10)

Abbildung 1.14:
Übersetzung einer Musterfolge in einen anderen Repräsentationsmodus (HOENISCH & NIGGEMEYER 2004, 52)

1.2.1.4 Kindliche Konstruktionen einer sich wiederholenden Musterfolge

Die am weitesten verbreitete Vorstellung zur Rolle von Musterfolgen im schulmathematischen Kontext ist die, dass Kinder durch Musteraktivitäten lernen zu verallgemeinern, Beziehungen zu erkennen, Vorhersagen zu treffen und Regeln zu abstrahieren (ausführlich und zu weiteren Vorstellungen vgl. Kap. 3.1). THRELFALL (1999, 21f.) weist jedoch darauf hin, dass zum Produzieren einer sich wiederholenden Musterfolge nicht – wie vielfach angenommen – eine Regel gebildet und angewendet werden *muss*. Beobachtungen von Kindern zeigen, dass Musterfolgen häufig „zufällig" entstehen: beim Stempeln hält jede Hand einen Stempel und wird abwechselnd auf das Papier gedrückt; beim Auffädeln einer Perlenketten stehen die Perlen in Schachteln in einer Reihe nebeneinander und das Kind nimmt in einer laufenden Folge nacheinander eine Perle aus jeder Schachtel, was letztendlich eine sich wiederholende Musterfolge erzeugt, ohne dass das Kind bewusst eine Regel gebildet und angewandt hat. Threlfall schlägt auf der Grundlage von Informationsverarbeitungsprozessen vier Strategien zur Bildung einer sich wiederholenden Musterfolge vor:

1. **prozeduraler Ansatz** – Die Elemente werden zu ihren benachbarten Elementen in Verbindung gesetzt, indem alle Beziehungen erinnert werden. Die Konstruktion der Folge erfolgt alternierend durch Bildung von ‚pattern action pairs'. Für die Musterfolge *ACABACABA...* beispielsweise würden diese lauten: „Wenn der letzte *A* ist und der vorherige ein *C*, muss der nächste *B* sein", usw.
2. **Ansatz der Grundeinheit** – Die sich wiederholende Grundeinheit (*ACAB* im obigen Beispiel) wird erfasst und periodisch aneinandergereiht.
3. **rhythmischer Ansatz** – Bei diesem Rhythmus- oder Zählersystem wird der Ablauf der Musterfolge in einem Sprechgesang, eventuell mit Betonungen, fortlaufend aufgesagt.
4. **Auffüllen** – Mit konkreten Objekten kann eine Musterfolge auch durch ‚Auffüllen' entstehen. Eine Sequenz beginnt dann nicht an einer Seite, sondern durch Füllen der Lücken gemäß folgendem beispielhaften Ablauf (vgl. Abb. 1.15):

```
First     R         R         R         R
Then      R B       R B       R B       R B
Then      R B G     R B G     R B G     R B G
Then      R B G G   R B G G   R B G G   R B G G
Finally   R B G G R R B G G R R B G G R R B G G R
```

Abbildung 1.15:
Konstruktion einer Musterfolge durch Auffüllen (THRELFALL 1999, 22)

Von den beschriebenen Strategien ist nur die zweite ein Prozess des Erzeugens und der Anwendung einer Regel. Der prozedurale Ansatz beinhaltet zwar eine Reihe von Bedingungen die als Regeln zählen könnten, jedoch muss nicht eine einzige Regel zielgerichtet angewendet werden. Dies bedeutet, dass das Bilden einer Regel und seine konsequente Anwendung bei der Arbeit mit sich wiederholenden Musterfolgen zwar wünschenswert, aber nicht die einzig mögliche Lösungsstrategie ist. Außerdem ist die Existenz einer sich wiederholenden Musterfolge als Produkt einer Arbeit keine Evidenz, dass eine Regel erzeugt und angewendet wurde. Das Potential sich wiederholender Musterfolgen für die mathematische Entwicklung liegt jedoch gerade in den involvierten Denktätigkeiten, der bewussten Betrachtung und Reflexion. Ein rhythmischer oder rein prozeduraler Ansatz, wie komplex die Musterfolge auch immer sein mag, trägt weder zum Erkennen einer allgemeinen Sichtweise über Zahlen und Formen bei, noch zu einer Idee über Regelmäßigkeit und Reihenfolgebildung. Nur der Ansatz, bei dem das Kind die sich wiederholende Grundeinheit während der Bildung der Musterfolge sieht, ermöglicht beispielsweise den Vergleich und die Übersetzung von Mustern (vgl. ebd., 26).

Auch PAPIC (2007) beobachtete, dass viele Kinder Musterfolgen als Alternation, sozusagen als „Abwechselfolge" von zwei oder drei Elementen erkennen, kopieren, fortführen und selbst bilden, ohne die Grundeinheit der Musterfolge und die Anzahl der Wiederholungen zu identifizieren. Dies führt zwar zunächst auch zum Erfolg, wenn die Musterfolgen komplexer werden, erweist sich die alternierende Sichtweise jedoch als weniger effektive Strategie. „Seen from the point of view of mathematical thinking which leads on to further development, the way repeating patterns are seen seems to be more important than complexity of what can be copied, continued or devised." (THRELFALL 1999, 26f.)

1.2.1.5 Musterfolgeaktivitäten zur Wahrnehmungsförderung der sich wiederholenden Grundeinheit

Das Bilden und Befolgen einer Regel ist für die Konstruktion von Musterfolgen also nicht nötig, scheint aber der weitaus wertvollere Weg zu sein. Im Folgenden werden einige Musterfolgeaktivitäten beschrieben, die die kindliche Wahrnehmung der sich wiederholenden Grundeinheit fördern sollen (vgl. PAPIC 2007; THRELFALL 1999, 29; WARREN & COOPER 2006):

- die sich wiederholende Grundeinheit explizit benennen, darüber sprechen und die Kinder gezielt erklären lassen;
- die sich wiederholende Grundeinheit im Voraus definieren und daraus eine sich wiederholende Musterfolge bilden;
- verschiedene Musterfolgen in Bezug auf ihre Grundeinheit vergleichen;
- eine vorgegebene Musterfolge innerhalb eines Repräsentationsmodus in ein anderes Material oder in verschiedene Repräsentationsmodi übersetzen.

Als weiterführendes Beispiel beschreibt THRELFALL (1999, 26) eine Aktivität zu sich wiederholenden Musterfolgen, die WARREN (2005a) in ihrer Untersuchung zur Rolle von Musterfolgen bei der Förderung funktionalen Denkens aufgriff (siehe Kapitel 3.3.2.3).

Abbildung 1.16:
Eine sich wiederholende Musterfolge mit ordinalen Werten (THRELFALL 1999, 26)

An eine sich wiederholende Musterfolge wie in Abbildung 1.16 könnten Fragen gestellt werden wie: *„Welche Farbe hat das 25. Quadrat?"* oder *„An welcher Stelle befindet sich das 13. schwarze Quadrat?"* oder sogar *„Wenn die Musterfolge aus 32 Quadraten bestünde, wie viele Quadrate jeder Farbe gäbe es?"* Ein Kind mit einer Wahrnehmung der sich wiederholenden Grundeinheit, könnte dieses Muster in Fünfern denken und solche Fragen beantworten, indem es Teile der Musterfolge mit dem Ganzen in Beziehung setzt. Kinder mit einem prozeduralen oder rhythmischen Ansatz könnten diese Aufgaben lediglich mit Hilfe von Zählstrategien lösen, auf die Gefahr hin, sich zu verzählen. Eine Kontrolle wäre nur durch Wiederholung der Prozedur möglich.

1.2.1.6 Musterfolgen und Algebra

Verschiedene Autoren (vgl. z.B. LANNIN 2005; WARREN 2005a&b) berichten über den weit verbreiteten Ansatz, bei der Einführung der Algebra visuell repräsentierte, wachsende Musterfolgen zu erforschen und diese Folgen als Funktionen sowie mit algebraischen Ausdrücken darzustellen. Die Musterfolge wird dazu einige Positionen weitergeführt, eine vom Startpunkt weiter entfernte Position vorhergesagt, das Muster verbal beschrieben und dann in einer allgemeinen Form ausgedrückt.

Soll das algebraische Verständnis durch Musterfolgeaktivitäten entwickelt werden, liegt die Schwierigkeit insbesondere darin, den Blick der Schüler von einem Fokus auf das spezielle Beispiel hin zu einer Verallgemeinerung des Musters zu lenken. Die funktionale Beziehung zwischen dem wachsenden Muster und seiner

Position sollen hergestellt und diese Verallgemeinerung genutzt werden, um andere visuelle Muster für weitere Positionen zu generieren. Dies bedeutet, dass wachsende Musterfolgen als Funktionen (als eine Beziehung zwischen dem Folgenglied und seiner Position) und nicht als Veränderung eines Datensatzes (als eine Beziehung zwischen zwei aufeinanderfolgenden Folgengliedern innerhalb der Musterfolge) gedeutet werden müssen. Diese Fähigkeit, die Beziehung zwischen Konfiguration und der zugehörigen Position in der Musterfolge zu beschreiben, wird als ‚co-variational thinking' bezeichnet (vgl. WARREN 2005b, 305). Der oben beschriebene Ansatz zur Einführung der Algebra mit Jugendlichen baut auf Erfahrungen der frühen Erforschung von Musterfolgen in Vor- und Grundschule. Typische Musterfolgeaktivitäten im Primarbereich sind das Reproduzieren und Weiterführen vorgegebener Musterfolgen, das Identifizieren des sich wiederholenden oder wachsenden Teils sowie das Ergänzen fehlender Elemente. Hierbei wird jedoch einseitig der Fokus auf ‚single variational thinking' gelegt, das heißt, innerhalb des Musters verändert sich nur eine Dimension, die beachtet werden muss (z.B. *Was kommt als nächstes?*), im Gegensatz zum benötigten ‚co-variational thinking' bei der Einführung der Algebra mit Jugendlichen.

WARREN & COOPER (2006) schlagen daher Unterrichtsaktivitäten für Vor- und Grundschule vor, um das kindliche Verständnis von sich wiederholenden Musterfolgen auf einem höheren Niveau nutzen zu können. Sie wandeln dazu bekannte Aktivitäten unter dem Blickwinkel der Förderung funktionalen und algebraischen Denkens ab. In diesem Zusammenhang wird die Wahrnehmung der sich wiederholenden Einheit in sich wiederholenden Musterfolgen als frühes Beispiel des algebraischen Prinzips der Generalisation angesehen.

1.2.1.7 Musterfolgen in deutschen Primarstufen-Schulbüchern

Blättert man sowohl durch gängige aktuelle als auch durch ältere Schulbücher für das 1. Schuljahr (z.B. Denken und Rechnen, Mathematikus, Die Matheprofis, Nussknacker, Primo, Welt der Zahl, Das Zahlenbuch, aber auch andere, vgl. Verzeichnis der verwendeten Mathematik-Schulbücher S. 186), so lassen sich in fast allen Büchern Musterfolgeaufgaben finden. Der Umfang der Aufgaben variiert je nach Schulbuch zwischen ein bis zwei Aufgaben und ein bis zwei Schulbuchseiten.

Am häufigsten zu finden sind sich wiederholende Musterfolgen der Form *AB* oder *ABC*, also zwei oder drei einzelne, sich abwechselnde Gegenstände, geometrische Objekte oder Farben (vgl. Abb. 1.17), die durch legen, ausmalen oder weiterzeichnen fortgesetzt werden sollen. Schon etwas weniger häufig sind Musterfolgen, bei denen ein Objekt mehrfach vorkommt (vgl. Abb. 1.18). Hier müssen die Anzahlen der Folgenglieder (z.B. *ein* großes Dreieck, *zwei* kleine Dreiecke usw.) beachtet werden, damit das Muster fortgesetzt werden kann. Bezogen auf die Musterfolge*aktivitäten* sind die Aufgaben zum Fortsetzen einer vorgegebenen Musterfolge in deutschen Schulbüchern am weitaus häufigsten, meistens ist die Richtung der Fortsetzung sogar vorgegeben. Aber auch das Reproduzieren und selbst Produzieren von

Musterfolgen („*Erfinde eigene Muster!*") wird in neueren Büchern von den Kindern gefordert (vgl. z.B. Matheprofis 1, 83; Das Zahlenbuch 1, 17). Wachsende Musterfolgen sind nur im Lehrwerk ‚Das Zahlenbuch' zu finden (vgl. Abb. 1.11).

Abbildung 1.17:
Typische Musterfolgeaufgabe in Schulbüchern der 1. Klasse (HACKER et al. 2005, 9)

Abbildung 1.18:
Musterfolgeaufgabe, bei der ein Objekt mehrfach vorkommt (STEINWEG 2001, 153)

Hinweise auf die sich wiederholende Grundeinheit oder zumindest das Formulieren einer Regel zur Fortsetzung einer Musterfolge durch die Schüler finden sich ansatzweise im Lehrerhandbuch zum Zahlenbuch 1 sowie zu den Matheprofis 1 (vgl. WITTMANN & MÜLLER 2004, 55f.; HALLER & SCHÜTTE 2000, 56f.). Im Vergleich mit den deutschen Schulbüchern ist in manchen englischsprachigen Mathematikbüchern sogar explizit eine „kindgerechte Definition" einer Musterfolge formuliert (vgl. Abb. 1.19).

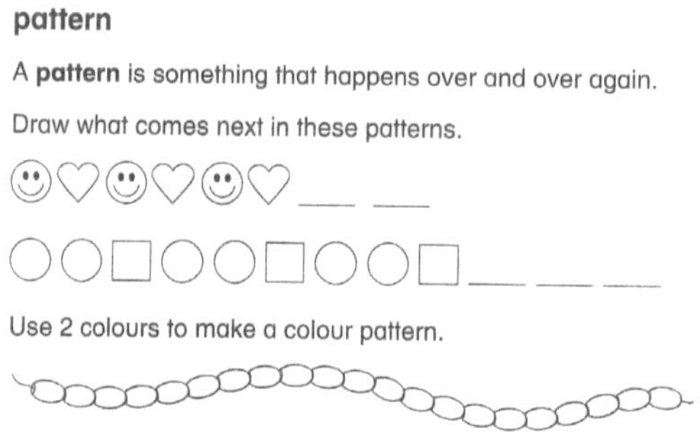

Abbildung 1.19:
Musterfolge-Definition in einem kanadischen Schulbuch für das 1. Schuljahr (SMALL et al. 2004, 4)

Musterfolgeaufgaben tauchen in einem geringeren Umfang auch in den Schulbüchern des 2. bis 4. Schuljahres auf, hier insbesondere im Zusammenhang mit Bandornamenten und Parkettierungen (vgl. z.B. Denken und Rechnen 3, 87; Mathematikus 4, 107; Die Matheprofis 2, 41 & 74f.), außerdem werden sie in aktuellen Schulbüchern ergänzt durch Aufgaben zu Zahlenfolgen (vgl. z.B. Mathematikus 4, 96 & 112; Die Matheprofis 2, 25; Primo 2, 43).

Musterfolgeaufgaben scheinen also Klassiker in den Mathematikbüchern der Primarstufe zu sein. Relativ neu auf dem Markt sind hingegen Diagnosematerialien für den Schulanfang, mit denen die Zahlbegriffsentwicklung jedes Kindes erhoben werden kann. Neben mengen- und zahlenbezogenem Wissen, die nach neueren Untersuchungen Vorläuferfertigkeiten darstellen und Mathematikleistungen voraussagen können (vgl. KRAJEWSKI & SCHNEIDER 2006), gibt es auch hier mindestens eine Aufgabe zum Fortsetzen einer Musterfolge. Sowohl in an Lehrwerke angelehnte Gruppentests, in denen Musterfolgen meistens weitergezeichnet werden sollen (vgl. z.B. HACKER et al. 2005, 9; REDAKTION GRUNDSCHULE 2006b, 6), sind sie zu finden, als auch in handlungsleitenden Diagnoseverfahren in Form eines Einzelinterviews, wie z.B. dem ElementarMathematischen BasisInterview (vgl. PETER-KOOP et al. 2007). Hier werden die Kinder im Vorschulteil aufgefordert, eine Reihe bunter Plastikbären (*grün, gelb, blau, blau, grün, gelb, blau, blau*) nachzulegen, fortzusetzen und zu erklären. Positiv an den Aufgaben der Einzelinterviews (vgl. hierzu auch ‚GI-Eingangstest Arithmetik' WITTMANN & MÜLLER 2004, 222f.) anzumerken ist, dass die Musterfolgeaufgaben mit konkreten Objekten gelegt und das Repertoire an Aktivitäten zumindest um das Verbalisieren erweitert wird.

Die Musterfolgeaktivität des Übersetzens konnte ich in keinem deutschen Primarstufen-Schulbuch oder Vorschulmaterial entdecken, die des Lücken Ausfüllens in einem einzigen, im Vorkurs des Lehrwerks ‚Wochenplan Mathematik' (vgl. BEBA & SZUWART 2007, 10f.). Auf einer Doppelseite mit der Überschrift ‚Reihenfolgen fortsetzen' sollen die Kinder zunächst aus Gegenständen des Klassenraums Musterfolgen legen und fortsetzen, anschließend sind im Heft sich wiederholende Musterfolgen aus geometrischen Formen mit einer Grundeinheit aus aufsteigend zwei bis vier Elementen vorgegeben, die zeichnerisch fortgesetzt werden sollen. Als weiterführende Aufgabe sollen anschließend die vorgegebenen Lücken in der in Abbildung 1.20 dargestellten Folge aus Fahrzeugen ausgefüllt werden. Bei diesem Beispiel

Abbildung 1.20:
Eine Aufgabe zum Ergänzen von Folgengliedern einer Musterfolge? (BEBA & SZUWART 2007, 11)

handelt sich allerdings gar nicht um eine Musterfolge – auch wenn die Überschrift und der Zusammenhang mit der vorhergehenden Aufgabe diesen Eindruck entstehen lässt – es geht nicht um das Erkennen einer sich wiederholenden Grundeinheit, sondern um das Erkennen von ‚vor' (rechts) und von ‚nach' (links). Auf Musterfolgen bezogen, kommt diese Aufgabe einer Förderung der prozeduralen Strategie gleich.

1.2.2 Räumliche Muster – Zahlbilder

> „Mathematikunterricht ist seit eh und je bemüht, Lösungen für ein Paradoxon zu finden: Zahlen ebenso wie mathematische Beziehungen sind abstrakte nicht gegenständliche Gebilde. Das Denken der Kinder aber ist, zunächst jedenfalls, auf Anschauung und konkretes Handeln angewiesen."
> (SCHÜTTE 2004, 5)

In der Bemühung, den entwicklungspsychologischen Voraussetzungen der Kinder gerecht zu werden, werden im mathematischen Anfangsunterricht Mengen als Objekte in Gestalt von figuralen Prototypen veranschaulicht und in einem meist einheitlich strukturierten Format miteinander in Beziehung gebracht (vgl. HESS 1997, 213f.). Solche figuralen Prototypen stellen neben Anschauungsmitteln wie dem Zwanzigerfeld oder dem Zahlenstrahl, die insbesondere dekadische Strukturen veranschaulichen sollen (s.u.), auch Zahlbilder dar, die den Zahlen innewohnende Strukturen und Beziehungen abzubilden versuchen. Mit diesen Zahlbildern sollen innere Vorstellungsbilder von Zahlen als *geeignet gegliederte* Quantitäten entwickelt werden. Sie stellen damit visuelle und gegenständliche Modelle für sinnlich wahrnehmbare Erfahrungen mit Mengengliederungen dar, um Zahlen als *strukturierte Ganzheiten*, statt ausschließlich als *lineare Zählreihe*, erfassbar zu machen (vgl. GERSTER 2005; HESS 1997). Das Erkennen der Gliederung und das eigene Strukturieren der sinnlich wahrnehmbaren Veranschaulichungen ist somit eine Voraussetzung für die Ausbildung *strukturierter* mentaler Mengenvorstellungen. Die Entwicklung innerer Bilder als Voraussetzung für das (mentale) Operieren mit Zahlen, das Erkennen abstrakter Strukturen und Beziehungen sowie für den flexiblen Umgang mit Zahlen, erfolgt zwar nicht als direktes Abbild eines bestimmten Arbeits- und Veranschaulichungsmittels, die intensive Arbeit mit Zahlbildern unterstützt jedoch die Entwicklung einer mentalen bildlichen Repräsentation von Zahlen (vgl. RATHGEB-SCHNIERER 2007, 104; KAUFMANN 2006, 167). (Die Grundlagen zum Einsatz von Anschauungsmitteln und der Konstruktion mentaler Bilder sind ausführlich in Kap. 2.2 dargestellt.)

Insbesondere besitzen Zahlbilder eine regelmäßige, geometrische Anordnung. Sie sind so aufgebaut, dass sie quasi-simultan erfassbar sind, also leicht in überschaubare Teilportionen zerlegt werden können (vgl. Kap. 2.3). Übungen zum Zerlegen unterstützen die Ausformung eines flexiblen Zahlkonzepts (so genanntes Teil-Teil-

Muster und Struktur 41

Ganzes-Konzept) und stellen einen wichtigen Schritt zum verständigen Rechnen mit Zahlsymbolen dar (vgl. SCHÜTTE 2004, 7).

1.2.2.1 Historische Zahlbilder

Der Einsatz von Zahlbildern beim Einprägen von Zahlen, beim Aufbau von visuellen Vorstellungen sowie zur Unterstützung des Rechnens hat in der Mathematikdidaktik eine lange Tradition. Bereits in der rechenmethodischen Diskussion am Ende des 19., Anfang des 20. Jahrhunderts vertraten die sogenannten ‚Anschauer' – im Gegensatz zu den ‚Zählern' – die Position, dass Zahlen bis 4 (oder 5) simultan aufgefasst werden können und entwickelten flächig angeordnete Zahlbilder (vgl. Abb. 1.21). Sie intendierten die Abkehr von der bis dahin üblichen Zählmethode und betonten die Relevanz einprägsamer Zahlbilder zur Förderung der Zahlbegriffsentwicklung (vgl. RADATZ & SCHIPPER 1983, 37; RATHGEB-SCHNIERER 2007, 104). Die fest vorgegebenen Zahlbilder sollten durch Einprägübungen schließlich in der Vorstellung der Kinder fest verankert und eine Grundlage für verständiges, nicht mechanisches Üben sein. Aus dem Streit um die den Lernprozess am besten unterstützende, optimale Anordnung der Punkte, kristallisierten sich Kriterien für die Gestaltung von Zahlbildern heraus. So sollen sie leicht überschaubar und einprägsam sein, die einzelnen Zahlbilder, insbesondere die benachbarten, sollen klar voneinander zu unterscheiden und so strukturiert sein, dass sie eine Hilfe beim Rechnen darstellen. Kühnel ergänzte die Kriterien Jahre später noch um den Aspekt, dass in jedem Zahlbild das vorausgegangene auch erkannt werden sollte. Solche Bilder besitzen einen aufbauenden Charakter, d.h. jedes neue Zahlbild schließt an das vorangehende an, indem dessen Punkteanordnung erhalten und um einen weiteren Punkt ergänzt wird (vgl. RATHGEB-SCHNIERER 2007, 104; SCHÜTTE 2004, 5).

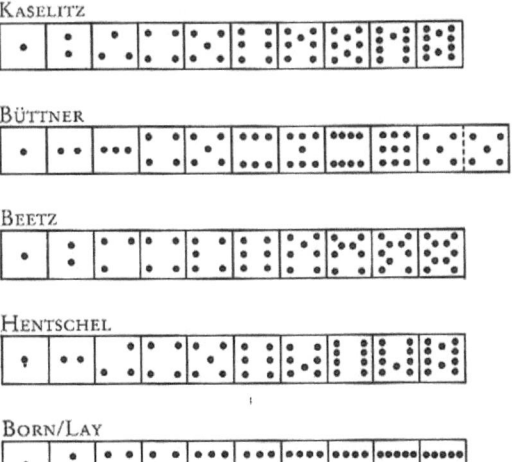

Abbildung 1.21:
Historische Zahlbilder (RADATZ & SCHIPPER 1983, 38)

1.2.2.2 Würfelbilder

Zahlbilder wie die historischen, die in ihrem Aufbau fest vorgegeben sind, findet man heute in Form der Würfelbilder eines Spielwürfels in nahezu allen Schulbüchern. In Würfelspielen (vgl. Abb. 1.22a), wie sie Kinder vielfach von zu Hause oder dem Kindergarten kennen, werden neben anderen Fähigkeiten implizit die simultane und gliedernde Mengenerfassung gefördert. Würfelbilder werden in Schulbüchern aber auch als explizite Übung zur Anzahlerfassung neben linearen Darstellungen genutzt (vgl. Abb. 1.22b) sowie an vielen Stellen zur strukturierten Darstellung von Mengen verwendet (vgl. Abb. 1.22c).

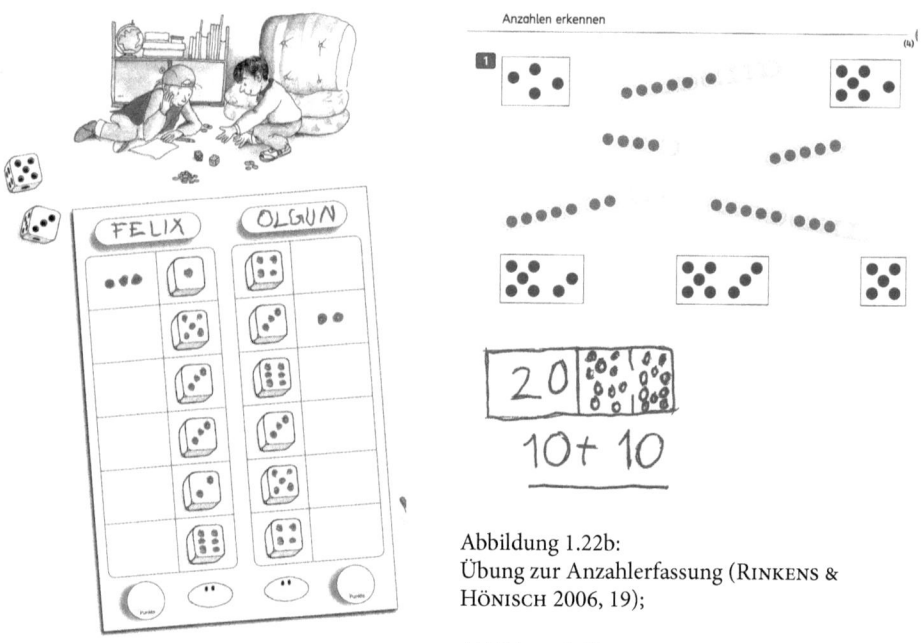

Abbildung 1.22b:
Übung zur Anzahlerfassung (RINKENS & HÖNISCH 2006, 19);

Abbildung 1.22c:
Strukturierte Mengendarstellung mit Hilfe von Würfelbildern (SCHÜTTE 2000, 24)

Abbildung 1.22a
Würfelspiel (SCHÜTTE 2000, 9)

1.2.2.3 Zahlbilder zur Förderung rechenschwacher Schüler

In enger Anlehnung an die bekannten Würfelbilder und teilweise auch an die historischen Vorbilder entwickelten verschiedene Mathematikdidaktiker Zahlbilder zum Rechnenlernen, häufig besonders zur Förderung von Kindern mit Lernschwächen (vgl. z.B. Entwicklung von Würfelbildern unter geometrischen Gesichtspunkten, HESS 1997; Das Würfelhaus, STRAUSS-EHRET 2004). Ein bekanntes Beispiel sind die Kieler Zahlenbilder von Christel ROSENKRANZ (HACKETHAL & ROSENKRANZ 1995; vgl. Abb. 1.23). Mit den von ihr entwickelten Zahlenbildern im Zehnerhaus versucht sie Kindern zunächst ein fest strukturiertes Mengenbild jeder Zahl von

1-10 zu vermitteln. Genau dies ist auch das Anliegen der anderen Autoren von Zahlbildern: Die figuralen Flächendarstellungen sollen ermöglichen, dass Schüler in der Vorstellung direkt auf Mengen als individuelle Gestalten zurückgreifen können. Hier liegt aber zugleich auch ihr Problem. Kinder haben zwar häufig alle Würfel- oder Zahlbilder sicher abgespeichert und können durch Simultanerfassung sofort die richtige Anzahl nennen, ohne einzelne Punkte zu zählen. Neben der Tatsache, dass sich diese strukturellen Vorstellungen nur schwer oder gar nicht auf größere Zahlenräume übertragen lassen, sind diese Darstellungen teilweise nur eingeprägt, im Sinne von „auswendig gelernt". Die individuellen Gestalten werden als „figurale Ganze" und nicht als Zusammensetzung aus Einheiten wahrgenommen (vgl. VON GLASERSFELD 1982, 199). Zeigt man Kindern beispielsweise das Fünfer-Würfelbild, nennen sie häufig den Namen für das Muster: „Das ist *die* Fünf". Der Zusammenhang zur Anzahl der Punkte wird nicht hergestellt, es ist also nicht unbedingt klar, dass auf „der Fünf" auch fünf Punkte abgebildet sind. Dadurch können die Strukturen, z.B. fünf ist zusammengesetzt aus vier und eins (vgl. Abb. 1.24), nicht flexibel genutzt werden (vgl. SCHERER 1999, 33f.).

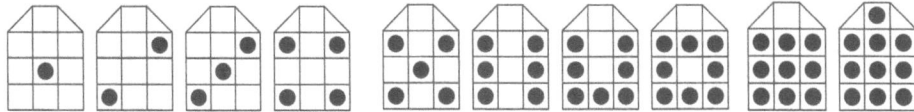

Abbildung 1.23:
Die Kieler Zahlenbilder (HACKETHAL & ROSENKRANZ 1995)

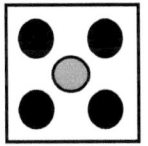

Abbildung 1.24:
Mögliche Strukturierung der Würfelfünf (eigene Abb.)

1.2.2.4 Zahlzerlegungsübungen

Zum Bereich der Zahlzerlegung gibt es in jedem Mathematiklehrwerk der 1. Klasse eine Vielzahl an Übungen, bei denen es noch vor dem formalen Rechnen mehr oder weniger systematisch um die Zerlegung der Zahlen bis 10 in zwei (oder mehr) Summanden geht. Mit Hilfe dieser Aufgaben (vgl. Abb. 1.25) soll der strukturelle Aufbau der Zahl betrachtet werden, um diese später beim Rechnen flexibel zerlegen zu können. Die Zerlegungen werden ebenfalls mit strukturierten, räumlichen Mustern dargestellt, deren Anordnungen zwar von den Schulbuchautoren vorgegeben, im Vergleich mit den oben beschriebenen Zahlbildern jedoch nicht durchgängig gleich strukturiert sind.

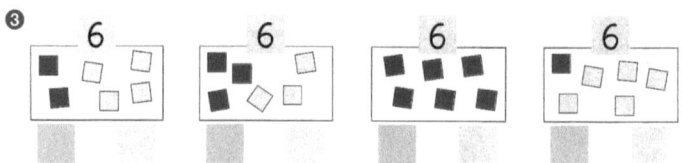

Abbildung 1.25:
Zerlegung der 6 (EIDT et al. 2001a, 13)

1.2.2.5 Schöne Muster – eigenstrukturierte Zahlbilder

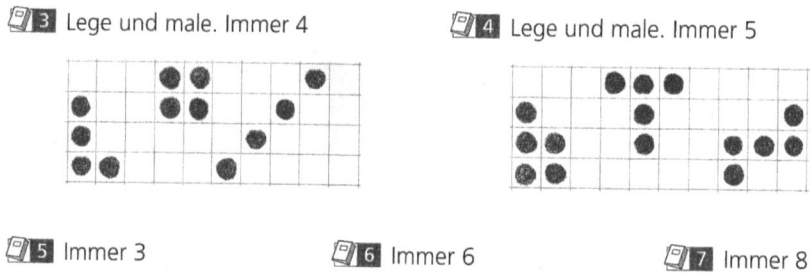

Abbildung 1.26:
Schöne Muster (WITTMANN & MÜLLER 2004a, 16)

Weder von Schulbuchautoren noch von Lehrern vorgegeben, sondern von den Kindern strukturiert sind die „schönen Muster" und die eigenstrukturierten Zahlbilder. Ansätze für entsprechende Übungen zum flexiblen Operieren mit konkreten Zähldingen besitzen eine über hundertjährige Tradition, man findet sie z.B. in der um 1850 entwickelten monographischen Methode von A.W. Grube. Das Strukturieren und Umstrukturieren von „Feldern" durch die Schüler spielte unter gestaltpsychologischen Aspekten in der ganzheitlichen Rechendidaktik von J. Wittmann eine grundlegende Rolle für die Begriffsbildung bei Zahlen und Zahloperationen (vgl. WITTMANN & MÜLLER 1994, 24). Als „Zählübungen an abstrakten Mengen" wurden solche räumlichen Strukturierungsübungen einer gegebenen Plättchen- oder Stäbchenmenge von H. WINTER (1981, 209) und RADATZ & SCHIPPER (1983, 54) wieder aufgegriffen. WINTER ging es bei den Übungen darum, Anzahlen angemessen rasch und sicher bestimmen zu lernen, bei Mengen über 5 insbesondere durch „geeignetes Gliedern" (vgl. ebd., 211). Die Kinder sollten dabei zunächst *schöne Muster* legen und zeichnen, um verschiedene Bilder zu einer Zahl zu erhalten. WITTMANN & MÜLLER (1994, 24ff.; vgl. Abb. 1.26). geben in ihrer analogen Übung „Freies Ordnen einer Plättchenmenge" als ein Ziel die Förderung der Simultanerfassung an, betonen aber auch die Bedeutung, die schönen Anordnungen zu beschreiben und über die Zerlegung in Teilmengen zu kommunizieren. Spannend hierbei ist das „Hineinsehen" verschiedener Sichtweisen in ein und dieselbe Konfiguration (vgl.

Abb. 1.27) und der Austausch darüber. Die Zerlegungen werden unter Verwendung des Plus-Zeichens additiv notiert.

Abbildung 1.27:
„Schöne" Muster zur 10 und verschiedene Sichtweisen eines 10er-Musters (SCHÜTTE 2000, 32f.)

Um ein flexibles Ausnutzen von Strukturen anzubahnen, ist es notwendig, den Kindern bei Übungen zur Anzahlerfassung das Ausnutzen effektiver Strukturen zu ermöglichen und sie schon bei kleineren Anzahlen bewusst dazu anzuhalten. „Insbesondere ist es in größeren Zahlenräumen erforderlich, Anzahlen flexibel zu erfassen. Das heißt, das Erfassen einer linearen Darstellung reicht nicht unbedingt aus, vielmehr ist es notwendig, verschiedene Felderstrukturen schnell zu erfassen, bspw. auch für das Einmaleins." (SCHERER 1999, 27) In Schulbüchern findet man zur gliedernden Mengenerfassung inzwischen vermehrt Blitzblickübungen. Dies sind Übungen, in denen Mengen strukturiert dargestellt und sehr kurz präsentiert werden, so dass die Kinder keine Zeit zum Abzählen der einzelnen Punkte haben, sondern die Anzahl simultan erfassen oder unter Ausnutzung der Strukturen bestimmen sollen. Dies geschieht entweder mit Hilfe mehrerer unterschiedlicher Anschauungsmittel (vgl. Abb. 1.28) oder über eigenstrukturierte Zahlbilder (vgl. Abb. 1.29). Die bewegliche mentale Gliederungsfähigkeit soll hier aufgebaut werden, indem die Kinder selbst Mengendarstellungen erzeugen und sie mit verschiedenen Farben, Abständen, Formen oder Größen der Elemente gliedern. Die Güte der Gliederungen können sie überprüfen, indem sie sie einem anderen Kind „blitzen" und anschließend gegebenenfalls optimieren. Es findet damit ein bewusster Austausch über Strategien des Strukturierens und der (quasi-) simultanen Mengenwahrnehmung statt.

Abbildung 1.28:
Blitzblickübungen mit verschiedenen
Anschauungsmitteln (RINKENS & HÖNISCH 2006, 19)

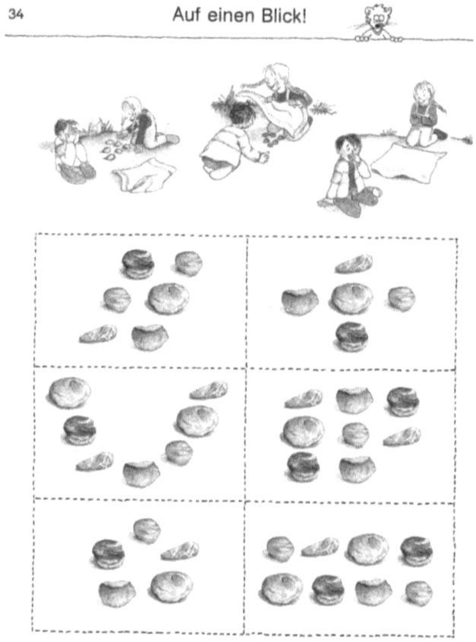

Abbildung 1.29:
Blitzblickübung mit eigenstrukturierten
Zahlbildern (SCHÜTTE 2000, 34)

1.2.3 Dekadisch strukturierte Anschauungsmittel als räumliche Muster und als Musterfolgen

Dekadisch strukturierte Anschauungsmittel weisen eine Fünfer- und Zehnergliederung auf und sollen durch die Anordnung der Zahlen, Felder, Striche, etc. die Zehnerstruktur unseres Zahlsystems veranschaulichen. Hintergrund dieser gegliederten Materialien ist, dass Schüler sich neben strukturierten inneren Zahlbildern auch ihren eigenen Vorstellungs*raum* der Zahlen konstruieren sollen, in dem die Zahlen eine Anordnung besitzen. Der vorgestellte Zahlenraum weist also eine Struktur auf, die sich aus der räumlichen Anordnung der Zahlen und ihrer Stellung, d.h. ihrer Beziehungen zueinander bildet. Lehrer verwenden dekadisch gegliederte Anschauungsmittel in der Hoffnung, dass sie die mentalen Konstruktionen der Schüler unterstützen und deren Vorstellungsbilder schließlich ähnlich aufgebaut sind (vgl. LORENZ 1992, 137f.; ausführlich Kap. 2.2).

1.2.3.1 Dekadisch strukturierte Anschauungsmittel im 1. Schuljahr

Aktuelle Mathematikbücher des 1. Schuljahres nutzen als konventionalisierte Darstellungsweise dezimaler Struktur mindestens ein linear und ein flächig angeordnetes Anschauungsmittel. Im Folgenden werden weder die damit verbundenen Zahlaspekte, noch Vor- und Nachteile einzelner Materialien diskutiert, sondern der Fokus ausschließlich auf eine Betrachtung der den Anschauungsmitteln innewohnenden Struktur gelegt. Für die flächigen Anordnungen seien exemplarisch das in Abbildung 1.30 abgebildete Zehnerraster, das Zwanzigerfeld und der 20er-Rechenrahmen genannt und beschrieben, die Analysen können jedoch auf alle flächigen Materialien übertragen werden, die nicht mit Ziffern beschriftet sind.

Das Zehnerraster stellt als Doppelfünfer eine Veranschaulichung des Zahlenraums bis 10 dar. Das 2x5 Quadrat-Gitter ist aus zwei Reihen zu fünf Quadraten aufgebaut, die implizite Struktur kann aber auch als fünf Spalten zu je zwei Quadraten interpretiert werden. Die Kanten der Einheiten sind vertikal und horizontal verbunden.

Für den Zahlenraum bis 20 gilt für flächige Veranschaulichungen – je nach Sichtweise – die Anordnung der Elemente in Zehnerreihen bzw. Zehnerfeldern. Im Zwanzigerfeld halbiert der größere Abstand zwischen dem fünften und sechsten Quadrat die Zehnerreihe durch das gestaltpsychologische ‚Gesetz der Nähe' (vgl. Kap. 2.1.1.2) in zwei Fünfer-Einheiten. Hier wie auch beim Rechenrahmen ist die untere Reihe eine exakte Wiederholung der oberen (oder umgekehrt), angeordnet in lotrechter 1-zu-1-Zuordnung, wodurch eine Abbildung der Teilräume (hier in Form der Zehnerreihe) aufeinander gegeben ist. Für das Zwanzigerfeld gilt diese strukturelle Übereinstimmung rein optisch auch für die Fünfergliederung und die Zehnerfelder, bei beiden sind die jeweiligen Gruppierungen äußerlich gleich. Beim Rechenrahmen sind die zehn Perlen auf einer Stange durch unterschiedliche Farben (gestaltpsychologisches ‚Gesetz der Gleichheit') zu je fünf Perlen gegliedert, wodurch unterschiedlich farbige Zehnerfelder entstehen. Für eine Strukturierung der zwanzig Perlen in Fünfer muss sowohl die Farbe als auch der Abstand (unterschiedliche Stangen) beachtet werden.

An visuell-geometrisch fassbaren Beziehungen lässt sich bei flächigen Anschauungsmitteln also potentiell eine Zerlegung in gleich große (gleich lange, gleich

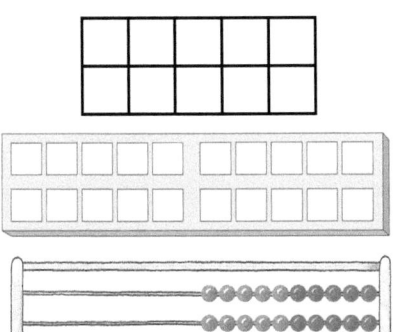

Abbildung 1.30:
Flächig angeordnete, dekadisch gegliederte Anschauungsmittel; von oben nach unten: Zehnerraster (eigene Abb.), Zwanzigerfeld (EIDT et al. 2001a, 44), Rechenrahmen (RINKENS & HÖNISCH 2006, 21)

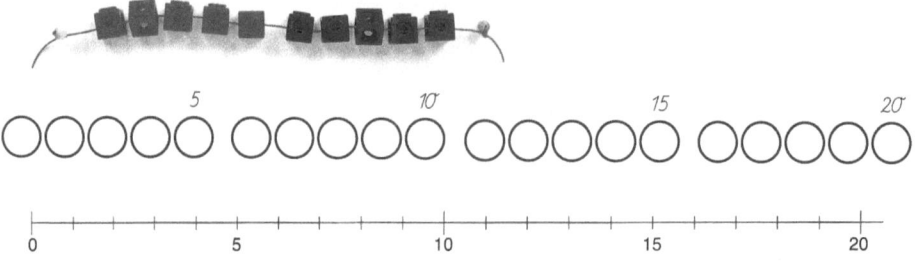

Abbildung 1.31:
Linear angeordnete, dekadisch gegliederte Anschauungsmittel; von oben nach unten: Rechenkette aus Steckwürfeln (EIDT et al. 2001a, 25), Zwanzigerreihe (WITTMANN & MÜLLER 2004a, Material zum Schülerbuch), Zahlenstrahl (LORENZ 1999, 20)

mächtige) Struktureinheiten wahrnehmen, die sich mindestens horizontal, meistens zusätzlich auch vertikal kongruent aufeinander abbilden lassen.

Als lineare Anordnungen werden die Rechenkette, die Zwanzigerreihe und der Zahlenstrahl betrachtet (vgl. Abb. 1.31). Wie bei den flächigen Anschauungsmitteln gibt es auch die linearen für unterschiedlich große Zahlenräume. Die Gliederung erfolgt in linear, also ausschließlich nebeneinander angeordneten Fünfergruppen, die durch unterschiedliche Farben (Rechenkette), Abstände (Zwanzigerreihe), längere oder dickere Striche, Zeiger etc. (Zahlenstrahl) unterschieden werden. Häufig sind die Zehner nochmals besonders markiert und bei graphischen Darstellungen meist alle oder zumindest Fünfer- und Zehnerstellen mit entsprechenden Ziffern beschriftet. Durch die serielle Anordnung als fortlaufendes Band ergibt sich keine spontan ersichtliche Abbildung der Teilräume aufeinander (vgl. LORENZ 1992, 153). Abstrahiert man von den Farben und Ziffern, werden vertikale Symmetrien bzw. eine Wiederholung gleich großer (gleich langer) Struktureinheiten deutlich.

Die visuell erfassbare, geometrische Gliederung der Anschauungsmittel ist insbesondere wichtig für eine quasi-simultane Auffassung der Zahlen bis 20 (im 1. Schuljahr), die durch eine Zusammenfassung von je fünf bzw. zehn Elementen aufgrund ihrer Strukturierung möglich wird (vgl. GERSTER 1994, 41). Mit dekadisch strukturierten Materialien sollen die Schüler also unterstützt werden, Gruppen von Elementen simultan zu erfassen (den Fünfer oder Zehner) und mit einer zweiten Menge in eine operative Beziehung zu setzen, bzw. größere Mengen in diese Einheiten zu gliedern. Für das letztere ist eine Vorstellung der simultan erfassbaren Grundeinheiten erforderlich, die es herauszulösen bzw. in die Gesamtstruktur zu integrieren gilt (vgl. HESS 1997, 212). Dies ist laut LORENZ (1992, 144) kein einfacher Wahrnehmungsakt.

1.2.3.2 Schwierigkeiten im Umgang mit dekadisch strukturierten Anschauungsmitteln

„Ob als Zehnerstreifen, Zehnerstab, Zehnerreihe oder Zehnerspalte, alle können – vorausgesetzt sie sind als solche vereinbart (d.h. gelernt) – ohne Zählen als Ganzheiten wahrgenommen werden und erleichtern die simultane Zahlerfassung der Zehn." (KRAUTHAUSEN 1995, 95)

Die besondere Schwierigkeit bei der Arbeit mit dekadisch gegliederten Anschauungsmitteln liegt in dem von KRAUTHAUSEN eingeschobenen Satz: Das Kind muss *sicher sein*, dass immer fünf bzw. zehn Elemente zusammen gruppiert sind. Die Gliederungsfähigkeit lässt Mengen zwar ökonomisch zerlegen und additiv aufbauen, allerdings muss bereits der Fünfer mental gegliedert werden. Die Erfassung von fünf oder gar von zehn linear angeordneten Elementen ist somit eine aktiv zu erbringende kognitive Leistung (vgl. HESS 2003, 83ff.). SCHÜTTE (2004, 6) beschreibt das häufig zu beobachtende Problem, dass Kinder die Perlen von Rechenketten immer wieder einzeln abzählen, obwohl diese ja gerade eingesetzt werden, um ein schnelles Überblicken und Verschieben von Anzahlen durch „Überschauen" der fünf jeweils in einer Farbe gekennzeichneten Perlen zu ermöglichen. Einen der Gründe sieht sie eben darin, dass fünf Perlen in einer Reihe nicht simultan zu erfassen sind. „Man kann *wissen*, dass es fünf sein müssen, aber es nicht wirklich auf Anhieb *sehen*." (ebd.; Hervorhebung ML) Außerdem gibt sie zu bedenken, dass die didaktische Struktur von Anschauungsmitteln (in ihrem Beispiel die lineare Fünfergliederung) vorgegeben, also nicht aktiv hergestellt und in der Regel auch nicht diskutiert wird.

Ähnliches beobachtete HESS in Bezug auf das Zwanzigerfeld, das aus in Reihen angeordneten Elementen mit größerem Abstand in der Mitte besteht:

„Die Fünfer-Einheit ist für sie [die Schüler im Anfangsunterricht] eine Schachtel, die sie am Signal ‚Abstand' zwar erkennen, aber nur zählend zu öffnen vermögen. Es fehlt ihnen die Kompetenz, den Fünfer aktiv zu gliedern und so Gewissheit über die Anzahl Elemente zu bekommen. Obwohl die Lehrerin sagt: ‚Vor dem Abstand sind es immer fünf' trauen sie erst, nachdem sie nachgezählt haben." (HESS 2003, 83)

HESS (ebd., 81f.) bezeichnet das Strukturierungsmerkmal ‚Abstand' als ein willkürliches oder externes, da es keinen inhaltlichen Zusammenhang zur Anzahleigenschaft der Menge besitzt und somit als assoziativer Reiz für die ökonomische Bestimmung größerer Anzahlen wirkt. Wenn der Fünfer nicht mental gegliedert werden kann, könnten demnach fünf oder sechs Punkte vor oder nach der Zäsur liegen, das Kennzeichen würde die gleiche Reaktion „es sind fünf" auslösen.

Für vorliegende Studie ist nicht so sehr von Interesse, ob Schüler am Schulanfang die Elementeanzahl einer Struktureinheit exakt bestimmen können, sondern ob sie die (visuelle) Gliederungshilfe ‚Abstand' überhaupt wahrnehmen. Sind Schulanfänger tatsächlich in der Lage, eine spontane Gliederung der Elemente, insbesondere eine Gliederung in *gleich große* Teile vorzunehmen? Ist ihnen bewusst, dass jede Struktureinheit *gleich viele* Elemente enthält (auch wenn sie diese Anzahl noch nicht genau bestimmen können)?

1.2.3.3 Dekadisch strukturierte Anschauungsmittel als Musterfolge

Sowohl linear als auch räumlich angeordnete, dekadisch strukturierte Anschauungsmittel besitzen – sofern die einzelnen Elemente nicht mit Ziffern gekennzeichnet sind – die Eigenschaften sich wiederholender Musterfolgen. So lässt sich bei allen eine Grundeinheit identifizieren, die entweder aus fünf oder zehn gleichen Elementen besteht. ‚*Fünf Kreise/Quadrate*' wäre die Grundeinheit der Zwanzigerreihen, -felder, etc. und ‚*ein langer Strich, neun kurze Striche*' die des abgebildeten Zahlenstrahls. Die Grundeinheit der Rechenketten oder -rahmen kann sowohl als ‚*fünf rote und fünf blaue Perlen*' als auch als ‚*fünf Perlen pro Farbe*' interpretiert werden. Durch unveränderte Aneinanderreihung der jeweiligen Grundeinheit kann das Anschauungsmittel entweder wie bei den klassischen Musterfolgen linear in eine Richtung fortgesetzt werden (Rechenkette, Zahlenstrahl, etc.) oder als flächige Musterfolge in zwei Dimensionen (Zwanzigerfeld, Rechenrahmen etc.). Diese Möglichkeit der Fortsetzung beschreiben RADATZ et al. (1996, 42) übrigens als ein Merkmal „guter" Anschauungsmittel. Die Wiederholung bekannter Struktureinheiten ähnlich einer Musterfolge geschieht tatsächlich häufig bei Zahlraumerweiterungen, man denke beispielsweise an das Hunderterfeld, das durch Aneinanderreihung der Grundeinheit ‚*fünf Kreise/Quadrate*' entsteht oder den Tausender-Zahlenstrahl, der die bekannte Gliederung zunächst lediglich in einem größeren Zahlraum fortsetzt. Die Veranschaulichungen größerer Zahlräume bedürfen der Übersichtlichkeit halber jedoch weiterer Untergliederungen, weshalb sie im engeren Sinne nicht die regelgerechte Fortsetzung einer Musterfolge darstellen.

Mit diesen Ausführungen soll gezeigt werden, dass dekadisch strukturierte Anschauungsmittel, wie sie oben beschrieben sind, als Musterfolgen interpretiert werden können. Aus dieser Tatsache folgt unmittelbar, dass das Prinzip der Musterfolge und damit verbunden ihre Bedeutung, diesbezügliche Aktivitäten, Forschungserkenntnisse, etc. nicht nur auf „Vorschulformate" wie *Quadrat, Kreis, Dreieck, ...* beschränkt sind, sondern mit den Anschauungsmitteln einen Kern des Mathematikunterrichts in der Primarstufe betreffen.

1.2.3.4 Eigenstrukturierte Zahlbilder im Zehnerfeld

Dekadisch strukturierte Anschauungsmittel können Musterfolgen sein, das wurde oben gezeigt. Wenn sie aber nicht als *leere* Felddarstellung, sondern in Verbindung mit Plättchen u.ä. im Unterricht genutzt oder die Perlen im Rechenrahmen zur Zahldarstellung verschoben werden, können sie auch räumliche Muster darstellen (vgl. Abb. 1.28). Anschauungsmittel in ihrer Funktion als räumliche Muster werden

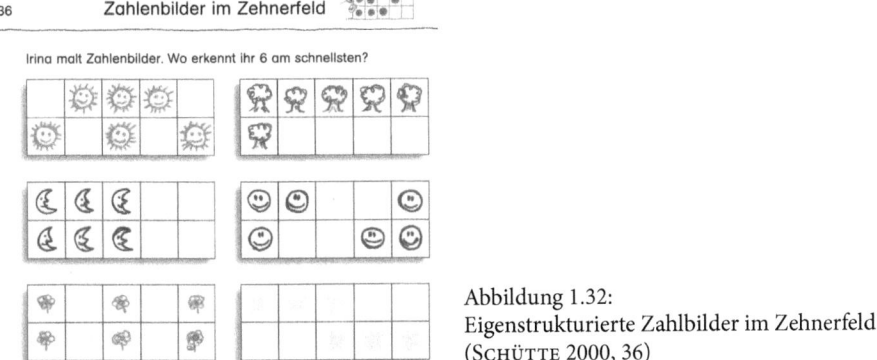

Abbildung 1.32:
Eigenstrukturierte Zahlbilder im Zehnerfeld
(SCHÜTTE 2000, 36)

nun im letzten Teil des vorliegenden Kapitels am Beispiel der eigenstrukturierten Zahlbilder im Zehnerfeld exemplarisch betrachtet, die Erkenntnisse können jedoch auf alle vorgegebenen Zahlbilder mit strukturiertem Hintergrund übertragen werden.

Ein weiterer Schritt bei der Arbeit mit den in Kapitel 1.2.2.5 beschriebenen eigenstrukturierten Zahlbildern ist der Einbezug einer didaktisch vorstrukturierten Rahmung mit Fünfer- und Zehnergliederung, meist dem Zehner- oder Zwanzigerfeld. Die Darstellung der Zahlen erfolgt durch Anordnung der Punkte in einem Gitterraster. Der Vorteil eines Zehnerrasters (Doppelfünfer) liegt nach GERSTER (2005, 212) darin, dass alle Anzahlen ohne Zählen erfasst werden können: bis zu vier Punkte auf einen Blick, die fünf Punkte durch die aufgefüllte Reihe und alle weiteren Punktanzahlen durch Gruppieren. Die Beziehung der Zahlen zur Fünf und zur Zehn kann bei dieser Darstellung gleich mitgedacht werden. Das Zehnerfeld als Grundlage für Zahldarstellungen, besitzt noch weitere Vorteile und hat sich vor allem auch in der Arbeit mit rechenschwachen Kindern bewährt (vgl. auch RATHGEB-SCHNIERER 2007).

Eigenstrukturiert sind die Zahlbilder im Zehnerfeld dann, wenn das didaktische Material von den Kindern tatsächlich selbst strukturiert wird. Nach vielfältigen Aktivitäten zum Überblicken frei gelegter Anzahlen erhalten die Kinder ein leeres Zehnerfeld mit der Frage „Wo (bei welcher Anordnung) erkennst du sechs am schnellsten?" (vgl. SCHÜTTE 2004, 7; Abb. 1.32). Ohne den Begriff verwendet zu haben, macht diese Frage den Kindern deutlich, dass es um quasi-simultanes Erfassen geht und fordert zum Probieren, Gruppieren, darüber Reden und Begründen heraus. Die Kinder entdecken, dass bestimmte Anordnungen einer Anzahl besser überblickt werden können als andere und erhalten so eine zentrale Einsicht in den Zusammenhang zwischen der Anordnung einer Anzahl und ihrer quasi-simultanen Erfassbarkeit (RATHGEB-SCHNIERER 2007, 108). Auf der Grundlage des Ausprobierens und der gemeinsamen Diskussion stellen die Kinder schließlich eigene Zahlbildkarten her (vgl. Abb. 1.33 als Beispiel für einen möglichen Aufbau der Zahlen 1 bis 10). Ein wichtiger Lerneffekt im Hinblick auf das Zahlverständnis liegt nach SCHÜTTE (ebd.) darin, dass die Kinder bereits bei der Herstellung der Punktebilder auf den Karten den aufbauenden Charakter der Zahlen (jeweils ein neues Symbol wird angeschlossen, um die nächste Zahl zu konstruieren) intensiv wahr nehmen. Auch mögliche Teilgliederungen der einzelnen Zahlen werden bewusst.

Als Endprodukt liegen gemeinsam mit der Klasse vereinbarte Zahlbildkarten vor, die die Zahlen von 1 bis 10 wahrscheinlich entweder mit ihren Beziehungen zur 5 und zur 10 oder zur Verdoppelung darstellen. Ähnliche Veranschaulichungen wie die in Abbildung 1.33 dargestellten „Kennkarten" (vgl. GERSTER 2005) finden auch in anderen Lehrwerken Verwendung (z.B. im Zahlenbuch 1).

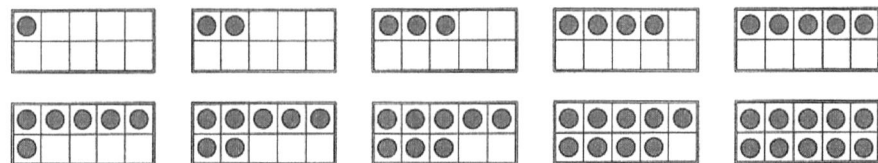

Abbildung 1.33:
Kennkarten der Zahlen 1 bis 10 mit ihren Beziehungen zur 5 und zur 10 (GERSTER 2005, 212)

Das vorliegende Kapitel zeigt, dass die Muster und Strukturen, denen Kinder am Schulanfang am häufigsten begegnen, Musterfolgen und räumliche Muster mit ihren innewohnenden Strukturen sind. Diese treten einerseits als klassische Musterfolgeaufgaben auf, andererseits als Veranschaulichungen für Zahlen (Zahlbilder) und dezimale Strukturen (dekadisch strukturierte Anschauungsmittel). Muster und Strukturen sind somit von Anfang an integraler Bestandteil des Mathematikunterrichtes in der Schule und damit die Fähigkeit zum Erkennen und Nutzen von Strukturen und Mustern eine unverzichtbare Voraussetzung.

			Man sieht nur, was man weiß.
87	I	Dann sind das drei? Erklär mir noch mal, das hab ich nicht ganz verstanden.	(GERSTER 2005, 208)
88	M	Das sind so'n kleines Pünktchen, rote. (*verschiebt die Plättchen in der horizontalen Reihe etwas auseinander*)	
89	I	Ja.	
90	M	Und du, du machst so (*schiebt die Plättchen zurück in exakte horizontale Reihe*) und dann sind das drei und wenn du das wissest kannst du auch merken dass es drei [sind].	

(aus dem Interview mit Moskan)

2 Wahrnehmungspsychologische und didaktische Grundlagen der Mustererkennungs- und Strukturierungsfähigkeit

Muster und Strukturen gehören von Anfang an zum Kern des Mathematikunterrichtes, das hat Kapitel 1 dezidiert dargelegt. Folglich sind das *Erkennen* und *Nutzen* von Mustern und Strukturen sowie das aktive Herstellen und Umdeuten von Beziehungen bereits im Anfangsunterricht benötigte Fähigkeiten. Insbesondere die Fähigkeit, Strukturen und Beziehungen in ein Anschauungsmittel und damit in ein Muster „hineinzusehen", ist als eine fundamentale Anforderung für den Aufbau neuen mathematischen Wissens anzusehen (vgl. SÖBBEKE 2005, 67). Inwieweit Schulanfänger tatsächlich in der Lage sind, Gruppierungen und Strukturierungen von Elementen in dinglichen Anordnungen und bildlichen Darstellungen vorzunehmen und Beziehungen zwischen den Elementen sowie zwischen den Struktureinheiten herzustellen, kurz – mathematische Diagramme in ihrer strukturellen Mehrdeutigkeit zu durchdringen, untersucht die vorliegende Studie. Da solche Kompetenzen maßgeblich auf den komplexen Prozessen der perzeptiven Wahrnehmung und der kognitiven Verarbeitung von Reizinformationen basieren, stellt dieses Kapitel die wahrnehmungspsychologischen Grundlagen dar und diskutiert sie. Es gibt dabei keinen vollständigen Überblick über den Aufbau der Wahrnehmungsapparate und die physiologischen Wahrnehmungsprozesse. Die Darstellung legt den Fokus auf diejenigen wahrnehmungspsychologischen Aspekte, die für Mustererkennungs- und Strukturierungsprozesse grundlegend sind und arbeitet ihre Bedeutung hinsichtlich der mathematikdidaktischen Fragestellung heraus.

Wie in Kapitel 1 gezeigt, begegnen Kindern am Schulanfang Muster und Strukturen in Form von dinglichen und bildlichen Anordnungen sowie in mathematischen Anschauungsmitteln. Beide Formen werden auch in der empirischen Studie eingesetzt. Als weitere Grundlage neben der Wahrnehmung visuell-geometrischer Strukturen (Kap. 2.1) betrachtet Kapitel 2.2 daher die didaktischen Grundlagen zu mathematischen Strukturen in Veranschaulichungen und Anschauungsmitteln. Es entfaltet die Funktion von Veranschaulichungen und Arbeitsmitteln als Repräsentanten mathematischer Strukturen, zeigt die Bedeutung mentaler Vorstellungsbilder für mathematische Lernprozesse auf und begründet sie.

Eine bedeutende Rolle spielt die Strukturierungsfähigkeit für die quasi-simultane Zahlerfassung, das wurde in Kapitel 1.2.2 bereits ausführlich aufgezeigt. Insbesondere stellt das ‚Subitizing' (s.u., Kap. 2.3) eine weitere Grundlage dar, bei der sich wahrnehmungspsychologische und mathematikdidaktische Forschung überschneidet. Das kurze Kapitel 2.3 stellt Studien zur simultanen Zahlerfassung dar und klärt wesentliche Inhalte, die für die vorliegende Studie bedeutsam sind.

2.1 Wahrnehmungspsychologische Grundlagen der Mustererkennungs- und Strukturierungsfähigkeit

Die menschliche Wahrnehmung unterliegt Einflüssen, deren Prinzipien in diesem Kapitel dargestellt werden. Vor allem die Gestaltpsychologie beschrieb verschiedene Faktoren, die prägend für die Art und Weise sind, wie der Mensch sein Wahrnehmungsfeld strukturiert. Die Gestaltung von Unterrichtsmaterial, z.B. didaktisch vorstrukturierte Anschauungsmittel oder die Anordnung von Veranschaulichungen in den Mathematikbüchern basieren auf diesen sogenannten ‚Gestaltfaktoren', weshalb der erste Teil (vgl. Kap. 2.1.1) diese ausführlich beschreibt.

Die menschliche Wahrnehmung ist aber immer auch eine *aktive* Auseinandersetzung des Wahrnehmenden mit dem Wahrzunehmenden, was generell mehrere Möglichkeiten impliziert, wie ein bestimmtes Objekt aufgefasst werden kann. Allein aufgrund der Eigenschaften des Objekts lässt sich nicht mit Sicherheit bestimmen, was der einzelne Betrachter an Information aufnimmt. So besitzen verschiedene Kinder unterschiedliche Sichtweisen des gleichen Anschauungsmaterials, obwohl dieses auf eine festgelegte Art und Weise „vorstrukturiert" ist. Von welchen Faktoren die Wahrnehmung als aktiver **Konstruktionsprozess** abhängt, wird in einem zweiten Teil nachgegangen (vgl. Kap. 2.1.2).

Für die Stichprobe der vorliegenden Untersuchung ist es außerdem von Bedeutung, welche Wahrnehmungsleistungen bei einem *Schulanfänger* vorausgesetzt werden können und welche Kompetenzen noch entwickelt oder gelernt werden müssen. Ein dritter Teil stellt daher die Entwicklung der kindlichen Wahrnehmung bis ins Grundschulalter dar (vgl. Kap. 2.1.3).

2.1.1 Strukturierung des Wahrnehmungsfeldes aufgrund gestaltpsychologischer Gesetze

2.1.1.1 Figur-Grund-Unterscheidung

Voraussetzung für jede perzeptive Separation einzelner Figuren oder Objekte ist die Trennung einer Figur vom Hintergrund, also die Fähigkeit, bestimmte Elemente des betrachteten Objektes als Figuren zu erfassen bzw. zu organisieren und das übrige

Feld als Hintergrund zu interpretieren. Diese Figur-Grund-Unterscheidung ist eine der grundlegendsten Leistungen des Wahrnehmungssystems und wesentliche Voraussetzung für eine schnelle und sichere Orientierung (vgl. KEBECK 1994, 39). Die Figur-Grund-Trennung war für die Gestaltpsychologen von großer Bedeutung, da sie in ihr die entscheidende Grundlage unserer Fähigkeit sahen, Objekte wahrzunehmen (vgl. GOLDSTEIN 2002, 198). Die von ihnen herausgearbeiteten Eigenschaften von Figur und Grund haben bis heute Gültigkeit:

- Die Figur wirkt „dinghafter", sie besitzt eine „Gestalt" und wird im Gegensatz zu den Elementen des Hintergrundes als ein zusammenhängendes Objekt wahrgenommen. Die Figur ist daher leichter im Gedächtnis zu behalten als der Hintergrund.
- Die Figur wird als vor dem Hintergrund stehend gesehen, sie erscheint dem Betrachter näher.
- Der Hintergrund wird als ungeformtes Material gesehen und erstreckt sich hinter der Figur.
- Die Figur weist größere Helligkeiten beziehungsweise Helligkeitskontraste auf als die objektiv gleich helle Fläche des Hintergrundes.

Zu beachten ist schließlich, dass die Unterscheidung von Figur und (Hinter-)Grund zu einem Zeitpunkt immer nur eine Interpretation des Reizmusters zulässt. Es gibt zwar mehrdeutige Reize, z.B. Kippfiguren wie den bekannten ‚Rubinschen Becher', bei denen eine Umkehrung der Figur-Grund-Beziehung möglich ist. Indem man den einen Teil zur Figur macht, wird der andere jedoch zwangsläufig zum unstrukturierten und formlosen Hintergrund (vgl. KEBECK 1994, 39f.; GOLDSTEIN 2002, 198ff.).

Es kann nicht immer sicher vorausgesagt werden, welche Bereiche eines Bildes als Figur und welche als Hintergrund gesehen werden. Experimente zeigten jedoch, dass bestimmte Eigenschaften diese Reize beeinflussen. Wir neigen dazu, symmetrisch geformte Bereiche als Figur wahrzunehmen, obwohl sich konvexe Figuren noch gegenüber symmetrischen durchsetzen. Reizmuster mit vergleichsweise kleineren Flächen, sowie vertikale oder horizontale Orientierungen nehmen wir eher als Figur wahr als andere Orientierungen. Schließlich sehen wir bedeutungshaltige Gegenstände mit größerer Wahrscheinlichkeit als Figuren. Die Komplexität des visuellen Reizes scheint dagegen eine eher unbedeutende Rolle zu spielen. Stark strukturierte oder aus unterschiedlichen Elementen bestehende Bereiche können ebenso als einheitlicher Hintergrund gesehen werden wie umgekehrt auch die Form, die als Figur interpretiert wird, aus einer Vielzahl einzelner Elemente gebildet werden kann (vgl. ebd.).

Die Figur-Grund-Unterscheidung besitzt eine große Bedeutung für das Lernen in der Schule. Neben der Gliederungsfähigkeit und der Raum-Lage-Wahrnehmung ist sie eine Grundvoraussetzung, um etwas zu finden (z.B. ein Buch im Ranzen oder eine Zahl auf einer Seite). Außerdem ist sie Voraussetzung, um Worte oder mehrstellige Zahlen als Ganzes auf einem Blatt herausdifferenzieren zu können. Im mathematischen Bereich ist die Figur-Grund-Wahrnehmung für den räumlichen

Begriff „zwischen" als Sonderform des Umschlossenseins zentral. Mengen können schlecht erfasst werden, wenn die Gruppierungen ihrer Elemente nicht als Einheit erkannt werden. Dadurch wird das Speichern und Umgehen mit Mengenbildern und Zahlen erschwert (vgl. OSTERMANN 2006, 46f.). Für die empirische Studie dieser Arbeit ist die Fähigkeit zur Figur-Grund-Unterscheidung insofern von Bedeutung, als dass die Kinder den präsentierten Mengen eine Ordnung, eine Struktur aufprägen sollen. Dazu müssen sie sich auf einen Teil des Gesamtbildes konzentrieren und in der Lage sein, dieses isoliert zu betrachten (vgl. LORENZ 1992, 99).

2.1.1.2 Gestaltfaktoren

Figuren besitzen, wie oben bereits angedeutet, gegenüber dem Hintergrund besondere Qualitäten. Sie weisen neben Details wie Struktur, Zusammensetzung, Größe usw. jeweils eine bestimmte Gestalt auf. Die Unterscheidung von Figur und Grund ist offenbar von der Bildung von Gestalten abhängig. Formen, Figuren und Gestalten, die wir in unserer Umwelt wahrnehmen, sind demnach also vor allem das Ergebnis von Prozessen der Gliederung und Herstellung von Zusammenhängen im Wahrnehmungsfeld. Welche Gesetzmäßigkeiten dabei gelten, haben die Gestalttheoretiker (u.a. Wertheimer, Köhler, Koffka) in den zwanziger und dreißiger Jahren des letzten Jahrhunderts erstmals experimentell untersucht (vgl. KEBECK 1994, 41f. & 150).

Gestaltfaktoren, in späteren Veröffentlichungen auch Gestaltgesetze genannt, kann man als Regeln verstehen, die beschreiben, wie das Wahrnehmungsfeld[1] gegliedert wird, wenn bestimmte Reizbedingungen gegeben sind. Wie später erläutert wird, handelt es sich bei den Gestaltfaktoren eher um Faustregeln der Auswertung, die das Wahrnehmungssystem zur Gruppierung von Einheiten benutzt (vgl. ebd.). Mathematiklehrwerke nutzen die Gestaltfaktoren, um ungeordnete Mengen zu gliedern, das Ganze oder besonders auch Teilmengen als Einheiten zu kennzeichnen. Außerdem kommen sie bei der Gestaltung und Wahrnehmung von Anschauungsmitteln zum Tragen (vgl. GERSTER 1994, 41f.; HESS 2003, 81). Im Folgenden werden die wichtigsten Gestaltfaktoren beschrieben und bezogen auf die visuelle Wahrnehmung mit Abbildungen illustriert. Dabei wird den klassischen Beispielen jeweils ein Beispiel einer mathematischen Veranschaulichung gegenübergestellt, in der das entsprechende Gestaltgesetz umgesetzt ist. Die Bilder sind ausschließlich dem Schulbuch ‚Denken und Rechnen 1' entnommen, um die Vielfalt unterschiedlicher Strukturierungen allein in einem Mathematikbuch aufzuzeigen.

Faktor der Prägnanz oder guten Gestalt
Der Faktor der Prägnanz ist der zentrale Faktor, auch als Tendenz zur guten Gestalt oder als Faktor der Einfachheit bezeichnet. Er besagt: Jedes Reizmuster wird so gesehen, dass die resultierende Struktur so einfach wie möglich ist. Gemeint ist

---
[1] Die Gestaltgesetze gelten übrigens nicht nur für die visuelle Wahrnehmung, sondern auch in den übrigen Sinnesmodalitäten.

Grundlagen der Mustererkennungs- und Strukturierungsfähigkeit 57

hiermit die Tendenz unseres Wahrnehmungssystems, das Wahrnehmungsfeld möglichst einfach zu strukturieren. Alle weiteren Faktoren lassen sich als Auswirkungen des allgemeineren Prägnanzgesetzes verstehen (vgl. GUSKI 1989, 54f.).

Faktor der Nähe
Elemente, die sich räumlich nahe beieinander befinden, erscheinen als zusammengehörig (z.B. ähnlich hohe Töne, benachbarte Reihen von Linien, Punkten, usw.) (vgl. GUSKI 1989, 55f.). Bei Anschauungsmitteln wie dem Zwanzigerfeld in Abbildung 2.8 sind die Fünfergruppierungen häufig durch größere Abstände voneinander getrennt.

„Die Form der Gruppen der Punkte mit kleinem Abstand ist die natürlich resultierende, die Form der Gruppen der Punkte mit großem Abstand entsteht nicht oder schwerer, nur künstlich, und ist labiler. In vorläufiger Formulierung: Die Zusammenfassung resultiert [...] im Sinne des kleinen Abstandes." (WERTHEIMER 1923, 308)

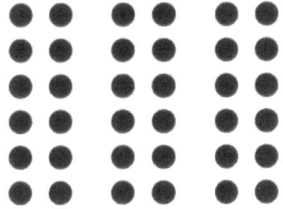

Abbildung 2.1:
Faktor der Nähe (GUSKI 1996, 30)

Abbildung 2.2:
Strukturierung durch Nähe (EIDT et al. 2001a, 8)

Faktor der Gleichheit
Ähnliche oder gleichartige Elemente (sei es hinsichtlich der Farbe, Intensität, äußeren Form, Geschwindigkeit, Höhe oder anderem) erscheinen zueinander gehörend und werden als Einheiten zusammengefasst. Im visuellen Bereich benutzt man als Beispiel gern eine Anordnung von Punkten, die horizontal und vertikal gleiche Abstände zueinander haben, aber z.B. in der horizontalen Reihung verschiedene Formen oder Intensitäten besitzen. Dies führt zu einem Wahrnehmungsergebnis, in dem die gleichartigen Punkte als zusammengehörig aufgefasst werden. Der Betrach-

Abbildung 2.3:
Faktor der Gleichheit (GOLDSTEIN 2002, 194)

Abbildung 2.4:
Strukturierung durch Farbe (EIDT et al. 2001a, 25)

58 Grundlagen der Mustererkennungs- und Strukturierungsfähigkeit

ter sieht in Abbildung 2.3b in der Regel Spalten mit gleichen Elementen (vgl. GOLD-STEIN 2002, 453f.; GUSKI 1989, 55).

Faktor des gemeinsamen Schicksals und der guten Kurve
Elemente, die sich in die gleiche Richtung bewegen oder einen gemeinsamen Verlauf haben, erscheinen als zusammengehörig. Punkte beispielsweise, die als gerade oder sanft geschwungene Linien verlaufen, wenn man sie verbindet, werden als zusammengehörig wahrgenommen. Linien werden tendenziell so gesehen, als folgten sie dem einfachsten Weg (vgl. GUSKI 1996, 30f.).

Abbildung 2.5:
Faktor des gemeinsamen Schicksals
(GUSKI 1996, 30)

Abbildung 2.6:
Strukturierung durch Körperhaltung
(EIDT et al. 2001a, 28)

Faktor der Geschlossenheit
Geschlossene Figuren werden leichter als Einheiten aufgefasst als nicht geschlossene (vgl. GUSKI 1996, 31). In Abbildung 2.7 werden die beiden breiten Zwischenräume zwischen den eng benachbarten Linien, die links noch als Hintergrund wahrgenommen werden, im rechten Teil durch die gestaltschließenden Balken zur Figur und die engen Zwischenräume zum Hintergrund.

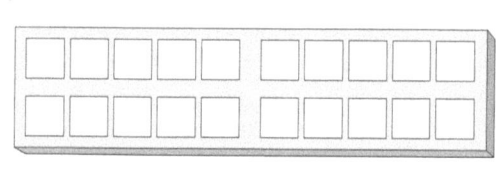

Abbildung 2.7:
Faktor der Geschlossenheit
(GUSKI 1996, 31)

Abbildung 2.8:
Die Umrandung als Begrenzung der Form verstärkt die Zusammengehörigkeit der zwanzig Quadrate
(EIDT et al. 2001a, 44)

Faktor der Bedeutung oder Vertrautheit
Elemente bilden mit größerer Wahrscheinlichkeit Gruppen, wenn die Gruppen vertraut erscheinen oder etwas bedeuten. Beispielsweise haben Schriftzeichen in unserer Kultur eine hohe Bedeutung, wir treffen sie sehr häufig an und deshalb

Grundlagen der Mustererkennungs- und Strukturierungsfähigkeit 59

werden Buchstaben auch unter ungünstigen Wahrnehmungsbedingungen (z.B. teilweise Verdeckung, Unvollständigkeit) leicht erkannt (vgl. GOLDSTEIN 2002, 195f.; GUSKI 1996, 31).

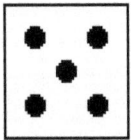

Abbildung 2.9:
Faktor der Bedeutung oder Vertrautheit
(GUSKI 1996, 32)

Abbildung 2.10:
Auch die Vertrautheit (hier mit Würfelbildern) trägt zur figuralen Organisation bei (eigene Abb.)

Faktor der gemeinsamen Region
Elemente, die innerhalb einer gemeinsamen Region liegen, werden zusammengruppiert. Dies gilt auch dann, wenn die Punkte innerhalb einer Region viel weiter auseinander liegen als Punkte aus benachbarten Regionen (vgl. GOLDSTEIN 2002, 203).

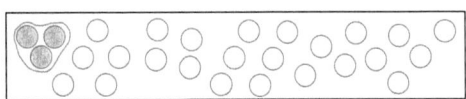

Abbildung 2.11:
Faktor der gemeinsamen Region
(GOLDSTEIN 2002, 203)

Abbildung 2.12:
Strukturierung durch Einkreisen
(EIDT et al. 2001a, 7)

Faktor der Verbundenheit der Elemente
Elemente, die miteinander verbunden sind, werden als Einheit gesehen (vgl. ebd.).

Abbildung 2.13:
Faktor der Verbundenheit der Elemente
(GOLDSTEIN 2002, 203)

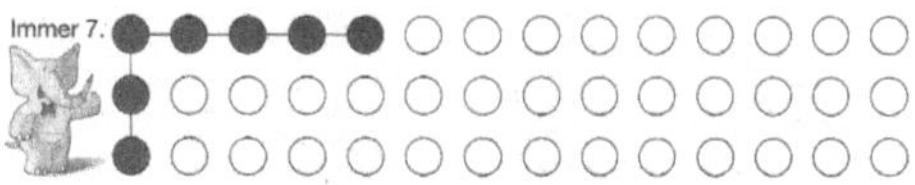

Abbildung 2.14:
Strukturierung durch Verbinden der Elemente
(EIDT et al. 2001c, 4)

Faktor des Aufgehens ohne Rest
Bei Darstellungen, die eine Gliederung in Untergruppen nahelegen, erfolgt eine Aufteilung in gleich große beziehungsweise gleiche oder nach demselben Prinzip aufgebaute Untergruppen. Gibt es aber nach einer durchgeführten Gliederung dennoch Lücken (also fehlende Elemente) oder zusätzliche Elemente, dann tendiert das Wahrnehmungssystem dazu, diese Abweichungen zu „übersehen". (vgl.

60   *Grundlagen der Mustererkennungs- und Strukturierungsfähigkeit*

KEBECK 1994, 155) „Sowohl ‚Anhängsel' als auch ‚Lücken' an einer Gesamtgestaltung enthalten einen Drang zur Änderung: zur Abstoßung oder zur Ergänzung […]." (METZGER 1966, 705) Für vorliegende Untersuchung ist von Interesse, ob der Faktor des Aufgehens ohne Rest bei der Bearbeitung der in Abb. 2.15 abgebildeten Punktemuster eine Rolle spielt. Zu erwarten wäre demnach beispielsweise beim 7er-Punktefeld entweder die Tendenz, das fehlende Plättchen (oben links) zu ergänzen oder das ein geschlossenes 2x3-Rechteck überschreitende Plättchen (unten links) zu vernachlässigen.

 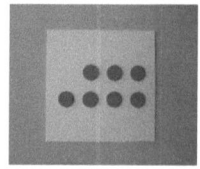

Abbildung 2.15:
Spielt der Faktor des Aufgehens ohne Rest bei der Bearbeitung dieser Untersuchungsaufgaben eine Rolle?

2.1.1.3 Kritik

Die Erklärungen der Gestaltpsychologie sind in der Zwischenzeit vielfach kritisiert und neu interpretiert worden. Einer der Einwände gegen den Ansatz der Gestaltpsychologie ist, dass er die festgestellten Phänomene nur beschreiben, aber nicht erklären kann, *wie* und *warum* die durch die Gestaltgesetze formulierten Wahrnehmungen entstehen. Weiterhin gibt es erhebliche Schwierigkeiten, genaue *Vorhersagen* über Wahrnehmungsergebnisse zu machen. Die Gesetze enthalten keine *Kriterien* für Einfachheit, Ähnlichkeit, Nähe, Prägnanz usw., Erklärungen werden meist erst im Nachhinein geliefert (vgl. GUSKI 1989, 57f.).

Ein anderer Einwand gegen den gestaltpsychologischen Ansatz lautet, dass die Gestaltgesetze der Wahrnehmung offenbar dann gut funktionieren, wenn man sie auf die speziell auf sie zugeschnittenen Beispiele anwendet; ihre Wirkung ist keineswegs immer so eindeutig wie in den Musterbeispielen. Außerdem ist unklar, welcher Effekt überwiegt, wenn es einen Konflikt zwischen den Prinzipien gibt (vgl. GOLDSTEIN 2002, 201; Abb. 2.16).

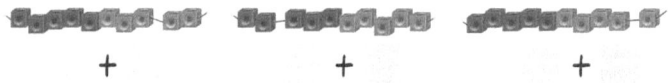

Abbildung 2.16:
Muss hier die Farbe und/oder der Abstand beachtet werden? (EIDT et al. 2001a, 25)

2.1.1.4 Neuinterpretation der Gestaltfaktoren als heuristische Auswertungsregeln des visuellen Systems

Solche Einwände führten zu einem Überdenken der Bedeutung, die den Gestaltfaktoren in der visuellen Wahrnehmung zugeschrieben wurde. Heute werden Gestaltfaktoren als Heuristiken aufgefasst, die das visuelle System bei der Auswertung einer bestimmten Reizsituation anwendet. Das System löst eine komplexe Situation durch die beste Schätzung, die möglich ist. Es verwendet zur Interpretation also Faustregeln, die sich bereits in der Vergangenheit bewährt haben. Eine Heuristik führt jedoch nicht in jedem Fall zu einer richtigen Lösung. Dass Gestaltfaktoren als heuristische Regeln aufgefasst werden können, verdeutlicht die Abbildung 2.17. Wenn wir eine Situation wie in (a) sehen, nehmen wir an, dass es sich bei dem Ast hinter dem Baumstamm um einen durchgehenden Ast handelt, der durch den Baumstamm zum Teil verdeckt ist. Es wirkt der Faktor der guten Kurve, der zugleich die beste Schätzung für die Lösung in dieser Situation darstellt. Abbildung (b) zeigt aber, dass für das was wir sehen, auch andere Konfigurationen möglich sind.

Die Voraussetzung, dass das visuelle System Heuristiken anwenden kann, liegt darin, dass unsere Welt nicht eine Ansammlung regelloser Objekte oder regelloser Ereignisabläufe ist, sondern vielmehr durch physikalische Kräfte, durch biologische Prozesse und durch Formen der sozialen Interaktion *geordnet* ist. Das visuelle System kann sich also bei der Auswertung auf gewisse Regelmäßigkeiten „verlassen" und diese als Basis für die Interpretation der aufgenommenen Information nehmen. Die heuristischen Regeln, die das visuelle System anwendet, können Anpassungen sein, die im Laufe der Evolution entstanden sind oder die Erfahrungen reflektieren, die beim Lernen seit der frühesten Kindheit gemacht wurden, jedoch auch eine Kombination aus beidem sein. Sie haben auf jeden Fall den Vorteil, dass sie zu einem raschen und in der Regel richtigen Wahrnehmungsergebnis führen (vgl. GOLDSTEIN 2002, 202f.).

Zusammenfassend lässt sich feststellen, dass die Gestaltpsychologie bereits früh in der Geschichte der Psychologie zeigte, dass an der Wahrnehmung von Reizmustern auch präkognitive und automatische Organisationsprozesse beteiligt sind. Diese Prozesse unterstützen die Wahrnehmung in komplexen Situationen durch ordnende Strukturen. Dies erleichtert es, aus lokalen Einzelmerkmalen globalere Ordnungen zu bilden.

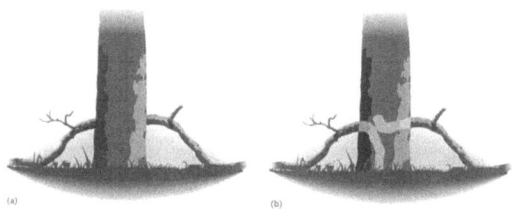

Abbildung 2.17:
Gestaltfaktoren als heuristische Auswertungsregeln (GOLDSTEIN 2002, 203)

2.1.2 Wahrnehmung als aktiver Konstruktionsprozess

Wahrnehmung ist jedoch mehr als die Aufnahme von Informationen mit den Sinnesorganen, die Umwandlung physikalischer Energie und die automatische Reaktion auf gegebene Reizinformationen. Wichtig ist der Gesichtspunkt, dass wir *aktiv* aus der Umwelt Informationen auswählen, die für unser Handeln bedeutsam sind und dass wir das Handeln durch unsere Wahrnehmung steuern und kontrollieren. Das Wahrgenommene wird von uns gefiltert, strukturiert sowie in unsere bisherigen Erfahrungen integriert und damit auch gedeutet. Menschliche Wahrnehmung ist damit immer eine *aktive Auseinandersetzung* des Wahrnehmenden mit dem Wahrnehmungsgegenstand (vgl. GOLDSTEIN 2002, 2; GUSKI 1996, 1f.).

Der aktive Prozess der Wahrnehmung beginnt bereits bei der Selektion der zu verarbeitenden Information und der Steuerung der Aufmerksamkeit. Aus einer beobachteten Szene wird aufgrund eines ständigen Überangebotes an sensorischen Informationen, welche die Verarbeitungskapazität übersteigen, bei weitem nicht jede verfügbare Information aufgenommen. Dies hat zur Folge, dass wir bei weitem nicht alles bewusst wahrnehmen, was uns an Informationen auf der Ebene der Sinnesrezeptoren erreicht. Wir richten vielmehr unsere Aufmerksamkeit auf bestimmte Aspekte und beachten diese. Aufmerksamkeit bedeutet im Zusammenhang mit Wahrnehmung also vor allem eine gezielte Selektion der Informationen, die zu Inhalten der bewussten Wahrnehmung werden sollen. Als systematischer Such- und Steuerungsprozess sorgt die Aufmerksamkeit dafür, dass die erforderliche Reduktion und Auswahl der Informationen *nicht zufällig* erfolgt, sondern sich an den in der jeweiligen Situation bestehenden Erfordernissen oder Interessen orientiert. Wahrnehmen hängt damit auch immer von der (Handlungs-) Intention ab (vgl. GOLDSTEIN 2002, 9; KEBECK 1994, 157).

Beim Erkennen wirken außerdem Gedächtnis und kognitive Einflüsse auf die Wahrnehmung ein. Zusätzlich zu den Reizinformationen benutzt die perzeptuelle Verarbeitung auch Informationen höherer Verarbeitungsebenen, also Informationen „von oben". Kognitive Einflüsse auf die Wahrnehmung bezeichnet man daher als ‚Top-down- Prozess' oder ‚konzeptgesteuerte Mustererkennung'. Hier geht es um einen Vergleich des visuellen Reizes mit passenden oder relevanten Konzepten, die bereits im Gedächtnis gespeichert sind. Wird bei diesem Vergleichsprozess eine hinreichende Übereinstimmung zwischen der sensorischen Information und den aktivierten Gedächtnisinhalten festgestellt, wird der Reiz als das betreffende Muster identifiziert. ‚Bottom-up-Verarbeitung', auch als ‚datengesteuerte Mustererkennung' bezeichnet, bezieht sich hingegen auf Prozesse, die nur Reizmerkmale analysieren und verarbeiten, etwas die Anordnung von Konturen in einer visuellen Szene (vgl. GOLDSTEIN 2002, 12). Es findet quasi eine Merkmalsanalyse statt, in der die vorhandenen Elemente zunächst einzeln erfasst, in einem zweiten Schritt wieder zusammengeführt und schließlich als ein bestimmtes Muster identifiziert werden (vgl. KEBECK 1994, 45). Man kann also sagen, dass „die Wahrnehmung gewissermaßen von zwei Seiten beeinflußt wird: einerseits von den Daten, die in der

Abbildung 2.18:
Der Kontext beeinflusst die Interpretation: ‚B' oder ‚13'?
(GUSKI 1989, 63)

Außenwelt entdeckbar sind, andererseits von den Erwartungen, Bedürfnissen und Vorstellungen (‚Konzepten') des Menschen, der gerade wahrnehmen will." (GUSKI 1989, 62)

Der *Kontext*, in dem ein Muster steht, beeinflusst ebenfalls die Identifikation und Interpretation des Musters. Wenn wir z.B. einen Text lesen, werden wir eher Buchstaben erwarten als Zahlen. Kann eine Reizkonfiguration gleichermaßen als Zahl wie als Buchstabe interpretiert werden (vgl. Abb. 2.18), dann wird sie als Buchstabe interpretiert, falls wir vorher Buchstaben gesehen haben, da die Wahrscheinlichkeit groß ist, dass weitere Buchstaben folgen (vgl. GUSKI 1989, 62f.; KEBECK 1994, 168ff.). Wissen, Vorerfahrungen und Erwartungen können also die Wahrnehmung mitbestimmen.

Insbesondere die Rolle der Erwartung und des Kontextes hat unmittelbare Auswirkungen auf vorliegende Untersuchung. Die Kinder werden beispielsweise nicht im Rahmen des Mathematikunterrichts von ihrer Lehrerin, sondern in einer neutralen Situation von einer neutralen Lehrerin interviewt (vgl. Kap. 4.2), weshalb die Rahmung der Mathematik bei der Bearbeitung der Aufgaben für die Kinder zunächst nicht gegeben ist. Diese Schwierigkeit wird bei der Planung der Interviews sorgsam beachtet.

Die Wahrnehmung der Realität wird in Anlehnung an Piaget heute nicht mehr aufgefasst als ein Abbild der äußeren Welt auf die Netzhaut und von dort in den Cortex. Jede Wahrnehmung erfordert die *aktive* Teilnahme des Wahrnehmenden, der die (physiologische) perzeptive Erregung aufgrund seiner Handlungsintention und seinen bisher gemachten Erfahrungen organisiert und koordiniert. Dadurch dass die Wahrnehmung von Wissen und Erfahrung mitbestimmt wird, unterliegt sie ständigem Lernen (vgl. GOLDSTEIN 2002, 12; LORENZ 1992, 42). Die Entwicklungsperspektive, die sich hierdurch eröffnet, ist insbesondere auch für die Schule von Bedeutung, weshalb der Zusammenhang von Wahrnehmung und Lernen im nun folgenden Kapitel vertieft betrachtet wird.

64   *Grundlagen der Mustererkennungs- und Strukturierungsfähigkeit*

2.1.3 Entwicklungsstand zum Zeitpunkt der Einschulung – Wahrnehmung und Lernen

> „Ab wann kann ein Kind die einströmenden Reizinformationen in sinnvolle Muster organisieren?" (OERTER & MONTADA 2002, 395)

An dieser Stelle wird der grundlegenden Frage nachgegangen, wie sich die kindliche Wahrnehmung bis ins Grundschulalter entwickelt. Es ist für vorliegende Untersuchung von Bedeutung, welche Wahrnehmungsleistungen bei einem Schulanfänger vorausgesetzt werden können und welche Kompetenzen sich eventuell erst noch entwickeln, beziehungsweise erlernt werden müssen.

Vorweggenommen sei bereits, dass die aktuelle Entwicklungsforschung, die sich immer mehr auf die ersten Lebensmonate verlagert, inzwischen ein Bild des „kompetenten" Kleinkindes zeichnet, das zwar sofort nach der Geburt noch nicht alles, aber schon bald danach (und erst recht im Schulalter!) das meiste wie ein Erwachsener wahrnehmen kann. Entwicklungspsychologen weisen dabei auch auf die mit dem Alter zunehmende Verwobenheit von Wahrnehmung und Kognition hin. Wesentliche Bereiche der Wahrnehmung sind schon im ersten Lebensjahr weitgehend ausgebildet, die dann folgenden Entwicklungsveränderungen sind immer mehr mit „höheren" kognitiven Prozessen verwoben (vgl. ebd., 396).

Im Folgenden werden die für die vorliegende Untersuchung und damit auch für den mathematischen Anfangsunterricht wichtigen Wahrnehmungsleistungen in ihrer Entwicklung übersichtsartig dargestellt. Es wird dabei von einem „normalen" Entwicklungsverlauf eines gesunden Kindes ausgegangen.

2.1.3.1   Entwicklung perzeptiver Wahrnehmungsleistungen

Die Entwicklung der visuellen Wahrnehmung vollzieht sich vor allem im ersten Lebensjahr sehr rasch, wesentliche Bereiche sind dann schon weitgehend ausgebildet. Mit einem Jahr hat die **Sehschärfe** eines Kindes praktisch das optimale Niveau des Erwachsenenalters erreicht. Die **Kontrastwahrnehmung** nimmt bis zum sechsten Lebensmonat schnell zu und hat dann bereits fast das Endniveau erreicht (vgl. OERTER & MONTADA 2002, 396ff.). Untersuchungen zur **Wahrnehmung von Farben** weisen nach, dass bereits vier Monate alte Säuglinge Farben in ähnlicher Weise kategorisieren wie Erwachsene (vgl. GOLDSTEIN 2002, 621f.).

Kinder sind auch dann schon zur **Wahrnehmung räumlicher Tiefe** in der Lage, wenn die Sehschärfe noch relativ schwach ausgebildet ist. Im Alter zwischen vier und fünf Monaten wird eine relativ gute Unterscheidung räumlicher Abstände durch Nutzung von Hinweisreizen wie Bewegungsreizen und Hinweisreizen für beidäugiges Sehen erreicht (vgl. OERTER & MONTADA 2002, 403f.). Da die Auswertung statischer Informationen (Bildreize) für die räumliche Tiefe stärker von der Erfahrung abhängig ist, tritt ihre Nutzung erst ab etwa sechs Monaten auf (vgl. ebd., 404; GOLDSTEIN 2002, 625f.).

Die **auditive Differenzierungsfähigkeit** sechs Monate alter Kinder unterscheidet sich schon kaum mehr von Erwachsenen. Ausnahmen stellen lediglich niedrige Frequenzen sowie die Ortung von Schallquellen, das Richtungshören, dar. Diese ist aufgrund des Wachstums und dem damit zunehmenden Abstand zwischen den Ohren mit Eintritt in die Schule noch nicht auf Erwachsenenniveau. Kinder scheinen darüber hinaus bereits vor der Geburt nicht nur für den Klang menschlicher Stimmen, sondern auch für akustische Muster der Sprache sensitiv zu sein (vgl. OERTER & MONTADA 2002, 398f.).

Das **taktile System** ist das erste sensorische System beim Menschen und entwickelt sich bereits im Mutterleib. Es ist für Reize aus den Bereichen Kälte, Wärme, Schmerz und mechanische Berührung empfänglich und ermöglicht die Lokalisation und Diskrimination von Reizen auf der Haut. Die Leistungen der haptischen Wahrnehmung umfassen das taktile Erkennen von Objekten und Oberflächen, das Ergreifen, Halten und Bewegen von Objekten, den Aufbau des Körperschemas und die sozialen Funktionen haptischer Wahrnehmung. Durch mechanische Manipulation findet eine Reizung der taktilen Rezeptoren in der Haut statt. Besonders viele dieser Art sind in den Fingerkuppen und den Lippen vorhanden, damit verbunden ist eine hohe Reizgenauigkeit und -empfindlichkeit an diesen Stellen. Ebenfalls als erstes werden taktile Reize in andere Reizsysteme, wie das vestibuläre, propriozeptive und visuelle System, integriert (vgl. EGGERT & BERTRAND 2002, 118 & 342; GOLDSTEIN 2002, 545ff.; OSTERMANN 2006, 29).

2.1.3.2 Entwicklung der Form- und Objektwahrnehmung

Bereits innerhalb der ersten Monate entwickeln sich die Fähigkeiten zur Wahrnehmungsorganisation: Schon junge Säuglinge können Formen oder Muster von einem Hintergrund unterscheiden, Muster nach der Helligkeit gruppieren, zwischen verschiedenen Formen differenzieren sowie gemusterte Flächen von ungemusterten unterscheiden. Ebenso wie diese Organisationstendenzen der *Form*wahrnehmung entwickelt sich die *Objekt*wahrnehmung sehr früh. Bereits mit zwei Monaten nehmen Säuglinge einen teilweise verdeckten Gegenstand als ein kohärentes Ganzes wahr. Mit Hilfe von Bewegungsinformationen sowie Informationen über Ähnlichkeit und Unähnlichkeit von Oberflächen sind sie schließlich in der Lage, auch bei komplexen Anordnungen Objektgrenzen an den gleichen Stellen wahrzunehmen wie Erwachsene. Hierbei nutzen die Kinder spätestens im Alter von viereinhalb Monaten auch ihre konkreten Vorerfahrungen mit bestimmten Objekten und spätestens im Alter von acht Monaten auch ihr intuitives physikalisches Wissen über die Rigidität und Statik von Objekten (vgl. GOLDSTEIN 2002, 617ff.; OERTER & MONTADA 2002, 404ff.; VERNON 1974, 21ff.).

Die Objektwahrnehmung von jüngeren Säuglingen ist allerdings kein rein visueller Prozess. Im Alter von ca. drei bis vier Monaten nehmen Säuglinge Objekte nicht nur als Seh-, Tast- oder Hördinge wahr, sondern sie repräsentieren die

Objekte intern in einer Weise, die es ihnen erlaubt, Informationen aus verschiedenen Sinnesmodalitäten aufeinander zu beziehen (**Intermodale Wahrnehmung**). Im Widerspruch zur traditionellen Auffassung, wie sie z.B. von Piaget vertreten wurde, scheinen Babys demnach Gegenstände im Wesentlichen genauso wahrzunehmen wie Erwachsene, nämlich als objektive Dinge, die unabhängig von den an ihnen wahrgenommenen Eigenschaften existieren. Für die Übertragung haptischer Informationen in den visuellen Bereich gilt bereits im Alter von zwei bis drei Monaten, dass Babys verschiedene Gegenstände allein durch Betasten voneinander unterscheiden können. Es gelingt ihnen, die mit der Hand bzw. dem Mund ertasteten Objekte visuell wiederzuerkennen (vgl. OERTER & MONTADA 2002, 406f.). Oft ergänzen Kinder auch ihre visuelle durch die taktile Wahrnehmung. Dabei verfolgen sie vor allem die Begrenzungslinien eines Objekts mit dem Finger und werden so auf die Form aufmerksam. In Untersuchungen (vgl. VERNON 1974, 40) konnte gezeigt werden, dass zweijährige Kinder eine Dreiecksfigur durch Nachfahren mit dem Finger identifizieren können und sie danach auch erkennen, wenn sie auf den Kopf gestellt oder die Farben vertauscht werden. Kinder unter 5 Jahren haben große Schwierigkeiten, Unterschiede zwischen jeweils zwei Figuren zu behalten, wenn sie sie nicht in der Hand gehabt und die Konturen gefühlt haben. Können sie aber die Figuren in die Hand nehmen, befühlen und sie dabei benennen, dann gelingt schon Drei- bis Vierjährigen auch bei schwierigen Figuren eine fast fehlerfreie Differenzierung. Es scheint also, als trage der taktile Umgang zur Identifikation bei, indem er die genaue Wahrnehmung der Kontur verstärkt. VERNON (1974, 40) betont aber explizit, dass taktilen Eindrücken an sich nach der frühen Kindheit keine große Bedeutung mehr zukommt. „Die taktile Formwahrnehmung ist stets weniger effizient als die visuelle, die die taktile beim Erwachsenen völlig verdrängt hat." (ebd.)

Mit der Zunahme der visuellen Erfahrung der Kinder ist eine immer differenzierter werdende visuelle Verarbeitung komplexer Reizgrundlagen möglich.

> „Daß Säuglinge mit zunehmendem Alter immer mehr Zeit darauf verwenden, Muster zunehmender Komplexität anzuschauen, scheint zu zeigen, daß ihre Differenzierungsfähigkeit sich ständig verbessert, möglicherweise, weil sie immer besser in der Lage sind, komplexe Muster gründlich und systematisch zu betrachten, und weil sie statt auf einzelne Teile mehr auf das ganze Muster achten können." (VERNON 1976, 23)

Dass dies auch für ältere Kinder gilt, zeigte Babska (1965; in VERNON 1976, 39) in Untersuchungen, bei denen Kinder verschiedene Formen wie Kreise, Quadrate oder Dreiecke in einer Auswahl von unterschiedlichen Figuren wiedererkennen sollten. Die richtigen Antworten der Zwei- bis Dreijährigen entsprachen hierbei nur der Zufallserwartung. Mit steigendem Alter verbesserten sich die Antworten jedoch, bis bei Fünfjährigen fast alle Antworten richtig waren. Es ist daher anzunehmen, dass zu diesem Zeitpunkt die Identifikation einfacher Formen gesichert ist (vgl. ebd. 40; SÖBBEKE 2005, 44f.).

2.1.3.3 Entwicklung rhythmischer Fähigkeiten

Untersuchungen zur Entwicklung der rhythmischen Fähigkeiten von Kindern gibt es zum einen zum Unterscheidungsvermögen für verschiedene Rhythmen als gleich oder ungleich, zum anderen – und für vorliegende Untersuchung von weitaus größerer Bedeutung – zur Reproduktion von Rhythmen durch Nachklatschen oder Bewegungsanpassung zu vorgegebenen Rhythmen.

Bereits Neugeborene können rhythmische von unrhythmischen Reizmustern unterscheiden; untersucht wurde dies mit Hilfe von regelmäßigen und unregelmäßigen Herzschlaggeräuschen bzw. Clicks (vgl. GEMBRIS 1987, 134f.). Ab etwa fünf Monaten können Kleinkinder dann einfache rhythmische Veränderungen (lang-kurz vs. kurz-lang) wahrnehmen und zwischen verschiedenen Rhythmen unterscheiden (vgl. ebd. 142).

Obwohl Kinder offenbar schon sehr früh ein Empfinden für den Rhythmus besitzen, entwickelt sich das reproduktive rhythmische Differenzierungsvermögen erst allmählich. Es ist laut GEMBRIS (1987, 142) stark altersabhängig, wobei beträchtliche individuelle Differenzen auftreten können. Kindergesänge um das zweite Lebensjahr weisen in der Regel nur eine Tondauer auf. Erste rhythmische Differenzierungen finden erst um das vierte Lebensjahr statt und sind in der Regel an Textrhythmen gebunden.

Erste Ansätze zur Koordination von musikalischem Rhythmus und Bewegungsrhythmus sind im Alter zwischen 18 Monaten und zwei Jahren zu finden; mit etwa zweieinhalb Jahren bewegen Kinder sich kurzfristig rhythmisch zur Musik. Noch mit drei bis vier Jahren ist es für Kinder schwer, Rhythmen synchron mitzuklatschen oder im Takt zu gehen (vgl. ebd.). Größere Muskelbewegungen in Verbindung mit vorgegebenen Rhythmen sind für Kinder im Allgemeinen schwer zu bewältigen. Aus diesem Grund ist das Nachklatschen als Erhebungsmethode rhythmischer Fähigkeiten problematisch, da beide Arme und Hände koordiniert und „treffsicher" in Übereinstimmung gebracht werden müssen. Auch spielt das Tempo eine erhebliche Rolle. Das Nachklatschen langsamer Tempi ist für Kinder schwieriger als das schnellerer Tempi (vgl. ebd, 143).

Die Entwicklung rhythmischer Fähigkeiten hängt insbesondere von der allgemeinen Entwicklung des Zeitkonzepts ab. Erst gegen Ende der Vorschulzeit beginnen Kinder einen Zeitbegriff zu entwickeln, mit dem sie die zeitliche Ordnung (vor – nach) und die zeitliche Dauer (mehr – weniger) von räumlichen Vorstellungen trennen (vgl. OEVESTE 1982, 358ff.). Nach DE LA MOTTE-HABER (1985, 382) haben Kinder unter 6 Jahren noch große Schwierigkeiten, Dauern exakt wiederzugeben und ein festes Metrum zu halten, weil der Überblick über einen Zeitverlauf noch nicht so weit ausgebildet ist, dass sie ein gleiches Maß über eine längere Zeit einhalten können. Aus diesem Grund ist im Vorschulalter und auch noch in den ersten Schuljahren (somit also für die „Rhythmusaufgabe" vorliegender Untersuchung) bei der Produktion und Reproduktion von Rhythmen mit Schwierigkeiten bezüglich des Metrums zu rechnen.

2.1.3.4 Entwicklung selektiver Wahrnehmung

Obwohl sowohl die Sehschärfe als auch die Grundlagen der Wahrnehmungsorganisation sich im Verlauf des ersten Lebensjahres voll zu entwickeln scheinen, braucht es noch etwa drei bis fünf Jahre, bis das Sehfeld selektiv strukturiert und verschiedene im Sehfeld vorhandene Formen sicher identifiziert werden können.

GUSKI (1989, 44f.) beschreibt hierzu eine Untersuchung, in der Kinder unterschiedlichen Alters Bilder mit komplexen Figuren anschauen und diese Figuren später aus anderen Bildern heraussuchen sollten. Augenbewegungsanalysen zeigten hierbei, dass jüngere Kinder die jeweilige Figur-Mitte fixierten und die Figuren anschließend nicht in anderen Anordnungen wiederfinden konnten, während Sechsjährige die Grenzen der Figur visuell abtasteten und die gesehenen Figuren gut auch in anderen Darstellungen wiederfanden. Es gilt nun allerdings nicht mehr die lange herrschende Annahme in der Entwicklungspsychologie, Wahrnehmung entwickele sich von einer ganzheitlichen hin zu einer analytischen Wahrnehmung. Neuere Untersuchungen zeigen nämlich, dass bereits jüngere Kinder in der Lage sind, komplexe Reize in ihre Dimensionen zu zerlegen. Sie fokussieren jedoch stark auf *eine* Dimension, bzw. neigen bei der Betrachtung mehrerer Merkmale dazu, diese additiv zu verbinden (vgl. OERTER & MONTADA 2002, 415).

Mit zunehmendem Alter lernen Kinder, diejenigen Objektmerkmale zu beachten, die verschiedene Objekte voneinander unterscheiden (z.B. Farbe, Größe, Oberflächenstruktur, usw.) und gleichzeitig jene Merkmale zu vernachlässigen, hinsichtlich derer die verschiedenen Objekte ähnlich sind (Wahrnehmungskonstanz) (vgl. GUSKI 1989, 44f.; LORENZ 1992, 91).

Wie oben beschrieben ist die Auffassungsweise von Kindern im Grundschulalter nicht nur diffus-ganzheitlich auf den Gesamteindruck gerichtet, sondern weist einen zergliedernden, auf die Heraushebung von Einzelheiten gerichteten Charakter auf (vgl. auch SÖBBEKE 2005, 45). Bei der Konstruktion visueller Szenen sind daher schon junge Grundschulkinder in der Lage, auch geringe Differenzen in nahezu identischen Abbildungen zu berücksichtigen. Untersuchungen von Crain und Werner (1950, in VERNON 1976) zeigten jedoch, dass sich diese Fähigkeit im Alter zwischen sechs und zwölf Jahren noch weiterentwickelt und qualitativ differenziert. So können ältere Kinder insgesamt besser die Organisation von und die Interrelation zwischen Teilen komplexer Figuren erfassen (Wahrnehmung räumlicher Beziehungen). Das Erfassen räumlicher Beziehungen entwickelt sich aus der Raumlage – die Wahrnehmung der Raumlage-Beziehung eines Gegenstandes zum Wahrnehmenden, wobei die eigene Person das Zentrum bildet – und ist schwer von ihr zu trennen. In der Studie von Crain und Werner sollten die Kinder zweidimensionale Muster aus Perlen wiedergeben. Die jüngeren Kinder gaben die Teile der Muster hauptsächlich stückweise wieder, während die älteren Kinder die Gesamtmuster eher in ihre grundlegenden Bestandteile zerlegten und diese wiedergaben (vgl. VERNON 1976, 50f.). Während bei der Figur-Grund-Wahrnehmung das optische Feld in einen dominanten Bereich eingeteilt wird, auf den sich die Aufmerksamkeit konzentriert, muss bei der Wahrnehmung räumlicher Beziehungen die Stellung einer Reihe visueller Zeichen gesehen werden, die alle den gleichen Aufmerksamkeitsgrad erhalten. Störungen in diesem Bereich bewirken laut LORENZ (1992, 91) Schwierigkeiten im Erkennen von Längen- und Größenunterschieden, lassen Probleme im Hantieren mit Mengenplättchen auftreten und verhindern den Aufbau der Ordnungsrelation, die durch Vergleichen zweier oder mehrerer Objekte entsteht. Darüber hinaus gelingt die Mengenerfassung und damit die Eins-zu-Eins-Zuordnung nicht, die eine fundamentale Voraussetzung für den Erwerb des Zahlbegriffs ist.

Im Alter ab ca. zwei Jahren verfügen Kleinkinder über erste differenzierte innere Bilder. Mit Hilfe dieser können sie ein wahrgenommenes Objekt als ein bereits früher wahrgenommenes wiedererkennen. Außerdem lernen sie mehr und mehr Begriffskategorien zu bilden und Begriffe voneinander abzugrenzen. Die Ausbildung dieser Fähigkeit gilt als eines der wichtigsten Stadien in der Entwicklung der Wahrnehmung und des Denkens. Die Klassifikation von Objekten gelingt Kindern zunehmend in einem Alter von sechs bis sieben Jahren (vgl. VERNON 1976, 35; SÖBBEKE 2005, 44).

2.1.3.5 Auge-Hand-Koordination

Die Wahrnehmungskompetenz von Säuglingen kommt besonders deutlich in ihren Aktivitäten zum Vorschein. Einerseits schauen, saugen, tasten und greifen Babys häufig aus Neugier, andererseits nutzen sie die wahrgenommenen Informationen auch, um passende Aktivitäten auszuwählen, zu steuern und in ihrem Ablauf zu modulieren. Die entsprechenden Fähigkeiten zur effektiven Verarbeitung sensorischer und perzeptiver Informationen im Rahmen motorischer Abläufe entwickeln sich über einen sehr viel ausgedehnteren Zeitraum als die bisher besprochenen elementaren Wahrnehmungsfähigkeiten und sind zum Teil mit Eintritt ins Grundschulalter noch nicht abgeschlossen. So zum Beispiel der Bereich der Auge-Hand-Koordination, also sämtliche Leistungen, bei denen visuelle Informationen für die Steuerung von Arm-, Hand- oder Fingerbewegungen herangezogen werden. Von der seit der Geburt an vorhandenen, rudimentären Auge-Hand-Koordination verbessert sich das Zusammenspiel zwischen Auge und Hand auch im Zusammenhang mit der Entwicklung der Handgeschicklichkeit, ist mit der Perfektionierung des Greifens allerdings keineswegs abgeschlossen.

Der Erwerb neuer perzeptiv-motorischer Fertigkeiten ist eng mit Aspekten der Wahrnehmung und der Kognition verwoben. Die kognitive Komponente betrifft zumindest zweierlei: zum einen den Lernprozess und zum anderen die erworbene Handlungskompetenz selbst. So lösen 6-, 8- und 10-jährige Kinder Bewegungsaufgaben nicht nur unterschiedlich schnell, sondern auch auf unterschiedliche Art und Weise „strategisch". Fähigkeiten wie die Umsetzung sprachlicher Anweisungen, Nachahmung eines Modells oder Tätigkeiten bei denen Planungs- und

Entscheidungsprozesse beteiligt sind, entwickeln sich als Funktion der wachsenden kognitiven Ressourcen weiter. Von daher ist es kaum verwunderlich, dass sich die Leistungen in perzeptiv-motorischen Aufgaben im Laufe der Kindheit im Allgemeinen kontinuierlich verbessern (vgl. OERTER & MONTADA 2002, 407ff.). Die Entwicklung der Auge-Hand-Koordination hat eine unmittelbare Auswirkung auf diejenigen Aufgaben der Studie, in denen gezeichnet, mit Perlen aufgefädelt oder Anordnungen mit Plättchen gelegt werden sollen.

2.1.3.6 Wahrnehmung und Lernen

Die Entwicklung der Wahrnehmung basiert zwar auf genetischen Voraussetzungen, Reifungsvorgängen und auf einer neuronalen Verarbeitung, sie ist aber durch Erfahrung und Lernen modifizierbar. Das Wahrnehmungs*lernen* steht dabei im Dienst einer möglichst funktionalen Wahrnehmung, die in der Lage sein muss, die für das Handeln notwendigen Informationen mit der geeigneten Auflösung aus der Umwelt aufzunehmen. Es optimiert und verändert damit die Wahrnehmungssysteme selbst in Abhängigkeit von der Lernerfahrung. (vgl. GOLDSTEIN 2002, 637f.). GOLDSTEIN (ebd.) unterscheidet sieben Arten von Wahrnehmungslernen, drei davon sollen herausgegriffen werden, weil sie von besonderer Bedeutung für den mathematischen Anfangsunterricht sind:

Neugewichtung der Aufmerksamkeit: Mit dem Lernen einer neuen Fertigkeit muss sich die Aufmerksamkeitsausrichtung ändern: Die Wahrnehmung muss auf die neu erforderlichen Dinge gerichtet werden. Im mathematischen Anfangsunterricht sind beispielsweise Bilder und Anschauungsmittel nicht als reale Objekte, sondern als mathematische Objekte zu sehen (vgl. auch GRAY, PITTA & TALL 2000). Die Aufmerksamkeit muss auf die darin repräsentierten mathematischen Beziehungen und Strukturen ausgerichtet werden.

Differenzierungslernen: In der Auseinandersetzung mit den Dingen lernen Kinder beispielsweise die Unterscheidung der Ziffern und geometrischen Formen. Gibson (1969, in GOLDSTEIN 2002, 12) betont, dass Differenzierungslernen implizites Lernen ist und dauernd stattfindet.

Vereinheitlichung und Zusammenfassung: Als Beispiel nennt GOLDSTEIN (2002, 638) das Lesenlernen, das vom Erfassen der Buchstaben zum Erfassen größerer Einheiten, wie Silben, Wörter und Phrasen, fortschreitet. Ähnliches passiert im Mathematikunterricht, wenn die Kinder in der Lage sind, ihren Blick von einer Fokussierung auf Einzelelemente auf das Zusammenfassen und Erfassen von je fünf oder zehn Elementen als eine Gruppe zu richten. Insbesondere beim Umgehen mit Mustern und Strukturen ist es von Bedeutung, zwischen einer Wahrnehmung der komplexen, umfassenden Gesamtgestalt und einer differenzierenden Sicht auf Figuren, Muster, Strukturen und Beziehungen wechseln zu können.

Die obigen Ausführungen umreißen die wahrnehmungspsychologischen Grundlagen der kindlichen Fähigkeit zur Mustererkennung und Strukturierung. Zum einen belegen sie, dass sechsjährige Kinder, neben den angeborenen Organisationsprinzipien zur Formwahrnehmung (Gestaltprinzipien), beim Eintritt in die Schule über die erforderlichen kognitiven Mechanismen und Verarbeitungsschemata zur Identifizierung, Diskrimination und Klassifizierung von in dieser Studie verwendeten Objekten, Formen, Gruppierungen und Mustern verfügen. Zum anderen zeigen die Ausführungen, dass die Wahrnehmung ein aktiver und idiosynkratischer Prozess ist, der keine identische Kopie des betrachteten Reizmusters erzeugt. Vielmehr wird erst durch spezielle kognitive Leistungen ein mentales Bild des Objekts konstruiert, das maßgeblich von den Prinzipien der Wahrnehmungsorganisation *und* von dem individuellen Wissen sowie der (Handlungs-) Intention des Betrachters beeinflusst ist. Die Betonung der Bedeutung und des Einflusses der Erfahrung und des Wissens für die Entwicklung der Wahrnehmung im Kindesalter charakterisiert damit nicht nur das vorhandene Potential an kindlichen Fähigkeiten, sondern impliziert auch die Möglichkeit einer weiteren Entwicklung durch den Zuwachs an (neuen) Erfahrungen. Es eröffnet und begründet sich eine bedeutsame Entwicklungsperspektive (vgl. auch SÖBBEKE 2005, 46 & 57).

2.2 Anschauungsmittel und mentale Vorstellungsbilder

> „Die Veranschaulichungsmittel zu sehen, sie lediglich wahrzunehmen, ist nicht hinreichend, denn die arithmetische Struktur, die Beziehung zwischen den Zahlen ist nicht schlicht ablesbar. Sie entsteht erst im Kopf des Kindes. Wir Erwachsenen ‚sehen' die Struktur an der Hundertertafel, an der Rechenmaschine, an der Perlenkette oder anderen Darstellungen, weil wir sie bereits kennen. Die Kinder kennen sie aber (noch) nicht. Sie sehen Punkte, Kugeln, Felder, die für sie zuerst keine Beziehung, keine immanente Struktur aufweisen." (LORENZ 2006, 121)

Das vorherige Kapitel 2.1 arbeitete die perzeptiven Fähigkeiten heraus, die wesentliche Voraussetzungen für das Erkennen und Umgehen mit Mustern und Strukturen darstellen, wie sie in Veranschaulichungen und Anschauungsmitteln des mathematischen Anfangsunterrichts repräsentiert sind. Außerdem zeigte es, dass diese Wahrnehmungsfähigkeiten bei Kindern am Schulanfang rein perzeptuell als entwickelt vorausgesetzt werden können. Laut LORENZ (siehe Zitat oben) reichen die entwicklungspsychologischen Voraussetzungen, reicht das „Sehen" allein jedoch nicht aus, um mathematische Muster und Strukturen in einem Anschauungsmittel wahrzunehmen. Er weist damit auf das schwierige Verhältnis von Wahrnehmung und Vorstellung und auf die Problematik von didaktisch vorstrukturierten Veranschaulichungen hin, die mathematische Strukturen, Beziehungen und Begriffe nur repräsentieren, jedoch keine empirischen Tatsachen abbilden. Das lernende Kind muss folglich selbständig, in einem konstruktiven Akt, Beziehungen und Strukturen in das Anschauungsmittel hineindeuten. Im nun folgenden Kapitel werden die Rolle der Veranschaulichungen und Arbeitsmittel als Repräsentanten mathematischer Strukturen entfaltet sowie die Bedeutung mentaler Vorstellungsbilder für mathematische Lernprozesse ausführlich aufgezeigt und begründet.

2.2.1 Zur Repräsentation mathematischer Strukturen

Zu den Selbstverständlichkeiten unseres alltäglichen wie schulischen Mathematiktreibens gehört die Tatsache, dass unser Zahlsystem ein dekadisches Stellenwertsystem ist. „Wenn wir über Mathematik reden, sprechen wir die ‚Zehnersprache‘, die fest in unserem Denken verankert ist." (KRAUTHAUSEN 1995, 95) Erste Erfahrungen mit der Struktur unserer Zahlen sammeln Kinder beim Erlernen der Zahlwortreihe über 10 hinaus: ‚elf‘ und ‚zwölf‘ scheinen zunächst noch von der gleichen Sorte zu sein wie ‚fünf‘ und ‚sechs‘. Die deutschen Wortbildungen verdunkeln an dieser Stelle die Zehnerstruktur. Ab ‚dreizehn‘ kann jedoch in der Zahlwortbildung erahnt werden, dass größere Zahlen aus Teilen zusammengesetzt sind. Aber auch wer ‚dreizehn‘ ausspricht, denkt dabei nicht automatisch an ‚zehn und drei‘. Beim Aufsagen der Zahlwortreihe wird nur das Nacheinander der Zahlen in einer Reihenfolge deutlich, das Wort „zehn" bildet in dieser Reihe keine klar erkennbare Grenze (vgl. GAIDOSCHIK 2009, 12ff.; RADATZ et al. 1998, 26). Aus der historischen Festlegung auf das Dezimalsystem ergeben sich vielfältige Strukturen, die für Kinder am Schulanfang alles andere als selbstverständlich sind. Diese zu „sehen" und flexibel mit ihnen umzugehen, muss erst noch erlernt werden und im Mathematikunterricht werden deshalb viele Anstrengungen unternommen, die abstrakten Strukturen mit Hilfe didaktisch vorstrukturierter Materialien „sichtbar" zu machen.

Dass für den Erwerb neuen mathematischen Wissens die zu erlernende Wissensstruktur überhaupt eines vermittelnden Mediums bedarf, liegt an der Tatsache, dass mathematisches Wissen an sich nicht konkret-dinglich (empirisch) fassbar ist. Mathematische Beziehungen, Muster und Strukturen sind theoretische, relationale Begriffe und können nicht ohne ein darstellendes Medium existieren, sie bedürfen einer Repräsentation (vgl. SÖBBEKE 2005, 17). Mathematische Begriffe als „theoretische Begriffe sind nicht Dinge, die man einfach fertig übermitteln könnte. Ihr Inhalt besteht in Beziehungen und Relationen zwischen den Dingen und nicht in Substanzen und Eigenschaften. Daher bedarf das theoretische Denken [...] der Visualisierung, um Beziehungen vergegenwärtigen zu können." (OTTE 1983, 190)

In der Grundschule wird das Dezimalsystem den Kindern unter Zuhilfenahme entsprechend konventionalisierter Darstellungsweisen oder Veranschaulichungen nahegebracht. Die Systematik spiegelt sich wider in konkreten Materialien wie kleinen Würfeln für die Einer, Stangen für die Zehner, Platten für die Hunderter, große Würfel für die Tausender, in entsprechenden graphischen Darstellungen wie Punkten, Streifen und Quadraten oder in Arbeitsmitteln wie der Hundertertafel, in der die Zehnerstruktur unseres Zahlsystems durch die Anordnung der Zahlen veranschaulicht wird. Allen liegt die Zehnerstruktur zugrunde, und so nimmt der Zehner als Struktureinheit eine herausgehobene Position ein.

Anschauungsmittel sind jedoch nicht mit einem mathematischen Inhalt oder Begriff gleichzusetzen, da sie keine empirischen Tatsachen abbilden, sondern theoretische mathematische Begriffe repräsentieren. Damit besitzen sie einen speziellen Symbolcharakter, der „lediglich" in graphisch-visueller oder dinglicher Weise auf mathematische Strukturen, Beziehungen und Begriffe *verweist* (vgl. SÖBBEKE 2005, 21). Auch SCHERER & STEINBRING (2001, 189) betonen, dass Anschauungsmittel keine Bilder, sondern symbolische Diagramme sind, in denen die mathematischen Beziehungen auf eine andere Weise als in algebraischen oder arithmetischen Formeln und Aufgaben enthalten sind. Dennoch können sie selbstverständlich ikonische Elemente enthalten, die auch von vielen Kindern direkt und spontan erkannt werden. Anschauungsmittel weisen aber, als Repräsentanten mathematischer Beziehungen und Strukturen, weit hierüber hinaus. Indem sie „als Mittel zur Verallgemeinerung dienen, bleibt das, was sie aussagen, implizit" (JAHNKE 1984, 41). SCHIPPER (1995, 13) verweist auf die Funktion der Anschauungsmittel, als „ikonisch verschlüsselte Informationen über abstrakte Begriffe und Operationen". Der mathematische Begriff ist damit weit mehr als seine konkret-empirische Repräsentation in einem Anschauungsmittel und er kann nur über eine aktive Interpretation des lernenden Kindes selbst konstruiert werden (vgl. SÖBBEKE 2005, 21).

Aus der Notwendigkeit einer Visualisierung mathematischer Begriffe einerseits und andererseits der Tatsache, dass solche Visualisierungen lediglich Repräsentanten der mathematischen Beziehungen und Strukturen darstellen, nicht aber den Begriff selbst, ergibt sich die besondere Schwierigkeit beim Mathematiklernen, sozusagen der „paradoxical character of mathematical knowledge" (DUVAL 2000, 61). Der Lernende benötigt die Konkretheit eines Materials, einer Repräsentation, um mathematische Begriffe darstellen zu können, muss aber gleichzeitig von dieser Konkretheit abstrahieren, um die Idee des mathematischen Begriffs erfassen und verstehen zu können (vgl. SÖBBEKE 2005, 18).

Im Mathematikunterricht der Primarstufe stellen Anschauungsmaterialien trotz ihres „paradoxen Charakters" ein wesentliches Fundament zum Aufbau neuer mathematischer Begriffe dar. Eine grundlegende didaktische Idee besteht darin, dass Handlungen an konkreten Anschauungsmitteln dem Kind bei der Entwicklung von Zahl- und Operationsvorstellungen helfen sollen, in dem es über den Weg der Handlungen visuelle Vorstellungsbilder ausbildet und mit diesen mental operiert (vgl. LORENZ 1992). Mathematische Begriffe werden dabei in Form graphischer oder dinglicher Repräsentation veranschaulicht. Der handelnde oder auch mentale Umgang mit den Anschauungsmitteln soll das Kind unterstützen, adäquate mentale Vorstellungsbilder wesentlicher mathematischer Begriffe und Operationen aufzubauen. Aus den Handlungen sollen so – ganz im Sinne Piagets – verinnerlichte Operationen werden (vgl. ROTTMANN & SCHIPPER 2002, 53; SÖBBEKE 2005, 14).

Dieser Aufbau mentaler Vorstellungsbilder ist Grundlage für das mathematische Denken von Kindern im Grundschulalter: „Grundschüler denken im Medium der Anschauungsbilder. Und mathematische Anschauungsbilder ausbilden zu helfen, ist die Aufgabe von Veranschaulichungsmitteln." (LORENZ 1995, 10)

2.2.2 Anschauungsmittel als Werkzeuge

Die Begriffe Veranschaulichungsmittel und Anschauungsmittel werden in Anlehnung an HESS (2003, 73) in dieser Arbeit je nach lerntheoretischer Auffassung unterschiedlich benutzt und implizieren damit verschiedene Sichtweisen ihrer Funktion. In abbildtheoretischen und behavioristischen Lerntheorien sollen Veranschaulichungsmittel dem Empfänger Eindrücke einprägen, bzw. über wahrnehmbare Reize beim Schüler erwünschte Reaktionen auslösen. Mathematische Strukturen erhalten hier eine Modellgestalt und sollen Beziehungen veranschaulichen oder abbilden. Beiden ist die Grundhaltung gemeinsam, dass wiederholt angebotene Wahrnehmungsobjekte und angeleitete Handlungen zu korrekten Rechenprozeduren und -ergebnissen führen (vgl. HESS 2003, 72f.; VOIGT 1993). Anschauungsmittel dagegen sind „*Werkzeuge* an der Hand des Schülers" (WITTMANN 1993b) und unterstützen mentale Konstruktionen in der Anschauung. Der Schüler muss die in konkreten Anschauungsmitteln „gemeinten" Beziehungen also selbst erzeugen, um sie sehen, nutzen und daraus mentale Vorstellungen entwickeln zu können. Die Bezeichnung Anschauungsmittel impliziert demnach eine konstruktivistische Auffassung, nach der die wahrgenommene und handelnd erlebte Wirklichkeit subjektive Konstruktionen dieser Wirklichkeit auslöst (vgl. HESS 2003, 73).

Dies stellt den Lehr-Lernprozess im Mathematikunterricht vor eine besondere Herausforderung, da der gewünschte Weg von der externen Repräsentation (Anschauungsmittel) hin zur internen Repräsentation (mentales Vorstellungsbild) keineswegs glatt, einfach und vor allem nicht im Sinne einer eindeutigen Transformation verläuft (vgl. RADATZ 1986; SCHIPPER 1982; STEINBRING 2005).

> „Wir gehen davon aus, daß die Wahrnehmung der Realität nicht aufgefaßt wird als ein unverfälschtes, objektives Abbild der äußeren Welt auf die Netzhaut, sondern daß jeder Kontakt mit Bedeutungsinhalt die *aktive Teilnahme* des Subjektes erfordert. Im Gegensatz zur Abbildtheorie, für die das Bild das Abbild eines Objektes ist, das lediglich durch die perzeptiven Vorgänge erkannt wird und sich so dem Beobachter mit seinen Eigenschaften erschließt, da es in sich gegliedert und mit allen strukturellen Eigenschaften vorfindbar ist, gehen wir, in Anlehnung an Piaget, von einer konstruktivistischen Perspektive aus." (LORENZ 1993, 125; Hervorhebungen im Original)

Eine solche Sichtweise impliziert zum einen, dass das Bild, welches der Lernende als Repräsentation eines Objekts konstruiert, immer in Bezug zu diesem steht. Zum anderen aber ist die Wahrnehmung ein aktiver Vorgang, der begrifflich, das heißt durch bereits vorhandenes Wissen, gesteuert ist, weshalb das mentale Vorstellungsbild individuell unterschiedlich ausfallen kann (LORENZ 1992, 42).

2.2.3 Wahrnehmung und mentale Vorstellungsbilder

Unter einem mentalen Vorstellungsbild[2] wird die vorstellungsmäßige Konstruktion oder Reproduktion eines Bildes im Sinne einer mentalen Visualisierung verstanden. Solch ein Bild ist selten statisch, quasi fotografisch fixiert (eidetisch) oder eine Eins-zu-Eins-Abbildung der externen Welt. Vielmehr weist es dynamische Züge auf, indem etwa kognitive Operationen und Umdeutungen an ihm vorgenommen werden können. Mentale Vorstellungsbilder sind somit individuelle Konstruktionen, also von idiosynkratischem Charakter und beinhalten einen Großteil der Eigenschaften eines Objektes, das wahrgenommen wird, ist diesem daher in einer gewissen Form *ähnlich* (vgl. KEBECK 1994, 187; LORENZ 1992, 41; SÖBBEKE 2005, 60f.).

Vorstellungsbilder sind damit nicht ausschließlich Erinnerungsbilder und keinesfalls das identische geistige Abbild des äußeren Objekts. Sie sind vielmehr „die *bildliche Form des Wissens*, um das Objekt [...], so daß zusätzliches Wissen, welcher Art auch immer, die Visualisierung verändern kann" (LORENZ 1992, 45; Hervorhebung im Original). Die Bedeutung von Erfahrungen und vorhandenem Wissen für die Wahrnehmung der Realität wurde bereits in obigen Ausführungen ausführlich gezeigt (vgl. Kap. 2.1.2).

Neben ihrer individuellen Unterschiedlichkeit ist ein weiteres bedeutsames Merkmal von mentalen Bildern, dass sie die Struktur einer mathematischen Operation oder eines mathematischen Begriffs in wesentlichen Teilen repräsentieren können. „Sie scheinen in diesem Sinne konkret genug, um die Strukturmerkmale zu enthalten, die für die Aufgabenlösung notwendig sind, sie sind aber auch vage genug, um für eine andere [strukturgleiche] Aufgabe ebenfalls dienen zu können." (LORENZ 1992, 48; Hinzufügung SÖBBEKE 2005, 61) Mentale Vorstellungsbilder lassen sich somit als Abstraktion verstehen, die aus der Erfahrung gewonnen werden und geeignete Schemata darstellen, um neue Begriffe und Sachverhalte interpretieren und verstehen zu können. Damit stellen sie ein wichtiges Medium zwischen dem im Anschauungsmittel repräsentierten Begriff und den abstrakten kognitiven Strukturen dar, die das Kind bei der Konstruktion neuen mathematischen Wissens aufbaut. Aber auch mentale Vorstellungsbilder sind nicht mit dem Objekt oder Begriff zu verwechseln. Sie haben eine symbolisierende Funktion inne und *repräsentieren* das Objekt oder den Begriff (vgl. SÖBBEKE 2005, 60). Eine solche Sichtweise, die den konstruktiven und symbolhaften Charakter des mentalen Bildes hervorhebt,

---

2 Die Begriffe mentales Vorstellungsbild, Anschauung, Anschauungsbild, mentale Vorstellung und internale Repräsentation werden in Anlehnung an HESS (2003, 73) und LORENZ (1992, 41) in dieser Arbeit synonym verwendet.

entspricht sowohl aktueller kognitionspsychologischer Annahmen als auch mathematikdidaktischer Haltung zur Funktion und Bedeutung mentaler Vorstellungsbilder und wird deshalb für die vorliegende Studie als grundlegend angenommen (vgl. ebd., 62).

Für die Planung der empirischen Untersuchung ist insbesondere der von KLAUDT (2007, 71) beschriebene Zusammenhang zwischen Handlung und Vorstellungsbild bedeutsam. So helfen Handlungen einerseits, die mentalen Vorstellungen aufzubauen und andererseits können über die Handlungen die mentalen Modelle selbst externalisiert werden, so dass man dann über die Qualität der mentalen Modelle Aussagen treffen kann. Insbesondere können die Beziehungen zwischen Elementen (z.B. Zahlen) erst dargestellt werden, wenn sie mental verfügbar sind (vgl. HESS 2003, 74). Der bedeutsamen Rolle der Handlung bei der Erforschung individueller Vorstellungsbilder wird bei der Planung des Untersuchungsdesigns dieser Studie Rechnung getragen.

2.2.4 Die Mehrdeutigkeit von Anschauungsmitteln und die Wahrnehmung ihrer Struktur

Das arithmetisch sinnvolle Interpretieren und produktive Ausschöpfen von visuell-geometrisch fassbaren Beziehungen in Veranschaulichungen muss keineswegs so „automatisch" funktionieren wie vielfach als selbstverständlich unterstellt (vgl. SCHMIDT 2004), das wurde in obigen Ausführungen deutlich. Dennoch beklagten beispielsweise ROTTMANN & SCHIPPER (2002, 72) vor nun fast zehn Jahren, dass „trotz der schon zwei Jahrzehnte alten Erkenntnis, dass Veranschaulichungen (und Arbeitsmittel) nicht selbstredend sind, [...] der kindliche Umgang mit den Materialien noch immer nicht im Mittelpunkt der Aufmerksamkeit der Mehrheit der Lehrerinnen und Lehrer zu stehen [scheint]." Anschauungsmittel sind nicht selbsterklärend, sie erfordern eigenes Verstehen und ihre Bedeutung muss erlernt werden (vgl. JAHNKE 1984). Insbesondere können sie nicht durch schlichte Kontemplation erfasst werden. Es gibt keinen direkten Weg vom „Anschauen" des Arbeitsmittels zum gewünschten mentalen Bild des mathematischen Begriffs „im Kopf" des Kindes, selbst wenn die Struktur eines mathematischen Inhaltes oder Begriffs adäquat durch das Anschauungsmittel repräsentiert wird (z.B. die dezimale Struktur im Zwanzigerfeld) (vgl. SÖBBEKE 2005, 210).

Zusätzlich enthalten Anschauungsmittel eine theoretische Mehrdeutigkeit und sind daher grundsätzlich offen für verschiedene Deutungen. Es mag bei bestimmten Darstellungen sicherlich häufig eine *intendierte* Sichtweise geben, jedoch keine Eindeutigkeit bei der Interpretation im Sinne von „richtig" oder „falsch". „In einer Loslösung von empirischen Bezügen wird im Rahmen der ‚*theoretischen Mehrdeutigkeit*' ein Anschauungsmittel im Sinne eines *relationalen* Diagramms gedeutet. Es repräsentiert Strukturen und Beziehungen, die grundsätzlich *mehrdeutige* Interpretationen zulassen und in denen *verschiedene Beziehungen* hergestellt, erkundet und bewusst umgedeutet werden können." (SÖBBEKE 2005, 24; Hervorhebungen im Original)

Außerdem stellen verschiedene visuelle Hilfen auch unterschiedliche Schwierigkeiten beim Erkennen und Interpretieren der mathematischen Struktur dar. An zwei Beispielen[3] sollen diese Schwierigkeiten, bezogen auf die dezimale Struktur, exemplarisch dargestellt werden. So sind die Zahlen am Zahlenstrahl seriell angeordnet und erscheinen als fortlaufendes Band. Die Dezimalstruktur ist hier nicht so leicht erkennbar, da das Anschauungsmittel keine evidente interne Abbildung der Teilräume aufeinander besitzt.

„Daß aber die Struktur im Raum 41-50 ähnlich ist wie in 71-80 und von 1-10 her schon ‚bekannt' sein sollte, ist keineswegs klar. [...] Dies bedeutet für die Schüler insbesondere, daß sie ihre Kenntnisse der Zehnerzerlegung, zum Beispiel 7+3=10, 6+4=10 nicht so leichten Herzens übertragen können: *Warum sollte entsprechendes auch für 27+3, 56+4 gelten?*" (LORENZ 1992, 153; Hervorhebungen im Original)

Eine Schwierigkeit im Umgang mit Anschauungsmitteln besteht darin, dass das lernende Kind von der Konkretheit des darstellenden Mediums abstrahieren muss. Dies wird ganz besonders deutlich bei Anschauungsmitteln, die durch Farbe oder Abstand strukturiert sind. So sind bestimmte Zahlräume natürlich nicht anders farbig als andere und der Abstand zwischen dem 5. und 6., 10. und 11. usw. Feld ist zwar visuell-geometrisch größer, der Unterschied zwischen der Zahl Fünf und der Zahl Sechs ist aber nicht größer als der zwischen den übrigen aufeinanderfolgenden Zahlen. Auf einer Klaviatur liegt der Sachverhalt genau andersherum: die weißen Tasten sind hier durchgehend linear im immer gleichen Abstand nebeneinander angeordnet, die Tonabstände zwischen ihnen betragen jedoch nicht immer einen Ganzton – an zwei Stellen innerhalb der Oktave beträgt der Tonabstand nur einen Halbton (die schwarzen Tasten geben hier einen Hinweis). Somit sind auch Gliederungshilfen mehrdeutig und vor allem auch im nicht intendierten Sinne interpretierbar.

Für den Erwerb neuen mathematischen Wissens ist es notwendig, die zu erlernende Wissensstruktur mit Hilfe eines geeigneten Repräsentationsmittels exemplarisch darzustellen. Im handelnden Umgang mit diesen Anschauungsmitteln können Schüler mathematische Einsichten gewinnen und tragfähige Mengenvorstellungen entwickeln. Dennoch ist im Unterricht häufig zu beobachten, dass Schüler die „eigentlich sichtbare" (Fünfer-, Zehner- oder andere) Struktur nicht nutzen. Ausgehend von einer Auffassung der Mathematik als konstruktive Tätigkeit und Wissenschaft von Beziehungen, Strukturen und Mustern ist aber gerade das aktive Herstellen von Beziehungen, das Erkennen und Nutzen von Strukturen und Mustern in einem Anschauungsmittel eine unverzichtbare Voraussetzung für ein echtes

---

3 Für ausführliche Analysen zu möglichen Störbereichen und typischen Fehlern im Umgang mit Anschauungsmitteln vgl. LORENZ 1992.

Verständnis von Zahlen und Rechenoperationen (vgl. BAUERSFELD 1992; SÖBBEKE 2005, 2).

Die Schwierigkeiten im Umgang mit Anschauungsmitteln gründen sich darin, dass ein konkretes Objekt keine numerischen und operativen Beziehungen abzubilden vermag, sondern eine Repräsentation mathematischer Beziehungen, Strukturen und Muster darstellt. Auf diesen Beziehungen, Strukturen und Mustern bauen die kognitiven Strukturen des lernenden Kindes auf, aber das Kind kann diese nicht durch passive Verinnerlichung entwickeln und kein Material kann ihm die Konstruktion neuen mathematischen Wissens abnehmen.

Dieses Kapitel stellte bewusst die Differenzierung zwischen dem externen Objekt und dem mentalen Vorstellungsbild heraus, um eine sensible Grundlage für die Gestaltung von Lehr-Lern-Prozessen im Mathematikunterricht und für den Einsatz von Anschauungsmaterialien in der vorliegenden empirischen Studie zu schaffen. Die Unterscheidung ist von Bedeutung, da nicht davon ausgegangen werden kann, dass die Schüler unbedingt das gleiche Vorstellungsbild entwickeln, wenn sie dasselbe Veranschaulichungsmittel gesehen und mit ihm hantiert haben (vgl. LORENZ 1992, 46; SÖBBEKE 2005, 60). Weiterhin ist zu beachten, dass Vorstellungsbilder nicht als fertiges, unveränderbares Produkt im Kopf des Kindes vorliegen, „sondern in einem geistigen Akt, der durch vorhandenes Wissen, durch individuelle Erfahrungen und sinngebende Kontexte beeinflusst wird, immer wieder neu konstruiert werden müssen". (ebd., 63)

Es dürfte also „unzutreffend sein, dass *jeder* Schüler, der über hinreichende Sehfähigkeit verfügt und motorisch geschickt genug ist, mit dem Material zu manipulieren, seine Struktur *wahrnehmen* könne, und daß dies ausreiche, um die *mathematische* Struktur auch zu *erkennen*". (LORENZ 1992, 2; Hervorhebungen im Original)

2.3 Anzahlerfassung „auf einen Blick"

Strukturierte oder unstrukturierte Mengen mit wenigen Objekten können simultan, d.h. „mit einem Blick", erfasst werden. Diese Fähigkeit zur Anzahlerfassung ohne Zählen wird ‚Subitizing' (lat. subito = plötzlich) genannt, im Deutschen spricht man von der ‚simultanen Zahlerfassung'. Die genaue Anzahl der simultan wahrnehmbaren Objekte lässt sich nicht scharf definieren, man geht aber davon aus, dass Kinder über eine Subitizing-Kapazität im Bereich von drei bis vier Elementen verfügen, Erwachsene hingegen zwischen vier und sechs Elemente gleichzeitig wahrnehmen können. SCHERER (1999, 26) weist außerdem darauf hin, dass die simultan erfassbare Anzahl bei lernschwachen Kindern wahrscheinlich noch geringer ist.

Einige Forscher wie GINSBURG, KLEIN & STARKEY (1998) beschreiben Subitizing als blitzartigen Auszählprozess, welcher nonverbal und unbewusst abläuft und durch einen im Gehirn verankerten Zählmechanismus gesteuert wird. Inzwischen hat sich aber eher die Auffassung von KLAHR & WALLACE (1976) bestätigt, dass es sich beim Subitizing um einen reinen Wahrnehmungsprozess handelt, bei dem visuelle Muster erkannt und den Zahlen zugeordnet werden. Kleine Anzahlen werden also nicht schnell abgezählt, sondern perzeptuell (eben auf einen Blick) wahrgenommen (vgl. KRAJEWSKI 2003, 55f.; STERN 1998, 62). Beim schnellen Erfassen größerer Anzahlen wird die konkret oder bildlich dargestellte Menge blitzschnell gedanklich in simultan wahrnehmbare Teilmengen zerlegt und anschließend durch Addition die Gesamtzahl bestimmt. Solch eine quasi-simultane oder gliedernde Zahlerfassung gelingt besser, wenn es sich um eine *strukturierte* Darstellung handelt. Insbesondere sind sich viele Mathematikdidaktiker einig, dass bei linearen, ungegliederten Anordnungen gleichartiger Dinge die Grenze der simultanen Erfassbarkeit bei fünf liegt (vgl. z.B. GERSTER 1994, 48; HESS 2003, 82; IFRAH 1986). In der deutschen Rechendidaktik um 1920 wurden deshalb linear angeordnete Fünfermengen mit Ausrückung des mittleren Plättchens als Gliederungshilfe zur quasi-simultanen Erfassung dargestellt (vgl. GERSTER 2005, 211).

Obwohl die Fünf nicht simultan erfasst werden kann, spielt die „Kraft der 5" als Struktureinheit eine wesentliche Rolle in unserem dezimalen Zahlsystem (vgl. FLEXER 1986; KRAUTHAUSEN 1995), bevor später in größeren Zahlräumen das Erfassen von Zehnern die wichtigste Strukturierungshilfe ist.

Nach GERSTER (1994, 48) schafft das simultane Erfassen räumlicher Muster einen kreativen, beweglichen Zugang zu den Zahlen. Zugleich macht er jedoch deutlich, dass die quasi-simultane, gliedernde Anzahlerfassung viel zu tun hat mit geometrischen Grundvorstellungen von Formen sowie mit geometrischen Begriffen wie innerhalb, außerhalb, oberhalb, unterhalb, links, rechts, also mit räumlich-visuellen Leistungen.

Als Resümee des vorliegenden Kapitels zu den wahrnehmungspsychologischen und didaktischen Grundlagen halte ich fest, dass das Erkennen von Mustern und die Fähigkeit zur Strukturierung eine Grundlage für die Fähigkeit zur quasi-simultanen Zahlerfassung bilden, die wiederum für einen flexiblen Zugang zu Zahlen bedeutsam ist. Im kindlichen Lernprozess ist aber der Zugang zu Mustern und Strukturen nicht durch schlichte Kontemplation möglich, sondern Muster müssen interaktiv erschlossen und produktiv entwickelt werden. Das Kind nimmt ein Muster, eine bestimmte Anordnung oder ein Anschauungsmittel wahr und *deutet* mathematische Beziehungen und Strukturen in dieses hinein. Dieser Prozess vollzieht sich jedoch nicht nur in eine Richtung, sondern ist als eine Wechselbeziehung zu verstehen, die durch die spezifische Konzeption des Anschauungsmittels sowie von perzeptuellen Organisationsprinzipien mitgestaltet wird. Darüber hinaus vollzieht sich der Wahrnehmungs- und Deutungsprozess nicht in einem neutralen Kontext, sondern wird beeinflusst von dem Wissen, den Intentionen und der individuellen Rahmung des Kindes. Auf der Grundlage einer solchen Wechselbeziehung konstruiert das Kind dann bestenfalls ein mentales Vorstellungsbild, das in adäquater Weise den intendierten mathematischen Mustern und Strukturen entspricht (vgl. SÖBBEKE 2005, 69).

88	L	Sieben!
89	I	Wie hast du das gesehen?
90	L	

Ich hab sechs gesehen *(zeichnet mit dem Finger auf dem Tisch drei Seiten eines Rechtecks nach)* und dann hab ich noch einen dadrüber gesehen. *(tippt mit dem Zeigefinger über dem imaginären Rechteck auf den Tisch)*

(aus dem Interview mit Lukas)

> Um uns mit größtmöglichem Erfolg mit der Umwelt auseinandersetzen zu können, ist es erforderlich, sich an der Struktur der Dinge zu orientieren. Es ist unumgänglich, sich die Fähigkeit zur Handhabung von Systemen und die Abstraktion von Formen und Mustern anzueignen.
> (DONALDSON 1982, 92)

3 Die Bedeutung von Muster und Struktur für die mathematische Entwicklung in Vor- und Grundschule

Es bedarf nur eines kurzen Blickes in die Fachliteratur, um einen Eindruck von der großen Bedeutung zu bekommen, welche die Mathematikdidaktik Mustern und Strukturen beimisst. Auch international herrscht Übereinstimmung, dass Kompetenzen bzgl. Mustern und Strukturen für das mathematische Lernen wichtig sind. Inwiefern oder wofür aber Muster- und Strukturaufgaben „gut" sind – dazu gibt es eine Vielzahl unterschiedlichster Vorstellungen und Begründungszusammenhänge. Mit dem Fokus auf der mathematischen Entwicklung in Vor- und Grundschule lässt sich feststellen, dass den breit gestreuten Überzeugungen von Mathematikdidaktikern und Lehrern bezüglich Funktion und Bedeutung nur eine kleine, in den letzten Jahren jedoch wachsende Anzahl empirischer Wirkungsforschungen gegenüber steht. Das vorliegende Kapitel zeigt die den Muster- und Strukturaufgaben zugeschriebenen Bedeutungen auf (Kap. 3.1), wobei die Betrachtung der implizit in nationalen und internationalen Curriculumvorgaben enthaltenen Vorstellungen zur Rolle von Muster und Struktur einen eigenen Teil darstellt (Kap. 3.2). Letzterer fokussiert auch auf die unterschiedlich starke Betonung von Mustern als Musterfolgen oder räumliche Muster in den verschiedenen Curricula. Kapitel 3.3 arbeitet schließlich den Stand der Forschung auf und stellt damit den Vorstellungen der Bedeutung von Mustern für die mathematische Entwicklung die entsprechenden empirischen Studien gegenüber.

3.1 Funktion und Bedeutung von Muster und Struktur in der mathematikdidaktischen Literatur

Für WITTMANN & MÜLLER (2007, 42) ist es offensichtlich, „dass es sich bei ‚Muster und Strukturen' nicht einfach um einen Aspekt des Mathematikunterrichts unter anderen handelt, sondern dass dieser Aspekt grundlegend ist". In der mathematikdidaktischen Literatur ist jedoch auch die gegensätzliche Sichtweise anzutreffen, so dass sich bei den Vorstellungen zur Funktion von Muster- und Strukturaufgaben zwei Positionen unterscheiden lassen. Die eine sieht Aufgaben bezüglich Muster und Struktur als austauschbares Format, um allgemeine Prinzipien (der Mathematik) zu vermitteln – ‚Muster und Strukturen' als *ein* Aspekt unter anderen. Die andere Position deutet sie als zu vermittelnder Inhalt, sozusagen als Vorläufer für andere mathematische Inhalte – ‚Muster und Strukturen' als *grundlegender* Aspekt (vgl. THRELFALL 1999, 20f.). Diese zwei Positionen greift vorliegendes Kapitel auf, indem es zunächst beschreibt, zu welchem Zweck und Ziel Lehrer das Format ‚Muster- und Strukturaufgaben' im Unterricht nutzen (können) und anschließend aufzeigt, für welche mathematischen Inhalte Erfahrungen mit Muster und Strukturen grundlegend sind.

3.1.1 Muster und Struktur als *ein* Aspekt unter anderen

Die unterrichtliche Arbeit mit Mustern und Strukturen spielt nach dieser Sichtweise eine Rolle als nützliche, aber austauschbare Basis zum Lehren mathematischer Inhalte. Musteraktivitäten dienen hier als konkrete und vertraute Erfahrung, auf die der Lehrer bei der Einführung neuer Themen Bezug nehmen oder die Aufmerksamkeit auf spezielle Aspekte lenken kann. In diesem Fall besteht der Wert von Muster- und Strukturaufgaben eher im Kontext einer Unterrichtsmethode als in einer konzeptionellen Vorläuferfertigkeit. Folgende Beispiele von Ansichten entsprechen diesem Denken:

Viele Autoren ziehen eine Verbindung zwischen Musteraktivitäten und dem Ordnen und Vergleichen (vgl. HOENISCH & NIGGEMEYER 2004, 51; LIEBECK 1984). Insbesondere durch das Muster erfinden, nachlegen und fortsetzen, „werden die Grundtechniken des **Sortierens, Ordnens und Vergleichens** als wesentliche Voraussetzung für die Systematisierung von fachspezifischen Arbeitsweisen eingeübt" (VERBOOM 2006, 175). Angemerkt sei, dass sich beim Muster erfinden Ideen des Ordnens allerdings nicht automatisch und von selbst entwickeln, aber Ordnungsaspekte aus der Erfahrung gezogen werden *könnten*.

Die Fähigkeit, ein Muster zu generalisieren und gegebene Informationen zu nutzen, um unbekannte Informationen vorherzusagen, ist nach ECONOMOPOULOS (1998, 231) der starke Aspekt von Mustern. Es ist eine in der Literatur sehr weit verbreitete Meinung (vgl. z.B. BURTON 1982; FOX 2006, 226; THRELFALL 1999), dass Kinder durch Musteraktivitäten Erfahrungen im **Verallgemeinern, Beziehungen erkennen, Vorhersagen treffen und Regeln abstrahieren** sammeln können.

STEINWEG (2001, 127) sieht in Folgen mit geometrischen Objekte eine Einstiegsmöglichkeit ins Thema Zahlenmuster für Kinder, die sich nicht über Ziffern und Zahlen ansprechen lassen. Punktemuster und Muster mit anderen geometrischen Objekten sollen hier einen **leichten Zugang zu Mustern** ermöglichen (ebd., 166).

Das Bilden einer sich wiederholenden Musterfolge durch Auffädeln von Perlen, kann nach MATTHEWS & MATTHEWS (1990) zur **Ausbildung von Längenvorstel-

lungen führen. Es sei hier nochmals betont, dass nicht die Musterfolge an sich das Konzept der Länge betrifft, sich eine Musterfolge aber beim Bilden automatisch verlängert und eben diese Tatsache bewusst gemacht werden kann.

Auch GINSBURG, CANNON, EISENBAND & PAPPAS (2006, 214) schreiben, dass sich wiederholende Musterfolgen vielfach als Werkzeuge genutzt werden, um mathematische Konzepte wie **Messen, Rechnen** sowie **Wahrscheinlichkeit** zu lehren. Außerdem würden viele Erzieher die Arbeit mit Mustern für wertvoll zur Förderung des **logischen Denkens** halten.

KRAUTHAUSEN & SCHERER (2007, 60) sehen das Fortsetzen von Folgen als Übung im **geometrischen Denken**.

Fox (2006, 221) hält Musteraktivitäten als besonders wichtig für das Lernen von früh an, da sie Kindern helfen, **Sinn in ihrem Alltag zu entdecken**. Ähnlich argumentieren HOENISCH & NIGGEMEYER (2004, 51):

> „Sie [die Kinder] halten Ausschau nach Zusammenhängen und Regelmäßigkeiten, weil sie die Welt, in die sie hineinwachsen, verstehen wollen. […] Wenn wir die grundlegende Ordnung unserer Welt anschauen, nehmen wir bestimmte Regelmäßigkeiten wahr. Das gibt uns ein Gefühl der Sicherheit, weil wir wissen, was als Nächstes kommt […]."

Dieses Bewusstwerden von Regelmäßigkeiten als Folge der Mustererkennung bereichert nach BURTON (1982, 39) nicht nur die aktuellen Interaktionen der Kinder mit ihrer physischen und sozialen Umwelt, sondern erhöht darüber hinaus die Wahrscheinlichkeit für **späteren Schulerfolg**.

Die Arbeit mit Mustern und Strukturen in dem in diesem Abschnitt beschriebenen Sinn ist nicht nötig für eine folgende mathematische Entwicklung, sie kann aber dafür genutzt werden. Sie wird wertvoll, wenn der Lehrer das Potential der Aufgaben aufgreift, andere Kontexte können aber ebenso gut zum gleichen Ziel führen. Als solches ist die Bedeutung von Aufgaben zu Mustern und Strukturen nicht allgemein.

3.1.2 Muster und Struktur als *grundlegender* Aspekt

Diese Sichtweise sieht die Arbeit mit Mustern und Strukturen als wertvoll in sich, als eine Form des Denkens, die in Richtung zukünftiger Mathematik führt. Sie deutet Kompetenzen im Umgang mit Mustern und Strukturen sozusagen als Vorläuferfertigkeit für bestimmte mathematische Inhalte. Einige Autoren formulieren diese Vorstellungen allerdings recht allgemein:

„Wenn Kinder […] beim Aufziehen von Perlenketten bewusst Muster bilden, sind das wichtige **Vorerfahrungen** für das schulische Mathematiklernen." (PETER-KOOP & GRÜSSING 2007, im Anhang) OWEN (1995, 126) betont, dass eine Affinität zu und ein Verständnis von sich wiederholenden Mustern Kindern einen Zugang ermöglicht zu „elements of **mathematical thought** which are not available to them through any other medium in mathematics".

Andere Autoren werden expliziter und beschreiben genau, auf welche mathematischen Inhalte sich ihrer Meinung nach frühe Muster- und Strukturkompetenzen beziehen. Die verschiedenen Formen von Musteraktivitäten dienen dabei als Grundlage für unterschiedliche spätere mathematische Bereiche und können recht gut unterschieden werden. Lineare (oder eindimensionale) sich wiederholende Musterfolgen werden am häufigsten als erster Schritt auf dem Weg zu **Zahlenfolgen** und **Algebra** eingeordnet. So schreibt VERBOOM (2006, 175): „Strukturierte Anordnungen konkreter Materialien führen wie selbstverständlich zu Zahlenfolgen."

„Der Begriff der **Folge** [wiederum] ist ein Grundbegriff der Mathematik und spielt auf allen Stufen eine fundamentale Rolle." (WITTMANN 2006, 209) Aufgrund der sequentiellen Anordnung der Ereignisse bieten Musterfolgen eine Grundlage für ein späteres **Verständnis abstrakter zeitlicher und räumlicher Sequenzen** (BURTON 1982, 40).

Muster als erste Zugangsweise zur Algebra bzw. das Studium von Mustern als ein produktiver Weg, um algebraisches Denken in den frühen Jahren zu entwickeln, sehen beispielsweise FERRINI-MUNDY & LAPPAN (1997), FOX (2006), GINSBURG, CANNON, EISENBAND & PAPPAS (2006) sowie STEINWEG (2006). STEEN (1990) ist der Meinung, dass die Beobachtung von Mustern und Beziehungen im Zentrum des Erwerbs eines tiefen Verständnisses von Mathematik – Algebra und **Funktionen** im Besonderen – liegt.

Zweidimensionale sich wiederholende Muster (sogenannte ‚wallpaper patterns') führen nach THRELFALL (1999, 18) zu **symmetrischen Mosaiken** und zur **Abbildungsgeometrie**.

Die Beschäftigung mit räumlichen Mustern und Übungen zum räumlichen Strukturieren sind wichtig, um größere **Anzahlen** als vier bis fünf Elemente schnell **erfassen** zu können (vgl. LORENZ 2006; VAN NES 2009).

> „Wesentlich für ein erfolgreiches Rechnen ist daher das Ausnutzen von Strukturen. Insbesondere mit Blick auf die späteren Zahlenraumerweiterungen ist es notwendig, den Kindern bei Übungen zur Anzahlerfassung das Ausnutzen effektiver Strukturen zu ermöglichen und sie schon bei kleineren Anzahlen bewusst dazu anzuhalten." (SCHERER 1999, 26)

Räumliche Strukturierungen wahrzunehmen ist notwendig, um mit mathematischen **Anschauungsmitteln** sinnvoll umgehen (vgl. KRAUTHAUSEN & SCHERER 2007; LORENZ 1992; WITTMANN & MÜLLER 2007) und darauf aufbauend, **Beziehungen zwischen Zahlen** erkennen und bei Verknüpfungen nutzen zu können (vgl. LORENZ 2006; RASCH 2006). Insbesondere beim mathematischen Modellieren ist es wichtig, die Zahlen als Beziehungen und die der Aufgabe zugrundeliegende arithmetische Struktur „sehen" zu können (vgl. ENGLISH & WATTERS 2005).

> „Bereits um einfache Sachaufgaben verstehen zu können, kommt es ganz wesentlich darauf an, Muster in die Sachsituation hineinzulesen, die im Text gar nicht genannt sind. Bei der Lösung müssen die jeweils genannten Daten in einen größeren Zusammenhang gebracht und mathematisch verknüpft werden. Dies gelingt umso leichter, je mehr Muster zur Verfügung stehen und je mehr man gelernt hat, in Beziehungen zu denken." (WITTMANN & MÜLLER 2007, 51)

Schließlich findet man in der Literatur die übereinstimmende Ansicht, dass sowohl Übungen mit räumlichen Mustern als auch mit Musterfolgen zur Einsicht in das **dekadische Zahlsystem** führen, sowie das Verständnis von **Zahleigenschaften** und mathematischen **Gesetzmäßigkeiten** fördern (vgl. BURTON 1982; ECONOMOPOULOS 1998; STEINWEG 2001; VERBOOM 2006; WITTMANN & MÜLLER 2007). BURTON (1982, 43) sowie PAPIC, MULLIGAN & MITCHELMORE (2009, 334) betonen, dass insbesondere die Wahrnehmung von sich wiederholenden Einheiten in Mustern das **Zählen in Schritten** fördert, welches ganz natürlich zum Konzept der **Multiplikation** führt.

Eine treffende Zusammenfassung der aktuellen Sichtweisen zur Bedeutung von Mustern und Strukturen insbesondere auch für das frühe mathematische Lernen geben MULLIGAN, PRESCOTT, PAPIC & MITCHELMORE (2006, 376):

> „The early development of patterning and structural thinking in mathematics is critical to the abstraction and generalisation of mathematical ideas and relationships. Mathematical development depends to a large extent on the structure of students' thinking and how well this reflects the structure of mathematical concepts and relationships. For example, children need to recognise mathematical structure and how it is generalised in order to understand how the number system is organised by grouping in tens, and how equal groups form the basis of multiplication and division concepts."

Viele Vorstellungen zur Bedeutung von Muster und Struktur für die mathematische Entwicklung spiegeln sich in den Mathematikcurricula und Bildungsstandards. Da diese die Grundlage des Mathematikunterrichtes darstellen, arbeitet ein eigenes Kapitel die in ihnen enthaltenen expliziten Kompetenzerwartungen bezüglich Muster und Strukturen sowie implizite Vorstellungen zu ihrer Rolle auf.

3.2 Muster und Struktur in den deutschen Bildungsstandards und internationalen Mathematikcurricula

Seit der Curriculum Reform Anfang bis Mitte der 2000er Jahre sind die Standards und Mathematikcurricula vieler Länder aufgrund der Orientierung an mathematischen Leitideen nicht nur ähnlich aufgebaut, sondern sie enthalten neben den inhaltsbezogenen Kompetenzbereichen ‚Zahlen und Operationen', ‚Raum und

Form', ‚Größen und Messen' sowie ‚Daten und Zufall' nun einen eigenen Bereich ‚Muster und Strukturen'. Dies lässt sich als Zeichen für die gestiegene – oder zumindest in den Fokus der Schulmathematik gerückte – Bedeutung der Entwicklung von Mustererkennungs- und Strukturierungsfähigkeit deuten.

Dieses Kapitel hat zum Ziel, die vorgegebenen Lernziele und Kompetenzerwartungen sowie die impliziten Vorstellungen zur Bedeutung von Muster und Struktur für das Mathematiklernen in Vor- und Grundschule aufzuarbeiten und berücksichtigt dabei auch die unterschiedlichen Sichtweisen und damit verbundenen Schwerpunkte der Mathematikcurricula von Mustern als Folgen oder räumlichen Mustern. Da die vorliegende Arbeit Musterkompetenzen *am Schulbeginn* untersucht, bleibt dieses Kapitel nicht bei den Bildungsstandards für den Primarbereich (Ende des 4. Schuljahres) stehen, sondern es betrachtet insbesondere auch die Lernpläne des 1. Schuljahres oder zumindest die erwarteten Kompetenzen Ende der Jahrgangsstufe 2 (Kap. 3.2.1) und bezieht dabei einige Beispiele internationaler Curricula (Kap. 3.2.2) sowie vorschulische Bildungspläne (Kap. 3.2.3) in die Analysen ein.

3.2.1 Bildungsstandards und Kerncurriculum

Der deutsche Kompetenzbereich ‚Muster und Strukturen' ist unterteilt in zwei Unterbereiche, folgende Kompetenzen gehören zu den Bildungsstandards am Ende der 4. Jahrgangsstufe (vgl. Tab. 3.1).

Tabelle 3.1:
Der Kompetenzbereich ‚Muster und Strukturen' (KMK 2005, 10f.)

Gesetzmäßigkeiten erkennen, beschreiben und darstellen	• strukturierte Zahldarstellungen (z.B. Hundertertafel) verstehen und nutzen, • Gesetzmäßigkeiten in geometrischen und arithmetischen Mustern (z.B. Zahlenfolgen oder strukturierten Aufgabenfolgen) erkennen, beschreiben und fortsetzen, • arithmetische und geometrische Muster selbst entwickeln, systematisch verändern und beschreiben.
Funktionale Beziehungen erkennen, beschreiben und darstellen	• funktionale Beziehungen in Sachaufgaben erkennen, sprachlich beschreiben (z.B. Menge – Preis) und entsprechende Aufgaben lösen, • funktionale Beziehungen in Tabellen darstellen und untersuchen, • einfache Sachaufgaben zur Proportionalität lösen.

In der linken Spalte sind allgemeine, inhaltsunabhängige Kompetenzen aufgeführt, in der rechten Spalte bei der Ausformulierung werden sie auf alle anderen Inhaltsbereiche bezogen. WITTMANN & MÜLLER (2007) halten dies für ein „klares Indiz dafür, dass der Bereich *Muster und Strukturen* den Inhaltsbereichen *über*geordnet ist" (S. 42, Hervorhebungen i.O.).

In den Bildungsstandards der weiterführenden Schulen (KMK 2003) benennt die deutsche Kultusministerkonferenz den Kompetenzbereich ‚Muster und Strukturen' in ‚Funktionaler Zusammenhang' um, die anderen Inhaltsbereiche bleiben unverändert. Damit scheint der Schwerpunkt in der Primarstufe bezüglich Mustern und Strukturen vorgegeben: der Unterbereich ‚Funktionale Beziehungen erkennen, beschreiben und darstellen' bereitet die Inhalte der weiterführenden Schulen zu Funktionen direkt vor, aber auch die Kompetenzen, die im Unterbereich ‚Gesetzmäßigkeiten erkennen, beschreiben und darstellen' angebahnt werden, scheinen, sozusagen als notwendige Voraussetzung, hauptsächlich auf ein funktionales Verständnis abzuzielen.

Im niedersächsischen Kerncurriculum (NIEDERSÄCHSISCHES KULTUSMINISTERIUM 2006, 29f.), als Beispiel einer Konkretisierung der nationalen Bildungsstandards, wird ausdrücklich darauf hingewiesen, dass die Schüler Muster und Strukturen aus dem Bereich der Zahlen, Formen und Größen aktiv erforschen, fortsetzen, umgestalten und selbst erzeugen sollen – ein kleiner Hinweis auf die inhaltsübergreifende Bedeutung von Mustern und Strukturen. Am Ende von Klasse 2 wird bezüglich ‚Gesetzmäßigkeiten in Mustern' erwartet, dass Schüler **Zahlen und Rechenoperationen durch strukturierte Darstellungen veranschaulichen** können. Diese Kompetenz bezieht sich auf räumliche Muster und impliziert die Fähigkeit zur Wahrnehmung und Nutzung räumlicher Muster, sowie räumliche Strukturierungsfähigkeit. Die zweite erwartete Kompetenz, „**Schüler bilden selbst geometrische und arithmetische Muster**", kann durch die offene Formulierung auf den gesamten Bereich möglicher räumlicher Muster und Muster- bzw. Zahlenfolgen bezogen werden. Des Weiteren sollen Schüler in der Lage sein, diesen Mustern zugrundeliegende **Gesetzmäßigkeiten zu beschreiben** und auf dieser Grundlage **Vorhersagen zur Fortsetzung zu treffen**. Im Kerncurriculum wird in diesem Punkt explizit der Bezug zu Zahlenfolgen hergestellt, die Formulierung ließe sich aber auch auf Musterfolgen und räumliche Muster beziehen. Bezüglich des Unterbereiches ‚funktionale Beziehungen' wird am Ende von Klasse 2 erwartet, dass Schüler **einfache funktionale Beziehungen in Sachsituationen beschreiben** können. Diese Kompetenz zielt insbesondere auf die Inhalte des Kompetenzbereiches ‚Funktionaler Zusammenhang' ab Klasse 5. Man könnte die funktionalen Beziehungen in Sachaufgaben oder Tabellen aber auch als zwei in Beziehung miteinander stehende Zahlenfolgen interpretieren.

Auch wenn Muster und Strukturen unterschwellig das gesamte Curriculum durchziehen, werden diesbezügliche Kompetenzen in anderen Inhaltsbereichen nur an zwei Stellen explizit genannt; zum einen im inhaltsbezogenen Kompetenzbereich ‚Zahlen und Operationen': „Die Schüler vergleichen, strukturieren, zerlegen Zahlen und setzen sie zueinander in Beziehung." (ebd., 19), zum anderen im Inhaltsbereich ‚Raum und Form' im Unterpunkt ‚Geometrische Abbildungen': „Die Schüler erkennen einfache symmetrische Muster und setzen sie fort. [Sie] finden und beschreiben in der Umwelt geometrische Figuren und Muster." (ebd., 28)

3.2.2 Internationale Kompetenzerwartungen und Lerninhalte bezüglich Muster und Struktur

In den US-amerikanischen Standards (NCTM 2000) gibt es keinen eigenen Inhaltsbereich zu Mustern und Strukturen, sondern diese sind im Inhaltsbereich ‚Algebra' eingeordnet. Innerhalb der Ausführungen zur Algebra ist, sozusagen als erste Zugangsweise, aufgelistet: „Understand patterns, relations, and functions". Als Erwartung für den Zeitraum vom ‚prekindergarten' bis Klasse 2 sollen alle Schüler

- „recognize, describe, and extend patterns such as sequences of sounds and shapes or simple numeric patterns and translate from one representation to another;
- analyze how both repeating and growing patterns are generated." (NCTM 2000)

Einen ähnlichen Aufbau wie die deutschen und US-amerikanischen Standards mit ihren fünf Inhaltsbereichen weisen auch kanadische (z.B. ONTARIO MINISTRY OF EDUCATION 2005; Inhaltsbereich ‚Patterning and Algebra') und australische (z.B. QUEENSLAND STUDIES AUTHORITY 2008; Inhaltsbereich ‚Patterns and Algebra') Curricula auf. Auch die erwarteten Kompetenzen sind ähnlich wie die der US-amerikanischen, die australischen und kanadischen sind jedoch bereits für Klasse 1 formuliert und werden hier deshalb weiter ausgeführt. Am Ende des 1. Schuljahres sollen die Kinder in der Lage sein, eine sich wiederholende Muster- oder Zahlenfolge zu erkennen, zu beschreiben, zu bilden, fortzusetzen sowie zu übersetzen (vgl. ONTARIO MINISTRY OF EDUCATION 2005, 39). Für das australische Curriculum gelten diese Kompetenzerwartungen sogar bezogen auf wachsende und schrumpfende Musterfolgen, außerdem sollen die sich wiederholenden Elemente identifiziert sowie die Strategien zur Bildung einer Musterfolge reflektiert werden (vgl. QUEENSLAND STUDIES AUTHORITY 2008, 3).

In keinem der drei genannten Curricula werden explizite Erwartungen zu Kompetenzen im Umgang mit räumlichen Strukturen formuliert, auch nicht „versteckt" in einem der anderen Inhaltsbereiche. Der Fokus bezüglich Muster und Strukturen liegt demzufolge auf Muster- und Zahlenfolgen als „precursor" für zunächst funktionale Zusammenhänge und letztendlich für algebraisches Denken (vgl. STEINWEG 2006, 73), was erklärt, warum Muster und Algebra in einem Inhaltsbereich zusammengefasst sind. Im Ontario Curriculum wird der Zusammenhang zwischen Mustern, Funktionen und Algebra in der mathematischen Entwicklung der Schüler folgendermaßen dargestellt:

> „Young students identify patterns in shapes, designs, and movement, as well as in sets of numbers. They study both repeating patterns and growing and shrinking patterns and develop ways to extend them. Concrete materials and pictorial displays help students create patterns and recognize relationships. Through the observation of different representations of a pattern, students begin to identify some of the properties of the pattern.
> In the junior grades, students use graphs, tables, and verbal descriptions to represent relationships that generate patterns. Through activities and investigations, students examine how patterns change, in order to

develop an understanding of variables as changing quantities. In the intermediate grades, students represent patterns algebraically and use these representations to make predictions." (ONTARIO MINISTRY OF EDUCATION 2005, 9)

Das englische National Curriculum (DEPARTMENT FOR EDUCATION AND EMPLOYMENT 1999) ist bislang noch ein Input-orientiertes Curriculum mit zwei Inhaltsbereichen: ‚Number‘ sowie ‚Shape, Space and Measures‘. Aber auch ohne eigenen Inhaltsbereich können Muster und Strukturen als Lehrinhalt gefunden werden. In ‚Key Stage 1‘ (5-7 Jahre) im Bereich ‚Number‘ geht es unter Punkt 2b ‚Numbers and the number system‘ unter anderem konkret um Zahlenfolgen:

„Pupils should be taught to create and describe number patterns; explore and record patterns related to addition and subtraction, and then patterns of multiples of 2, 5 and 10 explaining the patterns and using them to make predictions; recognise sequences, including odd and even numbers [...]." (DEPARTMENT FOR EDUCATION AND EMPLOYMENT 1999, 16)

Räumliche Muster sind Lehrinhalt im Inhaltsbereich ‚Shape, space and measures‘: „Pupils should be taught to recognise simple spatial patterns and relationships and make predictions about them." (ebd., 19)

Die vorab online veröffentlichten Informationen zum neuen britischen Grundschulcurriculum 2011 lassen vermuten, dass Muster und Strukturen in Zukunft auch hier in den Bereich der Algebra eingeordnet werden könnten. Der zweite von fünf ‚Key Skills‘ des ‚Mathematical understanding‘ lautet nämlich: „Make and test generalisations, identify patterns and appreciate equivalences and relationships." (DEPARTMENT FOR EDUCATION AND EMPLOYMENT 2011)

Augenfällige Unterschiede zwischen den deutschen und den US-amerikanischen, kanadischen sowie australischen Curricula liegen in der unterschiedlichen Betonung von räumlichen Mustern und Musterfolgen. Die deutschen Standards unterscheiden nicht zwischen sich wiederholenden, wachsenden oder schrumpfenden Muster- bzw. Zahlenfolgen und erwarten auch weniger diesbezügliche Kompetenzen. Insgesamt scheint die Bedeutung von Folgen im deutschen Primarbereich nicht sehr groß zu sein. Dagegen führen die deutschen, im Gegensatz zu internationalen Curricula, explizit das Erfassen räumlicher Strukturen sowie die Kompetenz zum räumlichen Strukturieren auf. Muster und Strukturen werden hier auch in Bezug zum Verständnis von Zahlen und Operationen gesetzt, nicht nur zum funktionalen oder algebraischen Denken. Eine Vernetzung des Bereichs ‚Muster und Strukturen‘ mit anderen Inhalten ist in den deutschen Standards im internationalen Vergleich zumindest angedeutet, um „Muster und Strukturen als fachliches Grundkonzept", als „den Inhaltsbereichen *übergeordnet*" (WITTMANN & MÜLLER 2007, 42) zu verstehen, müsste die Vernetzung sicherlich noch ausführlicher dargestellt werden. Die ‚Bildungsstandards konkret‘ (WALTHER, VAN DEN HEUVEL-PANHUIZEN, GRANZER & KÖLLER 2007) sind dafür ein guter Anfang.

3.2.3 Muster und Struktur im vorschulischen Bildungsbereich

FTHENAKIS, SCHMITT, DAUT, EITEL & WENDELL (2009) führen in ihrem Band zur frühen mathematischen Bildung ‚Muster und Reihenfolgen' als eines von fünf Bildungszielen neben ‚Sortieren und Klassifizieren', ‚Zeit', ‚Raum und Form', sowie ‚Mengen, Zahlen und Ziffern' auf. Ihr Verständnis von Mustern, mit denen Kinder vor der Schule Erfahrungen sammeln sollten, reicht von regelmäßigen Abläufen und Ritualen über rhythmische Strukturen in Musikstücken und symmetrischen Mustern beim Malen und Basteln bis hin zu Musterfolgen und Punktemustern. Ähnliche Bildungsziele findet man in den australischen Early Years Curriculum Guidelines. Demnach erwerben Kinder frühes mathematisches Verständnis durch „investigating and communicating ideas about order, sequence and pattern" (QUEENSLAND STUDIES AUTHORITY 2006, 75). Allerdings werden hier die Erfahrungen der Kinder bereits explizit auf die fünf Inhaltsbereiche des Schulcurriculum ausgerichtet, die Musteraktivitäten besitzen daher einen Schwerpunkt auf Folgen und zielen auf die spätere Algebra ab.

In den vorschulischen Bildungsplänen der einzelnen deutschen Bundesländer ist der Bereich der mathematischen Bildung mit ganz unterschiedlichen Inhalten gefüllt. Im niedersächsischen Orientierungsplan für den Elementarbereich (vgl. NIEDERSÄCHSISCHES KULTUSMINISTERIUM 2005) beispielsweise fehlt der Bereich der Reihenfolgen, Muster und Strukturen komplett. Im baden-württembergischen Orientierungsplan für Kindergärten hingegen ist im Bildungs- und Entwicklungsfeld ‚Denken', in dem die mathematische Bildung eingeordnet ist, als Ziel angegeben: „Kinder erkennen Muster, Regeln und Symbole, um die Welt zu erfassen." (MINISTERIUM FÜR KULTUS, JUGEND UND SPORT BADEN-WÜRTTEMBERG 2006, 103) Erfahrungen der Autorin im Austausch mit Erzieherinnen verschiedener Kindergärten sowie Berichte zu mathematischen Aktivitäten in vorschulischen Einrichtungen (vgl. z.B. EINIG 2007) lassen vermuten, dass der Bereich der Muster in der Praxis häufig einseitig auf (symmetrische) Muster aus geometrischen Formen bezogen wird. Eine Klärung des Begriffes ‚Muster', seiner Vielfalt, insbesondere aber auch seiner wesentlichen mathematischen Aspekte steht für eine fundierte Frühförderung sicherlich noch an vielen Stellen aus.

3.3 Erkenntnisse nationaler und internationaler Studien zu Muster und Struktur

Nachdem die vorherigen Kapitel ausführlich auf die unterschiedlichen Vorstellungen zur Rolle von Muster und Struktur für mathematisches Lernen eingegangen sind, stellt dieses Kapitel nun den Vorstellungen den aktuellen Stand empirischer Wirkungsforschung bezüglich Muster und Struktur gegenüber. Einige wenige empirische Untersuchungen beschäftigen sich explizit mit Mustererkennungs- und Strukturierungsfähigkeiten, die meisten Befunde zur Rolle von Muster und Struktur für mathematisches Lernen sind jedoch eingebettet in Studien zu anderen

Bereichen der (vor-)schulischen mathematischen Entwicklung (vgl. MULLIGAN & MITCHELMORE 2009, 35ff.). Der Übersichtlichkeit halber gliedert sich das Kapitel in Untersuchungen zu räumlichen Mustern (Kap. 3.3.1) sowie Untersuchungen zu Musterfolgen (Kap. 3.3.2). Kapitel 3.3.3 beschreibt anschließend ausführlich drei Theorien zur Entwicklung von Strukturierungsfähigkeiten, die auf der Basis empirischer Studien zu Mustern und Strukturen entstanden sind. Ein Vergleich der drei Theorien und die Zusammenfassung des Forschungstandes (Kap. 3.3.4) schließen vorliegendes Kapitel zur Bedeutung von Muster und Struktur für die mathematische Entwicklung in Vor- und Grundschule ab.

3.3.1 Untersuchungen zu räumlichen Mustern

3.3.1.1 Zahlen und Operationen

Im Rahmen der Entwicklung des Osnabrücker Tests zur Zahlbegriffsentwicklung legte HASEMANN (2003; D) Kindern im letzten Kindergartenjahr sowie Kindern unmittelbar nach Schulbeginn vier Kästen mit unterschiedlichen Punkten vor (siehe Abb. 3.1), aus denen sie den mit sieben Punkten herausfinden sollten. Die stärkeren Kinder erkannten entweder das Muster des Würfelbildes (7=6+1) oder nahmen eine Zahlzerlegung auf Basis der Anordnung im Bild vor (7=3+3+1). Die schwächeren Schüler verwendeten überwiegend aufwändige Zählstrategien. HASEMANN schließt daraus, dass einige Schulanfänger offensichtlich schon vor dem Beginn des regulären Anfangsunterrichts in Mathematik in der Lage sind, Lösungsstrategien zu verwenden, bei denen sie auf bekannte Muster und Kenntnisse zurückgreifen und diese in neuartigen Situationen flexibel verwenden. Das Vorhandensein dieser Fähigkeit zeigte sich in HASEMANNS Untersuchungen umso deutlicher, je schwieriger die Aufgabe war.

Aufgrund der Ergebnisse seiner Studie mit Drei- und Vierjährigen zum Teil-Ganzes-Verständnis äußerte HUNTING (2003; USA) die Vermutung, dass die Fähigkeit der Kinder, ihren Fokus von einzelnen Elementen auf eine Gruppierung oder Einteilung der Elemente in Einheiten zu wechseln und somit zu strukturieren, fundamental für ihre Zahlbegriffsentwicklung sei.

Abbildung 3.1:
Aufgabe zum Zahlwörter benutzen (OTZ; VAN LUIT, VAN DE RIJT & HASEMANN 2001, Testheft, A 22)

VAN NES (2009; NL) entdeckte im Rahmen ihrer Untersuchungen (ausführlich dargestellt in Kap. 3.3.3.3) ebenfalls eine starke Verbindung zwischen dem sich entwickelnden Zahlensinn von Kindergartenkindern und ihrem Wissen über räumliche Muster wie Würfelbilder, Fingerbilder und Punktemuster.

In einer australischen Studie zur Zahlbegriffsentwicklung Fünf- und Sechsjähriger (WRIGHT 1994) wurden Punktemuster im Rahmen einer Aufgabe zum Subitizing genutzt. Basierend auf theoretischen Überlegungen von VON GLASERSFELD (1982) zur bedeutenden Rolle räumlicher und zeitlicher Muster in der Zahlbegriffsentwicklung junger Kinder wurde davon ausgegangen, dass die Mustererkennung in (quantitativen) Stufen verläuft. Innerhalb der angenommenen vier Stufen wurde zwischen regelmäßigen und unregelmäßigen Anordnungen sowie in der Anzahl zwischen drei bis sechs (Stufen 0 bis 2) bzw. sieben oder acht Elementen (Stufe 3) unterschieden. Im Vergleich zu den anderen untersuchten Bereichen (Zählen, Zahlwortreihe und Ziffernkenntnis) erwies sich WRIGHTS Modell für die Punktemuster als nicht hilfreich zur Unterscheidung von Entwicklungsstufen. Mehrere der Probanden machten im Laufe der innerhalb eines Jahres durchgeführten drei Interviews sogar Rückschritte.

Eine australische Studie (THOMAS u.a. 2002) ging den mentalen Repräsentationen der Zählsequenz 1-100 von Kindern im Kindergarten bis zum 6. Schuljahr anhand von Erklärungen und Zeichnungen nach. In den Zeichnungen der Kinder konnten strukturelle Elemente des Dezimalsystems wie Bündelungen, Aufteilungen und Musterbildung nachgewiesen werden. Die Bilder starker Schüler zeigten dabei erkennbare mathematische und räumliche Strukturen, wohingegen die der schwachen Schüler keinerlei zugrundeliegende Strukturierungen aufwiesen. Obwohl es sich um keine Längsschnittstudie handelte, ziehen die Autoren den Schluss, dass sich interne Zahlrepräsentationen in ihrer Entwicklung strukturell verändern.

ROTTMANN & SCHIPPER (2002; D) untersuchten die Nutzung des Hunderter-Feldes durch Kinder des zweiten Schuljahres bei der Lösung von Additions- und Subtraktionsaufgaben. Die als leistungsschwach geltenden Kinder griffen bei der Lösung der Aufgaben von sich aus auf das als Unterstützung angebotene Material zurück, konnten es jedoch nicht erfolgreich nutzen. Unsicherheiten und Fehler in der Zahlauffassung und Zahldarstellung sowie Unzulänglichkeiten in den Materialhandlungen weisen auf das Fehlen eines strukturellen Verständnisses des Hunderter-Feldes hin. Die als leistungsstark geltenden Kinder zeichneten sich nicht etwa durch eine der inhärenten Struktur des Hunderter-Feldes Rechnung tragende Vorgehensweise aus, sondern sie verzichteten in der überwiegenden Mehrheit der Fälle komplett auf die Nutzung des Hunderter-Feldes als Rechenhilfsmittel.

In einer australischen Längsschnittuntersuchung zu multiplikativem Denken von Zweit- bis Fünftklässlern (MULLIGAN & MITCHELMORE 1997; MULLIGAN 2002) konnten Schwierigkeiten von älteren Schülern zum Großteil auf ein nicht ausreichend ausgebildetes Verständnis für die der Multiplikation inhärenten Struktur gleich großer Einheiten zurückgeführt werden. Auch hier zeigte sich, dass die konkreten Repräsentationen multiplikativer Situationen von schwachen Schülern gegenständlich oder bildlich und ohne jegliche innewohnende Strukturierung waren.

Selbst wenn diesen Kindern strukturierte Modelle angeboten wurden, konnten sie deren räumliche Organisation oder numerische Gruppierung nicht wiedergeben. Über die Jahre entwickelten sich ihre Repräsentationen von bildlichen Darstellungen realer Objekte oder Situationen zu ikonischen Notationen wie Punkten, Strichen oder Formen, die Mengen darstellen sollten. Jedoch hielt sich das Fehlen jeglicher zugrundeliegender Struktur hartnäckig bei der Hälfte der schwachen Probanden bis zum Ende des 5. Schuljahres. Die konkreten Repräsentationen multiplikativer Situationen von starken Schülern hingegen zeigten schon vor der formalen Behandlung der Multiplikation im Unterricht gut entwickelte Strukturierungen. Aufgrund der Untersuchungsergebnisse gehen MULLIGAN & MITCHELMORE davon aus, dass die zur Lösung einer bestimmten multiplikativen Textaufgabe angewendete intuitive Strategie von Zweitklässlern nicht unbedingt ein spezifisches Schwierigkeitsmerkmal der Aufgabe widerspiegelt, sondern eher die mathematische Struktur, die der Schüler in der Lage ist auf die Aufgabe anzuwenden. Viele Schüler nutzten ausschließlich additive Strategien, andere hatten sich bereits anspruchsvollere Strategien auf der Basis von Strukturierung in gleich große Einheiten angeeignet, was sich in der Struktur ihrer Rechnungen zeigte.

ENGLISH (1999; AUS) untersuchte das strukturelle Verständnis von Kombinatorikaufgaben bei zehnjährigen Schülern. Die meisten konnten Kombinatorikprobleme, bei denen auf zwei oder drei Ebenen Elemente miteinander kombiniert wurden, zwar lösen, hatten aber Schwierigkeiten, die den Aufgaben zugrundeliegende multiplikative Struktur zu erklären und konnten das Kreuzprodukt nur selten identifizieren. Auch ihre symbolischen Repräsentationen zeigten ein mangelndes Verständnis für die kombinatorische Struktur der Aufgaben.

Auf die Aufgabenstruktur – wie viele Elemente eine Kombination ergeben und wie groß die Menge ist, aus der die Elemente ausgewählt werden – konnte HOFFMANN (2003; D) in ihrer Studie zur kombinatorischen Problemlösefähigkeit von Primar- und Sekundarstufenschülern Strategiebenutzung und Lerneffekte zurückführen. Sie zeigte, dass sowohl kombinatorische Problemlösestrategien zu einem hohen Grad aufgabenstrukturabhängig genutzt werden, als auch Lerneffekte (weitestgehend altersunabhängig) von der Strukturierbarkeit der Aufgabe bzw. von der Ähnlichkeit der Struktur der zuerst und der als zweites bearbeiteten Aufgabe abhängen.

LAMON (1996; USA) zeigte in ihrer Studie mit Viert- bis Achtklässlern zu Aufteilungsstrategien die Bedeutung der Kompetenz zum Unterteilen in Einheiten und räumlichen Strukturieren für die Entwicklung des Bruchverständnisses auf.

Zur Lösung einer Rechengeschichte oder Textaufgabe muss die in ihr beschriebene Situation mit mathematischen Mitteln dargestellt, sozusagen die Sachstruktur auf eine mathematische Struktur abgebildet werden. Viele nationale sowie internationale Studien (siehe STERN 1998 für einen Überblick) beschreiben die Bedeutung, aber auch die Schwierigkeit von Schülern, dabei zwischen der Oberflächenstruktur (Textmerkmale, inhaltliche Einbettung, Zahlenwerte) und der tieferen mathematischen Struktur (Operationen, Situationsmodell, Zahlbeziehungen) der Aufgabe zu unterscheiden. In Untersuchungen von ENGLISH (2004; AUS), GRAY, PITTA & TALL (2000; UK) sowie HASEMANN & STERN (2002; D) fehlten in den Repräsentationen und mentalen Modellen der Textaufgabenlösungen von Grundschülern häufig die angemessenen strukturellen Beziehungen, viele fokussierten bei der Lösung der Aufgaben auf Oberflächenmerkmale. GRAY, PITTA & TALL wiesen nach, dass insbesondere die schwächeren Kinder sich hauptsächlich für die realen Personen und realen Gegenstände einer Aufgabe interessieren, mathematische Objekte also eher als physikalische Objekte wahrnehmen und so an Oberflächenmerkmalen verhaftet bleiben. Stärkere Schüler hingegen richten ihre Aufmerksamkeit spontan auf die Zahlen und ihre Beziehungen, also auf die mathematische Struktur, die der Aufgabe zugrunde liegt. Sie nehmen mathematische Objekte eher als mentale Objekte wahr.

3.3.1.2 Größen und Messen

NÜHRENBÖRGER (2002; D) ließ Kinder des 2. Schuljahrs im Rahmen einer Studie über kindliche Längenkonzepte Linealbilder zeichnen. Er konnte bisherige Studien bestätigen, dass es Zweitklässlern ohne unterrichtliche Messerfahrungen gelingt, Striche und Zahlen strukturiert aufzuzeichnen. Das Linealbild der als leistungsstärker eingestuften Kinder zeigte dabei mit gleich langen, häufig Zentimeter symbolisierenden Einheiten mit Unterteilungen ein Einheitsverständnis sowie ein Verständnis der strukturellen Beziehungen. Auch MULLIGAN, PRESCOTT & MITCHELMORE (2004; AUS) konnten in Linealbildern einiger Erstklässler wesentliche Strukturmerkmale nachweisen und folgern daraus das Vorhandensein eines konzeptuellen Verständnisses linearen Messens vor der schulischen Instruktion.

3.3.1.3 Raum und Form

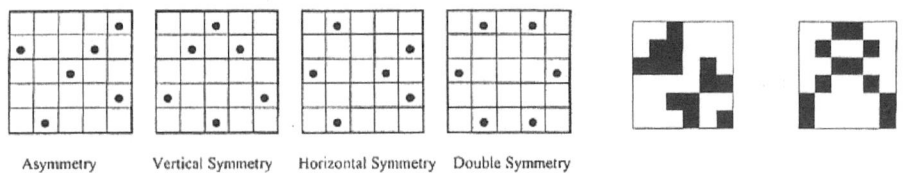

Abbildung 3.2:
l: Punktemuster, r: symmetrische Muster aus der Studie von CHIPMAN und MENDELSON (ORTON 1999, 152)

Mehrere, zumeist ältere Studien untersuchten symmetrische Muster mit dem Ziel einer Schwierigkeitsstufung. Als Beispiel seien hier zwei US-amerikanische Untersuchungen genannt. PARASKEVOPOULOS (1968) nutzte Punktemuster (vgl. Abb. 3.2) in einer Studie mit Kindern von sechs bis zwölf Jahren. Den Kindern wurde ein Satz mit vier Mustern vorgelegt, die sie memorieren und anschließend die entsprechenden Punkte in ein leeres Raster einzeichnen sollten. Die Kinder konnten Muster mit doppelter Symmetrie am leichtesten erinnern, ab sieben Jahren folgten die Muster mit vertikaler Symmetrie, Muster mit horizontaler Symmetrie konnten erst ab elf Jahren korrekt wiedergegeben werden. Ähnliche Ergebnisse ergaben sich aus Studien von CHIPMAN & MENDELSON (1979). Kindern im Alter von sechs, acht, zehn und zwölf Jahren sowie College Studierenden wurden Paare symmetrischer Muster gezeigt und sie gebeten, das leichtere Muster auszuwählen. Die Menge an Konturen innerhalb der Muster stand in keiner offensichtlichen Beziehung mit der wahrgenommenen Komplexität, es konnte allerdings wieder eine Zunahme der Sensibilität gegenüber visuellen Strukturen mit dem Alter beobachtet werden:

> „Sensitivity to double symmetry and vertical symmetry appeared quite early while sensitivity to horizontal symmetry, diagonal symmetry and checkerboard organization appeared considerably later. Sensitivity to rotational organization was not fully evident even in the oldest subjects." (CHIPMAN & MENDELSON 1979, 375)

ORTON (1999) schließt aus einer britischen Studie mit 9- bis 15-Jährigen, dass die Tendenz, Symmetrie in einer nicht-symmetrischen Anordnung wahrzunehmen, mit dem Alter abnimmt.

In Studien zum kindlichen Verständnis von zweidimensionalen, rechteckigen Feldern aus Quadraten (BATTISTA u.a. 1998; OUTHRED & MITCHELMORE 2000) und Bildern von dreidimensionalen Würfelkonfigurationen (BATTISTA & CLEMENTS 1996; MERSCHMEYER-BRÜWER 2002) wurden übereinstimmend die Wichtigkeit der Fähigkeit zur räumlichen Strukturierung herausgearbeitet. Räumliches Strukturieren wird hierbei beschrieben als

> „... the mental operation of constructing an organization or form for an object or a set of objects. Spatially structuring an object determines its nature or shape by identifying its spatial components, combining components into spatial composites, and establishing interrelationships between and among components and composites." (BATTISTA u.a. 1998, 503f.)

Die oben aufgeführten Studien zu kindlichen Strukturierungsprozessen wurden im Hinblick auf die Fähigkeit zur Anzahlbestimmung durchgeführt. Als bedeutsame Strategie beim Strukturieren von zweidimensionalen, rechteckigen Feldern aus Quadraten konnten das Zerlegen in Reihen oder Spalten (‚row-by-column structure'), verbunden mit dem Verständnis, dass die Reihen (oder Spalten) eines Feldes äquivalent sind (‚equal-groups structure'), identifiziert werden (vgl. BATTISTA u.a. 1998, 517). Bei dreidimensionalen, aus Würfeln zusammengesetzten Quadern wiesen BATTISTA & CLEMENTS (1996) eine Strukturierung in Stangen oder, noch besser, in Schichten als sinnvollste und damit erfolgversprechendste Strukturierungsstrategie nach. Bei komplexeren Würfelkonfigurationen konnte MERSCHMEYER-BRÜWER (2002) zeigen, dass Kinder durchaus auch individuell gewählte, unterschiedlich komplexe Strukturelemente als den Strukturierungsprozess leitende Einheiten nutzen können. Die Bildung von Struktureinheiten und das Identifizieren ihrer räumlichen Bezüge verlangt außerdem die Fähigkeit zum Erkennen räumlicher Beziehungen. Als weiteres Ergebnis der Studien kann festgehalten werden, dass die Qualität des räumlichen Gliederns in Beziehung zu den Zählstrategien steht. Die räumliche Strukturierung geht laut BATTISTA zeitlich der Fähigkeit zum sinnvollen Abzählen voran, weil erst die räumliche Struktur den Input und die Organisation für die numerischen Prozesse liefert, die zum Abzählen der Würfel in den Konfigurationen genutzt werden. Insbesondere können dann Strategien wie Zählen in Schritten oder Multiplikation angewendet werden (vgl. BATTISTA & CLEMENTS 1996, 288; BATTISTA u.a. 1998, 504). MERSCHMEYER-BRÜWER (2002) sieht sogar im „Begreifen der räumlichen Struktur eine *notwendige Voraussetzung* für eine korrekte Anzahlbestimmung" (S. 45; Hervorhebung ML). Allerdings zeigen BATTISTA & CLEMENTS (1996, 288ff.) auch Beispiele auf, in denen Versuche zur Anzahlbestimmung von Würfeln in einem Quader überhaupt erst räumliche Strukturierungsprozesse oder Umstrukturierungen auslösten. Probleme in der Anzahlbestimmung einer Würfelkonfiguration oder einer Feldstruktur können sowohl mangels sinnvoller räumlicher Strukturierung für ein vereinfachendes, systematisches Zählen auftreten als auch – trotz einer korrekten Bildung komplexer Struktureinheiten – aufgrund von Schwierigkeiten beim schrittweisen Addieren oder dem „nicht Erkennen" einer vorhandenen multiplikativen Struktur (OUTHRED 1996). Auf jeden Fall bestätigen obige Studien aber übereinstimmend, dass die mentale Strukturierungsfähigkeit eine wichtige Grundlage für eine adäquate Anzahlbestimmung bildet.

3.3.1.4 Algebra

Im Rahmen eines mehrmonatigen Projekts mit Dritt- und Viertklässlern, in dem Unterrichtsvorschläge zur Förderung des algebraischen Denkens konkret erprobt wurden, nutzte STEINWEG (2006; D) unter anderem Punktemuster. In der einen, hier beschriebenen Aufgabe sollte ein auf der Spitze stehendes 4x4-Punktemuster von den Kindern gedeutet und die Sicht der Struktur in einer Gleichung ausgedrückt werden. Im Vortest dominierte eine geometrische Sicht, die wiederum bei einem Teil der Kinder mit einer kardinalen Sicht kombiniert wurde. 13% notierten eine Aufgabe, dominant war hier die Sicht der Punkte als Aufgabe 4x4. Im Nachtest (die Unterrichtsinhalte der Intervention werden in dem Artikel leider nicht genannt) gaben 53% der Kinder einen Term an, der Großteil wiederum die Aufgabe 4x4. 36% gaben weiterhin eine Deutung, die auf die Form und/oder die kardinale Anzahl der Punkte zielte. Der Anteil der Kinder, die eine unpassende Aufgabe bzw. Anzahl nannten oder gar keine Antwort gaben, blieb mit 12% im Vortest und 11% im Nachtest fast gleich. Auf die andere Aufgabe „2+4+6+8=2x10 – Kann man das zeichnen?" konnten im Vortest ein gutes Drittel keine Antwort geben, knapp ein Viertel antwortete mit ‚ja' oder ‚nein' (Nachtest: 15%). Die bevorzugte Antwort im Vortest war die Übersetzung der Gleichung in eine Dinggleichung: „Herzchen,

Bäume, Sterne etc. werden munter mit Operationszeichen verknüpft und so eine Abbildung der Gleichung geschaffen, die die Zahlbeziehungen in keiner Weise widerspiegeln kann." (S. 78) Der Anteil der Kinder, die auf diese Weise vorgingen, nahm im Nachtest noch zu. Eine passende Gleichung (mindestens eines Terms) fanden im Vortest 9% und im Nachtest 34% der Kinder.

3.3.2 Untersuchungen zu Musterfolgen

3.3.2.1 Musterfolgen in Kindergarten und Vorschule

GINSBURG, INOUE & SEO (1999; GINSBURG 2002; USA) beobachteten drei- bis fünfjährige Vorschulkinder während ihres freien Spiels in ihrer Betreuungseinrichtung. Sie konnten nachweisen, dass sich alle Kinder regelmäßig und von sich aus mit mathematischen Aktivitäten beschäftigten und diese sogenannte ‚everyday mathematics' sich auf die fünf Bereiche Muster & Formen, Dynamik, Klassifizieren, Mengenvergleich sowie Zählen & Anzahlbestimmung bezogen. Dabei nahmen Spiele mit Mustern 36% der Gesamtzeit der mathematischen Aktivitäten ein (zum Vergleich: 11% der Zeit entfiel auf Zählen und Anzahlbestimmung). Die Kategorie ‚Patterns and Shapes' wird inhaltlich beschrieben als „Muster und geometrische Formen entdecken, vorhersagen oder selbst entwerfen" (GINSBURG u.a. 1999, 91; Übersetzung ML).

In einer ähnlichen australischen Studie, hier allerdings mit dem Fokus auf Musterfolgen im Vorschulbereich (WATERS 2004; FOX 2005 & 2006), konnten von den Kindern selbst initiierte Musterfolgeaktivitäten beobachtet werden. Diese bestanden darin, sich wiederholende Musterfolgen zu erforschen, indem Folgen mit selbst gewähltem Material gebildet und über sie gesprochen wurde. Andere Kinder dienten hierbei als wichtige Lernpartner, mit denen das Wissen über Musterfolgen geteilt, modifiziert und erweitert wurde. Die Autorin beobachtete, dass die Kinder in den von ihnen selbst initiierten Spielsequenzen, lineare, sich wiederholende Musterfolgen hauptsächlich in der Form *AB* oder *ABC* herstellten. An zwei Einzelfallstudien wurde darüber hinaus das mangelnde mathematisch-fachliche Wissen von australischen Erziehern bezüglich Mustern beschrieben. Trotz Anerkennung der bedeutenden Rolle von Musterfolgeaktivitäten für die mathematische Entwicklung von Kindern, wurden sie selten und in nicht angemessener Weise für eine Entwicklung tragfähiger mathematischer Grundlagen umgesetzt.

GURA (1992; GB) entdeckte beim Beobachten von Kindern einer ‚nursery class' (Kinder im Alter zwischen drei und fünf Jahren) beim Spielen mit Bauklötzen unterschiedliche Spieltypen. Die Gruppe der ‚Patterners' nutzte die Bauklötze, um Muster oder besondere Anordnungen zu legen, wohingegen die Gruppe der ‚Dramatists' die Klötze als Requisiten in einer Geschichte oder als Repräsentant eines konkreten Objekts verwendete. Eine dritte Gruppe der Kinder variierte ihr Spiel. Aufgrund der Beschränkung der Untersuchung auf nur ein Material bleibt allerdings unklar, ob es sich bei den Spieltypen um einen konstanten Spielstil der Kinder handelt oder dieser nur im Spiel mit Bauklötzen auftritt. Ähnliches berichtet allerdings RAWSON (1993; GB), der explizit die Mustererkennungsfähigkeiten Vier- bis Sechsjähriger untersuchte. Er zeigte, dass es Kinder gibt, die weniger begeistert von Mustern sind und weniger dazu neigen, von sich aus Muster zu produzieren und zu erforschen als andere. In seiner Studie zu Mustererkennungsfähigkeiten sollten die Kinder verschieden strukturierte Objekte in einen ‚Muster-Sack' und einen ‚Nicht-Muster-Sack' sortieren. Von den Kindern spontan verwendete Ordnungskriterien waren: die Wiederholung einer Form oder eines Motivs, der Richtungswechsel eines wiederholten Motivs, die Wiederholung einer Sequenz aus Zahlen oder Formen, die symmetrische Anordnung von Formen oder Motiven, sowie Farbe als Strukturelement. RAWSON betont insbesondere die Schwierigkeit der Kinder, die Beziehungen zwischen den Strukturelementen eines Musters zu verbalisieren.

3.3.2.2 Entwicklung von Musterfolgekompetenzen

Untersuchungen zur Entwicklung von Kompetenzen bezüglich sich wiederholender Musterfolgen beziehen sich auf zwei Ansätze (vgl. THRELFALL 1999):
1. Versuche, Musterfolgen aufgrund ihrer inhärenten Struktur zu unterscheiden, um sie in eine Reihenfolge bringen und damit die Performanz von Kindern messen zu können;
2. Empirische Studien mit jungen Kindern zu Aufgaben mit Musterfolgen, um entwicklungsbedingte Unterschiede beschreiben zu können.

zu 1.
VITZ & TODD (1967; 1969) entwickelten mit Hilfe statistischer Analysen Modelle zur Ordnung von sich wiederholenden Musterfolgen nach ihrer Komplexität. Als Ergebnis dieses Ansatzes schlagen VITZ & TODD die in Abb. 3.3 abgebildete, altersunabhängige Schwierigkeitsstufung vor (die am wenigsten komplexe Musterfolge steht ganz oben).

```
abababababab
aaabbbaaabbb
aabbaabbaabb
aabaabaabaab
aaabaaabaaab
abcabcabcabc
aaabbbcccaaa
aabbccaabbcc
acccbcccaccc
aaabcaaabcaa
aabcaabcaabc
aabbcaabbcaa
```

Abbildung 3.3:
Schwierigkeitsstufung von sich wiederholenden Musterfolgen (nach THRELFALL 1999, 23)

In den Studien von CLARKE u.a. (2008), HELLMICH & JANSEN (2008), KLEIN & STARKEY (2003), PAPIC & MULLIGAN (2007), STEINWEG (2001), TZEKAKI & KALDRIMIDOU (2008) sowie WARREN (2005a) sind Lösungshäufigkeiten zu verschiedenen Musterfolgeaufgaben von Kindern im Alter von knapp vier bis neuneinhalb Jahren zu finden. Neben dem Alter der Kinder, der Komplexität der Musterfolgen sowie deren Darstellungsform müssen darüber hinaus auch die verschiedenen Musterfolge*aktivitäten* wie Reproduzieren, Weiterführen, selbst Produzieren, Übersetzen oder Vervollständigen für die Lösungshäufigkeit unterschieden werden. Als Trend zu entnehmen ist den Studien, dass ältere Kinder Musterfolgeaufgaben häufiger richtig lösen als jüngere. Bezogen auf eine bestimmte Musterfolge ist es einfacher, diese zu reproduzieren sowie Lücken im Verlauf zu vervollständigen als sie weiterzuführen; eine eigene Musterfolge zu produzieren scheint am schwierigsten zu sein.

Zur Untersuchung von Problemlösestrategien entwickelten KYRIAKIDES & GAGATSIS (2003; Zypern) einen ‚Mathematics Pattern Test'. Sie nutzten dafür Aufgaben zu sich wiederholenden Musterfolgen mit geometrischen Formen und Ziffern, wachsende Musterfolgen mit Formen und Ziffern, wachsende Zahlenfolgen bei denen Rechnungen ausgeführt werden mussten, sowie quadratische und andere komplexe Zahlenfolgen. Mit Hilfe korrelationsstatistischer Analysen konnten sie nachweisen, dass zum einen die Aufgabenschwierigkeit in der beschriebenen Reihenfolge zunimmt und zum anderen eine altersbezogene Entwicklung, operationalisiert durch eine Zunahme der Lösungshäufigkeiten, in der untersuchten Altersstufen von 6 bis 11 Jahren stattfindet. KYRIAKIDES & GAGATSIS erschlossen daraus ein Klassifikationsmodell in drei Stufen (vgl. auch TZEKAKI & KALDRIMIDOU 2008). Auf der ersten Stufe können Schüler eine Musterfolge reproduzieren, auf der zweiten Stufe sind sie in der Lage, diese weiterzuführen und spätere Positionen vorherzusagen. Auf der dritten Stufe schließlich können sie die Regel der Musterfolge verbal oder symbolisch zum Ausdruck bringen und generalisieren.

zu 2.
In ihrer längsschnittlich angelegten Doktorarbeit untersuchte GARRICK (GARRICK, THRELFALL & ORTON 1999) die Entwicklung von Fähigkeiten bezüglich ein- und zweidimensionalen Musterfolgen an britischen drei- und vierjährigen Kindern. Insbesondere betrachtete sie die Entwicklung der räumlichen und farblichen Anordnung von Materialien beim Bilden von Mustern. Hierbei identifizierte sie sogenannte Basiselemente der Gliederungsfähigkeit, die sich als erstes entwickeln, die von den Kindern erforscht, weiterentwickelt und schließlich integriert werden und auf denen die Fähigkeiten älterer Kinder aufbauen. Für die räumliche Ordnung sind dies zum einen lineare Basiselemente wie das Bilden horizontaler, vertikaler und diagonaler Reihen sowie zum anderen symmetrische, nicht-lineare Basiselemente wie das Markieren eines Quadrates, der Mitte, der Ecken oder der Mittelpunkte der Seiten einer quadratischen Unterlage. Für die farbliche Gliederungsfähigkeit konnte GARRICK die Basiselemente ‚in eine Abfolge bringen', ‚wiederholen', ‚abwechseln', ‚vervielfachen' und ‚symmetrisch anordnen' identifizieren. Zu Anfang scheinen sich die Fähigkeiten zur räumlichen und farblichen Ordnung unabhängig voneinander

– allerdings häufig gleichzeitig – zu entwickeln. Im weiteren Verlauf der Entwicklung sind die Kinder dann in der Lage, in komplexeren Mustern die Basiselemente beider Bereiche zu kombinieren. Schließlich sei der Befund erwähnt, dass Kinder zwischen drei und vier Jahren beim Kopieren einer einfachen, sich wiederholenden Musterfolge zwar erfolgreich die richtige Abfolge der Farben reproduzieren können, nicht aber die korrekte Anzahl der Elemente der jeweiligen Farbe.

RUSTIGIAN (1976; in THRELFALL 1999) fand eine entwicklungsbedingte Hierarchie in den Antworten drei- bis fünfjähriger Kinder beim Weiterführen einer sich wiederholenden Musterfolge. Neben der Tatsache, dass Folgen mit physischer Bewegung (enaktiv) leichter zu handhaben waren als die mit bildlichen Repräsentationen (ikonisch) und Formen einfacher als Farben, war eine schrittweise Bezugnahme auf vorherige Musterelemente zu erkennen. Er beschreibt folgende fünf Phasen:
1. Überhaupt keine Bezugnahme auf vorherige Musterelemente und eine zufällige Auswahl neuer Elemente.
2. Eine Phase der Wiederholung des letzten Elements (Perseveration).
3. Nutzung bereits verwendeter Elemente, jedoch in beliebiger Reihenfolge.
4. Symmetrischer Ansatz: Reproduktion der gegebenen Sequenz in Umkehrung.
5. Eine bewusste Weiterführung des Musters mit Hilfe von Kontrollblicken an den Anfang.

RUSTIGIAN weist außerdem auf die Schwierigkeit einiger Kinder hin, wenn der Platz beim Weiterführen einer Musterfolge am Ende nicht mehr für eine vollständige Mustereinheit ausreicht. In diesem Fall wird die letzte Einheit häufig entweder frei gelassen, das letzte genutzte oder das letzte Element des Musters wiederholt oder eine völlig andere Einheit gebildet.

THRELFALL (1999; GB) bat neun- und zehnjährige Schüler, aus vorgegebenen geometrischen Formen, Ziffern und Buchstaben im paper-pencil-Format eine sich wiederholende Musterfolge zu bilden. Über 75% der Kinder erzeugten eine Musterfolge in Form einer einfachen Wiederholung (vgl. Abb. 3.4 oben). Wenn drei Elemente gegeben waren, war die häufigste Antwort, diese aneinanderzureihen und deren Reihenfolge fortlaufend zu wiederholen.

Andere gebildete Musterfolgen waren nicht einfach komplexer, sondern überhaupt eine ganz andere Art von Muster. Bei 7% der Folgen wechselte die Abfolge der Elemente in der sich wiederholenden Einheit bei jeder Wiederholung (vgl. Abb 3.4 unten), 8% waren symmetrische Anordnungen, in denen die sich wiederholende

Abbildung 3.4:
Verschiedene Musterfolgen aus der Untersuchung von THRELFALL (1999, 27)

Einheit nicht in Form einer Translation, sondern einer Achsenspiegelung wiederholt wurde. Bei den Aufgaben mit Buchstaben und Ziffern wurden bei der Entwicklung der Sequenz die vorgegebenen Elemente häufig erweitert (9%). Typische Beispiele sind hier Zahlen- oder Buchstabenfolgen mit numerisch gleichen Abständen zwischen den Zahlen oder gleich vielen Schritten zwischen den Buchstaben im Alphabet. Nach THRELFALL spiegeln diese Ergebnisse die Erfahrung der Schüler mit der Wahrnehmung von Mustern wider und zeigen, dass die unterschiedlichen Möglichkeiten eine Mustersequenz zu bilden, sich nicht zwangsläufig in einer sich wiederholenden Musterfolge manifestieren müssen. Insbesondere sei der Schritt, in sich wiederholenden Musterfolgen die sich wiederholende Einheit zu sehen, kaum das Ergebnis eines natürlichen Prozesses des Ordnens, sondern müsse explizit gelehrt werden. Zur Entwicklung der Wahrnehmung der sich wiederholenden Einheit führte THRELFALL schließlich ein kurzes Unterrichtsexperiment mit Kindern von vier bis neun Jahren durch. Er gab ihnen dazu eine Reihe Kreise vor, die in Form einer Musterfolge angemalt werden sollten. Die Reihe besaß entweder gleichmäßige Abstände oder aber Unterteilungen mit Hilfe von größeren Abständen, vertikalen Strichen oder Einschachtelungen. Die räumliche Strukturierung der linearen Folge durch Striche und Einschachtelung begünstigte das Bilden komplexerer Musterfolgen durch die Kinder. THRELFALL weist allerdings darauf hin, dass allein die Komplexität der Musterfolgen noch nichts darüber aussagt, ob die Kinder die sich wiederholende Einheit überhaupt bewusst wahrgenommen und genutzt haben. Aus diesem Grund wurden die Kinder, die ein komplexeres Muster gebildet hatten, in einem Folgeinterview gebeten, ihre Musterfolge zu erklären. Bis auf ein Kind taten dies alle mit Hilfe eines rhythmischen Sprechgesangs, was auf einen rhythmischen Ansatz (vgl. Kapitel 1.2.1.4) bei der Bildung der Musterfolgen hindeutet. Natürlich könnte die Erklärung durch Sprechgesang auch an einer mangelnden Artikulationsfähigkeit liegen, die sich wiederholende Einheit zum Ausdruck bringen zu können. Auf jeden Fall schließt THRELFALL, dass die Komplexität einer Musterfolge nichts über den Bildungsansatz aussagt und die Vorstrukturierung einer Folge sogar zu einem rhythmischen Ansatz beitragen könnte.

STEINWEG (2001; D) stellte Kindern von Klasse 1 bis 4 Aufgaben mit Folgen von figurierten Zahlen, Musterfolgen, Zahlenfolgen, Zahlenmauern, Zahlenpaaren (mit funktionaler Beziehung) sowie operativen Päckchen. Diese, wie Steinweg sie nennt, ‚Zahlenmuster' waren den Kindern aus dem vorherigen Unterricht nicht bekannt. Ein kontinuierlicher Zuwachs der Lösungsquoten im Laufe der Schuljahre, der auf eine genetische Entwicklung des Zahlenmusterverständnisses schließen ließe, war nicht zu verzeichnen. Ältere Kinder nutzten für die Beschreibung der Zahlenmuster und der beobachteten Auffälligkeiten jedoch zunehmend generalisierende Beschreibungen, während jüngere Kinder vor allem exemplarische Beschreibungen anboten. Die Kinder waren außerdem mit zunehmendem Alter besser in der Lage, gleichzeitig auftretende, unterschiedliche Aspekte eines Musters, z.B. Form und Farbe, zu erfassen und für ihre Fortsetzung zu nutzen.

3.3.2.3 Musterfolgen und Algebra[1]

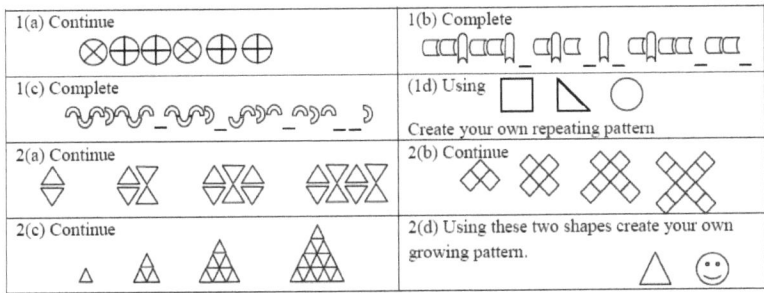

Abbildung 3.5:
Aufgaben aus dem Unterrichtsexperiment zu Musterfolgen von WARREN (2005a, 761)

WARREN (2005a&b, WARREN & COOPER 2008; AUS) führte mehrere Unterrichtsexperimente zur Rolle sich wiederholender sowie wachsender Musterfolgen in der Entwicklung frühen algebraischen Denkens durch. Die erste Studie (WARREN 2005a) fand in zwei australischen 4. Klassen statt, der Altersdurchschnitt der Kinder betrug 9;6 Jahre. In einem Vortest wurden Kenntnisse zu sich wiederholenden sowie wachsenden Musterfolgen mit Hilfe von Aufgaben zum Weiterführen, Vervollständigen und Selbstgestalten verschiedener, visuell repräsentierter Musterfolgen erhoben (vgl. Abb. 3.5). Es zeigte sich ein signifikant größeres Verständnis der Kinder für sich wiederholende Musterfolgen. Dies führt WARREN zum einen auf einen größeren kognitiven Schwierigkeitsgrad wachsender Musterfolgen zurück, zum anderen – und hauptsächlich – aber auf den fehlenden Umgang mit ihnen: Mathematikunterricht in der Grundschule lege den Schwerpunkt vorwiegend auf ein Erforschen von sich wiederholenden Musterfolgen. Außerdem ergaben sich signifikante Unterschiede im Wissen über Musterfolgen zwischen den beiden Klassen. Zwei Unterrichtsstunden zu sich wiederholenden Musterfolgen wurden unterrichtet. Der Fokus lag dabei auf Lehrerhandeln, welches Kindern hilft, sich wiederholende Musterfolgen als funktionale Beziehungen zu deuten, dieses Verständnis zu nutzen, um nicht mehr abzählbare Schritte vorherzusagen, sowie die Beziehung in allgemeiner Form auszudrücken. Weiterhin war von Interesse, ob sich wiederholende Musterfolgen zur Einführung proportionalen Denkens eignen. Der Unterricht bestand aus vier Phasen: (1) Reproduzieren und Weiterführen einer einfachen ABBABBABBABB Musterfolge (dargestellt mit roten und grünen quadratischen Plättchen); (2) Sichtbarmachen der sich wiederholenden Einheit und Zählen der roten und grünen Plättchen im Verlauf der Folge sowie Dokumentation der Daten in einer Tabelle; (3) Finden von Beziehungen zwischen den Werten in der Tabelle; und (4) Nutzen dieser Beziehungen, um die Anzahl der roten, grünen sowie die Gesamtanzahl der Plättchen nach einer beliebigen Anzahl an Wiederholungen zu

---

[1] Es exisitieren mehrere US-amerikanische Studien zu Schülerstrategien und Begründungen bei der Verallgemeinerung von Musterfolgen vor der Einführung formaler Algebra (siehe z.B. HEALY & HOYLES 1999; LANNIN 2005; STACEY 1989). Da diese aber mit Schülern ab Klasse 6 und höher durchgeführt wurden, wird an dieser Stelle nur auf sie verwiesen.

bestimmen. WARREN entdeckte im Rahmen dieses Unterrichtsexperiments, dass viele Schüler glauben, sich wiederholende Musterfolgen hätten einen bestimmten Startpunkt. Sie nehmen nicht wahr, dass Musterfolgen in beide Richtungen weitergeführt werden können, was zur Folge hat, dass beispielsweise die Musterfolgen RGGRGGRGG und GGRGGRGGRGGR als strukturell unterschiedlich angesehen werden. Während der Arbeit mit den Wertetabellen neigten die Kinder zu additiven Strategien, sie verglichen nur die Werte *innerhalb* einer Spalte und nicht *zwischen* den Spalten. Im Rahmen des Unterrichts konnte diese Fähigkeit – Zusammenhänge zwischen zwei Datensätzen zu finden – sowie die Fähigkeit, die Beziehung zwischen der Anzahl der Plättchen und einer nicht mehr abzählbaren Anzahl an Wiederholungen in einer allgemeinen Form auszudrücken, gefördert werden. Außerdem konnten im Unterricht mit Hilfe des allgemeinen Betrachtens von sich wiederholenden Musterfolgen Bezüge zu Konzepten wie Verhältnisse und Proportionen hergestellt werden.

Zu einfachen *wachsenden* Musterfolgen, die sie als Aufgabe zum funktionalen Zusammenhang zwischen einem Folgenglied und seiner Position verwendete, führte WARREN (2005b; WARREN & COOPER 2008) wiederum ein zweistündiges Unterrichtsexperiment mit einem Jahr jüngeren Kindern durch. Mit Hilfe eines Vor- und Nachtests wurden Vorkenntnisse und Interventionsbefunde zu wachsenden Musterfolgen erhoben. Der Unterricht fokussierte auf das Reproduzieren und Fortführen visuell repräsentierter wachsender Musterfolgen, Beschreiben der einzelnen Folgen-Konfigurationen unter bewusstem Einbezug der jeweiligen Positionen, sowie Nutzen der Beziehung, um die Folgenglieder weiterer Schritte vorherzusagen. Hierfür wurden auch Aufgaben genutzt, in denen eine Folgen-Konfiguration vorgegeben und ihre Position innerhalb der Musterfolge bestimmt werden musste. Die Umkehrung des Denkens sollte den Schülern helfen, insbesondere auf die Beziehung zwischen der Position und dem Folgeglied zu fokussieren. Der Vortest ergab, dass zu Anfang der Untersuchung über die Hälfte der Schüler nicht in der Lage war, den nächsten Schritt einer wachsenden Musterfolge anzugeben oder eine eigene wachsende Musterfolge zu gestalten. Da die Schüler Aufgaben zu sich wiederholenden Musterfolgen viel häufiger richtig lösten, sowie aufgrund der Verbesserung der Fähigkeiten bzgl. wachsender Musterfolgen nach dem Unterrichtsexperiment, hält WARREN es für durchaus möglich, dass die Schwierigkeiten mit wachsenden Musterfolgen auf mangelnde Erfahrung in der bisherigen Schullaufbahn zurückzuführen sind. Dies sieht sie in Übereinstimmung mit früheren Forschungsergebnissen zu Schwierigkeiten von Jugendlichen bei der Umdeutung von Musterfolgen als Funktionen, in denen die Unfähigkeit der Vervollständigung einer Musterfolge sowie Probleme in der räumlichen Vorstellung als Hindernisse identifiziert werden konnten (WARREN 2000). Die Ergebnisse des Nachtests zeigten ein signifikant größeres Verständnis für wachsende Musterfolgen im Allgemeinen und der Fähigkeit, die Beziehung zwischen Konfiguration und der zugehörigen Position in der Musterfolge zu beschreiben (‚co-variational thinking') im Speziellen. WARREN konnte darüber hinaus Unterrichtsbedingungen identifizieren, die dieses Verständnis unterstützen bzw. behindern. Fördernde Bedingungen sind: die Benutzung konkreten Materials; Einsatz von Musterfolgen, bei denen die Beziehung zwischen

Folgen-Konfiguration und zugehörigem Schritt deutlich sichtbar ist; Lehrerfragen, die explizit auf eine Verknüpfung der Konfiguration mit seiner Position hinwirken; sowie Generalisierung des allgemeinen Musters zunächst anhand von Beispielen mit wenigen Schritten und dann erst mit nicht mehr abzählbaren Folgengliedern. Als kritisch für ein erweitertes Verständnis erwiesen sich: das Ausdrucksvermögen der Schüler; mündliche versus schriftliche Fixierung der allgemeinen Regel; Fokussierung auf nur einen Aspekt der Veränderung; sowie Aufgaben, die eine Umkehrung des Denkens erfordern.

Letztlich konnte WARREN mit Hilfe der Musterfolgeaufgaben nachweisen, dass bereits junge Schüler zu funktionalem Denken in der Lage sind und die Beziehung zwischen zwei Datensätzen sogar in einer sehr abstrakten Form ausdrücken können.

3.3.2.4 Musterfolgen als Bindeglied zwischen Denken in Analogien und mathematischem Denken

ALEXANDER & BUEHL (2004; BUEHL & ALEXANDER 2004) untersuchten in einer interkulturellen US-amerikanischen und australischen Längsschnittstudie die kindliche Entwicklung des Denkens in Analogien und des mathematischen Denkens über einen Zeitraum von drei Jahren (ein Jahr vor Schulbeginn bis Ende des 2. Schuljahres). Regressionsanalysen zeigten dabei einen wechselseitigen Zusammenhang zwischen den beiden Variablen. Im vorschulischen Jahr erklärte das Denken in Analogien[2] signifikant 24% der Varianz im mathematischen Denken Ende Klasse 2[3]. Einfache Regressionsanalysen der Untertests zeigten, dass der Analogietest signifikant nur die Leistung in den Subtests Reihenfolgen & Musterfolgen bilden (20%) sowie Textaufgaben (19%) voraussagt, nicht jedoch die der Subtests Klassifizieren, Größenvergleich und Zahlenwissen. Andersherum erklärte der Test zum mathematischen Denken im vorschulischen Jahr[4] signifikant sogar 57% der Varianz im Denken in Analogien[5] am Ende des 2. Schuljahres. Eine schrittweise Regressionsanalyse ergab sogar eine noch größere Varianzaufklärung im Denken in Analogien durch lediglich die beiden Subtests Klassifizieren & Musterfolgen und Vergleichen & Ordnen. Die Autoren schließen, dass Kompetenzen im Umgang mit Musterfolgen eine starke Verbindung zwischen dem Denken in Analogien und dem mathematischen Denken darstellen.

---

2   Das vorschulische Denken in Analogien wurde mit dem ‚Test of Analogical Reasoning in Children (TARC)' gemessen, der klassische Analogien der Form A:B::C:? mit Hilfe konkreter Gegenstände testet.
3   Die Mathematikleistungen Ende Klasse 2 wurden mit Aufgaben zum Klassifizieren, Reihenfolgen & Musterfolgen bilden, Größenvergleich, Zahlenwissen und Textaufgaben gemessen.
4   Der Test zum mathematischen Denken im vorschulischen Jahr enthielt Aufgaben der Bereiche Klassifizieren & Musterfolgen, Vergleichen & Ordnen, Zählen und Ziffernkenntnis.
5   Das Denken in Analogien Ende des 2. Schuljahres wurde mit Hilfe klassischer Analogien der Form A:B::C:? getestet, die bildlich und verbal dargestellt waren.

3.3.3 Untersuchungen zur Entwicklung kindlicher Strukturierungsfähigkeiten

In den letzten Jahren befassen sich unabhängig voneinander drei Forschergruppen explizit mit der Entwicklung von Strukturierungsfähigkeiten in der Kindheit. Sie tun dies mit jeweils unterschiedlichen Schwerpunktsetzungen und decken insgesamt eine Altersspanne von 4 bis 10 Jahren ab. Alle drei Studien beziehen sowohl räumliche Muster als auch Musterfolgen in ihre Untersuchungen ein und alle drei können vier Ebenen oder Phasen in der Entwicklung der Strukturierungsfähigkeit identifizieren.

3.3.3.1 Awareness of Mathematical Pattern and Structure – Joanne Mulligan & Mike Mitchelmore

Die australische Forschergruppe um die Professoren MULLIGAN und MITCHELMORE beschäftigt sich seit einigen Jahren in mehreren Untersuchungen gezielt mit der mathematischen Muster- und Strukturwahrnehmung sowie deren Förderung bei meist jungen Kindern.

Zunächst untersuchten MULLIGAN und MITCHELMORE, in wie weit junge Kinder Struktur konsistent über verschiedene mathematische Inhaltsbereiche hinweg entwickeln und nutzen (MULLIGAN, PRESCOTT & MITCHELMORE 2004; MULLIGAN & MITCHELMORE 2009). Dazu führten sie mit 103 Kindern der australischen ersten Klasse (im Alter von 5;5 bis 6;7 Jahren) ein aufgabenbasiertes Interview durch. Die 39 Testaufgaben[6] aus den Bereichen Zahl, Größen, Raum und Daten sollten das Curriculum des 1. Schuljahres widerspiegeln und eher ein konzeptionelles als ein prozedurales Verständnis erfordern. In jeder Aufgabe mussten die Kinder Elemente mathematischer Struktur wie gleiche Gruppen oder Einheiten, räumliche Strukturen wie Reihen oder Spalten oder numerische und geometrische Muster erkennen, visualisieren, nutzen, replizieren oder darstellen. Aufgaben mit Zahlen beinhalteten Subitizing, Zählen in Schritten, Bruchrechnen und Aufteilen sowie Kombinieren und Verteilen. Aufgaben zu Raum und Daten erforderten, ein Dreiecks-Punktemuster zeichnerisch zu replizieren, sich einen Quader vorzustellen und diesen in der Vorstellung mit Würfeln zu füllen sowie eine Datentabelle zeichnerisch zu vervollständigen. Die Aufgaben zu Größen untersuchten das Einheitsverständnis zu Länge, Fläche, Volumen, Gewicht und Zeit. Die Kinder wurden an vielen Stellen aufgefordert, sich die Aufgabe und das Ergebnis vorzustellen, dieses aufzumalen und ihre mentalen Bilder zu erklären.

Im Rahmen der Datenanalyse wurden die Antworten auf alle 39 Aufgaben begutachtet, um ihre expliziten strukturellen Eigenschaften zu identifizieren. Die

---

[6] Übersicht der Aufgaben des ‚Pattern and Structure Assessment' in: MULLIGAN, PRESCOTT & MITCHELMORE 2003; MULLIGAN & MITCHELMORE 2009.

Antwortkategorien wurden dann aufgrund ihres Grades an Struktur geordnet und die Schülerantworten entsprechend kategorisiert.

Die Antworten der Kinder konnten vier Stufen der strukturellen Entwicklung zugeordnet werden:

1. Pre-structural stage (PRS)

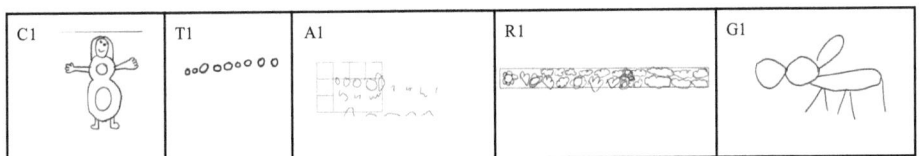

Abbildung 3.6:
Stage of pre-structural development (MULLIGAN u.a. 2004, 4)

Den Darstellungen fehlt jegliche numerische oder räumliche Struktur. Viele Beispiele zeigen idiosynkratische Eigenschaften.

2. Emergent (inventive-semiotic) stage (ES)

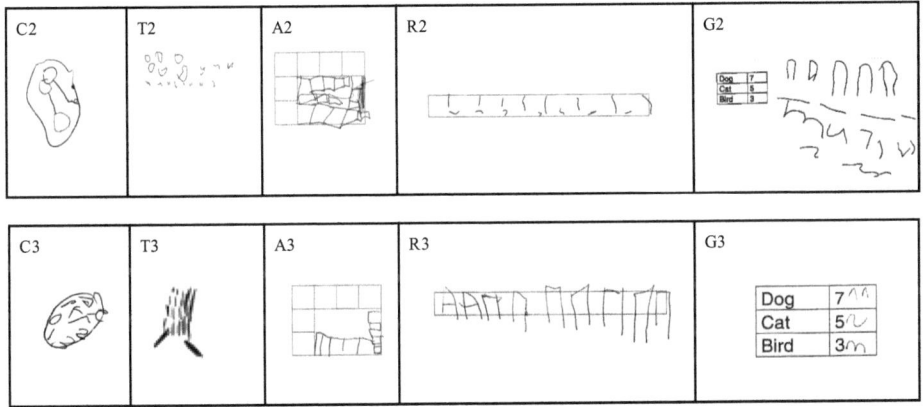

Abbildung 3.7:
Stage of emergent structural development (MULLIGAN u.a. 2004, 4f.)

Die Darstellungen zeigen einige relevante Elemente der vorhandenen Struktur, die numerische oder räumliche Struktur ist jedoch nicht abgebildet.

3. Partial structural stage (PS)

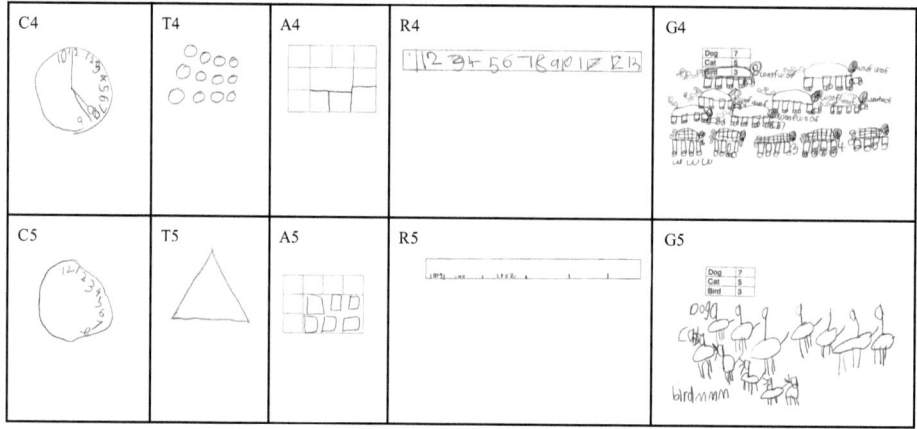

Abbildung 3.8:
Stage of partial structural development (MULLIGAN u.a. 2004, 5)

Die Darstellungen zeigen die meisten relevanten Aspekte der numerischen und räumlichen Struktur, sie sind jedoch unvollständig.

4. Stage of structural development (S)

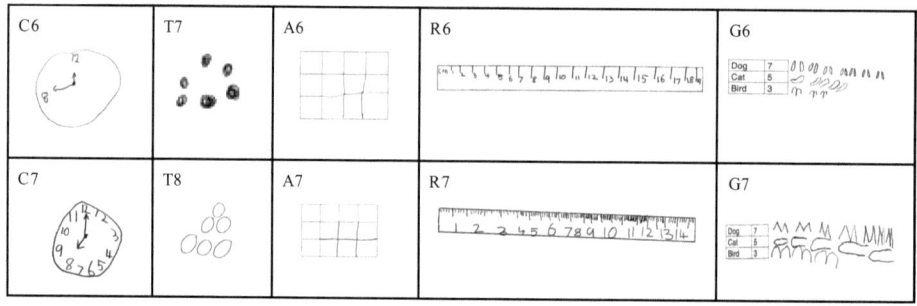

Abbildung 3.9:
Stage of structural development (MULLIGAN u.a. 2004, 6)

Die Darstellungen integrieren auf korrekte Weise numerische und räumliche Struktur.

Weitere Analysen zeigten, dass nicht nur die Antworten einer *Aufgabe* aufgrund ihrer strukturellen Eigenschaften in vier Stufen eingeteilt, sondern auch die Antworten eines *Kindes* einer dieser Stufen zugeordnet werden können. „It was found that the children could be unambiguously sorted into four groups." (MULLIGAN u.a. 2004, 6) Die Verteilung des Samples auf die Stufen sah folgendermaßen aus: PRS: 11%, ES: 38%, PS: 27% und S: 24% (vgl. MULLIGAN & MITCHELMORE 2009, 43). Die Antworten der Kinder der ‚emergent structure stage' zeigten in der Stufenzuordnung die größten Schwankungen. Die Qualität der dargestellten strukturellen Eigenschaften war hier recht uneinheitlich.

Insgesamt konnten MULLIGAN und MITCHELMORE zeigen, dass sich die Wahrnehmung und Repräsentation mathematischer Struktur bei jungen Kindern auf eine große Bandbreite mathematischer Aufgaben bezieht und die strukturellen Darstellungen konsistent über die Aufgaben generalisieren.

Zur Untersuchung der Weiterentwicklung von Musterwahrnehmung und Strukturierungsfähigkeiten wurden, an die obige Studie anschließend, im Rahmen von Fallstudien 4 Schüler jeder Stufe ausgewählt und während ihres 1. und 2. Schuljahres beobachtet. Zunächst fiel auf, dass alle schwachen Schüler in die erste Stufe, die ‚pre-structural stage', alle starken Schüler in die vierte Stufe, die ‚structural stage', fielen. MULLIGAN u.a. (2004) beschreiben, dass die Schwierigkeit der schwachen Schüler nicht unbedingt im Verständnis der Aufgaben oder der Fähigkeit zu zählen oder zu malen bestand, sondern in deren Unfähigkeit, Strukturen wahrzunehmen. Für die Fallstudien wurden in drei Interviews Daten der Kinder zu den gleichen oder ähnlichen Aufgaben wie in der großen Studie erhoben. MULLIGAN, MITCHELMORE & PRESCOTT (2005) konnten zeigen, dass die strukturelle Entwicklung von Individuen über die von ihnen beschriebenen Stufen verläuft. Die meisten Kinder verbesserten sich innerhalb der eineinhalb Jahre um mindestens eine der Stufen. Für die starken Kinder, die von der höchsten Stufe (‚structural development') gestartet waren, musste eine neue ‚advanced stage of structural development' gebildet werden, die alle von ihnen erreichten. Die schwachen Schüler machten zwar Fortschritte, ihre Antworten waren jedoch innerhalb und zwischen den Fällen höchst inkonsistent, einige machten sogar Rückschritte und griffen nach einem Jahr Schulunterricht auf frühere, primitivere Vorstellungen zurück. Sie produzierten zunehmend chaotische Antworten, die oft auf der Wiedergabe oberflächlicher, nicht-mathematischer Eigenschaften beruhten.

Im Rahmen ihrer Doktorarbeit untersuchte Marina PAPIC die Effekte eines Interventionsprogramms zur Förderung der Entwicklung räumlicher und sich wiederholender Muster (PAPIC & MULLIGAN 2005 & 2007; PAPIC, MULLIGAN & MITCHELMORE 2009). Die Interventionsstudie fand im Jahr vor der Einschulung statt, 53 ‚Preschooler' zwischen 3;9 und 5 Jahren, aufgeteilt in Interventions- und Kontrollgruppe, nahmen teil. Es wurden Vor- und Nachtests in der vorschulischen Einrichtung sowie ein weiterer Test zu Mustern und Strukturen am Ende des 1. Schuljahres durchgeführt. Im Interventionsprogramm wurde der Schwerpunkt auf die Identifikation und praktische Anwendung von sowohl räumlichen Mustern als auch sich wiederholenden Musterfolgen gelegt.

Nach 6 Monaten Förderung zeigten die Kinder der Interventionsgruppe bzgl. Muster- und Strukturaufgaben bessere Leistungen als die Kinder der Kontrollgruppe. Sie identifizierten und wendeten konsistent strukturelle Charakteristika von Mustern an, einschließlich der sich wiederholenden Einheit, räumlichen Strukturen und einfachen Generalisierungen. Dieser Trend hielt auch ein Jahr nach der Intervention, am Ende des 1. Schuljahres, an. Ohne vorher mit wachsenden Musterfolgen konfrontiert gewesen zu sein, waren ca. die Hälfte der Kinder der Interventionsgruppe in der Lage, die Folgen figurierter Dreiecks- und Quadratzahlen korrekt zu identifizieren, darzustellen und fortzusetzen. In der Kontrollgruppe konnte dies keines der Kinder. Darüber hinaus konnte PAPIC positive Langzeiteffekte auf die gesamte mathematische Entwicklung der Kinder beobachten. In einem australischen Mathematiktest für das Ende des 1. Schuljahres zeigten die Kinder der Interventionsgruppe durchschnittlich bessere Leitungen als die Kontrollgruppe. Sie waren in allen Kategorien überlegen, einschließlich des Ziffernerkennens, Vorwärts- und Rückwärtszählens sowie in einfachen arithmetischen Textaufgaben (vgl. PAPIC u.a. 2009, 334).

Analysen von individuellen Profilen zeigten, dass die erfolgreichen Kinder die Struktur einer einfachen Wiederholung wahrnehmen und diese in Form der sich wiederholenden Einheit auf Musterfolgen, aber auch auf räumliche Muster in verschiedenen Darstellungsformen anwenden können. Den weniger erfolgreichen Kindern fehlt dieses Bewusstsein der sich wiederholenden Einheit, sie sehen in Musterfolgen lediglich abwechselnde Farben. Für PAPIC ist damit offensichtlich, dass die Entwicklung einer Sichtweise von Mustern als sich wiederholende Einheit andere mathematische Prozesse wie das multiplikative Denken und das Verständnis von Abbildungen fördert (vgl. PAPIC & MULLIGAN 2007, 599f.). Kinder die in den Interviews zu Muster- und Strukturaufgaben vor und nach der Interventionsstudie schwache Leistungen zeigten, wurden am Ende des 1. Schuljahres auch als die Kinder mit den schwächsten Leistungen im standardisierten Mathematiktest identifiziert.

In einer Initiative, die mathematischen Fähigkeiten schwacher Schüler durch die Förderung von Musterwahrnehmung und Strukturierungsfähigkeiten zu verbessern, führten MULLIGAN, PRESCOTT, PAPIC & MITCHELMORE (2006) eine Studie mit 683 schwachen Schülern von 5 bis 12 Jahren durch. In diesem Rahmen entwickelten sie ein ‚Pattern and Structure Mathematics Awareness Program', welches auf die Verbesserung des visuellen Gedächtnisses, der Fähigkeit Muster wahrzunehmen und zu nutzen, sowie Strukturen in mathematischen Ideen und Repräsentationen zu suchen, fokussiert. Die Schüler wurden mit diesem Programm über einen Zeitraum von 9 Monaten gefördert. Insbesondere in den unteren Klassen konnten beachtliche Verbesserungen in den mathematischen Fähigkeiten, gemessen mit standardisierten Mathematiktests, verzeichnet werden. Das ‚Pattern and Structure Mathematics Awareness Program' wurde daraufhin mit 10 schwachen Kindergartenkindern über 15 wöchentliche Unterrichtsepisoden in einer vorschulischen Umgebung getestet. Wieder zeigten die Schüler eine beeindruckende Zunahme des mathematischen Verständnisses (vgl. MULLIGAN, MITCHELMORE, MARSTON, HIGHFIELD & KEMP 2008).

3.3.3.2 Ebenen der visuellen Strukturierungsfähigkeit von Grundschulkindern – Elke Söbbeke

Im Rahmen ihrer Doktorarbeit entwickelte SÖBBEKE (2005) das theoretische Konstrukt der „visuellen Strukturierungsfähigkeit", mit dem sie individuelle Herangehens- und Strukturierungsweisen von Grundschulkindern bei der Deutung von Anschauungsmitteln und bildlichen Darstellungen herausarbeitete.

Sie führte hierzu eine Interviewstudie mit 15 Kindern durch, welche gleichmäßig auf die vier Grundschuljahre verteilt waren. Innerhalb jeder Jahrgangsstufe wählten die Lehrer Kinder aus, die sie dem schwächeren sowie dem stärkeren Leistungsniveau ihres Mathematikunterrichtes zuordneten (vgl. SÖBBEKE 2005, 108). Die in der Untersuchung eingesetzten Aufgaben können drei Schwerpunkten zugeordnet werden (vgl. ebd., 84ff.). In den Aufgaben des ersten Schwerpunktes sollten die Kinder Interpretationen von bildlich dargestellten Anschauungsmitteln (Punktefeld und Zahlenstrahl) vornehmen und diese in Rechensätze übersetzen. Im zweiten Aufgabenschwerpunkt war die umgekehrte Übersetzungsleistung gefordert, indem die Kinder zu vorgegebenen Rechensätzen passende bildliche Darstellungen anfertigen sollten. Aufgaben, in denen ein Ausnutzen von Strukturen oder Teilstrukturen für die Lösungsfindung von Vorteil war – wie die Bestimmung der Anzahl von Dreiecken in einer Dreiecksparkettierung oder die zeichnerische Fortsetzung der Folge der figurierten Quadratzahlen – bildeten den dritten Schwerpunkt.

In ihren Analysen fokussierte SÖBBEKE auf die spontanen Deutungsstrategien der Kinder, „auf die Art und Weise *wie sie in der jeweiligen Deutungssituation* Strukturen in die Darstellung hineinkonstruieren und nutzen" (ebd., 108; Hervorhebungen im Original) und reflektierte die kindlichen Herangehensweisen nach dem Grad der visuellen Strukturierung. Hierfür entwickelte sie ein neues Analyseverfahren aus zwei einander ergänzenden Analyseinstrumenten: dem von STEINBRING entwickelten epistemologischen Dreieck[7] sowie differenzierten Analysekategorien. Ihr Kategorienmodell der visuellen Strukturierungsfähigkeit unterteilt SÖBBEKE in die Fähigkeitskomplexe ‚Visuelle Strukturierung', der in die Unterbereiche ‚Deutungselemente' sowie ‚Nutzung der Deutungselemente' gegliedert ist und ‚Anzahlbestimmung', der wiederum in die Unterbereiche ‚Zählen' sowie ‚Anzahlerfassung' unterteilt ist (vgl. ebd., 122ff.). Mit Hilfe des Analyseverfahrens erreicht SÖBBEKE eine Typisierung und Kategorisierung der kindlichen Deutungs- und Strukturierungsweisen, die die Spanne zwischen einer dinglichen Sicht auf konkrete Objekte und einer abstrakten Sicht auf Beziehungen und Strukturen, in Form von vier Ebenen der visuellen Strukturierungsfähigkeit konkretisiert. Die vier Ebenen sind jedoch nicht als genetisch festgelegte Entwicklungsstufen zu verstehen, die in einer festen Reihenfolge durchlaufen werden müssen. Trotzdem sind sie auf einer didaktisch begründeten Hierarchie kognitiver Anforderungen grundgelegt, welche eine stete Zunahme an Strukturierungen, Beziehungen zwischen den Deutungselementen und Flexibilität zur strukturellen Umdeutung impliziert (vgl. ebd., 133).

---

7 Zur ausführlichen Beschreibung des Analyseinstruments ‚Epistemologisches Dreieck' vgl. SÖBBEKE 2005, S. 116f.

Die vier Ebenen sind im Folgenden einzeln dargestellt (vgl. ebd., 135ff.):

Ebene 1: Ebene konkret empirischer Deutungen
Bei Herangehensweisen der ersten Ebene beschreibt das Kind das empirisch Fassbare eines Anschauungsmittels, wie etwa die Anzahl der abgebildeten Elemente. Es fokussiert auf Einzelelemente und konkrete Objekte, die es nach ihren äußeren Merkmalen erkennt und klassifiziert, deutet aber spontan keine Strukturen in die Darstellungen hinein. Dem Kind fehlt häufig der Blick auf das Anschauungsmittel als Ganzes, so dass Einzelelemente weitgehend isoliert nebeneinander stehen, ohne strukturell miteinander in Beziehung gesetzt zu werden oder es kommt zu Überlagerungen bzw. Auslassungen von Elementen. Auf dieser Ebene finden keine strukturbezogenen Umdeutungen statt.

Ebene 2: Ebene des Zusammenspiels von partiell empirischen Deutungen mit ersten strukturorientierten Deutungen
Bei Aufgabenbearbeitungen dieser Ebene kann das Kind seine Interpretationen zum Teil von den konkreten Aspekten der Darstellung lösen und seine Aufmerksamkeit vermehrt auf abstrakte Beziehungen und Strukturen richten. Es sind erste strukturorientierte Deutungen zu beobachten, die beachteten intendierten Strukturen oder Substrukturen sind jedoch nur Teilaspekte der Darstellung und stehen immer noch weitgehend isoliert nebeneinander, ohne dass ein Bezug zur Gesamtstruktur der Darstellung hergestellt wird. Die kindlichen Deutungen sind im Ganzen unflexibel und werden weder vielfältig, noch dynamisch oder umfassend genutzt.

Ebene 3: Ebene strukturorientierter Deutungen mit zunehmender, flexibler Nutzung von Beziehungen und Umdeutungen
Auf der dritten Ebene konstruieren die Kinder aktiv Strukturen und Beziehungen und beziehen verschiedene Aspekte der Darstellungen in ihre Überlegungen ein. Sie nutzen nicht mehr Einzelelemente, sondern ausschließlich individuelle oder auch intendierte Strukturen und Substrukturen, die sie durchgängig zueinander in Beziehung setzen, miteinander koordinieren und umdeuten. Deutungselemente werden nicht mehr im Sinne konkreter Objekte, sondern ausschließlich relational, mit flexiblen Umdeutungen gesehen. Sie werden – anstatt isoliert nebeneinander stehen zu bleiben – als Teile des Ganzen gesehen, strukturbezogen zerlegt und zusammengefügt, wodurch sich zum Teil eine Zergliederung der Darstellung ergibt.

Ebene 4: Ebene strukturorientierter, relationaler Deutungen mit umfassender Nutzung von Beziehungen und flexiblen Umdeutungen
Kinder berücksichtigen auf der vierten Ebene verschiedene Aspekte der Darstellungen, setzen diese bewusst und flexibel zueinander in Beziehung und deuten sie als Teile des Ganzen. Dabei verweisen sie explizit auf Muster und Strukturen und bieten alternative Deutungen sowie Umdeutungen an. Rein empirische Aspekte bleiben dabei im Hintergrund. Die Beziehungen und Strukturen, die das Kind aktiv in die Darstellungen hinein konstruiert, werden auf dieser Ebene nicht individuell

begründet, sondern entsprechen ausschließlich intendierten Strukturen und Substrukturen.

SÖBBEKE kann in ihrer Studie die Befunde von MERSCHMEYER-BRÜWER (2002) und BATTISTA & CLEMENTS (1996) bestätigen, dass das Begreifen einer räumlichen Struktur eine wichtige Grundlage für eine korrekte Anzahlbestimmung darstellt, die visuelle Strukturierung aber den Zählprozess nicht hinsichtlich der Strategiewahl bestimmt. Darüber hinaus zeigt sie, dass aus dem Konstruieren von Struktureinheiten in eine Darstellung zwar nicht zwangsläufig folgt, dass sie auch für ein effektives Zählen in Schritten oder multiplikatives Bestimmen genutzt werden, die Struktureinheiten aber sehr wohl eine bedeutsame Funktion im Zählprozess übernehmen, indem sie diesen rhythmisieren und strukturieren (vgl. ebd., 353ff.).

Des Weiteren stellt SÖBBEKE vorsichtig einen tendenziellen Zusammenhang zwischen dem Leistungsvermögen der Kinder im arithmetischen Mathematikunterricht und der Fähigkeit zur visuellen Strukturierung her (vgl. ebd., 366).

Schließlich zeigen ihre Analysen zwar inter-individuelle Unterschiede hinsichtlich der visuellen Strukturierungsfähigkeit, intra-individuell betrachtet jedoch im Wesentlichen ein relativ homogenes Bild der Deutungsweisen. Dies steht im Einklang mit Befunden von MULLIGAN, PRESCOTT & MITCHELMORE (2004).

3.3.3.3 Four phases in spatial structuring ability – Fenna van Nes

Am niederländischen Freudenthal-Institut führte VAN NES (2009) im Rahmen ihrer Doktorarbeit eine Studie zur Beziehung zwischen räumlicher Strukturierungsfähigkeit junger Kinder und ihrem sich ausbildenden Zahlensinn durch und konnte vier Phasen in der Entwicklung der räumlichen Strukturierungsfähigkeit identifizieren. Darauf basierend entwickelte sie ein empirisch begründetes Interventions- bzw. Förderprogramm zur Unterstützung der kindlichen Strukturierungsfähigkeit.

38 Kinder im Alter von 4 bis 6 Jahren aus mehreren Kindergartengruppen einer niederländischen Grundschule nahmen an VAN NES' Untersuchung teil. In Einzelinterviews stellte sie den Kindern Aufgaben zum Zählen, zur Anzahlerfassung, zum Mustererkennen und Strukturieren. Diese bestanden aus dem Zeigen von ‚Flashcards' (*kurze Präsentation einer bildlichen Darstellung durch die Interviewerin*) mit Fingerbildern, Würfelmustern, geometrischen Formen sowie Punktemustern, bei denen die Kinder die jeweilige Anzahl bestimmen sollten. Außerdem wurden die Kinder aufgefordert, selbstständig bestimmte Fingerbilder zu produzieren. Aus zwei unstrukturiert und zwei strukturiert dargebotenen Mengen sollten sie anschließend diejenige mit a) 8 Objekten und b) mehr als 8 Objekten identifizieren, zu 5 Objekten so viele dazulegen, dass es 12 werden, sowie 8 Objekte so hinlegen, dass man diese auf einen Blick erkennen kann. Zwei Würfelgebäude aus jeweils zehn Würfeln, eines strukturiert, das andere unstrukturiert gebaut, sollten die Kinder bezüglich der Anzahl vergleichen (ohne zu zählen), dann die Anzahl genau bestimmen und beide Häuser nachbauen. Drei unterschiedliche Musterfolgen wurden mit

Material dargestellt und sollten nachgelegt sowie fortgesetzt werden. In der letzten Aufgabe zur räumlichen Orientierung waren die Kinder aufgefordert, einen Weg auf einem Gebäudeplan zu finden (vgl. VAN NES 2009, 67ff.).

In ihren Analysen war VAN NES in der Lage, vier Typen räumlicher Strukturierungsfähigkeit in Form einer Entwicklungssequenz zu bilden. Sie betont jedoch, dass die Klassifikation nicht gedacht ist, um die Fähigkeiten eines Kindes auf eine bestimmte Ebene zu beschränken, sondern die Typen eher einen allgemeinen Hinweis auf die Art der Strategien (interpretiert im Hinblick auf das räumliche Strukturieren) geben sollen, welche ein Kind am häufigsten während *dieses bestimmten Interviews* benutzte. Insbesondere nennt VAN NES diese Typenklassifikationen ‚Phasen', um die unscharfen, sich überlappenden Start- und Endpunkte der Klassen zu betonen (vgl. ebd., 93). Sie sind kumulativ aufgelistet, um ein Fortschreiten in der räumlichen Strukturierungsfähigkeit zu reflektieren. „Hence, these phases may be seen as four levels of sophistication in children's spatial structuring of the interview tasks." (ebd., 93f.) Die Phasen beschreiben einen allgemeinen Entwicklungsverlauf von zunächst keinerlei Bewusstsein bzgl. räumlicher Strukturen, über das Erkennen, hin zum Nutzen und schließlich der Fähigkeit zu zielgerichtetem eigenem Strukturieren, um Einsicht in Zahlbeziehungen zu erhalten sowie zur Abkürzung numerischer Prozeduren wie dem Bestimmen, Vergleichen und Operieren mit kleinen Anzahlen (vgl. ebd., 94f.):

(1) Unitary Phase: Das Kind erkennt so gut wie keine räumlichen Strukturen und kann folglich weder Strukturen nutzen noch selbst strukturieren, um numerische Prozeduren abzukürzen.
Diese Phase konnte VAN NES hauptsächlich bei den jüngsten Kindern ihrer Untersuchung nachweisen, die typischerweise noch auf die Verbesserung ihrer Zählfertigkeit beim einzelnen Abzählen von Objekten fokussiert sind. Diesen Kindern sind bestimmte räumliche Strukturen wie Würfelbilder zwar bereits begegnet, sie sind jedoch noch nicht so vertraut mit diesen Strukturen, um sie mit Zählprozeduren in Verbindung zu bringen.

(2) Recognition Phase: Das Kind erkennt einige wesentliche räumliche Strukturen, aber nutzt diese nur selten und kann selbst kaum strukturieren.
Kinder, deren Zugangsweisen zu den Interviewaufgaben dieser Phase entsprechen, sind in der Lage verschiedene Formen räumlicher Strukturen zu erkennen und diese auch zu nutzen, um die Anzahlen auf den Flashcards abzulesen. Sie haben im weiteren Verlauf des Interviews allerdings Schwierigkeiten, wenn sie zur Lösung einer Aufgabe Strukturen nicht nur erkennen, sondern auch nutzen sowie selbst strukturieren sollen. Eine Eigenschaft dieser Phase ist, dass die Kinder zwar weder verfügbare Strukturen nutzen, noch selbst strukturieren, sie *im Nachhinein* (insbesondere *nachdem* sie gezählt haben) aber teilweise räumliche Strukturen in das Material hineindeuten. Dies weist nach VAN NES auf ihre Fähigkeit zur Erkennung räumlicher Strukturen hin, wenn die Kinder gezielt dazu aufgefordert werden, wäh-

rend sie ansonsten Prozeduren des einzelnen Abzählens den räumlichen Strukturierungsstrategien vorziehen.

(3) Usage Phase: Das Kind erkennt und nutzt die meisten der verfügbaren räumlichen Strukturen, aber zeigt kaum Initiative selbst zu strukturieren oder eigene räumliche Strukturen zu produzieren.
Kinder der Usage Phase sind in der Lage, die ihnen angebotenen räumlichen Strukturen zu erkennen und diese auch zu nutzen. Beispielsweise erkennt das Kind eine Menge von 6 Objekten, wenn diese wie die zwei Dreierreihen der Würfelsechs angeordnet sind. Die Schwierigkeit eines Kindes dieser Phase liegt darin, eine ungeordnete Menge von Objekten selbst zu strukturieren. Entweder lässt es sie so wie sie sind oder ordnet sie in einer Reihe an, um sie einfacher abzählen zu können. Dies deutet darauf hin, dass das Kind, obwohl es räumliche Strukturen erkennen und nutzen kann, noch nicht die Zweckmäßigkeit des räumlichen Strukturierens als eine Alternative zum einzelnen Abzählen im Sinne einer Verkürzung der Zählprozedur verstanden hat.

(4) Application Phase: Das Kind nutzt zielgerichtet räumliche Strukturen und produziert selbständig räumliche Strukturen sowie strukturiert ungeordnete Mengen zur Vereinfachung der Anzahlbestimmung.
Kinder in dieser Phase sind vertraut mit vielen verschiedenen Typen räumlicher Strukturen und nutzen angebotene Strukturierungen. Dies bedeutet laut VAN NES, dass sie die Zweckmäßigkeit von Strukturen als mehr als eine bloße Organisation von Objekten für das Bestimmen, Vergleichen und Operieren mit kleinen Anzahlen verstanden haben. Darüber hinaus nutzen die Kinder diese Einsicht, um ungeordnete Objekte zu strukturieren. Sie arrangieren die Objekte spontan in der gleichen Weise wie beispielsweise die Konfigurationen der Punkte auf einem Würfel oder die Eier in einem Eierkarton, weil sie verstanden haben, dass solche Anordnungen numerische Prozeduren unterstützen. Daher ist ihr räumliches Strukturieren zielgerichtet. Es gibt zwar Kinder, die die Objekte in einer oder mehreren Reihen anordnen. Sie tun dies aber nicht, um diese dann einzeln abzuzählen, sondern sie nutzen stattdessen eine Strategie, die Prozedur der Anzahlbestimmung abzukürzen.

Einen vorsichtigen Zusammenhang konnte VAN NES zwischen der mathematischen Zahlbegriffsentwicklung (gemessen mit der niederländischen Originalversion des OTZ[8]) und der Strategienutzung beim Strukturieren herstellen. Kinder mit dem höchsten Niveau der Zahlbegriffsentwicklung (A) konnten der ‚Application Phase' zugeordnet werden und umgekehrt das Kind mit dem niedrigsten Niveau (D) der ‚Usage Phase' (vgl. ebd., 101).

Aufbauend auf den Analysen zur Rolle der räumlichen Strukturierungsfähigkeit für die Entwicklung des Zahlensinns führte VAN NES anschließend eine Interventionsstudie mit denselben Kindern durch. Hierfür entwickelte sie ein Förderprogramm,

---

8   Der OTZ ist ausführlich dargestellt in Kapitel 5.2.4.3.

das die Ausbildung eines Bewusstseins für räumliche Strukturen unterstützen soll. Die Folge aus fünf Einheiten baut auf angemessenen Zählstrategien, Gliederungsfähigkeiten sowie Vertrautheit mit grundlegenden räumlichen Strukturen auf. Eingebettet in einen überspannenden Geschichten-Kontext, erforschen Kinder räumliche Strukturen wie Würfelmuster, Fingerbilder und zweizeilige Feldstrukturen und arbeiten dabei unter anderem mit 6er- und 10er-Eierkartons, Würfelgebäuden, Plättchen, Spielwürfeln, Fingern sowie gemusterten Perlenketten. Insbesondere werden die Kinder ermutigt, angebotene Strukturen in verschiedenen Situationen zu nutzen, um sie auf das Bilden eigener räumlicher Strukturen vorzubereiten, mit denen numerische Prozeduren abgekürzt werden können. Letztendlich versucht VAN NES mit Hilfe der Lehrumgebung die kindliche Strukturierungsfähigkeit zu stärken, um damit die Einsicht in die Beziehung zwischen Zahlen zu verbessern, welche wiederum die Kinder auf fortgeschrittene arithmetische Prozeduren vorbereiten soll (vgl. ebd., Kapitel 6-8 & S. 271f.).

Als Ergebnis kann herausgestellt werden, dass Kinder von einer Lehrumgebung, die das Bewusstsein räumlicher Strukturen fördert, profitieren. Nachtests in der Studie von VAN NES zeigten, dass 18 von 21 Kindern der Interventionsgruppe nach dem Förderprogramm einer höheren Phase räumlicher Strukturierungsfähigkeit zugeordnet werden konnten. Diese Kinder konnten also ihre Fähigkeit der Nutzung räumlicher Strukturierungsstrategien verbessern und die oben beschriebenen Interviewaufgaben erfolgreicher lösen. Die Kontrollgruppe hingegen zeigte weniger Verbesserungen (5 von 17) (vgl. ebd., 207ff. & 272). VAN NES weist darauf hin, dass das Setting ihrer Interventionsstudie nicht kontrolliert und die Anzahl der Kinder jeder Gruppe zu klein war, um statistisch signifikante Ergebnisse zu erhalten (vgl. ebd., 208).

3.3.4 Zusammenfassung zum Stand der Forschung

Explizite Forschung zu Mustern und Strukturen fand bisher hauptsächlich im Bereich der frühkindlichen Bildung und der (Früh-)Algebra statt. Insbesondere die Entwicklung von Musterfolgekompetenzen wurde dabei recht intensiv untersucht. Zum einen konnten in der frühen kindlichen Entwicklung auf Musterfolgen bezogene Basiselemente der räumlichen und farblichen Gliederungsfähigkeit sowie Phasen beim Fortsetzen einer Musterfolge identifiziert werden. Zum anderen existieren für eine breite Altersspanne durchschnittliche Lösungshäufigkeiten zu verschiedenen Musterfolgeaufgaben, wobei einfache und komplexe Musterfolgen sowie schwierige und leichte Musterfolgeaktivitäten unterschieden werden konnten. Noch nicht empirisch untersucht wurde hingegen die verbreitete Vorstellung von Musterfolgekompetenz als Vorläuferfertigkeit für die Algebra. Schlüssig wurde dies bisher nur theoretisch dargelegt. Die Unterrichtsforschung konnte jedoch zeigen, dass sich Musterfolgen als Format für den Mathematikunterricht eignen, um algebraisches Denken anzubahnen. Es scheint außerdem ein starker Zusammenhang zwischen Musterfolgekompetenzen und funktionalem Denken sowie dem Denken in Analogien zu bestehen.

Im Rahmen von Studien zur frühkindlichen Entwicklung wurde deutlich, dass sich Kinder von sich aus mit Mustern beschäftigen und dass einige Kinder dies häufiger und möglicherweise qualitativ anders tun als andere (Patterners vs. Dramatists, Art des Denkens).

Für das räumliche Strukturieren wurden der Aufmerksamkeitswechsel von Einzelelementen hin zu Gruppierungen sowie Strategien des Gliederns in (gleich große) Einheiten und das Herstellen von Beziehungen zwischen diesen Einheiten als bedeutsam herausgearbeitet. Das Wahrnehmen räumlicher Strukturen konnte von verschiedenen Forschern darüber hinaus als notwendige Grundlage für die Entwicklung weiterführender Zählstrategien und dem Zahlensinn allgemein, multiplikativem und kombinatorischem Denken, dem Bruchverständnis sowie als Basis eines konzeptuellen Verständnisses im Umgang mit Größen und dem Messen identifiziert werden.

Mehrere Forscher weisen auf einen möglichen Zusammenhang zwischen mathematischer Leistung und Fähigkeiten im Umgang mit Mustern und Strukturen hin, die Fallzahlen sind jedoch zu klein und die Daten nicht verlässlich genug, um empirisch valide Aussagen zu treffen.

In den letzten Jahren wurde international an verschiedenen Stellen gezielt die kindliche Strukturierungsfähigkeit untersucht und übereinstimmend *vier* Ebenen bzw. Phasen in der Entwicklung identifiziert. Interessanterweise gingen sowohl Mulligan u.a. als auch VAN NES aufgrund theoretischer Vorüberlegungen von zunächst nur *drei* Stufungen aus und erweiterten diese im Laufe der Analysen aufgrund der Datenlage um eine Stufe. In Tabelle 3.2 werden die drei Theorien zu Entwicklung der kindlichen Strukturierungsfähigkeit von MULLIGAN u.a. (2004), SÖBBEKE (2005) und VAN NES (2009) miteinander in Beziehung gebracht und die einzelnen Stufen global verglichen.

Inhaltlich sind die Stufen kumulativ aufgebaut, Kinder einer höheren Stufe besitzen die Fähigkeiten der darunterliegenden Stufen. MULLIGAN u.a. und VAN NES gehen davon aus, dass diese in vorhergehenden Entwicklungsschritten durchlaufen wurden. Eine quantitative Zunahme der Fähigkeiten zeigt sich darin, dass die Kinder, nachdem sie anfangs keinerlei Strukturen erkennen, einzelne Aspekte beachten und wiedergeben, Strukturen zunächst nur erkennen, dann aber auch nutzen, weil sie immer besser in der Lage sind, Muster zu zerlegen und Substrukturen zu integrieren. Schließlich können sie mehrere Aspekte gleichzeitig beachten und wiedergeben sowie selbst strukturieren. Es finden aber auch qualitative Veränderungen statt, wenn die anfängliche empirische Sicht sich in eine relationale Sicht mit flexiblen Umdeutungen der Darstellungen wandelt und sich ein Bewusstsein über die Bedeutung von Strukturierungen zur Abkürzung numerischer Prozeduren entwickelt.

Tabelle 3.2:
Vergleichende Übersicht der drei Theorien zur Entwicklung kindlicher Strukturierungsfähigkeit

	Stages of structural development (MULLIGAN u.a. 2004)	Ebenen der visuellen Strukturierungsfähigkeit (SÖBBEKE 2005)	Phases in spatial structuring ability (VAN NES 2009)
1	Pre-structural	Konkret empirische Deutungen	Unitary
2	Emergent	Zusammenspiel von partiell empirischen Deutungen mit ersten strukturorientierten Deutungen	Recognition
3	Partial structural	Strukturorientierte Deutungen mit zunehmender, flexibler Nutzung von Beziehungen und Umdeutungen	Usage
4	Structural	Strukturorientierte, relationale Deutungen mit umfassender Nutzung von Beziehungen und flexiblen Umdeutungen	Application

Sowohl die Stufungen als auch die inhaltliche Beschreibung der drei Theorien stimmen überein, obwohl die Studien mit unterschiedlichen Schwerpunktsetzungen und Aufgabenformaten durchgeführt wurden. (MULLIGAN u.a. setzen Aufgaben zu *allen mathematischen Inhaltsbereichen* ein und legen den Schwerpunkt der Analyse auf die zeichnerischen Aufgabenlösungen; bei SÖBBEKE liegt der Schwerpunkt auf dem strukturellen Umgehen mit *Anschauungsmitteln,* wofür sie Aufgaben mit bildlichen Darstellungen nutzt; VAN NES untersucht die *Rolle der Strukturierungsfähigkeit in der Zahlbegriffsentwicklung,* ihre Aufgaben sind materialbasiert und eingebunden in einen Geschichtenkontext.) Dies deutet darauf hin, dass die drei Modelle zusammengenommen eine gültige Theorie für die Strukturierungsfähigkeit von Kindern mehrerer Altersstufen darstellen. Dass die Strukturierungsfähigkeit über alle mathematischen Inhaltsbereiche generalisiert, konnten MULLIGAN u.a. zeigen. Unklar bleibt allerdings, ob sich die Entwicklung von Strukturierungsfähigkeit auf eine bestimmte Aufgabenschwierigkeit bezieht oder einer allgemeinen Fähigkeit eines Kindes entspricht. Alle drei Forscher stellten Aufgaben aus dem Anforderungsbereich der jeweiligen Klassenstufe und konnten die bevorzugten Strukturierungsstrategien eines Kindes aufgrund von Häufigkeiten relativ sicher einer bestimmten Stufe zuordnen. MULLIGAN u.a. sowie VAN NES wiesen nach, dass eine Förderung von Kompetenzen bezüglich Muster und Strukturen zu einer Verbesserung der Strategienutzung in *denselben* Aufgaben und damit zu einer Hochstufung innerhalb des Modells führt. Interessant wäre hier zu untersuchen, wie diese Kinder mit anspruchsvolleren bzw. sehr viel einfacheren, also nicht ihrem Anforderungsniveau entsprechenden Aufgaben umgehen. Denkbar wäre, dass sie sich – wie bei der Zählentwicklung – für unterschiedliche Zahlenräume bzw. Komplexität von Anordnungen oder Darstellungen in unterschiedlichen Phasen befinden könnten, also durchaus in der Lage sein könnten, in für sie überschaubaren

Situationen anspruchsvolle Strukturierungsstrategien einzusetzen, in sehr komplexe Darstellungen jedoch keinerlei Strukturen hinzudeuten vermögen. Weiterhin ist der Zusammenhang zwischen der Strukturierungsfähigkeit und der mathematischen Leistung eines Kindes unklar. An diesen Stellen ist weitere Forschung nötig.

71	L	Sieben.
72	I	 Oh, Lina. Wie hast du das so schnell gesehen, dass das sieben sind? Du kannst mir doch nicht sagen, du hast gezählt. Dafür hast du das viel zu kurz gesehen.
73	L	Ich hab gerechnet.
74	I	Wie denn?
75	L	Ich habe, ich hab gesehen, dass das drei waren und drei und dann noch einer dazu.

(aus dem Interview mit Lina)

> Meaning [in mathematics] is to be sought in the structure, the organization, the inner relationship of the subject itself.
> (Brownell 1945, in FROBISHER & THRELFALL 1999, 84)

4 Empirische Untersuchung der Muster- und Strukturfähigkeiten von Schulanfängern

Eines der in der Einleitung dargelegten Anliegen vorliegender Arbeit besteht in der Auseinandersetzung mit dem Verständnis der Begriffe ‚Muster' und ‚Struktur' und ihrer curricularen sowie unterrichtlichen Umsetzung (vgl. Kap. 1 & 3.2). Mit der Betrachtung mathematischer Muster und Strukturen auf einer theoretischen Ebene sowie wahrnehmungspsychologischer und didaktischer Grundlagen der Mustererkennungs- und Strukturierungsfähigkeit, legte der vorausgehende Theorieteil die Basis für die Planung der eigenen empirischen Untersuchung zur Erhebung von Muster- und Strukturfähigkeiten bei Schulanfängern sowie zur Prüfung eines möglichen Zusammenhangs zwischen mathematischen Kompetenzen und Mustererkennungs- und Strukturierungsfähigkeiten.

Ausgehend von der Einordnung in den in Kapitel 3 ausführlich dargestellten Stand der Forschung, leitet Kapitel 4 die Zielsetzung vorliegender Studie ab und konkretisiert sie in den Forschungsfragen (Kap. 4.1). Des Weiteren stellt es die Planung, Durchführung und Auswertung der eigenen empirischen Untersuchung ausführlich dar (Kap. 4.2). Die zur Datenerhebung eingesetzten, teilweise selbst entwickelten Instrumente beschreibt Kapitel 4.2.4. Da die Analyse der Daten hypothesenprüfende und -generierende Verfahren in Form einer Methodentriangulation verbindet, stellt ein eigenes Kapitel 4.3 das zweischrittige Auswertungsverfahren dezidiert dar. Der Ergebnisteil unterteilt sich in die Ergebnisse der quantitativen (Kap. 4.4) und qualitativen Ergebnisse (Kap. 4.5).

4.1 Zielsetzung, Fragestellungen und Hypothesen

4.1.1 Zielsetzung

Die vorliegende Längsschnittstudie verfolgt das Ziel, die Rolle der Mustererkennungs- und Strukturierungsfähigkeit beim vorschulischen und schulischen Mathematiklernen weiter zu klären. Hierzu wurden Aufgaben entwickelt (vgl. Kapitel

4.2.4.2), die verschiedene Fähigkeiten bezüglich Mustern und Strukturen erfassen und die am Schulanfang eingesetzt werden können. Mit Hilfe dieser Muster- & Strukturaufgaben sollen diesbezogene kindliche Fähigkeiten beschrieben, analysiert und ein möglicher Zusammenhang zwischen der Zahlbegriffsentwicklung sowie Kompetenzen bezüglich Mustern und Strukturen analysiert werden. Weiterhin ist von Interesse, ob die Muster- & Strukturaufgaben am Schulanfang als Prädiktor die mathematische Entwicklung bis zum Ende des 2. Schuljahrs vorhersagen können.

4.1.2 Fragestellungen

In der vorliegenden Studie werden drei Fragen bearbeitet:
Die erste Fragestellung ist recht allgemein gehalten und zielt darauf ab, mit Hilfe der entwickelten Aufgaben einen Überblick über das beforschte Feld ‚Mustererkennungs- und Strukturierungsfähigkeit *am Schulanfang*' zu geben: **Über welche Kompetenzen bezüglich mathematischer Muster und Strukturen verfügen Kinder am Schulanfang?**
Die zweite Fragestellung schließt direkt an die erste an: **Inwieweit gibt es am Schulanfang Unterschiede in den Kompetenzen bezüglich Mustern und Strukturen?** Hier soll insbesondere geklärt werden, ob diese Unterschiede quantitativer oder qualitativer Art sind, ob also einige Kinder einfach „mehr" wissen und können als andere oder ob Sichtweisen auf beziehungsweise Umgehen mit Mustern und Strukturen eventuell unterschiedlichen Qualitäten entspricht. In diesem Rahmen soll ebenfalls kurz geklärt werden, ob Unterschiede in den Muster- und Strukturfähigkeiten abhängig vom Alter oder vom Geschlecht sind und ob das Vorhandensein eines Migrationshintergrunds einen Einfluss auf das Wissen bezüglich Mustern und Strukturen hat.
Als drittes wird dem von vielen Mathematikdidaktikern postulierten Zusammenhang zwischen mathematischen Fähigkeiten und der Fähigkeit im Umgang mit Mustern und Strukturen nachgegangen: **Gibt es einen Zusammenhang zwischen mathematischer Leistung und Kompetenzen bezüglich Mustern und Strukturen?**
Die mathematische Leistung wird in vorliegender Studie differenziert in die Zahlbegriffsentwicklung am Schulanfang und die Mathematikleistung am Ende des 2. Schuljahrs. Daraus ergibt sich die weitere Frage, ob Mustererkennungs- und Strukturierungsfähigkeiten am Schulanfang Mathematikleistung *vorhersagen* können und wie hoch diese Vorhersagekraft im Vergleich zu spezifischen Vorläuferfertigkeiten wie dem Mengen- und Zahlenwissen ausfällt.

4.1.3 Hypothesen

Mit folgenden – eher im Sinne von spezifischen Erwartungen – formulierten Hypothesen, die auf den theoretischen Vorüberlegungen der vorhergehenden Kapiteln basieren, sollen die mit quantitativ-statistischen Methoden zu untersuchenden Fragen der eigenen Studie präzisiert werden:

1. *Zusammenhang & Vorhersage*:
a) Es sollte am Schulanfang einen Zusammenhang zwischen mathematischer Leistung und Kompetenzen bezüglich Mustern und Strukturen in der Form geben, dass Kinder mit guten Leistungen in den Muster- & Strukturaufgaben auch weit in ihrer Zahlbegriffsentwicklung sind und die Kinder, die eher schwache Leistungen in den Muster- & Strukturaufgaben zeigen, in ihrer Zahlbegriffsentwicklung noch zurückliegen. Darauf deuten sowohl die theoretischen Vorüberlegungen zur Bedeutung von Mustererkennungs- und Strukturierungsfähigkeiten für das mathematische Lernen (vgl. Kap. 1.2 & 2), als auch vorsichtige Ergebnisse anderer Studien im Bereich der Muster und Strukturen hin (vgl. Kap. 3.3).
b) Darüber hinaus ist das Ergebnis der Muster- & Strukturaufgaben am Schulanfang wahrscheinlich ein Prädiktor für die Mathematikleistung am Ende des 2. Schuljahres. Unterschiede in den Mustererkennungs- und Strukturierungsfähigkeiten am Schulanfang sollten die Unterschiede in den späteren Mathematikleistungen der Grundschulzeit widerspiegeln.
c) Es ist aber anzunehmen, dass die Varianzaufklärung der Leistung in den Muster- & Strukturaufgaben unter denen der spezifischen Vorläuferfertigkeiten liegt, die nach KRAJEWSKI (2003) und DORNHEIM (2008) die stärksten Prädiktoren der Rechenleistung in der Grundschule sind.

2. *Unterschiede*:
a) Das Alter der Schulanfänger sollte keinen Einfluss auf Kompetenzen bezüglich Mustern und Strukturen haben. Insbesondere gehe ich davon aus, dass ältere Kinder in der vorliegenden Altersspanne zwischen 5;8 und 7;2 Jahren die Muster- & Strukturaufgaben nicht besser lösen als jüngere Kinder. Wie in Kapitel 2.1.3 ausgeführt, entwickeln sich die entwicklungspsychologischen Voraussetzungen zur Mustererkennung recht früh in der Kindheit und sind mit Eintritt in die Schule weitestgehend abgeschlossen. Es sind daher an dieser Stelle keine Alterseffekte zu erwarten.
b) Gibt es Unterschiede in der Mustererkennungs- und Strukturierungsfähigkeit zwischen Mädchen und Jungen? Zu dieser Frage eine Hypothese zu formulieren, ist nicht ganz trivial, da in die Bearbeitung der für diese Studie entwickelten Muster- & Strukturaufgaben verschiedenste Fähigkeitskomplexe hineinspielen und entsprechende Vergleichsuntersuchungen fehlen. Zu einigen bei der Lösung der Aufgaben sicherlich angesprochenen Fähigkeiten werden im Folgenden exemplarisch Ergebnisse von DORNHEIM (2008, 336f.) genannt. DORNHEIM weist vorschulisch leicht bessere Leistungen der Mädchen in der visuellen Aufmerksamkeit und dem konzeptuellen Mengenverständnis nach, für die Jungen leichte numerische Vorteile beim Zahlen-Vorwissen und einen signifikanten Vorteil bei der simultanen Mengenerfassung. Diese Ergebnisse lassen ein recht uneinheitliches Bild für die Muster- & Strukturaufgaben erwarten, insgesamt wird von

einem leichten Unterschied zugunsten der Jungen für die vorliegende Untersuchung ausgegangen.

c) Es sollte keine Unterschiede in den Kompetenzen bezüglich Mustern und Strukturen, der Zahlbegriffsentwicklung sowie der Mathematikleistung am Ende des 2. Schuljahres zwischen Kindern mit und ohne Migrationshintergrund geben. Aktuelle Untersuchungen heben die besondere Rolle der Sprache beim Mathematiklernen hervor und weisen darauf basierend einen Nachteil für Kinder mit Migrationshintergrund nach (vgl. SCHMITMAN GEN. POTHMANN 2008). Da die Muster- & Strukturaufgaben als halbstandardisiertes Interview durchgeführt wurden, konnte ich einen Eindruck von den Deutschkenntnissen der Probanden gewinnen. Es stellte sich heraus, dass sich die Probanden der vorliegenden Stichprobe sicher auf Deutsch verständigen konnten, so dass ich weder in den Muster- & Strukturaufgaben noch in den Mathematiktests von einem Leistungsunterschied zwischen Kindern mit und ohne Migrationshintergrund ausgehe.

4.2 Design der Untersuchung

Das nachfolgende Kapitel dient der transparenten Darstellung und Begründung des Untersuchungsdesigns vorliegender Studie. Hierzu wird im ersten Abschnitt der methodologische Rahmen entfaltet (vgl. Kap. 4.2.1), der Ablauf der einzelnen Erhebungen geschildert (vgl. Kap. 4.2.2) sowie die Versuchsgruppe und die verwendeten Messinstrumente beschrieben (vgl. Kap. 4.2.3 und 4.2.4). In diesem Rahmen wird in den Kapiteln 4.2.4.1 und 4.2.4.2 die Konzeption der Interviews sowie die Entwicklung der Muster- & Strukturaufgaben detailliert offengelegt. Es schließt sich die Darstellung wesentlicher Gestaltungs- und Durchführungsmerkmale der Muster- & Strukturaufgaben (vgl. Kap. 4.2.5) sowie die Dokumentation der empirischen Daten an (vgl. Kap. 4.2.6).

4.2.1 Methodologischer Rahmen

Vor dem Hintergrund der unterschiedlichen Forschungsfragen des eigenen Forschungsvorhabens zu einerseits statistischen Zusammenhängen und andererseits Beschreibung des empirischen Merkmalsraumes am Schulanfang sowie möglichen Unterschieden zwischen den kindlichen Aufgabenbearbeitungen und Sichtweisen, muss ein methodologischer Rahmen gewählt werden, der dieser Vielschichtigkeit gerecht wird und differenzierte Einblicke in den zu untersuchenden Themenbereich ermöglicht.

In der (mathematikdidaktischen) Forschung werden als zwei wesentliche Ansätze die sogenannten hypothesenprüfenden oder quantitativen Methoden und die hypothesengenerierenden oder qualitativen Methoden[1] unterschieden. In vorliegender Untersuchung sollen im Rahmen einer Methodentriangulation beide Ausrichtungen miteinander verbunden werden. Unter einer Triangulation – im deutschen Sprachraum auf wissenschaftlich-methodischer Ebene auch als multimethodisches Vorgehen bezeichnet – können verschiedene Weisen der Kombination qualitativer und quantitativer Methoden verstanden und unterschiedliche Zielsetzungen verfolgt werden. Denzin (1978; in LAMNEK 2005, 278) bezeichnet als Triangulation die Kombination von Methodologien bei der Untersuchung eines bestimmten Phänomens. Es ist zu beachten, dass Denzin nicht von Methoden, sondern von Methodologien spricht, er also stärker metatheoretische Gesichtspunkte im Auge hatte. Die Triangulation unter methodisch-technischen Aspekten kann bis zu Campbell & Fiske (1959; in LAMNEK ebd.; KELLE & ERZBERGER 2001, 92) zurückverfolgt werden, die die Idee der multiplen Operationalisierung propagierten. Sie schlugen vor, die mit einer Methode ermittelten Ergebnisse durch die Anwendung weiterer Methoden zu verifizieren, um Messartefakte auszuschließen. Neben einer Validierung der Ergebnisse können weitere Absichten und Chancen einer Triangulation sein: die Kompensation methodischer Schwächen der jeweiligen Einzelmethode durch ihre gegenseitige Kontrolle, die Erzielung breiterer und profunderer Erkenntnisse, die höhere Adäquanz mehrerer Methoden, um dem zu erfassenden Gegenstand gerecht zu werden, die Exploration zur Vorbereitung einer empirischen Untersuchung sowie die Illustration, Plausibilisierung und Absicherung quantitativer Daten (vgl. LAMNEK 2005, 278ff.).

MAYRING (2001) sieht hinsichtlich des Forschungsdesigns vier Kombinationsmöglichkeiten qualitativer und quantitativer Methoden, die er als Vorstudien-, Verallgemeinerungs-, Vertiefungs- und Triangulationsmodell bezeichnet (vgl. Abb. 4.1). Das Vorstudienmodell entspricht dem klassischen, quantitativ orientierten Vorgehen, bei dem vor der quantitativen, hypothesenprüfenden Hauptstudie mit großer Stichprobe anhand einer Vorstudie mit kleiner Stichprobe die Hypothesen zunächst empirisch generiert werden. Die Funktion qualitativer Methoden ist hier überwiegend vorläufig-explorativer Art. Im Gegensatz dazu ist ihre Funktion im Verallgemeinerungsmodell eher eigenständig-deskriptiv. Hier besitzen die qualitativen Elemente einen höheren Stellenwert, da zunächst eine qualitative Studie komplett durchgeführt und ausgewertet und erst in einem zweiten Schritt mit quantitativen Mitteln verallgemeinert und abgesichert wird. Eine dritte Möglichkeit des Verhältnisses qualitativer und quantitativer Analyseschritte bezeichnet Mayring als Vertiefungsmodell. Hier ist das Verfahren umgekehrt: Eine abgeschlossene quantitative Studie wird durch qualitative Analysen weitergeführt, wodurch diese eine nachträglich-profundierende Funktion erhalten. Den quantitativen Ergebnissen

---

1 Auf eine Diskussion der angemessenen Begrifflichkeiten, mit denen die Ausrichtungen empirischer Forschung beschrieben werden, wird an dieser Stelle verzichtet (vgl. jedoch hierzu BOHNSACK 2000, 9ff.).

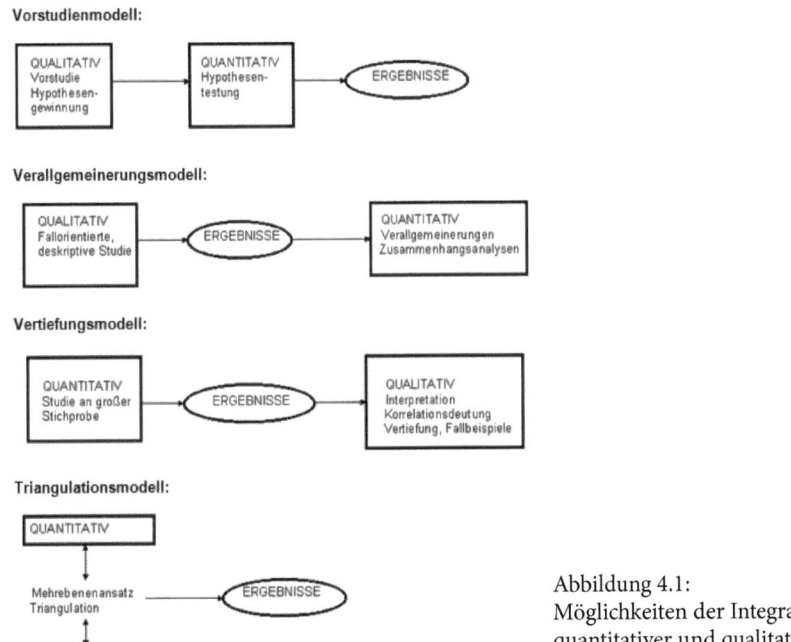

Abbildung 4.1:
Möglichkeiten der Integration
quantitativer und qualitativer Analyse
auf Designebene (MAYRING 2001)

kann auf diese Weise weiter nachgegangen werden und sie sind so besser interpretierbar. Unter Triangulationsmodell versteht MAYRING schließlich die komplexeste Verschränkung qualitativer und quantitativer Methoden in einem Analyseprozess, wobei die Funktion qualitativer Methoden gleichzeitig-synergetischer Art ist: „Hier wird eine Fragestellung aus mehreren Blickwinkeln mit unterschiedlichen Methoden angegangen [...]. Die Resultate sollen sich [...] gegenseitig unterstützen, der Schnittpunkt der Einzelresultate stellt die Endergebnisse dar." (MAYRING 2001)

KELLE & ERZBERGER (2001, 102) geben zu bedenken, dass die Ergebnisse der quantitativen und qualitativen Teilstudien *konvergieren*, d.h. zu denselben theoretischen Schlussfolgerungen Anlass geben, sich *komplementär* zueinander verhalten, sich die Befunde also ergänzen oder in einem *divergenten* Verhältnis zueinander stehen können, in diesem Fall widersprechen sich die Befunde. Während durch die Triangulation beim Vorstudien- und Triangulationsmodell die multimethodische Erfassung *desselben* Phänomens angestrebt wird, besteht bei Anwendung des Verallgemeinerungs- und Vertiefungsmodells auch die Möglichkeit, dass *unterschiedliche Aspekte* desselben Phänomens, wenn nicht gar *unterschiedliche Phänomene* erfasst werden, die auf höherer Ebene ein Ganzes ergeben (vgl. LAMNEK 2005, 283). Alle drei Möglichkeiten können zu einem Erkenntnisgewinn führen, wobei unterschieden werden muss zwischen „Triangulation als kumulative Validierung von Forschungsergebnissen und Triangulation als Ergänzung von Perspektiven, die eine umfassendere Erfassung, Beschreibung und Erklärung eines Gegenstandbereiches ermöglichen" (KELLE & ERZBERGER 1999, 516).

Für die vorliegende Studie steht das Interesse im Vordergrund, durch die Anwendung unterschiedlicher methodologischer Zugriffsweisen zu einem tieferen Verständnis des Sachverhaltes zu kommen. Der Zusammenhang zwischen Kompetenzen bzgl. Mustern und Strukturen und mathematischer Leistung soll zunächst quantitativ überprüft und anschließend inhaltlich beschrieben und möglicherweise erklärt werden. Hierbei sollen auch die Fragen nach der Bandbreite der Kompetenzen am Schulanfang sowie den qualitativen Gemeinsamkeiten und Unterschieden geklärt werden. Das Vorgehen entspricht daher eher dem Vertiefungsmodell nach MAYRING. „Im Sinne des Vertiefungsmodells eröffnet sich durch den Einsatz qualitativer Methoden ein näheres Verständnis quantitativer Befunde, das allerdings maximal den Status empirisch begründeter Hypothesen genießt, die sich jedoch in einem weiteren quantitativen Schritt – dem Vorstudien- oder Verallgemeinerungsmodell Mayrings entsprechend – überprüfen ließen." (LAMNEK 2005, 284) Dieser dritte Schritt einer weiteren quantitativen Überprüfung kann in vorliegender Arbeit jedoch nicht mehr geleistet werden.

4.2.2 Untersuchungsdesign

Bei vorliegender Studie handelt es sich um eine Längsschnittuntersuchung mit drei Erhebungszeitpunkten. Sie dient der Erfassung von Kompetenzen bezüglich mathematischer Muster und Strukturen am Schulanfang und deren Vorhersagekraft für schulische Mathematikleistungen bis zum Ende der 2. Klasse.

Die erste Erhebung fand zwei bis drei Monate vor Schuleintritt im Juni 2006 in den jeweiligen Kindergärten statt. Zur Ermittlung der mathematischen Vorkenntnisse wurde der Osnabrücker Test zur Zahlbegriffsentwicklung (OTZ) mit jedem Probanden durchgeführt. Die Einzeltests fanden in der Zeit von 8.25 Uhr bis 14.26 Uhr in einem getrennten Gruppenraum statt. Zur Vergrößerung der Stichprobe wurde der OTZ bei 23 Kindern, die für die Versuchsleiterin in ihren Kindergärten nicht zu erreichen gewesen waren, ab Mitte der ersten bis Ende der zweiten Schulwoche nach der Einschulung in der jeweiligen Schule nachgeholt. Mindestens drei dieser Kinder hatten keinen Kindergarten besucht.

Der zweite Erhebungszeitraum mit der Durchführung der Interviews mit den selbstentwickelten Muster- & Strukturaufgaben begann Mitte September 2006 in der 3. Schulwoche der Erstklässler und erstreckte sich bis zum Beginn der Herbstferien Mitte Oktober. Der Test fand in Einzelsitzungen in einem separaten Gruppenraum der jeweiligen Schule vormittags zwischen 8.00 und 13.00 Uhr statt.

Nach zwei Jahren, gut eine Woche vor Ende des 2. Schuljahres, wurde im Juli 2008 zu einem dritten Erhebungszeitpunkt die Mathematikleistung jedes Probanden mit Hilfe des Deutschen Mathematiktests für zweite Klassen (DEMAT 2+) erhoben. Der Test fand wieder am Schulvormittag in den beiden Schulen, diesmal jedoch als Gruppentest im Rahmen einer Mathematikstunde im Klassenraum statt.

Die Intelligenzleistungen der Kinder wurden im Rahmen vorliegender Studie aus vorwiegend forschungspraktischen Gründen nicht erhoben. Zum einen war fraglich, ob alle Eltern der Probanden einer Erhebung der Intelligenz zugestimmt hätten, was eine Verzerrung der Stichprobe zur Folge hätte haben können. Zum anderen stand zur Datenerhebung nur eine Forscherin zur Verfügung, bei der Hinzunahme eines weiteren standardisierten Tests hätte deshalb die Gesamtstichprobe verkleinert werden müssen, um die Erhebung zeitlich leisten zu können. Außerdem ist die Durchführung eines Intelligenztests als Nicht-Psychologe kritisch, finanzielle Mittel zur fachgerechten Durchführung durch einen Psychologen standen jedoch nicht zur Verfügung. Darüber hinaus zeigen mehrere Studien (z.B. DORNHEIM 2008; KRAJEWSKI 2003; STERN 2002), dass *mathematisches Vorwissen* einen stärkeren Einfluss auf die weitere schulische Mathematikleistung besitzt als die Intelligenz. Mit dem OTZ, der das mathematische Vorwissen zu Beginn der Grundschulzeit erhebt, wurde in vorliegender Studie daher eine bedeutende Vergleichsgröße erhoben. Dennoch ist mir bewusst, dass in Intelligenztests Aufgaben zur Mustererkennung enthalten sind, weshalb ich in Kapitel 5.3 Überlegungen zur Überschneidung der Aufgaben vorliegender Studie mit Aufgaben aus Intelligenztests anstelle und mögliche Zusammenhänge aufzeige.

4.2.3 Stichprobe

An der Studie nahmen am ersten und zweiten Messzeitpunkt im Sommer/Herbst 2006 n = 74 Kinder teil. Die Stichprobe setzte sich zusammen aus den 45 Schulanfängern der Pestalozzi-Grundschule in Misburg, einem Stadtteil am Stadtrand und 29 Schulanfängern aus den vier Klassen der Grundschule am Lindener Markt im innenstadtnahen Stadtteil Linden-Mitte. Beide Stadtteile gehören zur Stadt Hannover und sind vergleichbar gemischte Einzugsgebiete in Bezug auf den sozioökonomischen Status ihrer Einwohner und Anteil an Menschen mit Migrationshintergrund (vgl. LANDESHAUPTSTADT HANNOVER 2009). Es handelt sich um eine Zufallsstichprobe. Alle Erstklässler der Pestalozzi-Grundschule, die im Schuljahr 2006/07 ihr erstes Schuljahr begannen, konnten für die Teilnahme an der Studie gewonnen werden. Der zweite Teil der Stichprobe setzt sich aus Kindern der GS am Lindener Markt zusammen. Dies waren einerseits Kinder, die den größten Kindergarten im Stadtteil besuchten, so dass es für die Versuchsleiterin einfach war, einen großen Teil der Erstklässler zu erreichen. Andererseits bestand der zweite Teil der Stichprobe aus Erstklässlern der 1d, die aus organisatorischen Gründen nicht im Kindergarten zu erreichen gewesen waren und Anfang September 2006 nach dem Zufallsprinzip die Stichprobe bis zur Obergrenze der für die Versuchsleiterin zu leistenden Anzahl von 74 Kindern auffüllten.

Bei der Durchführung des DEMAT 2+ im Juli 2008 war aufgrund des Wegzugs von fünf Kindern und der Zurückstellung ins erste Schuljahr von sechs Kindern die Anzahl der Probanden auf n = 63 geschrumpft. Für den dritten Messzeitpunkt ergab sich somit bedauerlicherweise eine Dropout-Rate von 14,86%.

Zu Beginn der Studie waren die teilnehmenden Kinder bei einer Normalverteilung des Alters durchschnittlich 6;5 Jahre alt, das Alter umfasste dabei den Bereich zwischen 5;8 und 7;2 Jahren.

An der Untersuchung teilgenommen haben 38 Mädchen (33 zum Zeitpunkt der 3. Erhebung) und 36 Jungen (30 zum Zeitpunkt der 3. Erhebung). 23 (31%) der Schulanfänger sind Kinder mit Migrationshintergund (17 zum Zeitpunkt der 3. Erhebung), 51 (69%) Kinder haben keinen Migrationshintergrund (46 zum Zeitpunkt der 3. Erhebung). Die Angaben des Migrationshintergrunds wurden durch Befragung der jeweiligen Klassenlehrerin erhoben. Als Migrant werden in der vorliegenden Studie diejenigen Kinder bezeichnet (vgl. DEUTSCHES PISA-KONSORTIUM 2001, 180), die selbst sowie auch ein Elternteil von ihnen im Erhebungsland geboren wurden (Migrationsstatus 1), Kinder, die im Gegensatz zu ihren Eltern im Erhebungsland geboren sind (Migrationsstatus 2) und Kinder, die selbst wie auch ihre beiden Elternteile außerhalb des Erhebungslandes geboren wurden (Migrationsstatus 3). Da Analysen zur Migration die Arbeit nur am Rande betreffen, wird im Folgenden nicht zwischen den drei Migrationsstatus, sondern nur zwischen Kindern mit und ohne Migrationshintergrund unterschieden.

4.2.4 Messinstrumente

Zur Erhebung der Daten vorliegender Untersuchung waren Messinstrumente erforderlich, die es erlauben, zum einen die Fähigkeiten bzgl. Mustern und Strukturen, zum anderen die mathematischen Leistungen zu erfassen und zu differenzieren. Nach Durchsicht der zum jeweiligen Testzeitpunkt zur Verfügung stehenden Tests fiel die Entscheidung auf die zwei standardisierten Tests OTZ und DEMAT 2+ für die Erhebung der mathematischen Kompetenzen, um einen möglichen Zusammenhang mit Muster- und Strukturkompetenzen korrelationsstatistisch überprüfen zu können. Beide Tests werden im Kapitel 4.2.4.3 eingehend vorgestellt. Für die Muster- und Strukturkompetenzen lag zum Erhebungszeitpunkt weder ein Test noch Aufgabenteile zum Bereich Muster und Struktur von mathematischen Diagnoseverfahren am Schulanfang vor, wie sie es inzwischen gibt (vgl. z.B. ElementarMathematisches BasisInterview; PETER-KOOP et al. 2007). Es waren daher eigene Aufgaben zur Erhebung der Fähigkeiten bzgl. Mustern und Strukturen zu entwickeln. Da außer der Überprüfung oben genannter Hypothesen angestrebt wurde, aus den erhobenen Daten im Sinne einer hypothesengenerierenden Forschung weitere Hypothesen bezüglich des Zusammenhangs mathematischer Leistung und Muster- und Strukturfähigkeiten aufzustellen, war außerdem ein Verfahren zu wählen, bei dem neben den Aufgabenlösungen auch Informationen über die individuellen Lösungswege und kindlichen Denkprozesse erhalten werden konnte. Die Entwicklung der Muster- & Strukturaufgaben sowie ihre Durchführung im Rahmen eines Interviews werden detailliert in den Kapiteln 4.2.4.1 und 4.2.4.2 dargelegt.

4.2.4.1 Die Konzeption der Interviews zur Erhebung der Fähigkeiten bzgl. Muster und Struktur

Zur Erhebung von Muster- und Strukturkompetenzen waren mir zu Untersuchungsbeginn trotz intensiver Suche keine Tests bekannt und bei der Planung eigener Aufgaben wurde schnell deutlich, dass diese Fähigkeiten am Schulanfang nicht mit Papier- und Bleistiftaufgaben zu erheben sind. Vom Design war die Studie so angelegt, dass zum einen statistische Zusammenhänge überprüft, zum anderen diese Zusammenhänge im Sinne hypothesengenerierender Forschung inhaltlich beschrieben werden sollten (vgl. Kap. 4.2.1). Ersteres Vorgehen erfordert möglichst standardisierte Forschungsmethoden, letzteres eher offene Erhebungsmethoden, um möglichst viel über die individuellen Lösungswege und Denkprozesse der Kinder beim Bearbeiten der Aufgaben zu erfahren. Für die eigene Studie galt es dementsprechend ein Versuchsdesign zu entwickeln, das es der späteren Analyse gestattet, sowohl Aufschluss über die Denkprozesse der Kinder beim Umgehen mit Mustern und Strukturen zu gewinnen, als auch statistisch belastbare Aussagen treffen zu können. Als Kompromiss, unter geringen Einbußen der Objektivität, entschied ich mich für ein *halbstandardisiertes* Verfahren und entwarf die Aufgaben basierend auf der Methode des (revidierten) klinischen Interviews. Dieses Erhebungsverfahren geht zurück auf PIAGET, der es unter dem Namen ‚méthode clinique' erstmalig vorstellte (vgl. PIAGET 1978; SELTER & SPIEGEL 1997, 100f.). In der mathematikdidaktischen Forschung hat es sich inzwischen als eine Standardmethode zur Befragung von Schülern etabliert. Ziel ist es, die den Handlungen und verbalen Äußerungen zugrunde liegenden Denkprozesse möglichst gut zu verstehen, also mehr darüber zu erfahren, wie Kinder denken. Charakteristisch für die Durchführung klinischer Interviews ist, dass mit den Kindern Einzelinterviews geführt werden, deren Verlauf vorab durch Leitfragen, zu bearbeitende Aufgaben und/oder vorgegebene Materialien vorstrukturiert ist (vgl. SELTER & SPIEGEL 1997, 100f.). Diese Festlegung der Fragestellung sowie des verwendeten Materials soll dabei einen systematischen Vergleich der Interviewergebnisse unterschiedlicher Versuchspersonen ermöglichen (vgl. WITTMANN 1982, 37).

Da es Kindern am Schulanfang entwicklungsbedingt häufig noch schwerfällt, eigene Gedankengänge zu reflektieren und verbal zu formulieren, war ein wichtiger Anhaltspunkt bei der Planung der Muster- & Strukturaufgaben, konkretes Material einzusetzen, so dass die interviewte Person eine enaktive Aufgabenbearbeitung vornehmen kann, ohne diese in jedem Fall sprachlich ausdrücken zu müssen. Entsprechend bemerkt HASEMANN:

„Als eine Umgehung oder Ergänzung der verbalen Methoden können nonverbale Analysetechniken betrachtet werden, bei denen die Versuchspersonen angeregt werden, mit konkretem Material zu handeln. Das Material muss dabei so beschaffen sein, dass es die postulierte Struktur des Denkens durch die Struktur der äußeren Repräsentation, wie sie im konkreten Material in Erscheinung tritt, verstärkt – oder gerade behindert." (HASEMANN 1988, 11)

Nach Präsentation der Aufgabenstellung und des Materials erhält der Interviewer prinzipiell die Möglichkeit, flexibel auf die Äußerungen der Schüler einzugehen und Nachfragen an das interviewte Kind zu richten. Im Gegensatz zur eigentlichen klinischen Methode soll in der vorliegenden Studie aber das bewusste Provozieren eines kognitiven Konflikts bei den Kindern vermieden werden. Um weitere Begründungen zu provozieren kann der Interviewer zwar durch „Gegenargumentieren" (ebd., 38) Widersprüche zu den Argumenten des interviewten Kindes erzeugen, dieses hohe Maß an Interaktion zwischen Interviewer und Interviewten birgt aber die Gefahr einer zu starken Beeinflussung. In Interviews findet generell eine Beeinflussung des Interviewten durch verbale und nonverbale Reaktionen des Interviewers statt, aber auch z.B. dadurch, „dass das Kind sich an der von ihm vermuteten Antworterwartung der Interviewerin orientiert" (SELTER & SPIEGEL 1997, 105). Diese Problematik verstärkt sich allerdings mit zunehmendem Grad an Interaktion zwischen den am Interview Beteiligten. Im Zusammenhang mit klinischen Interviews weist HASEMANN (1986) daher auf die Gefahr der Beeinflussung der Versuchspersonen hin, was einen Vergleich mehrerer Interviews erschwert.

> „Jedoch hat der Interviewer [beim klinischen Interview; ML] die Möglichkeit, zusätzliche Fragen zu stellen oder Konflikte zu erzeugen, wenn er die Gültigkeit des Berichtes einer Versuchsperson prüfen will. Es besteht dann allerdings die Gefahr, daß Fragen von den verschiedenen Versuchspersonen unterschiedlich aufgefaßt werden; jedenfalls aber greift der Interviewer in die mentalen Prozesse des Interviewten ein." (HASEMANN 1986, 27)

Ein deutlich geringeres Maß an Interaktion wird bei der Methode des „lauten Denkens" angestrebt. Außer dem Stellen der Aufgabe und der Aufforderung, laut zu denken – also das Tun und Denken zu verbalisieren – greift der Versuchsleiter hier möglichst nicht in das Geschehen ein (ebd., 23). Hier ergibt sich dann allerdings das Problem, dass die Ausführungen der Versuchsperson stark von deren verbalen Kompetenzen abhängig sind und damit für den Versuchsleiter unverständlich oder widersprüchlich sein können. Hier nicht nachzufragen, könnte eine Chance vergeben, weitere wichtige Informationen zur Deutung der kindlichen Gedanken zu erhalten, intensives Nachfragen wiederum kann verunsichernd auf das Kind wirken. Hier galt es für mich, mit Fingerspitzengefühl eine Balance zu finden.

In Anlehnung an SELTER & SPIEGEL (1997, 101) wurde bei den Interviews in vorliegender Studie sensibel auf die Schüler eingegangen und negative Rückmeldungen grundsätzlich vermieden, um die Aktionen der Kinder nicht zu Reaktionen auf das Verhalten der Interviewerin werden zu lassen. Die Kinder wurden aufgefordert, richtige *und* falsche Vorgehensweisen zu begründen und alle Lösungen und Begründungen, ob richtig oder falsch, wurden gelobt. Es wurde sparsam, aber gezielt interveniert und versucht, das Interesse an den Denk- und Handlungsweisen der Kinder deutlich zum Ausdruck zu bringen.

In der Literatur finden sich inzwischen viele konkrete Hinweise zur Durchführung klinischer Interviews, speziell bezogen auf die mathematikdidaktische Forschung beispielsweise bei WITTMANN (1982) oder SELTER & SPIEGEL (1997). Im

Rahmen dieser Studie wurde versucht, die wesentlichen in der Literatur genannten Aspekte bei der Durchführung der Interviews zu beachten, da – wie SELTER & SPIEGEL (1997, 107) betonen – der Interviewer, der sowohl über die Vorgehensweisen beim Interviewen gut informiert ist, als auch fundierte Sachkenntnisse im thematischen Bereich aufweist, eine bessere Chance hat, mit Problemen und Schwierigkeiten umzugehen sowie an die Grenzen des Wissens des Kindes vorzustoßen, als der Nichtwissende. Unabhängig von der Vorbereitung können im Nachhinein aber prinzipiell bei jedem Interview Verhaltensweisen gefunden werden, die verbesserungsfähig sind.

4.2.4.2 Entwicklung der Muster- & Strukturaufgaben

Basierend auf einer Schulbuchanalyse zur Art der Muster und Strukturen am Schulanfang (vgl. Kap. 1.2), den didaktischen und wahrnehmungspsychologischen Grundlagen (vgl. Kap. 2), einer ausführlichen Literaturanalyse zum Stand der Forschung auf diesem Gebiet (vgl. Kap. 3) und in Diskussionen mit Experten, wurde eine materialbasierte Aufgabensequenz für Einzelinterviews entworfen. Die Aufgaben mussten verschiedenen inhaltlichen Ansprüchen und methodischen Anforderungen genügen. Mathematische Muster und Strukturen begegnen Kindern am Schulanfang zum einen als Musterfolgeaufgaben und zum anderen als räumliche Muster, die hauptsächlich im Zusammenhang mit Übungen zur Zahlzerlegung und -darstellung (Zahlbilder) sowie mit dekadisch gegliederten Anschauungsmitteln vorkommen. Im internationalen Vergleich nehmen Musterfolgen im deutschen Mathematikunterricht einen sehr geringen Platz ein. Dieses Verhältnis sollte sich in der Aufgabensequenz widerspiegeln, es wurden also schwerpunktmäßig Aufgaben zu räumlichen Mustern und weniger Musterfolgeaufgaben geplant. Vor allem bot es sich an, Anschauungsmittel des Anfangsunterrichtes direkt einzubeziehen, wie in Kap. 1.2.3.3 dargestellt, können diese als Musterfolge interpretiert werden. Damit erhielt ich zusätzlich die Möglichkeit, einen Einblick in die kindlichen Sichtweisen auf Anschauungsmittel *vor* jeglicher Instruktion im Unterricht zu erhalten. Außerdem sollten verschiedene Bearbeitungsweisen möglich und damit unterschiedliche Muster- und Strukturfähigkeiten beobachtbar sein. Aus diesem Grund wurden Aufgaben geplant, in denen die Kinder Muster und Strukturen erfassen, reproduzieren, fortsetzen, selbst bilden, erklären oder nutzen sollen.

An dieser Stelle sei noch einmal angemerkt, dass die Struktur eines Musters nicht durch einfaches Hinschauen oder Hinhören erfasst werden kann. Die Struktur wird als Ergebnis eines mentalen Konstruktionsaktes bezüglich der Objekte von jedem Individuum selbst gebildet (vgl. Kap. 1.1 & 2.2). Für vorliegende Studie ergab sich die methodische Schwierigkeit, einen Einblick in die Struktur der individuellen mentalen Bilder und damit der Muster- und Strukturerfassung zu erhalten. Ich wählte daher das Vorgehen der Reproduktion der präsentierten Muster durch die Kinder, eine Methode vieler Studien und Übungen am Schulanfang. Hintergrund dieses Vorgehens ist der von MULLIGAN, PRESCOTT & MITCHELMORE (2004, 394) beschriebene Zusammenhang von inneren Vorstellungsbildern und äußerer Repräsentation: „A child's external imagery reflects the structural features of his or her internal representations, and this provides a view of the child's conceptual understanding." Die Muster- und Strukturwahrnehmung kann also nur über den Umweg der verbalen, zeichnerischen oder darstellenden Äußerung des Kindes indirekt erschlossen und interpretiert werden. „Die Option, eine Lösung zu produzieren, ist jedoch untrennbar verknüpft mit dem *Erkennen*, dass es überhaupt ein Muster gibt, gewisse Zahlen in einer Struktur stehen, eine Folge von geometrischen Objekten einer Regelmäßigkeit folgt. [...] Indem die Kinder das Muster für sich *fortsetzen*, wird das *Erkennen* nachweisbar [...]." (STEINWEG 2001, 116f.; Hervorhebungen i.O.)

Vor dem Hintergrund aktueller Grundschulmethodik, hier speziell dem „Lernen mit vielen Sinnen" (vgl. z.B. STEININGER 2005, ZIMMER 2006), wurden zudem Aufgaben geplant, bei denen die Kinder neben der im Unterricht vorwiegenden visuellen Präsentation die Muster auch taktil und auditiv erfassen sollen.

Im Folgenden werden zunächst die vier Aufgaben beschrieben und begründet, mit Hilfe derer die Fähigkeit zur *visuellen* Strukturerkennung erhoben wird; im Anschluss erfolgt die Darstellung der Aufgaben, die *auditive* und *taktile* Fähigkeiten benötigen.

Die visuelle Wahrnehmung – das Sehen – gilt gemeinhin als der bevorzugte, wichtigste und effizienteste Kanal zur Informationsaufnahme (vgl. BERTRAND 1997, 101; OERTER & MONTADA 2002, 396; VERNON 1976, 40). Für schulisches Lernen sind neben einer altersgemäßen Entwicklung von Sehschärfe, Kontrast-, Tiefen- oder Farbwahrnehmung etc. (vgl. Kap. 2.1.3.1) insbesondere auch Teilfähigkeiten der visuellen Wahrnehmung wie die Fokussierung der optischen Aufmerksamkeit, die optische Gliederung und Differenzierung sowie die Wahrnehmung räumlicher Beziehungen wichtig (vgl. Kap. 2.1.3.4). Die Fähigkeit, Dinge zu erkennen, die einander ähnlich sind und andersherum, Dinge, die einander zwar ähnlich sehen, aber nicht gleich sind, als ungleich zu erkennen, darüber hinaus ein komplexes Ganzes optisch in Einzelteile zergliedern und die Interrelation zwischen diesen Teilen zu erfassen, sowie eine bestimmte Form innerhalb eines komplexen Ganzen erkennen zu können, sind visuelle Grundfähigkeiten für Lern- und Denkprozesse (vgl. OSTERMANN 2006, 61ff.).

Zehnerkette

Als Anschauungsmittel des Zahlenraums bis 10, das Kindern möglicherweise im Anfangsunterricht begegnet, wurde die Zehner-Perlenkette ausgewählt. Sie steht exemplarisch für alle Anschauungsmittel, die die Struktur des Zahlenraums bis 10 in linearer Anordnung veranschaulichen sollen. Die Gliederung erfolgt durch die Farbgebung (gestaltpsychologisches ‚Gesetz der Ähnlichkeit'), bei der Zehnerkette sind je fünf Perlen gleicher Farbe aufeinanderfolgend aufgefädelt (vgl. Abb. 4.2). Nicht nur isomorph, sondern auch in der Farbgebung sowie Art und Weise der Präsentation sehr ähnlich sind beispielsweise die Steckwürfelkette aus dem Lehrwerk ‚Denken und Rechnen 1' oder die Rechenschiffchen aus ‚Welt der Zahl 1' (vgl. Abb.

Empirische Untersuchung der Muster- und Strukturfähigkeiten 131

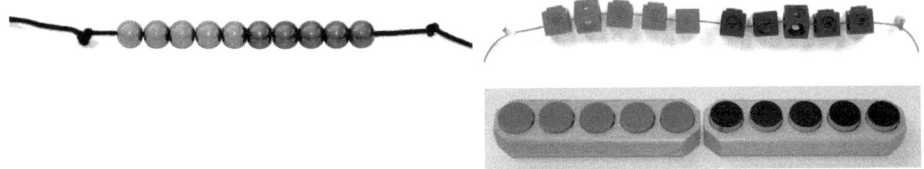

Abbildung 4.2:
In der Untersuchung eingesetzte Zehner-Perlenkette (eigenes Foto)

Abbildung 4.3:
Steckwürfelkette (EIDT u.a. 2001a, 25) und Rechenschiffchen (Spectra-Verlag; eigenes Foto)

4.3). Die Perlenkette eignet sich besonders gut zum Selbstbasteln durch die Kinder, weshalb Perlenketten – nach meiner eigenen Schulpraxiserfahrung – von LehrerInnen gerne zur Veranschaulichung des 10er-, 20er- und sogar 100er-Zahlenraumes genutzt werden.

Für vorliegende Aufgabe wurde die oben abgebildete 10er-Perlenkette erstellt und dem interviewten Kind vorgelegt. Aufgabe des Kindes ist es, diese zunächst einmal zu beschreiben. *„Schau, ich habe eine Kette gebastelt. Erzähl mal, was du siehst."* Die Kette darf angefasst und die Perlen manipuliert werden. Die Aufforderung zur Beschreibung soll einerseits das Kind veranlassen, sich die Kette ganz genau anzuschauen und andererseits der Interviewerin einen ersten Einblick geben, welche Aspekte des mathematischen Anschauungsmittels Zehnerkette das Kind von sich aus beachtet. Anschließend wird das Kind aufgefordert, die Kette aus dem Gedächtnis mit einer eigenen Schnur und losen Perlen nachzubasteln. Es stehen rote, blaue, grüne, gelbe und weiße Perlen zur Verfügung. *„Ich möchte, dass du genau so eine Kette machst wie meine. Ich werde meine Kette aber gleich verstecken, guck sie dir also noch einmal gut an!"* Da nicht vorausgesetzt werden kann und soll, dass alle Kinder am Schulanfang zählen können, kommt es bei der Lösung nicht darauf an, dass zweimal *fünf* Perlen, sondern dass zweimal die *gleiche Anzahl* an Perlen aufgefädelt werden. Um nicht lediglich die Fähigkeit zur Eins-zu-eins-Zuordnung zu testen, sondern inwieweit ein Kind tatsächlich strukturelle Merkmale erfasst, wird die Versuchsanordnung des Perlenauffädelns *ohne Vorlage* gewählt. Im ersten Teil dieser Aufgabe soll also die Fähigkeit überprüft werden, ein vorgegebenes Muster zu *erfassen*. Die Struktur des Musters besteht aus der Gliederung in zwei Teile aufgrund der Farbgebung, die beiden Struktureinheiten sind gleichmächtig. Aus der Wiederholung einer gleichen Anzahl ergibt sich hier eine zu erkennende Regelmäßigkeit.

Im zweiten Teil der Aufgabe wird überprüft, ob das Muster im Sinne einer Regelmäßigkeit tatsächlich erfasst wurde und inwieweit die Kinder in der Lage sind, die erfasste Regelhaftigkeit *fortzusetzen*. Sie sollen das von ihnen aufgefädelte Muster weiterführen und müssen dazu die gebildeten Struktureinheiten wieder in eine Gesamtstruktur integrieren. *„Wir haben noch Perlen übrig. Wie geht's weiter?"* Die Fortsetzung erfolgt auf derselben Schnur hinter die bereits aufgefädelten Perlen, es kann wieder zwischen roten, blauen, grünen, gelben und weißen Perlen gewählt werden. Als richtige Lösung gilt bei diesem Aufgabenteil jegliche *strukturgerechte*

Fortsetzung. Möglich und wahrscheinlich wäre ein sich wiederholendes Muster aus jeweils der gleichen Anzahl roten und blauen Perlen wie anfangs aufgefädelt oder ein sich wiederholendes Muster, in dem sich nur die Anzahl der jeweils pro Farbe verwendeten Perlen wiederholt, nicht aber die Farbe. Als mögliche Lösung dieser Aufgabe gilt weiterhin jegliches wachsende, schrumpfende oder symmetrische Muster, das strukturell im Zusammenhang mit den im ersten Teil aufgefädelten Perlen steht. Um der Phantasie der Kinder beim Entwurf eines Musters keine Grenzen zu setzen, insbesondere auch genügend potentielle Muster zu ermöglichen, werden Perlen in mehreren Farben angeboten. Die Aktivität des Perlenauffädelns zu einer Kette ist vielen Kindern sicherlich bereits aus dem Kindergarten bekannt und sollte daher fein-motorisch und vom Aufgabenverständnis her keine besonderen Schwierigkeiten bereiten.

Zwanzigerfeld
Als Beispiel für ein flächig angeordnetes, dekadisch strukturiertes Anschauungsmittel für den Zahlenraum bis 20 wurde das Zwanzigerfeld ausgewählt. Es ist inzwischen in nahezu jedem Schulbuch der 1. Klasse enthalten und wird Erstklässlern darum mit großer Wahrscheinlichkeit, evtl. in einem etwas anderen Layout, im Verlauf des Schuljahres begegnen. Für die vorliegende Untersuchung wird die Darstellung aus dem Lehrwerk ‚Denken und Rechnen 1' (vgl. Abb. 4.4) verwendet. Das Zwanzigerfeld soll die Struktur des Zahlenraums bis 20 durch eine räumliche Gliederung von zwanzig (hier:) Quadraten zu je vier horizontalen Gruppen veranschaulichen. Strukturiert wird durch größere und kleinere Abstände (gestaltpsychologisches ‚Gesetz der Nähe'), der graue Hintergrund sowie die Umrahmung lassen die zwanzig Quadrate als zusammengehörig erscheinen (gestaltpsychologisches ‚Gesetz der Geschlossenheit'). Die Feldanordnung kann flexibel als zwei untereinander angeordnete, horizontale Zehnerreihen, zwei nebeneinander angeordnete Zehnerfelder, eventuell sogar als zehn nebeneinander angeordnete Zweierspalten oder eben – wie die Anordnung der größeren Abstände suggerieren soll – als vier 5er-Gruppen „gesehen" werden kann.

Was Kinder am Schulanfang im Zwanzigerfeld tatsächlich sehen (können), wie sie es interpretieren, bevor sie es in der Rahmung des schulischen Mathematikunterrichtes kennenlernen, soll mit der Aufforderung der *Beschreibung* erhoben werden. *„Ich habe dir dieses Bild mitgebracht. Erklär doch mal, was du da siehst."*

Anschließend soll das Zwanzigerfeld mit weißen, quadratischen Plättchen auf einer grauen, rechteckigen Unterlage nachgelegt werden. *„Ich habe auch eine Unter-*

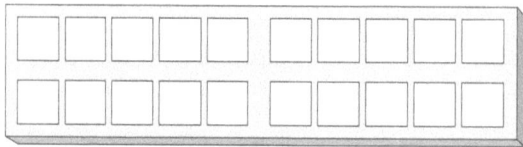

Abbildung 4.4:
In der Untersuchung eingesetztes Zwanzigerfeld aus dem Lehrwerk ‚Denken und Rechnen 1'
(EIDT u.a. 2001a, 44)

lage und ganz viele von den Vierecken mitgebracht. Ich möchte, dass du die Vierecke so auf die Unterlage legst, dass es nachher aussieht wie auf dem Bild." Die Vorlage bleibt in dieser Aufgabe aufgrund des großen Zahlenraumes und der damit verbundenen Komplexität der Struktur sichtbar auf dem Tisch liegen. Die quadratischen Plättchen entsprechen der Originalgröße des abgebildeten Zwanzigerfelds, die Pappunterlage ist jedoch im Vergleich zum Original leicht vergrößert, um die zehn Plättchen auch tatsächlich in einer Reihe unterbringen zu können. Die Abstände mit nur 2 mm zwischen den Quadraten sind für Kinderhände sehr gering und die Plättchen müssten ansonsten äußerst präzise ausgerichtet werden. Für ein Nach*legen* des Zwanzigerfeldes anstatt eines Nach*zeichnens* habe ich mich bewusst entschieden, um eventuelle feinmotorische Entwicklungsdefizite zu umgehen. Außerdem hat das Legen den Vorteil, dass die Plättchen bis zum Schluss umgeordnet und zurecht gerückt werden können.

Die Aufgabe der Reproduktion soll genaueren Aufschluss darüber geben, inwieweit Kinder am Schulanfang die Struktur des Zwanzigerfelds *erfassen*. Insbesondere interessiert mich, ob sie tatsächlich die äußere Gliederungshilfe der größeren Abstände wahrnehmen und daran entlang das Zwanzigerfeld strukturieren, ob sie das Feld in zwei, vier oder eine ganz andere Anzahl an Teilen zerlegen, inwieweit dabei Symmetrieaspekte eine Rolle spielen und ob die Gleichmächtigkeit der Struktureinheiten in der vorgegebenen Gliederung erfasst wird. Darüber hinaus soll beobachtet werden, ob Kinder die Struktur des Zwanzigerfeldes zur Anzahlbestimmung *nutzen*. Wie in der obigen Zehnerkettenaufgabe besteht das zu erfassende Muster aus der Wiederholung gleicher Anzahlen.

Als letzte Teilaufgabe werden die Kinder gebeten, das Zwanzigerfeld anzumalen. Dazu stehen ihnen sieben verschiedene Farben zur Verfügung. Ich habe bewusst eine von zwanzig teilerfremde Stifte-Anzahl ausgewählt, damit sich nicht automatisch ein zum Zwanzigerfeld passendes Muster ergeben kann, wenn alle Stifte verwendet werden. *"Zum Schluss möchte ich jetzt, dass du das Bild so anmalst, dass es für dich schön ist."* Die einfache Aufforderung, das Zwanzigerfeld schön anzumalen, kann einen Einblick darin geben, welcher Aspekt des Anschauungsmittels für jedes Kind persönlich im Vordergrund steht. Es darf an dieser Stelle selber entscheiden, ob und wenn ja, auf welchen Aspekt seiner Beschreibung aus der ersten Teilaufgabe es sich beziehen will. Die Forderung nach individueller Schönheit ist eine Frage nach dem für das Kind wichtigsten Aspekt des Zwanzigerfeldes, nach der bevorzugten Sichtweise. Insbesondere soll diese Aufgabe im Sinne eines *Weiterführens* einer Struktur zeigen, inwieweit die Kinder die implizite Struktur des Feldes markieren, bzw. farblich betonen, also die vorgegebene Struktur herausarbeiten, inwieweit sie durch die Farbgebung anders als intendiert strukturieren und inwieweit sie an oberflächlichen, gegenständlichen Merkmalen verhaftet bleiben. Mir ist jedoch bewusst, dass in der Aufgabenstellung nicht explizit eine Aufforderung zur Strukturorientierung ersichtlich ist und auch ein „irgendwie" buntes Zwanzigerfeld als schön empfunden werden kann. Die Aufgabenlösung kann und wird daher nicht im Sinne von richtig oder falsch bewertet werden. Ich halte es mit WOLLRING (2006, 58), der für ein Verständnis wirbt, einen mathematisch substantiellen Gegenstand über seinen üblichen schwerpunktmäßig durch die Arithmetik bestimmten Rahmen hinauszuführen. Kennzeichnungen wie ‚Muster und Strukturen' verweisen „darauf, dass die Gegenstände nicht nur eine strukturelle, sondern auch eine ästhetisch bedeutsame Komponente aufweisen sollen."

Punktemuster

> „[The] ability to subitise is fundamental in developing visual memory and pattern recognition." (PAPIC & MULLIGAN 2005, 613)

In der mathematikdidaktischen Literatur wird an vielen Stellen betont, dass das Ausnutzen von Strukturen wesentlich für erfolgreiches Rechnen ist und bereits im ersten Schuljahr bei Übungen zur Anzahlerfassung das Ausnutzen effektiver Strukturen ermöglicht und bewusst geübt werden sollte (vgl. z.B. GERSTER 1994; SCHERER 1999; WITTMANN & MÜLLER 1994). In Anlehnung an SCHERERS (1999, 25ff.) Übungen zur simultanen und strukturierten Zahlerfassung wurden Punktemuster im Sinne strukturierter Mengenbilder für die vorliegende Untersuchung erstellt. Diese Muster geben nicht nur eine bestimmte Anzahl von Punkten wieder, sondern repräsentieren aufgrund ihrer räumlichen Struktur auch gewisse Zahleigenschaften. Mit Hilfe dieser Aufgabe sollen nun Informationen darüber erhoben werden, ob Schulanfängern eine räumliche Gliederung der präsentierten Muster überhaupt bewusst ist, inwieweit sie also die Struktur einer räumlich gegliederten Menge erfassen. Darüber hinaus ist von Interesse, auf welche Art und Weise die Kinder die Punktemuster mental strukturieren und ob sie ihre bzw. die vorgegebene Strukturierung zur Anzahlbestimmung nutzen und sich so bewusst machen können, dass das Muster anschließend aus dem Gedächtnis reproduziert werden kann. Mit dieser Aufgabe sollen also Aussagen getroffen werden zur Fähigkeit der *Wahrnehmung* und *Nutzung* von sowie dem *Bewusstsein* über Strukturen. Nach KEPHART ist das mathematische Verständnis entscheidend davon abhängig, inwieweit ein Kind das Prinzip der räumlichen Gruppierung verstanden hat: „Eine Gruppe von drei Menschen wird zu ‚Drei' vermöge der Tatsache, daß sie auf irgendeine entsprechende Weise im Raum gruppiert werden. Alle anderen Variablen, Alter, Geschlecht usw. sind für dieses mathematische Konzept irrelevant." (KEPHART 1977, 140)

Für die Punktemuster wurden verschiedene Anzahlen an Plättchen strukturiert auf quadratische Pappunterlagen geklebt und mit einer etwas größeren, quadratischen Kartonpappe abgedeckt. Bevor der Interviewer die Abdeckung hochnimmt, informiert er die Kinder, dass die Anzahlen nur kurze Zeit präsentiert werden. Die Präsentationszeit der einzelnen Darstellungen liegt bei ein bis zwei Sekunden (vgl. ebd. 29). *„Ich habe einige Plättchen auf ein Stück Pappe geklebt. Gleich decke ich die Plättchen kurz auf und du sollst mir sagen, wie viele es sind. Achtung! Wie viele Plättchen hast du gesehen? (...) Woher weißt du das? Wie hast du das gesehen?"* Anschließend werden die Kinder aufgefordert, das präsentierte Punktemuster aus dem Gedächtnis mit losen Plättchen nachzulegen. *„Nimm dir jetzt so viele Plättchen wie du brauchst und lege die Plättchen so auf die Pappe, wie du es bei mir gesehen hast."*

Obwohl natürlich nicht vorausgesetzt werden kann, dass alle Kinder die Anzahlen der Punktemuster bestimmen können und die Nennung der Anzahl auch nicht in die Bewertung der Aufgabenlösungen für die quantitative Auswertung eingeht, wird explizit danach gefragt. Der wichtigste Grund hierfür ist, dass zur Anzahlbestimmung die Struktur der Anordnung ausgenutzt werden muss. „Mentale ‚operative Turnübungen‘ mit den Anschauungsmitteln des Unterrichtes ‚zwingen‘ den Schüler im ikonischen Medium Strukturen zu erzeugen." (HESS 2003, 80) Die Schüler müssen sich bei der Anzahlbestimmung auf visuelle Strukturen stützen, das direkte, einzelne Abzählen mit Hilfe der Finger wird durch die kurze Präsentationszeit vermieden. Mit der Nachfrage nach dem Vorgehen bei der Anzahlbestimmung kann ein erster Einblick in die jeweilige Strukturierungsweise und Strukturnutzung erhalten werden. Außerdem soll die kurze „Ablenkung" bewirken, dass das verbleibende Nachbild der Anordnung verblasst und sich die wahrgenommenen Strukturelemente herauskristallisieren (vgl. KRAJEWSKI 2003, 143). Das Nachlegen des präsentierten Punktemusters mit losen Plättchen soll schließlich weiteren Aufschluss darüber geben, inwieweit die Struktur der Anordnung erfasst wird. Das Nach*legen*, anstatt des *Zeichnens* wurde gewählt, um feinmotorische Entwicklungsdefizite und das Problem des ungenauen Zeichnens zu umgehen, außerdem können die Plättchen immer wieder verschoben und umgeordnet werden, bis die Kinder mit der Anordnung zufrieden sind. Es ist sicherlich eine Schwierigkeit dieses Aufgabenablaufs, dass eine statisch präsentierte Anordnung, dynamisch (Plättchen für Plättchen) reproduziert werden muss und nicht einfach unter vorgegebenen ähnlichen Mustern wiedergefunden werden soll. Diese Schwierigkeit wird mit dem Nachlegen, wo in Zwischenschritten gelegte statische Muster betrachtet und dann weiter verändert werden können, abgeschwächt.

Sobald das Kind signalisiert, dass es das Muster fertig gelegt hat, wird die Vorlage aufgedeckt und das Kind aufgefordert zu schauen, ob die Kopie mit dem Original übereinstimmt. „*Schau, liegen deine jetzt genauso wie meine?*" Mit dem Abgleich der Muster in einer Eins-zu-Eins-Situation sollen mögliche Wahrnehmungsbeeinträchtigungen beobachtet werden. Mir ist jedoch bewusst, dass diese Frage neben der Kontrolle der rein visuellen Fähigkeiten dem Kind einen Hinweis geben könnte, auf die räumliche Struktur zu achten. Falls das *Kind* eine Unstimmigkeit entdeckt, wird es aufgefordert diese zu ändern, ansonsten wird zur nächsten Aufgabe fortgeschritten. Insbesondere weist der Interviewer *nicht* auf Unterschiede hin.

Die Auswahl der Punktemuster erfolgte nach gestaffelter Schwierigkeit, ein Teil der Aufgabe sollte für möglichst alle Kinder lösbar sein. Es ist davon auszugehen, jedoch nicht sicher, dass alle Schulanfänger bis zu vier Elemente simultan wahrnehmen können (vgl. Kapitel 2.3). Für diese Studie wird deshalb angenommen, dass ein räumlich gegliedertes 4er-Punktemuster auch für schwächere Kinder überschaubar sein sollte. Erprobt werden soll an dieser Stelle, ob nicht nur die Gesamtanzahl der Punkte, sondern auch ihre Anordnung als symmetrische (2&2) oder nicht symmetrische (3&1) Strukturierung (vgl. Abb. 4.5) sowie ihre Raum-Lage-Ausrichtung Einfluss auf die Strukturerkennung hat. Die beiden ausgewählten 4er-Punktemuster werden aus diesem Grund im Laufe des Interviews je einmal vertikal und horizon-

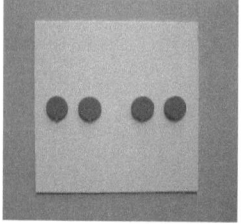 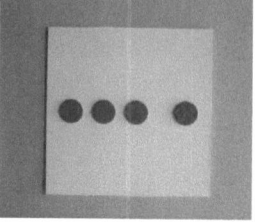 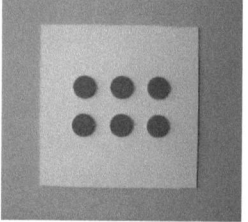

Abbildung 4.5:
In der Studie eingesetzte, unterschiedlich gegliederte 4er-Punktemuster. Die Präsentation erfolgte sowohl in horizontaler als auch in vertikaler Ausrichtung.

Abbildung 4.6:
In der Studie eingesetztes 6er-Punktemuster

tal präsentiert. Als strukturgerechte Lösung für das symmetrische Punktemuster wird erwartet, dass die Kinder zwei gleichmächtige Mengen, getrennt durch eine offensichtliche Lücke, reproduzieren. Beim nicht symmetrischen Punktemuster sollte das einzelne Plättchen klar getrennt von den übrigen Plättchen liegen. Um ausschließen zu können, dass eine hohe Wahrnehmungsquote eines der 4er-Muster durch einen Übungseffekt aufgrund der Aufgabenreihung verursacht wird, wird vorliegende Aufgabe in zwei Versionen (unterschiedliche Reihenfolge der Präsentation; vgl. Interviewleitfaden im Anhang I.) mit je der Hälfte der Probanden durchgeführt und statistisch kontrolliert.

Als weiteres Punktemuster wurden sechs Plättchen, angeordnet in zwei untereinander liegenden, horizontalen Dreierreihen ausgewählt (vgl. Abb. 4.6). In einer horizontalen statt einer vertikalen Ausrichtung, mit näher beisammen liegenden Dreierreihen entspricht es dem Würfelbild der 6 in etwas ungewohnter Anordnung. SCHERER (1999, 33f.) weist darauf hin, dass insbesondere Kinder mit Lernschwächen häufig alle Würfelbilder sicher abgespeichert haben und durch Simultanerfassung sofort die richtige Anzahl nennen können, ohne einzelne Punkte zu zählen. „[...] die Darstellungen der Würfelbilder [sind] vermutlich nur eingeprägt, im Sinne von ‚auswendig gelernt', ohne jedoch die Strukturen flexibel nutzen zu können." Dennoch wurde vorliegendes 6er-Punktemuster bewusst gewählt, um genauere Aussagen zur Strukturwahrnehmung und -nutzung eines bekannten Musters treffen zu können. Möglicherweise reicht auch die Präsentation der sechs Punkte in ungewohnterer Form, um den Wiedererkennungswert zu verrringern. Als strukturgerechte Lösung werden zwei neben- oder untereinander liegende Spalten/Reihen mit gleich vielen Elementen erwartet.

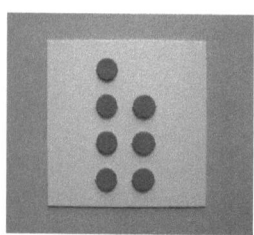

Abbildung 4.7:
In der Studie eingesetztes 7er-Punktemuster

Schließlich wurde noch ein 7er-Feld ausgewählt, das selbst Erwachsene mental strukturieren müssten, um seine Anzahl bestimmen zu können (vgl. Abb. 4.7). Angeordnet in zwei Spalten sollte in der Lösung der auf der einen Seite „überzählige" Punkt (bzw. das „fehlende" Plättchen) ersichtlich sein. Als wahrscheinliche Strukturierungen werden hier hauptsächlich eine Aufteilung in 4&3 (spaltenweise) oder 6&1 (Würfelbild und zusätzliches Plättchen) erwartet. Möglich wären jedoch auch viele andere Gliederungen. Stellvertretend für die anderen in der vorliegenden Studie verwendeten Punktemuster sollen am 7er-Punktemuster exemplarisch verschiedene Strukturierungsmöglichkeiten aufgezeigt werden (vgl. GERSTER 1994, 47). Im 7er-Punktemuster kann man unter anderem „sehen":

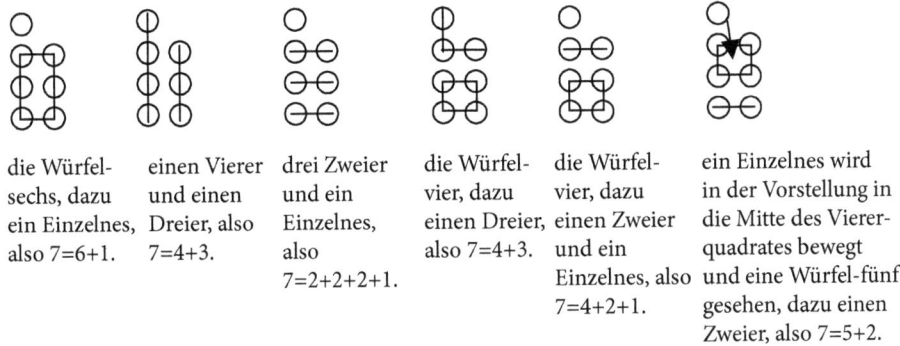

die Würfel-sechs, dazu ein Einzelnes, also 7=6+1.

einen Vierer und einen Dreier, also 7=4+3.

drei Zweier und ein Einzelnes, also 7=2+2+2+1.

die Würfel-vier, dazu einen Dreier, also 7=4+3.

die Würfel-vier, dazu einen Zweier und ein Einzelnes, also 7=4+2+1.

ein Einzelnes wird in der Vorstellung in die Mitte des Vierer-quadrates bewegt und eine Würfel-fünf gesehen, dazu einen Zweier, also 7=5+2.

Plättchen legen
Die Aufgabe ‚Plättchen legen' dient zur Erhebung der Fähigkeit, eine vorgegebene Menge konkreter Elemente räumlich zu *strukturieren*. Inwieweit sind Schulanfänger in der Lage, einer Menge eine räumliche Ordnung aufzuprägen, bzw. sind sie sich überhaupt bewusst, dass räumliche Strukturen – im Vergleich zu einer unstrukturierten Menge – bei der Bestimmung von Anzahlen hilfreich sind?

In Anlehnung an die Übung ‚Freies Ordnen einer Plättchenmenge' aus dem ‚Handbuch Produktiver Rechenübungen 1' (WITTMANN & MÜLLER 1994, 24f.) wird den Kindern ungeordnet eine Anzahl an Plättchen gegeben, die sie so (strukturiert) hinlegen sollen, dass die Anzahl „auf einen Blick" erfasst werden kann. „*Diese Aufgabe wollen wir zusammen mit dem Kasper machen. Der Kasper darf gleich nur ganz kurz hinschauen. Ich gebe dir 5 (8) Plättchen. Lege die Plättchen so auf den Tisch, dass der Kasper sofort sehen kann wie viele es sind. Denke daran, er darf nur kurz gucken. (...) Warum kann der Kasper auf einen Blick sehen, dass es 5 (8) Plättchen sind? Warum ist das leicht?*" Bei der Bearbeitung der Aufgabe durch die Kinder ist darauf zu achten, ob und wenn ja wie sie die gegebene Plättchenmenge räumlich anordnen und ihr Muster erklären. Bei den fünf Plättchen ist eine Anordnung als Würfelbild wahrscheinlich, möglich sind aber jegliche Arten von Mustern. Als richtige Lösung dieser Aufgabe gelten alle Strukturierungen, die eine quasi-simultane Anzahlerfassung ermöglichen.

Um die methodische Schwierigkeit zu umgehen, dass sowohl die Interviewerin als auch das interviewte Kind die Anzahl der Plättchen kennen und es daher einerseits für das Kind nicht einleuchtend sein kann, eine bekannte Menge zur Anzahlbestimmung zu strukturieren und es andererseits auch nicht authentisch ist, sich als Interviewer dumm zu stellen (*„Stell dir vor, ich weiß nicht wie viele Plättchen ich dir gerade gegeben habe ..."*) wird eine „unwissende" Handpuppe eingeführt. Diese soll die Anzahl der Plättchen bestimmen, darf dazu aber nur ganz kurz auf den Tisch gucken. Aus praktischen Gründen wird in der vorliegenden Untersuchung der allseits bekannte Kasper benutzt, der den Vorteil hat, dass er aufgrund seines Bekanntheitsgrades nicht ausgiebig vorgestellt werden muss. Außerdem gilt er als etwas dümmlich, so dass den Kindern sofort klar sein sollte, die Aufgabe für den Kasper so leicht wie möglich zu machen.

Die Auswahl der Plättchenanzahl geschah sowohl mit Blick auf die Punktemuster der vorherigen Aufgaben als auch auf eine Vermeidung zu kleiner Anzahlen und damit einer simultanen Zahlerfassung. Weder fünf noch acht Plättchen wurden bei den Punktemustern benutzt, so dass die Kinder nicht einfach ein gesehenes Muster nachlegen können und beide Anzahlen sind so groß, dass sie von Schulanfängern nicht simultan wahrgenommen werden können. Bei der Strukturierung von fünf Plättchen besteht die Möglichkeit, das bekannte Würfelbild der Fünf zu nutzen. Zur Acht gibt es kein Würfelmuster, im Gegensatz zur Fünf handelt es sich um eine gerade Zahl und die noch größere Anzahl provoziert geradezu ein Strukturieren.

Tastaufgabe
Mit Hilfe der Tastaufgabe soll die Tastwahrnehmung von Mustern und Strukturen überprüft werden. Insbesondere soll herausgefunden werden, inwieweit Kinder am Schulanfang in der Lage sind, eine taktil präsentierte Struktur zu reproduzieren.

Wie bereits im Kapitel zur Entwicklung der Form- und Objektwahrnehmung (vgl. 2.1.3.2) dargestellt wurde, können bereits Babys mit der Hand bzw. dem Mund ertastete Objekte visuell wiedererkennen, also haptische Informationen in den visuellen Bereich übertragen. Taktile Reize sind im Allgemeinen sehr wichtig für das emotionale Wohlbefinden, aber auch für die Materialerfahrung, die Körperwahrnehmung und die Sozialwahrnehmung. Für OSTERMANN (2006, 29) stellt die taktile Wahrnehmung als körperbezogene basale Fähigkeiten sogar eine Lernvoraussetzung für Schulanfänger dar. Auf die Bedeutung der Tastwahrnehmung für das Lernen weist auch KIPHARD hin:

> „Mit Hilfe des Tastsinnes können die gleichen kognitiven Lernprozesse, wie sie im optischen und akustischen [...] angeregt wurden, nochmals gefestigt werden. Durch die Ausschaltung des optischen Sinnes lernt das Kind, daß es allein durch das Tasten alle wichtigen Informationen über die Beschaffenheit von Material und Gegenständen erhalten kann." (KIPHARD 1984, 195)

Im mathematischen Anfangsunterricht findet man die Fokussierung auf den Tastsinn beispielsweise beim Erlernen der Ziffern, indem aus Sandpapier ausgeschnittene Ziffern mit dem Finger nachgefahren werden, beim Bestimmen von Anzahlen mit verbundenen Augen, indem die Anzahl aufgeklebter Plättchen oder Knoten

Zahlen fühlen

Abbildung 4.8:
Beispiel zum Einbezug des Tastsinnes beim Erlernen der Zahlen (RINKENS & HÖNISCH 1998, 5)

an Schnüren ertastet und dabei gezählt (und auch addiert) wird oder auch bei der Behandlung ebener Formen und Körperformen, die in Säckchen versteckt oder mit verbundenen Augen „erfühlt" werden[2] (vgl. auch Abb. 4.8).

BERTRAND (1997, 100) zeigte in seiner Untersuchung zum Verständnis raumzeitlicher Begriffe bei fünf- und sechsjährigen Kindern, dass Kinder dieser Altersstufe in der Lage sind, die räumliche Anordnung eines ihnen taktil angebotenen Musters unter fünf sich ähnelnden, optisch dargebotenen Mustern ausfindig zu machen. Die vorliegende Studie ist nun daran interessiert, inwieweit Kinder ein Muster durch Tasten *erfassen* und anschließend mit Material *reproduzieren* können, so dass die strukturellen Eigenschaften visuell sichtbar sind. Der Versuchsperson werden dazu nacheinander zwei verschieden strukturierte Anzahlen aufgeklebter Holzwürfel, versteckt in einem Fühlkasten, präsentiert. Der Fühlkasten hat an zwei gegenüberliegenden Seiten durch Stoff verdeckte Öffnungen, durch die je eine Hand gesteckt wird. Das Kind soll die Anordnung und die Anzahl der Würfel mit den Händen erfühlen und anschließend mit losen Holzwürfeln auf dem Tisch nachlegen. *„Bei dieser Aufgabe habe ich keine Plättchen aufgeklebt, sondern Klötzchen. Und du sollst sie dieses Mal nicht sehen, sondern fühlen! Fass mit beiden Händen in den Karton und fühle wie viele Klötzchen es sind und wie ich die Klötzchen aufgeklebt habe."* *„Jetzt nimm dir so viele Klötzchen wie du brauchst und lege sie vor dir auf den Tisch. Lege sie so, wie ich sie aufgeklebt habe."*

Abbildung 4.9:
Taktil zu erfassende Muster vorliegender Untersuchung

---

2   Diese und weitere Beispiele zum Mathematiklernen unter Einbezug des Tastsinnes sind zu finden in den Lehrwerken ‚Welt der Zahl 1', ‚Das Zahlenbuch 1', sowie im Material der Grundschulzeitschrift (96/1996) ‚Mathematik: Spiele (1. Schuljahr)'.

Als Muster wurden zwei lineare (einzeilige) Anordnungen gewählt (vgl. Abb. 4.9), einerseits in der Annahme, eine Feldstruktur (zwei- oder mehrzeilig) sei haptisch zu schwer zu erfassen, andererseits aus dem Forschungsinteresse heraus, ob eine Strukturierung allein durch größere räumliche Abstände, wie sie im visuellen Bereich häufig genutzt wird, von Kindern taktil überhaupt zu erfassen ist. Die erste Anordnung besteht aus vier Würfeln, die – analog der visuell präsentierten Strukturierung von vier Plättchen in der Punktemusteraufgabe – in Struktureinheiten zu drei und einem Würfel mit Abstand räumlich getrennt aufgeklebt sind. Als richtige Lösung wird erwartet, dass die Kinder eine lineare, wenn auch nicht nötigerweise *gerade* Reihe aus den losen Holzwürfeln legen, bei der ein Würfel klar räumlich von den anderen getrennt liegt. Dabei ist von nachrangiger Bedeutung, ob die andere Struktureinheit zwei, drei oder gar vier Würfel enthält. Die zweite Anordnung besteht aus ebenfalls durch größeren Abstand strukturierten dreimal zwei Würfeln, hier entsteht ein Muster durch die Wiederholung gleicher Anzahlen. Genau drei gleichmächtige Struktureinheiten, die durch größere Lücken voneinander getrennt sind, werden bei einer richtigen Lösung dieser Aufgabe erwartet.

Aus hygienischen und praktischen Gründen wurde für die vorliegende Untersuchung das Tasten mit beiden Händen ausgewählt, obwohl sich sowohl an den Fingerkuppen als auch den Lippen besonders viele taktile Rezeptoren befinden, also mit beidem Objekte besonders gut ertastet werden können (vgl. Kapitel 2.1.3.1). Für einen Fühlkasten – anstatt den Versuchspersonen die Augen zu verbinden – habe ich mich einerseits entschieden, um auch wirklich sicherzustellen, dass die Kinder die Versuchsanordnung nicht sehen, andererseits weiß ich aus praktischer Schulerfahrung, dass einige Kinder das Augenverbinden als unangenehm empfinden. Schließlich wurden als zu ertastende Gegenstände Holzwürfel aufgeklebt, weil die Kinder keine Schwierigkeiten mit dem tatsächlichen Ertasten der Gegenstände haben sollten, wie sie dies eventuell bei aus Sandpapier ausgeschnittenen Formen oder flachen Plättchen hätten haben können. Ein Beispielexemplar eines Holzwürfels wird den Kindern vor der Aufgabe gezeigt, so dass sie wissen, was sie im Fühlkasten erwartet.

Rhythmus
In den bisher geplanten und beschriebenen Aufgaben handelt es sich um räumlich-simultan präsentierte Muster. Bei der Rhythmusaufgabe geht es nun um das auditive Erfassen eines zeitlich-sukzessiv[3] dargebotenen, periodisch wiederkehrenden Musters: einer Musterfolge (vgl. Kap. 1.2.1). Zeitlich-sukzessive Muster begegnen Kinder im Alltag beispielsweise im Verlauf eines Tages mit dem regelmäßigen Wechsel von Tag und Nacht oder in der periodischen Wiederkehr der Jahreszeiten über die Jahre hinweg. In der Mathematik können Multiplikationsaufgaben zeitlich-sukzessiv dargestellt werden. In der vorliegenden Studie wurde der *Rhythmus* als auditiver Träger des vorgegebenen Musters ausgewählt, da er im Vergleich zu melodischen und metrischen Mustern einfacher in der Umsetzung erschien. Es ist

---

3 Siehe auch die Unterscheidung durch VON GLASERSFELD (1982) von „figural patterns as configurations in space and time".

leicht nachzuvollziehen, dass Kinder sich eher trauen, rhythmisch auf den Tisch zu klopfen, als im Beisein einer fremden Person eine bestimmte Melodiefolge nachzusingen[4].

Eine Darbietung von Geräuschen wird dann rhythmisch genannt, wenn wahrnehmbar unterschiedliche Geräuschkomponenten, z.B. Töne und Pausen oder unterschiedlich betonte Töne, sich in bestimmten regelmäßigen Zeitverhältnissen abwechseln. Die Hervorhebung bestimmter Töne durch eine etwas höhere Lautstärke erleichtert dabei die Gruppierung einer Tonfolge zu einem Muster. Die regelmäßig wiederkehrende Betonung bildet die Grundlage für die Wahrnehmung wichtiger struktureller und emotionaler Komponenten der Musik (vgl. GUSKI 1989, 143). BERTRAND (1997, 72f.) definiert Rhythmus „als die regelmäßige und periodische Wiederkehr einer geordneten Struktur". Ein Rhythmus wird nicht analytisch, z.B. durch Abzählen der einzelnen Elemente erfasst, sondern global. Ein Kind kann fähig sein, eine rhythmische Struktur wiederzugeben, bevor es sicher zählt (vgl. ebd., 73). Als Gedächtnisstütze ist der Rhythmus sehr wertvoll, er erleichtert wahrscheinlich das kinästhetische, motorische Gedächtnis (vgl. ebd., 75). Kinderreime, sinnlose Silben oder lange Zahlenreihen lassen sich durch das Einteilen in rhythmische Gruppen leichter behalten. Eine Rhythmisierung von Unterrichtsstoff kann die Lerngeschwindigkeit und die Behaltensleistung steigern, den Lernprozess unterstützen und verstärken (vgl. HEIMANN 1989, 279f.).

EGGERT & BERTRAND (2002, 103f.) weisen insbesondere auf die bei Erstklässlern bestehende Relation zwischen Lesen und Rhythmuserfassen hin. Sie erklären diese enge Relation mit den Ähnlichkeiten zwischen rhythmischen Übungen und Leseübungen. „Das Lesenlernen setzt die Verwandlung von visuellen Strukturen, welche im Raum ablaufen, in akustische Strukturen, welche in der Zeit ablaufen, voraus." (ebd., 104) Bisher konnte allerdings noch kein klares Kausalitätsverhältnis zwischen dem Lesen und dem Rhythmuserfassen empirisch nachgewiesen werden. Aufgrund des starken Zusammenhangs wurden Aufgaben zur Nachahmungsfähigkeit vorgegebener rhythmischer Muster lange Zeit zur Prüfung der Lese- und Rechtschreibfertigkeit am Schulanfang und im Zusammenhang mit Lesestörungen angewendet (z.B. INIZAN 1976; STAMBAK 1969). OSTERMANN (2006, 76) beschreibt die akustische Wahrnehmung und deren Teilkompetenz ‚rhythmische Differenzierung' als Lernvoraussetzung von Schulanfängern. Als Aufgabe zur Überprüfung nutzt auch sie das Nachklatschen von Rhythmen.

Die beiden Rhythmen der vorliegenden Studie sind dem ‚Test zur Erfassung des Raum-Zeit-Verständnisses beim 5- und 6-jährigen Kind' (TERZ) nach BERTRAND (1997) entnommen. Bertrand nutzt die Rhythmen dort zur Prüfung des Verständnisses für die zeitliche Ordnung. Er selbst übernahm diese und weitere Rhythmen aus einer Art Reifetest zur Beurteilung der Lese- und Rechtschreibfertigkeit von INIZAN (1976, 238) und prüfte sie im Rahmen seiner Testentwicklung auf ihre Tauglichkeit. Die beiden für die vorliegende Studie ausgewählten Rhythmen besitzen – im Gegensatz zu den verworfenen Rhythmen – eine genügend hohe Lösungs-

---

4 Eine Beschreibung unterrichtlicher Aktivitäten zum Einsatz von Rhythmus, Melodie und Metrum als Übungen zum Entdecken von Mustern und Beziehungen findet man u.a. bei KIM (1999).

wahrscheinlichkeit bei 5- und 6-jährigen Kindern, um aussagekräftige Ergebnisse erhalten zu können (vgl. BERTRAND 1997, 321).

```
R1: 4/4-Takt:  ●●○○|●●○○|●●○○|                    ● = Klopfer
R2: 4/4-Takt:  ●○●●|○○○○|●○●●|○○○○|●○●●|○○○○      ○ = Pause
```

Abbildung 4.10:
In vorliegender Untersuchung eingesetzte Rhythmen

Rhythmus 2 besitzt einen höheren Schwierigkeitsgrad als Rhythmus 1, was zum einen an der Komplexität der Klopfsequenz und zum anderen an der Intervalllänge liegt. Die Elemente einer zeitlich-sukzessiven Struktur werden nur dann spontan zusammen wahrgenommen, wenn es sich um wenige Elemente handelt und diese nur durch relativ kurze Intervalle voneinander getrennt sind (gestaltpsychologisches ‚Gesetz der Nähe'). Sind die Intervalldauern zu groß, werden die Elemente einzeln wahrgenommen.

> „Die globale Dauer der Struktur – die sich aus der die einzelnen Elemente verbindenden, sowie aus der die einzelnen Elemente trennenden Dauer zusammensetzt – sollte nicht länger als vier bis fünf Sekunden sein: Wenn die Zahl der Impulse zunimmt, soll die trennende Dauer abnehmen. Bei verschiedenen Gruppierungen kann nur so die Wahrnehmung, welche sich in einem spontanen motorischen Ausdruck zeigt, erreicht werden." (BERTRAND 1997, 73)

Als Musterfolge interpretiert, besteht die Grundeinheit von Rhythmus 1 aus nur vier Schlägen: zwei Klopfer wechseln sich mit zwei Pausen ab. Die Grundeinheit von Rhythmus 2 ist mit insgesamt acht Schlägen sowohl länger als auch mit drei Klopfern, welche durch eine Pause nach dem ersten Klopfer strukturiert sind und darauffolgenden vier Schlägen Pause wesentlich komplexer gegliedert (vgl. Abb. 4.10).

Die zwei Rhythmen werden dem Kind in Bewegung und Struktur so präzise wie möglich und vor allem nicht zu langsam (s.o. und vgl. Kap. 2.1.3.3) nacheinander vorgeklopft, wobei der erste Schlag im Takt leicht betont wird. Das Kind klopft jeweils im Anschluss an die Präsentation nach. „*Ich klopfe gleich einen Rhythmus auf den Tisch und wenn ich auf dich zeige, klopfst du bitte genauso nach, wie ich geklopft habe.*" Die Vorgabe des Rhythmus wird ohne Sichthindernis vorgenommen, der Rhythmus kann vom Kind also sowohl akustisch als auch visuell aufgenommen werden. Die Begründung dazu liegt in der hohen Konzentrationsfähigkeit, die bei der Ausführung dieser Aufgabe nötig ist. Sie wird damit auf ein Mindestmaß reduziert. Nach EGGERT & BERTRAND (2002, 344) wird diese Testform in Frankreich zur Begutachtung der Schulreife verwendet. Der möglichen Schwierigkeit der Koordination von musikalischem Rhythmus und Bewegungsrhythmus (vgl. Kap. 2.1.3.3) wird Rechnung getragen, indem nicht in die Hände geklatscht, sondern auf den Tisch geklopft wird. Anstatt beide Arme und Hände zu koordinieren und „treffsicher" in Übereinstimmung zu bringen, muss hier lediglich der Tisch mit der Faust getroffen werden. Trotzdem lässt sich auch beim Nachklopfen eines Rhythmus' ein gewisser Entwicklungsstand der motorischen Koordinationsfähigkeit feststellen. Aus diesem Grund sollte bei den Ausführungen nicht auf leichte motorische Ungeschicklichkeiten und den damit verbundenen Unregelmäßigkeiten geachtet werden. Aus entwicklungspsychologischer Sicht haben Kinder am Schulanfang zudem noch Schwierigkeiten, Dauern exakt wiederzugeben und ein festes Metrum einzuhalten (vgl. Kap. 2.1.3.3). Es muss daher sogar davon ausgegangen werden, dass die Pausen zwischen den Klopfsequenzen von den Kindern beim Nachahmen verkürzt werden. Aus diesen beiden Gründen ergibt sich als Interviewer die Notwendigkeit, hauptsächlich auf die korrekte Wiedergabe der rhythmischen Struktur, also der zeitlichen Ordnung, zu achten, anstatt auf die exakte Einhaltung der Zeitdauer. Als richtig gilt insbesondere auch, wenn das Kind den Rhythmus häufiger als vorgeklopft aneinanderreiht, das Muster also weiterführt.

4.2.4.3 Instrumente zur Erhebung der mathematischen Kompetenzen

Osnabrücker Test zur Zahlbegriffsentwicklung (OTZ)
Zur Erhebung der mathematischen Kompetenzen vor der Einschulung wurde der Osnabrücker Test zur Zahlbegriffsentwicklung (OTZ; VAN LUIT, VAN DE RIJT & HASEMANN 2001) eingesetzt. Es handelt sich hierbei um einen standardisierten Test, der in Einzelüberprüfungen von ca. 30 Minuten Dauer den individuellen Entwicklungsstand bezüglich des frühen Zahlbegriffs von fünf- bis 7 ½-jährigen Kindern erhebt. Der OTZ wurde von Hans VAN LUIT und Bernadette VAN DE RIJT in den Niederlanden entwickelt und von Klaus HASEMANN ins Deutsche übertragen und normiert.

Vier der acht Subtests basieren auf dem Konstrukt der logischen Operationen Piagets (vgl. ebd., 8) und erheben mit Aufgaben zum Vergleichen, zur Klassifikation, Eins-zu-Eins-Zuordnung und Seriation das mengenbezogene Wissen der ProbandInnen. Die übrigen vier Subtests basieren auf Untersuchungen zur Entwicklung des Zählens und erheben das zahlenbezogene Wissen (vgl. ebd., 8f.). Neben dem Benutzen von Zahlwörtern werden die Zählfertigkeit (*synchrones/verkürztes Zählen* als Zählen mit Zeigen sowie Erkennen gewisser Zahlbilder beim Spielwürfel und *resultatives Zählen* als Zählen von strukturierten und unstrukturierten Quantitäten ohne mit dem Finger auf die Objekte zu zeigen) und das Anwenden von Zahlenwissen überprüft (vgl. ebd., 12f.).

In jedem der acht Subtests werden fünf Aufgaben gestellt, die jeweils mit richtig (1 Punkt) oder falsch (0 Punkte) von dem/der TestleiterIn bewertet werden. Die mündlich gestellten Aufgaben sind anhand von Bildern und teilweise unter Verwendung von Holzwürfeln zu lösen. Lösungsstrategien werden zusammen mit Bestehen oder Nichtbestehen der Testaufgabe notiert, fließen jedoch nicht in die Auswertung mit ein. Die Auswertung des Tests erfolgt in drei Schritten:

i) In einem ersten Schritt werden für jeden der acht Teile des Tests durch Abzählen die Anzahl der richtigen Antworten sowie das Gesamtergebnis durch Addition der jeweiligen Anzahlen richtiger Antworten ermittelt (vgl. ebd., 26). Hier können maximal 40 Punkte erreicht werden.

ii) Im Anschluss wird das Gesamtergebnis im Sinne der probabilistischen Testtheorie mit Hilfe von Skalen, in denen die Items nach Schwierigkeiten sortiert sind, in das sogenannte Kompetenzergebnis umgerechnet (vgl. ebd., 28f. & 35). Das Kompetenzergebnis wird mit Zahlen von 0 bis 100 ausgedrückt, je höher die Zahl ist, desto höher ist der durch den Test ermittelte Entwicklungsstand des frühen Zahlbegriffs des Kindes (vgl. ebd., 26). Mit Hilfe des Kompetenzergebnisses können die Kompetenzen der Kinder *absolut und unabhängig vom Alter* verglichen werden, weshalb dieser Wert für die Analysen in vorliegender Arbeit verwendet wurde.

iii) Wird eine Einschätzung des Kompetenzergebnisses eines Kindes *relativ* zu dem anderer Kinder *derselben Altersgruppe* benötigt, kann in einem letzten Schritt jedem Kind mit Hilfe einer Altersnormtabelle (vgl. ebd., 36) eine Niveaustufe der Zahlbegriffsentwicklung zugeordnet werden. Es wurden entsprechend der Quartile fünf Niveaus der Zahlbegriffsentwicklung festgelegt, die mit den Buchstaben A bis E gekennzeichnet sind. Das erste Quartil wurde zur besseren Differenzierung im unteren Bereich in die Niveaus E (Prozentrang 0-10) und D (Prozentrang 11-25) unterteilt (vgl. ebd., 27).

Bei der Normierung des OTZ konnten keine signifikanten Unterschiede in den Leistungen von Jungen und Mädchen nachgewiesen werden (vgl. ebd., 30), außerdem gibt es keine gesonderte Norm für Kinder mit Migrationshintergrund (vgl. ebd., 26).

Es liegen zwei unterschiedliche Testversionen des OTZ vor (zur Entwicklung siehe ebd., 9ff.). Da die Kinder der eigenen Stichprobe in einer Einzelsitzung und nur einmal getestet wurden, wurde in vorliegender Untersuchung ausschließlich die Version A verwendet.

Möglichkeiten und Grenzen. Mit dem Osnabrücker Test zur Zahlbegriffsentwicklung liegt ein valides Instrument vor, mit dessen Hilfe die mathematischen Kompetenzen von Kindern am Schulanfang ohne großen zeitlichen und materiellen Aufwand erhoben werden können. Durch die Normierung des Testes und die bereits vorhandene Kompetenzergebnistabelle, können die Leistungen der einzelnen Kinder einfach eingeschätzt, verglichen und in statistischen Auswertungsprogrammen verwendet werden. Insbesondere für die vorliegende Untersuchung, in dem ein eigenes Instrumentarium entwickelt wird, ist der Vergleich mit einem verlässlichen Test wichtig. Kritisch anzumerken ist, dass es bisher noch keine Evaluation des OTZ als spezifisches Vorhersageinstrument gibt. Bei genauerer Betrachtung der einzelnen OTZ-Aufgaben muss außerdem festgestellt werden, dass insbesondere in den Subtests zum zahlenbezogenen Wissen Material und Bilder an mehreren Stellen in einer strukturierten Anordnungen dargestellt sind und auch Würfelbilder zum

Einsatz kommen. In den Subtests zum mengenbezogenen Wissen kommen Würfelbilder in drei Aufgaben vor. An diesen Stellen werden ähnliche Kompetenzen mitgetestet wie in den Aufgaben zu Mustern und Strukturen, Kinder mit guten Strukturerkennungsfähigkeiten werden daher in den Aufgaben zum Zahlenwissen bevorteilt.

Deutscher Mathematiktest für zweite Klassen (DEMAT 2+)
Zur Überprüfung der mathematischen Kompetenzen nach zwei Jahren Grundschulunterricht kam der Deutsche Mathematiktest für zweite Klassen (DEMAT 2+; KRAJEWSKI, LIEHM & SCHNEIDER 2004) zum Einsatz. Er ist ein auf den Lehrplänen aller deutschen Bundesländer basierender, standardisierter Mathematikleistungstest, der als Gruppentest mit zwei Pseudo-Parallelformen A und B (unterschiedliche Reihenfolge der Testaufgaben) in einer Schulstunde durchgeführt werden kann (vgl. ebd., 7ff.). Der bundesweit normierte DEMAT 2+ kann zur Evaluation der Mathematikleistungen *innerhalb* einer spezifischen Klasse, aber auch von Unterschieden der Leistungsniveaus *zwischen* Klassen, Schulen und Bundesländern dienen. Er kann als Gruppentest eingesetzt werden, eignet sich aber auch gut für die individuelle Leistungsdiagnostik (vgl. ebd., 5).

Der DEMAT 2+ gliedert sich in zehn Subtests mit insgesamt 36 Aufgaben, denen drei große Inhaltsbereiche zugrunde liegen. Im Bereich der *Arithmetik* werden Kompetenzen durch das Verständnis von Zahleneigenschaften im Zahlenraum bis 100, durch Additions- und Subtraktionsaufgaben, die im Format von Ergänzungsaufgaben vorgegeben werden, durch Aufgaben zur Division, zum Verdoppeln und Halbieren sowie durch Sachaufgaben erfasst. In den Aufgaben zum Längenvergleich sowie zum Rechnen mit Geld sind Fähigkeiten beim Umgang mit *Größen* gefragt. Der letzte Subtest mit Würfelbauten beinhaltet Aufgaben zur *Geometrie*. (vgl. ebd., 14) Die Bearbeitungszeiten unterliegen einer Zeitbegrenzung (vgl. ebd., 21).

Die Auswertung erfolgt mit Hilfe von Schablonen über die Ermittlung der Anzahl korrekt gelöster Aufgaben (eine richtig gelöste Aufgabe entspricht 1 Punkt, eine falsch gelöste Aufgabe 0 Punkten) zunächst einzeln für jeden Subtest, dann werden die Subtest-Rohwerte zum Testrohwert aufsummiert. Hier können maximal 36 Punkte erreicht werden (vgl. ebd., 22).

Zum Vergleich der individuellen Leistung eines Kindes mit den durchschnittlichen Leistungen anderer Kinder derselben Klassenstufe, stehen Normtabellen zur Verfügung, in denen den Rohwerten sowohl Prozentrangplätze als auch T-Werte zugeordnet sind (vgl. ebd., 33ff.). Die Prozentrangplätze geben an, wie viel Prozent der Vergleichsgruppe genauso viele oder weniger Aufgaben korrekt bearbeitet haben wie das betreffende Kind. Prozentrang 10 bedeutet beispielsweise, dass 10% der Eichstichprobe eine gleich gute oder schlechtere Leistung zeigten. Je höher also der Prozentrangplatz, desto besser fällt die Leistung des Kindes aus (vgl. ebd., 22). Die T-Werte sind ebenfalls standardisierte Werte. Ein T-Wert von 50 entspricht dem Mittelwert der Kinder der Eichstichprobe; im Bereich zwischen 40 und 60 Punkten liegen die mittleren zwei Drittel aller Kinder (vgl. ebd. 23). Um in vorliegender Untersuchung die mathematischen Kompetenzen, die einerseits mit Hilfe des DEMAT 2+, andererseits mit dem OTZ erhoben wurden, statistisch vergleichen zu können, wurde die Normierung der T-Werte verwendet.

Bei der Eichung des DEMAT 2+ wurden signifikante Mittelwertsunterschiede in den Testleistungen der Mädchen und Jungen festgestellt (die Mädchen schneiden durchschnittlich schlechter ab), so dass zusätzlich nach Geschlecht getrennte Normwerte vorliegen (vgl. ebd., 25). Diese wurden in vorliegender Untersuchung jedoch nicht genutzt.

Möglichkeiten und Grenzen. Die Reihe der curricular validen ‚Deutschen Mathematiktests für 1.-4. Klassen' dient insbesondere in Forschungskreisen als der Mathematikschulleistungstest, wenn es darum geht, die Mathematikleistung *aller* Kinder (nicht nur die der Rechenschwachen) zu erheben und zu vergleichen. Mit dem DEMAT 2+ ist eine objektive, reliable, valide und zugleich ökonomische Erfassung von differenziert auswertbaren Rechenleistungen in der 2. Klasse möglich (vgl. DORNHEIM 2008, 313).

Eine Überschneidung von Inhalten mit den Aufgaben zu Mustern und Strukturen liegt bei den Geometrieaufgaben vor. Zur sicheren Anzahlbestimmung von als Bild präsentierten dreidimensionalen Würfelkonfigurationen, werden räumliche Strukturierungsprozesse benötigt (vgl. MERSCHMEYER-BRÜWER 2002).

4.2.5 Durchführung

4.2.5.1 Anordnung der Muster- & Strukturaufgaben im Interview

Die Reihenfolge der Aufgaben im Interview sowie eine übersichtliche Zusammenfassung der Anweisungen und Handlungen kann dem Interviewleitfaden im Anhang (I.) entnommen werden. Aufgabe 2b) ‚Punktemuster' wurde zwischen Aufgabe 4 und 5 eingefügt, um die Fülle gleicher Aufgaben mit den Punktemustern zu entzerren.

4.2.5.2 Vortest

Bevor die Studie begann, habe ich Ende März und Anfang April 2006 mit insgesamt 18 Kindern einen Vortest durchgeführt. Sechs der Kinder besuchten zu der Zeit einen Kindergarten im Stadtteil Kronsberg der Stadt Hannover, zwölf Kinder nahmen am Unterricht des Schulkindergartens der Pestalozzi-Grundschule teil. Mit dem Vortest sollte einerseits überprüft werden, ob die Aufgaben in der geplanten Form nicht zu leicht oder zu schwierig waren, sowie methodische Probleme bei der Durchführung ausgeschlossen werden. Zum anderen sollte festgestellt werden, welche Zeit eine Einzelsitzung in Anspruch nehmen und ob diese die Konzentrationsfähigkeit der Kinder nicht überbeanspruchen würde. Die Ergebnisse dieses

Vortests zeigten, dass die geplante halbe Stunde in den meisten Fällen eingehalten wurde und nur das sorgfältige Anmalen des Zwanzigerfeldes der Grund für ein Überschreiten der Zeit darstellte. Außerdem war zu beobachten, dass die Aufgaben den Kindern Freude bereiteten und keinesfalls überlasteten oder gar ermüdeten. Die Ergebnisse zeigten weiterhin eine angemessene Verteilung der Antworten in allen Aufgaben bis auf die Tastaufgabe. Hier war die Struktur der beiden Anordnungen nur von einem Sechstel der Kinder richtig reproduziert worden. Trotzdem wurde die Aufgabe mit nur geringen Änderungen in der Befestigung der beklebten Unterlage im Fühlkasten – in der Form, dass die Anordnung völlig unbeweglich im Kasten eingeklemmt war – beibehalten. Bei der Durchführung der Aufgabe Punktemuster schien es, als würde die Wahrnehmung der Struktur durch die (zu dem Zeitpunkt noch) rechteckige und nicht quadratische Form der Unterlage beeinflusst. Außerdem erhob sich die Frage, ob die höhere Wahrnehmungsquote der Struktur des einen 4er-Punktemusters an ihrer Raum-Lage-Ausrichtung liegen könnte, ob es also einen Unterschied in der Wahrnehmung horizontal bzw. vertikal präsentierter Anordnungen gibt. Zur Überprüfung des Letzteren wurde entschieden, die beiden 4er-Punktemuster jeweils sowohl horizontal als auch vertikal zu präsentieren. Außerdem wurden schließlich quadratische Unterlagen der Punktemuster verwendet, die keine festgelegte Sichtweise des Punktemusters nahelegten und zur horizontalen bzw. vertikalen Präsentation einfach um 90° gedreht werden konnten. Eine Änderung der Testmaterialien oder der Testdurchführung der übrigen Aufgaben erschien nicht erforderlich.

4.2.5.3 Durchführung der Interviews

Sämtliche Erhebungen fanden als Einzelinterviews parallel zum Unterricht statt. Es stand ein separater Raum zur Verfügung, in dem die Interviews ohne besondere Störung organisiert werden konnten; im Raum waren nur das Kind und die Interviewerin anwesend. Die Interviews dauerten im Durchschnitt gut 26 Minuten, das kürzeste 17 und das längste 40 Minuten.

Vor Beginn des Interviews wurde in einem kurzen Gespräch die Bekanntschaft aus dem Kindergarten (Durchführung des OTZ) aufgefrischt und den Kindern erklärt, dass wieder gemeinsam Mathematikaufgaben gelöst werden sollen und die Interviewerin daran interessiert ist, wie die Kinder Aufgaben bearbeiten und was sie dabei überlegen. Die Funktion der Videokamera wurde erklärt und wer wollte, durfte hindurchblicken.

Alle Interviews wurden mit einer Videokamera festgehalten, um sowohl die anschließende Verschriftlichung der Daten als auch ein mehrmaliges Betrachten der Vorgehensweisen des Kindes beim Strukturieren zu ermöglichen. Die Kamera war für einen möglichst guten Gesamtüberblick frontal auf das Kind sowie den Tisch vor ihm ausgerichtet. Auf eine Verstellung der Kameraeinstellungen (z.B. Vergrößerung des Bildausschnitts) im Verlauf der Interviews wurde verzichtet, um keine unnötige Störung hervorzurufen.

Die Interviewerin saß dem Kind am Tisch wie bei einem Brettspiel gegenüber, das Material befand sich hinter einem Sichtschutz auf einem weiteren Tisch neben der Interviewerin. Auf die Aufzeichnung von Gestik und Mimik der Interviewerin wurde durch die Wahl der Sitzordnung bewusst zugunsten einer verbesserten Gesprächsatmosphäre durch intensiveren Augenkontakt mit dem Gegenüber verzichtet.

Für die Durchführung aller Interviews (und der zwei standardisierten Tests) stand nur eine Interviewerin zur Verfügung. Dies hatte einerseits den Vorteil, dass eine Kontinuität in der Befolgung des Interviewleitfadens und den zusätzlichen Fragen hergestellt werden konnte, diesbezüglich also konstante Untersuchungsbedingungen gegeben waren. Zum anderen bot es die Möglichkeit, mit jedem teilnehmenden Kind beträchtliche Zeit zu verbringen, was zur Validität der Datenerhebung beitrug. Die Interviewerin benutzte den Interviewleitfaden für die Fragen zu jeder Aufgabe. Die Erfahrungen im Vortest trugen dazu bei, die Fragen so kindgerecht zu formulieren, dass die Kinder in der Regel auf Anhieb verstanden, was von ihnen verlangt wurde. Wurde während des Interviews deutlich, dass ein Kind die Aufgabe nicht oder falsch verstanden hatte, wurde die entsprechende Frage umformuliert, ohne zusätzliche inhaltliche Informationen zu geben.

4.2.6 Dokumentation der empirischen Daten

Alle Interviews wurden mit Videoaufzeichnungen dokumentiert. Auf der Grundlage dieser Aufzeichnungen wurden zunächst für die gesamte Stichprobe Übersichtsprotokolle der Lösungen erstellt, die die Basis für den ersten Auswertungsschritt darstellten. Mit Hilfe eines Auswertungsbogens wurden Richtig- bzw. Falschlösungen sowie die verschiedenen Kategorien der Bearbeitung festgehalten, so dass diese anschließend über Häufigkeitsverteilungen quantifizierbar waren und einer weiteren statistischen Auswertung zur Verfügung standen. Nach der Auswahl der Fälle für den zweiten Auswertungsschritt, wurden ausschließlich für diese Videoaufzeichnungen hochauflösende Transkripte gemäß linguistischer Standards (vgl. Transkriptionsregeln in Anhang VI.) erzeugt. Neben den Wortäußerungen enthalten die Transkripte auch Handlungsbeschreibungen, da ein Großteil der Aufgabenbearbeitungen nonverbal durch Materialhandlungen ablief. Zum besseren Verständnis habe ich die Handlungsbeschreibungen durch Screenshots der vom Kind als endgültig bezeichneten Aufgabenlösung ergänzt und veranschaulicht. Mir ist bewusst, dass jede Form der Verschriftlichung und Illustrierung bereits eine Interpretation darstellt (vgl. JUNGWIRTH u.a. 1994, 39).

Für alle statistischen Berechnungen kam das Programm SPSS 15.0 bis 17.0 (2007-2009) zur Anwendung. Die Kodierung der Transkripte anhand des entwickelten Kategorienschemas (vgl. Kap. 4.3.2.3) wurde ebenfalls computergestützt durchgeführt. Die dazu verwendete Software MAXqda 2007 greift auf Textdateien zurück, so dass beliebige Passagen aus den Verschriftlichungen den jeweils relevanten Antwortkategorien zugeordnet werden können. Neben den Transkripten wurden die empirischen Daten in vorliegender Arbeit daher ebenfalls in Form von Dateien dokumentiert, die die Wortbestandteile der Transkripte sowie die Zuweisung der Antwortkategorie enthalten.

4.3 Auswertung der empirischen Daten

> Der Untersucher will […] wissen,
> was im Untersuchungsfeld „der Fall ist". (KELLE 1994, 11)

Dem Forschungsdesign entsprechend findet die Auswertung der empirischen Daten in zwei Schritten statt. Mit Hilfe statistischer Verfahren werden zunächst die auf die Aufgaben*lösungen* reduzierten Interviews sowie die standardisierten Tests aller Kinder ausgewertet (vgl. Kap. 4.3.1). Die quantitativen Methoden dienen in diesem Forschungszusammenhang der Beschreibung von Aufgabenlösungen, ihrer Häufigkeitsverteilung und verschiedenen Zusammenhänge, also der Art von Lösungen, die Kinder am Schulanfang typischerweise zeigen, während qualitative Methoden mögliche Gründe für diese Lösungen durch eine Analyse der Lösungswege, Deutungs- und Sichtweisen der Kinder identifizieren helfen. In einem zweiten Schritt werden daher ausgewählte Interviews mit Blick auf den Lösungs*prozess* bei der Bearbeitung der Muster- & Strukturaufgaben ausgewertet (vgl. Kap. 4.3.2). Die qualitativen und quantitativen Methoden helfen in diesem Fall, Licht auf unterschiedliche Aspekte des untersuchten Phänomens zu werfen. Die qualitativen und quantitativen Ergebnisse können sich daher nicht wechselseitig ersetzen und sind damit auch nicht zur wechselseitigen Validierung brauchbar. Auf die in dieser Studie verwendeten Weise können empirische Befunde qualitativer Studien jedoch eingesetzt werden „für die Konstruktion eines theoretischen Rahmens, mit dessen Hilfe die Ergebnisse der statistischen Analysen adäquat interpretiert werden können und […] ‚*to enrich the bare bones of statistical results*'." (KELLE & ERZBERGER 2001, 111; Hervorhebung im Original)

4.3.1 Auswertung der Aufgabenlösungen und der standardisierten Tests

Mit Blick auf das Endprodukt, der kindlichen Lösung der Aufgaben, wird zunächst die Reduzierung der empirischen Daten der Muster- & Strukturaufgaben auf die Aufgabenlösungen und deren Bewertung detailliert offengelegt (Kap. 4.3.1.1). Die im Rahmen der quantitativen Analysen eingesetzten statistischen Verfahren werden in Kapitel 4.3.1.2 beschrieben.

4.3.1.1 Auswertung der Muster- & Strukturaufgaben

Auf die Aufgabenlösungen sowie auch auf die Beschreibungen und Deutungen der Kinder wurden aufgrund von Testkonstruktionskriterien verschieden hohe Punkte vergeben. Die „Bepunktung" der Muster- & Strukturaufgaben ist detailliert in Anhang III. aufgeschlüsselt. Der Aufgabenauswertung liegt der Fokus der Mustererkennung und Strukturierung zugrunde. Daraus und aus der Tatsache, dass nicht alle Schulanfänger korrekt und sicher Anzahlen bestimmen können, ergibt sich die Folgerung, nicht das Erfassen der exakt korrekten Anzahl, sondern das Erkennen von Strukturelementen höher zu bewerten. Dies wurde bei der Auswertung der kindlichen Aufgabenlösungen durchgängig berücksichtigt.

4.3.1.2 Statistische Verfahren

Qualitätsüberprüfung der Muster- & Strukturaufgaben
Da in dieser Studie als Vorhersagemaß neue Aufgaben eingesetzt werden, werden diese zunächst teststatistisch analysiert. Zu Beginn werden die Werte der Muster- & Strukturaufgaben auf das Vorliegen einer Normalverteilung untersucht. Laut BORTZ u.a. (2000, 319) wählt man für Stichproben mit n<100 am besten den Kolmogorov-Smirnov-Test. Dieser Test vergleicht unter Verwendung von Mittelwert und Standardabweichung die empirische Verteilungsfunktion mit einer Normalverteilung. Es werden außerdem Überlegungen zu den Gütekriterien Objektivität (Unabhängigkeit des Testergebnisses von Testleiter und Testauswerter, Grad der interpersonalen Übereinstimmung), Reliabilität (Zuverlässigkeit des Tests, Grad der Genauigkeit mit dem er das Merkmal misst, das er zu messen vorgibt) und Validität (Gültigkeit eines Tests, Güte mit der er tatsächlich dasjenige Kriterium misst, das er zu messen vorgibt) angestellt (vgl. BORTZ & DÖRING 2009, 195ff.). Bei der Überprüfung der Reliabilität wird insbesondere die ‚interne Konsistenz' berechnet. Dieser innere Zusammenhang ist ein Maß dafür, inwieweit die Aufgaben die gleiche Dimension erfassen und gibt die Homogenität der Aufgaben wieder. Ein Test gilt dann als reliabel, wenn er eine hohe durchschnittliche Korrelation zwischen den Aufgaben aufweist.

Die Einzelaufgaben werden in Bezug auf ihre Schwierigkeit, Trennschärfe und Homogenität analysiert. Mit Hilfe einer Faktorenanalyse sollen aus der Korrelationsmatrix Faktoren extrahiert werden, die inhaltlich die Gemeinsamkeiten der Indikatoren erfassen, da oftmals davon ausgegangen werden kann, dass sich eine Menge miteinander korrelierter Beobachtungsvariablen (Indikatoren) auf eine kleinere Menge latenter Variablen (Faktoren) zurückführen lässt. Im Rahmen der Qualitätsüberprüfung der Muster- & Strukturaufgaben wird also untersucht, ob mehrere latente Dimensionen vorliegen und wie diese inhaltlich bestimmt werden können. Statistisch bedeutet dies, dass die Items gruppenweise untereinander korrelieren; Items, die zu einer Dimension gehören, korrelieren miteinander, nicht aber mit den Items, die zu einer anderen Dimension gehören. Die Faktorenanalyse besteht also in der inhaltlich und statistisch sinnvollen Konstruktion theoretischer Hintergrundvariablen, die das Zustandekommen von Korrelationen in Gruppen von Variablen erklären.

„Durch die Faktorenanalyse wird dem Variablengeflecht eine Ordnung unterlegt, aus der sich die angetroffene Konstellation der Variablen erklären lässt. (...) Die eigentliche Aufgabe der Faktorenanalyse ist es, dasjenige Ordnungssystem herauszufinden, das mit den theoretischen Kontexten der untersuchten Variablen am besten zu vereinbaren ist." (BORTZ 1989, 618)

Wichtig ist allerdings, dass die Faktoren *Konstrukte* darstellen; es „gibt" keine bestimmte Anzahl von Faktoren. Die Frage, welche und wie viele Faktoren sinnvoll konstruiert und unterschieden werden sollen, muss stets aufgrund statistischer und inhaltlicher Überlegungen beantwortet werden (vgl. FROMM 2008, 314ff.; BORTZ & DÖRING 2009, 147).

Berechnung von Mittelwertsunterschieden
Um zu überprüfen, ob das Geschlecht oder der Migrationshintergrund der Kinder einen Einfluss auf die Leistungen in den Muster- & Strukturaufgaben und den Mathematiktests haben, werden Mittelwertsvergleiche mit dem t-Test für unabhängige Stichproben durchgeführt. Dabei wird das Alpha-Niveau nach Bonferroni adjustiert, um die steigende Irrtumswahrscheinlichkeit bei einer größeren Anzahl von Mittelwertsvergleichen zu korrigieren (vgl. DORNHEIM 2008, 277). Um die Mittelwertsvergleiche von ihrer Größe her einordnen zu können, werden jeweils Effektstärken (d) berechnet. Dabei normiert die Effektstärke die Unterschiede zwischen den Vergleichsgruppen auf die Streuung der Testwerte. Die Effektstärken gelten bei Werten um d=.20 als klein, um d=.50 als mittel und um d=.80 als groß (vgl. BORTZ & DÖRING 2009, 606).

Zusammenhänge zwischen den Mathematiktests und den Muster- & Strukturaufgaben
Zur Prüfung eines möglichen Zusammenhangs zwischen zwei Variablen, z.B. den Fähigkeiten bezüglich Mustern und Strukturen und der Zahlbegriffsentwicklung, werden bivariate Korrelationsanalysen nach Pearson berechnet. Die Enge des Zusammenhanges wird mit einem Korrelationskoeffizienten (r) quantifiziert, dessen statistische Bedeutsamkeit ein Signifikanztest überprüft.

Vorhersage der Mathematikleistung mit Regressionsanalysen
Inwieweit sich Unterschiede in den Kompetenzen bezüglich Mustern und Strukturen am Schulanfang auch in den Mathematikleistungen am Ende des 2. Schuljahres widerspiegeln, wird mit Hilfe von linearen Regressionsanalysen überprüft.

Die Regressionsanalyse betrachtet, ähnlich wie eine Korrelationsanalyse, den Zusammenhang zwischen einer abhängigen und einer (oder sogar mehreren) unabhängigen Variablen. Darüber hinaus unterstellt die Regressionsanalyse ein Kausalmodell und erlaubt somit nicht nur eine Aussage darüber, ob und in welchem Ausmaß zwei Variablen zusammenhängen, sondern auch die Überprüfung der Richtung des Zusammenhangs. Es kann also betrachtet werden, inwiefern eine (oder mehrere) unabhängige Variable einen Einfluss auf eine abhängige Variable ausübt (vgl. SCHENDERA 2008, 36 & 102). Voraussetzung für die Anwendung dieses Verfahrens ist daher, dass der Untersucher aus theoretischen Überlegungen heraus eine Vorstellung über die Kausalzusammenhänge zwischen den Variablen formuliert und sie auf dieser Grundlage in unabhängige (beeinflussende) und abhängige (beeinflusste) Variablen einteilt (vgl. KRAJEWSKI 2003, 145). Als unabhängige Variablen (Prädiktoren) dienen in vorliegender Untersuchung die Leistung in den Muster- & Strukturaufgaben, die Leistung im OTZ, Alter, Geschlecht und Migrationshintergrund. Diese sollen die Varianz in der Leistung im DEMAT 2+ (als abhängige Variable, Kriterium) aufklären. In der linearen Regressionsanalyse wird der Wert in einem Kriterium durch die gewichtete Summe von Prädiktoren so geschätzt, dass die Summe der quadrierten Residuen (die Unterschiede zwischen den vorliegenden gemessenen Kriteriumswerten und ihren Schätzwerten) möglichst gering wird. Der Determinationskoeffizient R^2 (er entspricht dem Quadrat des Korrelationskoeffizienten r) gibt dabei den Anteil der durch den oder die Prädiktoren aufgeklärten Varianz an der Gesamtvarianz des Kriteriums an (vgl. ebd.). Um zu untersuchen, *welche* Prädiktoren einen Beitrag zur Vorhersage des Kriteriums leisten, wird in vorliegender Untersuchung die schrittweise Regressionsanalyse eingesetzt. Hierbei werden aus allen betrachteten Prädiktoren nur diejenigen ausgewählt, die den größten Beitrag zur Aufklärung des Kriteriums erbringen und schrittweise – beginnend mit der Variable, die am höchsten mit dem Kriterium korreliert – in die Regressionsgleichung aufgenommen. Zur Bestimmung der Spezifität des jeweiligen Prädiktors sowie des Anteils der durch die Prädiktoren gemeinsam aufgeklärten Varianz kommt außerdem die Einschlussmethode zum Einsatz, bei der die Leistung in den Muster- & Strukturaufgaben an erster Stelle in die Regressionsgleichung „gezwungen" wird.

Probleme des methodischen Vorgehens der Regressionsanalyse ergeben sich zum einen aus der Unterstellung fehlerfreier Messungen für die Vorhersagevariablen, die in der Realität nicht gegeben sind. Zum anderen sind die spezifischen Anteile an der Kriteriumsvarianz durch die jeweiligen Prädiktoren nur dann genau erfassbar, wenn die Prädiktoren unkorreliert sind. Beide Voraussetzungen sind bei sozialwissenschaftlichen Messungen in der Regel nicht erfüllt. Insgesamt gilt, dass die Verzerrung der Schätzwerte bei der multiplen Regressionsanalyse umso stärker ausfallen, je höher die Interkorrelationen zwischen den Prädiktoren sind (Multikollinearitätsproblem) und je geringer die Reliabilität der Prädiktoren ist (vgl. DORNHEIM 2008, 275). Um den Fehler, der durch den Einbezug mehrerer Vorhersagevariablen entstehen kann, zu reduzieren, wird durchgängig das korrigierte Bestimmtheitsmaß verwendet (vgl. ebd., 359). Um die Kollinearität zu kontrollieren, wird empfohlen, den Konditionsindex anzugeben. Werte zwischen 10 und 30 weisen auf mäßige, Werte über 30 auf starke Kollinearität hin (vgl. BROSIUS 2008, 570). Als Voraussetzung für eine Regressionsanalyse muss zumindest die Kriteriumsvariable normalverteilt sein und ein linearer Zusammenhang zwischen unabhängiger und abhängiger Variable bestehen. Eine lineare bzw. Normalverteilung der Residuen muss ebenfalls gewährleistet sein (Homogenität der Varianzen) (vgl. SCHENDERA 2008, 132).

4.3.2 Auswertung der Lösungswege der Muster- & Strukturaufgaben

In einem zweiten Schritt werden die Interviews mit Blick auf den Lösungsprozess bei der Bearbeitung der Muster- & Strukturaufgaben ausgewertet. Der Fokus der Analysen liegt hier neben den Lösungen vor allem auf den Strategien, Erklärungen und Sichtweisen der Kinder, um die Forschungsfrage nach den (qualitativen) *Unterschieden* in den Kompetenzen bezüglich Mustern und Strukturen am Schulanfang klären zu können. Um die ganze *Bandbreite* dieser Kompetenzen aufzeigen zu können, sollen neben den deskriptiven Statistiken zu den Aufgaben*lösungen* (vgl. Kap. 4.4.2.1) auch komparative Analysemethoden zur Beschreibung von Strategien und Lösungs*wegen* zur Anwendung kommen.

Mit den in den Kapiteln 3.2.3.1-3 beschriebenen Studien von MULLIGAN & MITCHELMORE (2009), SÖBBEKE (2005) und VAN NES (2009) gibt es bereits weitgehend übereinstimmende Theorien zu kindlichen Strukturierungsfähigkeiten, die jeweils vier idealtypische Stufen struktureller Entwicklung und die dazugehörigen Fähigkeiten der Kinder beschreiben. In vorliegender Studie soll deshalb keine weitere Theorie auf der Basis empirisch begründeter Typenbildung entwickelt werden. Die hier vorgenommenen Analysen fokussieren vielmehr auf die kindlichen Fähigkeiten und Sichtweisen *am Schulanfang*, um den im ersten Auswertungsschritt nachgewiesenen Zusammenhang zwischen mathematischer Leistung und Mustererkennungs- und Strukturierungsfähigkeiten auf einer inhaltlichen Ebene zu beschreiben.

Als Ausgangspunkt der Analysen nutze ich die Testkonstruktion des standardisierten ‚Osnabrücker Test zur Zahlbegriffsentwicklung' (OTZ; VAN LUIT, VAN DE RIJT & HASEMANN 2001, 28f.), bei dem Kinder mit gleichem Kompetenzergebnis ähnliche Aufgaben richtig gelöst haben und damit von ähnlichen mathematischen Kompetenzen ausgegangen werden kann. Auf der Basis der OTZ-Ergebnisse teile ich die Stichprobe in vier gleich große Gruppen (Quartile): die stärksten 25%, die schwächsten 25% sowie die jeweils 25% dazwischen. Die gleiche Einteilung nehme ich aufgrund der erreichten Punktzahl in den Muster- & Strukturaufgaben vor. Für die Analysen werden die Interviews der Kinder herangezogen, die sich in *beiden* Tests im jeweils *gleichen* Quartil befinden. Bei diesen Kindern werden ähnliche mathematische Kompetenzen zugrunde gelegt, verglichen werden die Gemeinsamkeiten und Unterschiede beim Umgehen mit Mustern und Strukturen. Es wird also eine inhaltliche Beschreibung der einzelnen Quartile sowie eine Unterscheidung der Quartile voneinander in Bezug auf die Mustererkennungs- und Strukturierungsfähigkeit, aber immer mit Blick auf die numerischen und pränumerischen/ mathematischen Fähigkeiten (OTZ) vorgenommen, um letztendlich den Zusammenhang zwischen diesen inhaltlich beschreiben zu können.

4.3.2.1 Einteilung der Stichprobe in Quartile und Auswahl der Fälle

Die Gesamtstichprobe wurde zum einen aufgrund ihrer Ergebnisse in den Muster- & Strukturaufgaben sowie zum anderen aufgrund ihrer OTZ-Ergebnisse in Quartile geteilt. Die Quartile des OTZ beinhalten folgende Punktzahlen: 1. Quartil 0-24 Punkte, 2. Quartil 25-29 Punkte, 3. Quartil 30-31 Punkte und 4. Quartil 32-40 Punkte (zu den Quartil-Punktzahlen der Muster- & Strukturaufgaben vgl. Kap. 4.4.5). Von den 74 Kindern befinden sich 32 (43%) in beiden Tests im jeweils *gleichen* Quartil, bei den übrigen unterscheidet sich die Zugehörigkeit zu den Quartilen beim OTZ und den Muster- & Strukturaufgaben. 29 Kinder (39%) befinden sich in den beiden Tests in benachbarten Quartilen, 12 Kinder (16%) sind zwei und 1 Kind ist drei Quartile auseinander. Aufgrund der teilweise sehr engen Quartilsgrenzen ist der hohe Anteil von Probanden, die sich in den beiden Tests in benachbarten Quartilen befinden, nicht verwunderlich. Somit sind insgesamt 82% aller Kinder im jeweils gleichen oder in benachbarten Quartilen. Für das theoretische Sampling (zur Begründung des theoretischen Samplings siehe unten) wurden jedoch nur die Probanden herangezogen, die sich in den Muster- & Strukturaufgaben und im OTZ im *gleichen* Quartil befinden. Es standen damit 12 Kinder im 1. Quartil, 5 im 2. Quartil, 6 im 3. Quartil und 9 Kinder im 4. Quartil für die Auswahl der Teilstichprobe zur Verfügung.

Da alle Interviews bereits vor den Analysen durchgeführt waren, fand das theoretische Sampling nicht, wie im engen Sinne vorgesehen, im Prozess der Daten*erhebung*, sondern ausschließlich im Prozess der Daten*auswertung* statt. Die Personen werden nach dieser Art der schrittweisen Festlegung des Samples nach ihrem (zu erwartenden) Gehalt an Neuem für die zu entwickelnde Theorie in die Untersuchung einbezogen, dies geschieht jeweils aufgrund des bisherigen Standes der Analysen (vgl. FLICK 1999, 81ff.). In der vorliegenden Untersuchung wurden daher solche Interviews ausgewählt, die innerhalb der Quartile eine große Bandbreite an individuellen Herangehensweisen offenbarten und im Hinblick auf die Forschungsfragen interessante, auffällige, unerwartete oder wichtig erscheinende Daten enthielten, um auf der Basis der Analysen ein möglichst differenziertes und präzises Bild der Quartile aufzeigen und begründen zu können.

Die nachfolgende Übersicht zeigt die ausgewählten Interviews[5] und ihre Zuordnung zu den Quartilen.

---

5 Die Namen der Kinder wurden verändert.

Tabelle 4.3.1:
In die Analysen einbezogene Interviews

4. Quartil	3. Quartil	2. Quartil	1. Quartil
Edisa	Rafael	Ares	Helene
Joshua	Paula	Rebecca	Joline
Lukas	Erik	Lion	Valeska
Nick	Lina	Katharina	Celina
Esther	Jana		Moskan
			Manuel

4.3.2.2 Methodisches Vorgehen bei der Auswertung

Die in diesem zweiten Auswertungsteil genutzte Forschungsmethodik lehnt sich an das ‚Thematische Kodieren' nach FLICK (1996 & 1999) an. Das thematische Kodieren legt den Akzent auf vergleichende Studien mit aus der Fragestellung abgeleiteten, vorab festgelegten Gruppen. Es wird die Annahme zugrunde gelegt, dass in unterschiedlichen sozialen Welten bzw. sozialen Gruppen differierende Sichtweisen auf ein Phänomen oder einen Prozess anzutreffen sind. Zentraler Gegenstand der Interpretation ist die Analyse der Vielfalt und der sozialen Verteilung dieser Perspektiven. Es werden also gruppenspezifische Gemeinsamkeiten und Unterschiede identifiziert und analysiert. Die Gruppen werden nach einer theoretischen Konzeption bestimmt und das in die Untersuchung einbezogene Sample dementsprechend zusammengestellt (vgl. oben).

FLICK (1996) untersuchte in seiner Arbeit die Sichtweisen verschiedener sozialer Gruppen zum Prozess des technischen Wandels. Vorliegende Studie arbeitet nicht mit *sozialen* Gruppen, sondern die Kinder der Stichprobe wurden aufgrund ihrer gezeigten Leistung im Osnabrücker Test zur Zahlbegriffsentwicklung und den Muster- & Strukturaufgaben in „Leistungs"-Quartile eingeteilt. Die Sichtweisen dieser *Kompetenz*gruppen auf Muster und Strukturen, ihre Fähigkeiten zur Strukturierung und Mustererkennung sollen analysiert werden. Es wird dabei unterstellt, dass die Kinder der verschiedenen Quartile unterschiedliche Umgehensweisen mit und Sichtweisen auf Muster und Strukturen besitzen.

Mit dem thematischen Kodieren entwickelte FLICK in Anlehnung an STRAUSS (1991) ein spezielles Interpretationsverfahren für die mit einem episodischen Interview erhobenen Daten. Zur Überprüfung der Annahme gruppenspezifisch differierender Sicht- und Erfahrungsweisen und gleichzeitiger Entwicklung einer Theorie über diese, war es für FLICK notwendig, den Ansatz von STRAUSS in wesentlichen Punkten zu modifizieren, die jeweils auf eine Erhöhung der Vergleichbarkeit des empirischen Materials abzielten (vgl. FLICK 1996, 161):

- Das *Sampling* ist an den Gruppen orientiert, deren Perspektiven auf den Gegenstand für die Analyse bedeutsam sind und die damit vorab festgelegt und nicht – wie bei STRAUSS – aus dem Stand der Interpretation abgeleitet werden. Theore-

tisches Sampling (s.o.) findet dann jedoch innerhalb der Gruppen bei der Auswahl der konkreten Fälle statt.
- Die *Datenerhebung* wird entsprechend mit einem Verfahren durchgeführt, das Vergleichbarkeit durch die Vorgabe von Themen (hier: Aufgaben) bei gleichzeitiger Offenheit für die jeweiligen, darauf bezogenen Sichtweisen gewährleisten soll. Nach FLICK (ebd.) kann das Verfahren neben dem episodischen Interview und dessen Vorgabe von Bereichen, in denen dann konkrete, auf den Gegenstand der Untersuchung bezogene Situationen erzählt werden sollen, prinzipiell auch mit Leitfaden-Interviews umgesetzt werden. In vorliegender Studie werden die Daten mit halbstandardisierten Interviews, die durch Leitfragen und der Altersgruppe angemessen durch zu bearbeitende Aufgaben und vorgegebenes Material vorstrukturiert sind, erhoben. Das Verfahren des thematischen Kodierens kann daher angewendet werden.
- In der *Interpretation* des Materials wird – wieder mit Blick auf die Vergleichbarkeit der Analysen – das thematische Kodieren als ein mehrstufiges Vorgehen angewendet. Die erhaltenen Daten lassen sich auf verschiedenen Ebenen interpretieren: einerseits auf der Ebene des einzelnen Falles, andererseits auf der Ebene des Fallvergleichs.

Der erste Schritt richtet sich auf die einbezogenen Fälle, die in einer Reihe von Einzelfallanalysen interpretiert werden. Mit der vertiefenden Analyse des einzelnen Falls verfolgt FLICK verschiedene Zielsetzungen: Um den Sinnzusammenhang der Auseinandersetzung der jeweiligen Person mit dem Untersuchungsthema zu erhalten, werden Fallanalysen für alle einbezogenen Fälle durchgeführt. In der Analyse wird ein Kategoriensystem für den einzelnen Fall entwickelt. Bei der weiteren Ausarbeitung des Kategoriensystems wird (in Anlehnung an STRAUSS) zunächst offen, dann selektiv kodiert. Selektive Kodierung zielt bei FLICK weniger auf die Entwicklung einer gegenstandsbezogenen Kernkategorie über alle Fälle hinweg, als auf die Generierung thematischer Bereiche und Kategorien zunächst für den einzelnen Fall. Nach den ersten Fallanalysen werden die dabei entwickelten Kategorien und die thematischen Bereiche, auf die sie sich in den einzelnen Fällen beziehen, miteinander abgeglichen. Daraus resultiert eine thematische Struktur, die für die Analyse weiterer Fälle zugrunde gelegt wird, um deren Vergleichbarkeit zu erhöhen. Diese aus den ersten Fällen entwickelte und an allen weiteren Fällen kontinuierlich überprüfte Struktur wird, wenn sich neue oder ihr widersprechende Aspekte ergeben, diesen entsprechend angepasst. Mit ihr werden alle in die Auswertung einbezogenen Fälle analysiert. Für die eigene Untersuchung wird dieser erste Schritt modifiziert, da FLICK sich hier auf mit episodischen Interviews erhobenen Daten bezieht. Bei Leitfaden-Interviews, insbesondere durch die Vorgabe festgelegter Aufgaben für die gesamte Stichprobe in der eigenen empirischen Erhebung, sind die thematischen Bereiche bereits vorgegeben und müssen durch die Analysen nicht erst entwickelt werden. Die Einzelfallanalysen dienen in vorliegender Studie deshalb zur Erweiterung und Modifizierung des auf theoretischer Basis entwickelten Kategorienschemas (vgl. Kap. 4.3.2.3).

Die zweite Stufe der Auswertung, der Gruppenvergleich, versucht mit Hilfe der entwickelten thematischen Struktur (in vorliegender Studie dem Kategorienschema) die Herausarbeitung von Gemeinsamkeiten und Unterschieden zwischen den verschiedenen Untersuchungsgruppen (hier: Quartilen). Darüber wird die soziale Verteilung der Perspektiven auf den untersuchten Gegenstand analysiert und überprüft. Ähnliche Kodierungen werden dabei in der einzelnen Gruppe zusammengefasst und spezifische Themen (hier: Sichtweisen, Vorgehensweisen, Lösungen und Erklärungen) der jeweiligen Gruppen herausgearbeitet. Aus dem konstanten Vergleich der Fälle auf der Grundlage des entwickelten Kategorienschemas lässt sich das inhaltliche Spektrum der Auseinandersetzung mit den jeweiligen Aufgaben skizzieren.

Das Verfahren des thematischen Kodierens ist vor allem für Studien geeignet, bei denen theoretisch begründete Gruppenvergleiche in Bezug auf einen Gegenstand durchgeführt werden sollen. Von daher ist der Spielraum hinsichtlich einer zu entwickelnden Theorie begrenzter als etwa im Verfahren von STRAUSS. Diese Beschränkung wird für vorliegende Studie als nicht problematisch angesehen. Die Analyse fokussiert auf die Herausarbeitung von Gemeinsamkeiten und Unterschieden zwischen den vorab festgelegten Quartilen, die sich vor allem an der Verteilung der Kategorien und ihrer Besetzung über die Quartile festmachen. Durch die Gruppenvergleiche soll das Spektrum der Kompetenzen bzgl. Muster und Struktur am Schulanfang erhoben und mit Bezug zu den mathematischen Fähigkeiten genauer beschrieben werden. Außerdem wurden zur kindlichen Strukturierungsfähigkeit bereits Theorien entwickelt (vgl. MULLIGAN & MITCHELMORE 2009; SÖBBEKE 2005; VAN NES 2009) die hier, bezogen auf den Schulanfang, überprüft und ggf. ergänzt werden können.

4.3.2.3 Entwicklung des Kategorienschemas zur Kodierung des Datenmaterials

Zur Durchführung von Fallvergleichen und Fallkontrastierungen in dieser Studie wird das qualitative Datenmaterial anhand eines Kategorienschemas kodiert, wodurch Textstellen in den Interviewtranskripten einzelnen Kategorien zugeordnet und anschließend systematisch miteinander verglichen werden können (vgl. KELLE & KLUGE 1999, 83f.). KELLE & KLUGE (1999, 55) beschreiben dieses Vorgehen als eine „methodisch kontrollierte interpretative Analyse".

Um Unterschiede und Gemeinsamkeiten im Datenmaterial zu identifizieren und beschreiben zu können, müssen zu Beginn der Datenauswertung relevante Merkmale bzw. Vergleichsdimensionen ermittelt werden, anhand derer das Datenmaterial charakterisiert werden kann. Die zentralen Vergleichsdimensionen für die eigene empirische Studie wurden vor Beginn der Auswertung aus einer Literaturanalyse bzgl. der Forschungsfragen abgeleitet (vgl. z.B. BATTISTA & CLEMENTS 1996; MULLIGAN, PRESCOTT & MITCHELMORE 2004; SÖBBEKE 2005; später ergänzt durch VAN

NES 2009), sowie aufgrund theoretischer Überlegungen zu möglichen Strategien, theoretisch denkbaren Antworten, etc. erstellt und mit den Ergebnissen der quantitativen Analysen ergänzt. Die empirische Relevanz dieser vorweg entwickelten Kategorien wurde erst bei der weiteren Auswertung der Interviewdaten geklärt.

Um solche im Vorhinein bestehenden Vergleichsdimensionen genauer beschreiben, neue Merkmale auffinden und die tatsächliche Relevanz überprüfen zu können, ist ein Überblick über die Daten notwendig. Dies geschieht durch die Einzelfallanalysen, bei denen jeder Einzelfall für sich ausgewertet und die „charakteristischen Grundzüge jedes Falls" (KLUGE 1999, 267) rekonstruiert werden sowie durch den anschließenden Fallvergleich. Auf dieser Grundlage können die Vergleichsdimensionen exakter beschrieben und Merkmalsausprägungen bestimmt werden, d.h., es kann am empirischen Material herausgearbeitet werden, welche unterschiedlichen (Bearbeitungs-)Varianten bezüglich eines Vergleichsmerkmals möglich sind und auch tatsächlich auftreten (vgl. ROTTMANN 2006, 112).

Mit Hilfe der Einzelfall- und komparativer Analysen konnten die Kategorien für die eigene Studie im Laufe des Analyseprozesses präzisiert werden. Durch Ergänzung weiterer Kategorien bzw. durch Ausdifferenzierung einer Kategorie in mehrere Subkategorien wurde das Kategorienschema sozusagen empirisch aufgefüllt. Ein solches Vorgehen, bei der neue Kategorien anhand des Datenmaterials entwickelt werden, wird als abduktives Kodieren bezeichnet (vgl. KELLE & KLUGE 1999, 59).

Anzumerken ist noch, dass die Einzelfallanalysen in vorliegender Studie in anonymisierter Form vorgenommen wurden. Der Kodierer wusste insbesondere nicht, in welchem Quartil sich das jeweilige Kind befindet. Erst nachdem das Kategorienschema in seiner Endfassung vorlag und alle einbezogenen Fälle entsprechend kodiert waren, erfolgte eine Zuordnung der kodierten Transkripte zu den Quartilen.

Die endgültige Fassung des Kategorienschemas ist in Anhang IV. zu finden. Die grundlegende Struktur besteht aus einem Kodebaum für jede Aufgabe[6]. Es wird also eine Aufgabe als Sinneinheit kodiert, um zunächst die unterschiedlichen Sichtweisen und Bearbeitungen der Quartile an einer speziellen Aufgabe festmachen zu können. Im Laufe der Entwicklung des Kategorienschemas musste die Aufgabe ‚Punktemuster' sogar noch weiter in die Teilaufgaben zu Reihen- und Feldanordnungen differenziert werden, um Gemeinsamkeiten und Unterschiede sichtbar machen zu können.

Allein die Punktemusteraufgabe war explizit in den Kontext der Anzahlbestimmung eingebettet, allerdings wurden auch die übrigen Aufgaben den Kindern vor dem Hintergrund einer numerischen Deutungsanforderung gestellt. Wie SÖBBEKE (2005, 128) in ihrer Untersuchung, konnte auch ich die „Anzahlbestimmung [als] charakteristischer Bestandteil der kindlichen Deutungsstrategien" in den Interviews beobachten. Da die Ergebnisse der Anzahlbestimmung im ersten Auswertungs-

---

6 Es werden nur die Aufgaben ‚Zehnerkette', ‚Punktemuster', ‚Plättchen legen' und ‚Zwanzigerfeld' in die Analysen einbezogen, da sich in der quantitativen Auswertung zeigte, dass die Aufgaben ‚Tastaufgabe' und ‚Rhythmus' nicht dazu beitragen, zwischen Probanden mit hoher und niedriger Merkmalsausprägung zu unterscheiden.

schritt nicht in die Bewertung eingehen, werden sie in dieser Auswertung sorgfältig betrachtet und gehen neben der Strukturierung als zweiter Hauptkomplex in das Kategorienschema ein. Eine Zuordnung der Analysekategorien zu den Fähigkeitskomplexen (visuelle bzw. mentale) Strukturierung und Anzahlbestimmung als grundsätzliche Gliederung findet man ebenfalls bei MERSCHMEYER-BRÜWER (2000) und SÖBBEKE (2005). Für die eigene Studie, die am Schulanfang verortet ist und damit die Fähigkeiten der Schüler *vor* jeglicher schulischer Instruktion erhebt, wird jedoch bewusst auf eine Unterscheidung des Fähigkeitskomplexes Anzahlbestimmung in Zählen und Anzahlerfassung wie bei MERSCHMEYER-BRÜWER und SÖBBEKE verzichtet. Stattdessen wird explizit der Zeitpunkt des Zählens beachtet, inwieweit das Kind also von sich aus ein präsentiertes Muster (auch) numerisch deutet oder Zählstrategien bei der Reproduktion sowie beim Fortsetzen eines Musters einsetzt.

Bei der Analyse der Lösungswege sind außerdem die bereits bei der Aufgabenplanung berücksichtigten unterschiedlichen Musteraktivitäten zu beachten. So wird kodiert, inwieweit ein Kind Muster und Strukturen erkennt und nutzt, in der Lage ist, diese zu reproduzieren, selbst zu strukturieren oder ein Muster weiterzuführen. Diese Kategorien treffen nicht auf alle Aufgaben zu und sind deshalb individuell an die jeweilige Aufgabe angepasst.

Schließlich besitzen Anschauungsmittel eine theoretische Mehrdeutigkeit (vgl. Kap. 2.2.4) und für einen kompetenten Umgang mit ihnen ist eine relationale Sichtweise nötig, die am Schulanfang jedoch nicht vorausgesetzt, sondern im Schulunterricht entwickelt wird. Dennoch ist von Interesse, ob bei einigen Kindern bereits vor dem formalen Mathematikunterricht verschiedene Sichtweisen auf ein Anschauungsmittel vorhanden sind, weshalb im Kategoriensystem den Umdeutungen durch die Schüler ebenfalls Aufmerksamkeit geschenkt wird.

Die zur Kodierung der Daten verwendete Software MAXqda bietet hilfreiche Funktionen, die zum einen das Herausfiltern von Antworten zu einer (oder mehrerer) bestimmter Kategorie(n) und zum anderen einen Überblick über die empirische Verteilung der Antwortkategorien ermöglichen. Nach der Entwicklung des Kategorienschemas und der Kodierung aller in die Analysen einbezogenen Interviews wurden mit Hilfe von MAXqda Häufigkeitstabellen für die vier Quartile erstellt, welche die Grundlage der weiteren, quartilbezogenen Analysen bildeten. In den Häufigkeitstabellen werden relevante Kategorien zur Unterscheidung der Quartile, sowie unterschiedliche Aufgabenbearbeitungen innerhalb und zwischen den Quartilen sichtbar, die im Ergebnisteil zunächst aufgabenbezogen analysiert und beschrieben werden. Anschließend werden die Ergebnisse bezogen auf die Quartile zusammengefasst und typische Lösungswege, Sichtweisen und Fähigkeiten der einzelnen Quartile beschrieben.

4.4 Ergebnisse der quantitativen Auswertung

In diesem Ergebnisteil werden die Muster- & Strukturaufgaben zunächst einer Analyse und Qualitätsüberprüfung unterzogen und die deskriptiven Ergebnisse der Aufgaben sowie auch der verwendeten mathematischen Tests aufgeführt (vgl. Kap. 4.4.2.1 & 4.4.3.1). Die Ergebnisse der mit statistischen Methoden untersuchten Unterschiede in den kindlichen Muster- und Strukturfähigkeiten am Schulanfang sind in den Kapiteln 4.4.2.2-4 und 4.4.3.2-4 zu finden. Es folgen, entsprechend der Fragestellungen dieser Studie, Zusammenhangs- und Vorhersageanalysen (vgl. Kap. 4.4.4 & 4.4.5). Die Ergebnisse der qualitativen Analysen werden in einem eigenen Kapitel 4.5 dargestellt.

4.4.1 Analyse und Qualitätsüberprüfung der Muster- & Strukturaufgaben

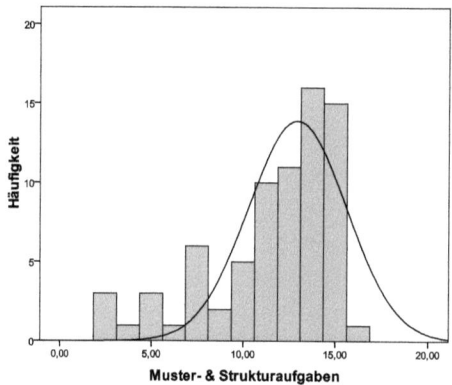

Abbildung 4.11:
Häufigkeitsverteilung der Gesamtwerte in den Muster- & Strukturaufgaben; n=74

Normalverteilung
Der Kolmogorov-Smirnov-Test ergibt eine Normalverteilung der Daten der Muster- & Strukturaufgaben (Berechnung ohne die Aufgaben ‚Tastaufgabe' und ‚Rhythmus', Erklärung siehe folgende Seite; Kolmogorov-Smirnov-Z=1.307, p>.05; vgl. Abb. 4.11).

Objektivität
Die Durchführungsobjektivität der Muster- & Strukturaufgaben ist insofern gewährleistet, als dass das Interview halbstandardisiert geführt wird. Die Anweisungen zu den Aufgaben (vgl. Interviewleitfaden im Anhang I) werden sinngemäß wiedergegeben, allerdings können Nachfragen individuell gestellt werden und sich Gespräche zur Vorgehensweise des Kindes beim Strukturieren entspannen. Das Interview ist aber so konzipiert, dass der Interviewer durch seine Nachfragen bei z.B. „falschen" Lösungen keinen kognitiven Konflikt bei den Kindern initiiert.

Damit eine hohe Objektivität bei der Aufgabenauswertung gegeben ist, wird die Bepunktung der einzelnen Aufgaben detailliert offengelegt (vgl. Kap. 4.3.1.1).

Interpretationsobjektivität ist insofern gegeben, als dass es sich um eine repräsentative Stichprobe handelt, deren statistische Kennwerte als Vergleichsmaßstab zur Interpretation einer individuellen Leistung herangezogen werden können. Die Muster- & Strukturaufgaben sind jedoch nicht normiert, so dass keine Normtabellen der Testwerte zur Verfügung stehen.

Die Stichprobe ist eine zufällig ausgewählte Gruppe von Kindern zum Zeitpunkt des Schuleintritts. Damit lassen sich die Ergebnisse auf alle Schulanfänger einer Regelschule übertragen. Die Untersuchungsbedingungen sind repräsentativ für viele Verfahren der Schuleingangsdiagnostik, in der die Kompetenzen der Schulanfänger in Einzelsitzungen durch einen Lehrer erhoben werden. Allerdings wurden die Sitzungen in vorliegender Untersuchung videographiert, was im Schulalltag normalerweise nicht vorkommt. Möglicherweise könnte der für die beiden Schulen unterschiedliche Untersuchungsraum einen Einfluss haben. Die Versuchsleiterin blieb in allen Untersuchungen die gleiche Person. Zeitpunkt der Untersuchung war stets der Schulvormittag, dieser variierte jedoch von morgens 8.00 Uhr bis mittags 13.00 Uhr. Die unterschiedlichen Räumlichkeiten sowie die unterschiedlichen Uhrzeiten lassen jedoch keinen entscheidenden Einfluss auf die Ergebnisse erwarten. Die Schulzugehörigkeit konnte als Einflussfaktor auf die Leistungen ausgeschlossen werden; signifikante Effekte der Zugehörigkeit zu einer bestimmten Schule ließen sich in den spezifischen Gesamtwerten nicht finden. In der Testdurchführung wurde eine Variation in der Reihenfolge der Punktemuster eingeführt, so dass der einen Hälfte der Probanden zuerst das symmetrische und danach das nicht symmetrische 4er-Punktemuster präsentiert wurde, der anderen Hälfte der Probanden umgekehrt. Diese Variation wurde jedoch durch eine Analyse kontrolliert, die keinen signifikanten Unterschied in den Mittelwerten der Aufgabe ‚Punktemuster' zeigte (vgl. 5.4.2.1).

Reliabilität
Die interne Konsistenz der Muster- & Strukturaufgaben wird mit Cronbachs Alpha auf Reliabilität überprüft. Es ergibt sich ein Wert für die sechs Items von $\alpha=.65$. Eine weitere Untersuchung über die Inter-Item-Korrelationsmatrix ergibt Hinweise auf zwei nicht homogene Items: Aufgabe ‚Tastaufgabe' und Aufgabe ‚Rhythmus' (siehe Tabelle 4.4.1).

Tabelle 4.4.1:
Interkorrelationen (Produkt-Moment-Korrelation nach Pearson) der sechs Items der Muster- & Strukturaufgaben; n=74, **p<.01, *p<.05

	1) Zehnerkette	2) Punktemuster	3) Tastaufgabe	4) Rhythmus	5) Plättchen legen	6) Zwanzigerfeld
1) Zehnerkette						
2) Punktemuster	.43**					
3) Tastaufgabe	.05	.06				
4) Rhythmus	.04	.18	-.09			
5) Plättchen legen	.51**	.42**	-.13	.15		
6) Zwanzigerfeld	.43**	.26*	.06	.18	.41**	

Die Überprüfung der Trennschärfe, also die Korrelation eines einzelnen Items mit dem aus den übrigen Items gebildeten Gesamtergebnis ergibt für die Aufgabe ‚Rhythmus' einen schwachen Zusammenhang von r=.16 in der Stichprobe, der jedoch nicht signifikant wird und für die ‚Tastaufgabe' gar keine Korrelation (r=-.02, p>.05) (vgl. Tabelle II.1 im Anhang).

Dies bedeutet, dass die beiden Aufgaben wenig bis nichts dazu beitragen, zwischen Probanden mit niedriger und hoher Merkmalsausprägung zu trennen, bzw. dass die beiden Items etwas anderes messen als der Gesamttest. Sowohl aufgrund ihrer Inhomogenität in Bezug auf den Gesamttest als auch aufgrund ihrer geringen Trennschärfe werden die beiden Items ‚Tastaufgabe' sowie ‚Rhythmus' für die weitere Untersuchung ausgeschlossen. **Daraus ergibt sich eine neue Skala mit den vier Items ‚Zehnerkette', ‚Punktemuster', ‚Plättchen legen' und ‚Zwanzigerfeld'.** Durch Ausschluss der beiden Items wird die Homogenität gesteigert. Cronbachs Alpha für die neue Skala ergibt nun einen Reliabilitätswert von α=.72.

Validität
Inhaltsvalidität: Inhaltliche Validität liegt vor, wenn die gewählten Aufgaben das zu messende Konstrukt in seinen wichtigsten Aspekten erschöpfend erfassen. Die Muster- & Strukturaufgaben wurden theoriebasiert entwickelt und ausführlich begründet (vgl. Kapitel 4.2.4.2). Ich nehme daher an, dass insbesondere die Aufgaben der 4-Item-Skala eine gute Operationalisierung des Konstrukts Mustererkennungs- und Strukturierungsfähigkeit am Schulanfang darstellen.

Kriteriumsvalidität: Die neue 4-Item-Skala der Muster- & Strukturaufgaben soll im Folgenden zunächst auf Übereinstimmungsvalidität sowie auf prognostische Validität überprüft werden, wozu Korrelationen mit dem OTZ sowie dem DEMAT 2+ berechnet werden. Von diesen beiden Tests wird eine curriculare bzw. repräsentative Validität vorausgesetzt. Der OTZ ermittelt die mathematische Kompetenz 5- bis 7½-jähriger Kindergarten- und Grundschulkinder unabhängig von mathematischen Lehrgängen oder bestimmten Methoden (vgl. VAN LUIT u.a. 2001, 7). Die Aufgaben wurden auf Grundlage von vorliegenden mathematischen Lehrprogrammen für jüngere Kinder, von Schul- und Lehrerhandbüchern sowie der Forschungsliteratur zu diesem Thema entwickelt (vgl. ebd., 9). Der Konstruktion des DEMAT 2+ liegen die Mathematiklehrpläne der zweiten Klassen aller deutschen Bundesländer zugrunde. Er kann „als lehrplanvalides Messinstrument zur Erfassung der Mathematikleistung von Zweitklässlern angesehen werden" (KRAJEWSKI u.a. 2004, 30). Die Analyse der Pearson Korrelation zwischen dem OTZ und den Muster- & Strukturaufgaben zeigt eine Übereinstimmungsvalidität von r=.61. Die Korrelation zwischen den Muster- & Strukturaufgaben und dem DEMAT 2+ ergibt eine Vorhersagevalidität von r=.57. Demnach können spätere Mathematikleistungen mit Hilfe der Muster- & Strukturaufgaben recht zuverlässig vorhergesagt sowie ein gemeinsames, zugrundeliegendes Konstrukt angenommen werden.

Faktorenanalyse
Aufgrund der Ergebnisse der Trennschärfe-Überprüfung wurde schließlich eine Faktorenanalyse durchgeführt, um aus der Korrelationsmatrix aller Aufgaben Item*gruppen* zu extrahieren, die inhaltlich das Gemeinsame der Indikatoren erfassen (vgl. Kap. 4.3.1.2). Bei der Berechnung der Hauptkomponentenanalyse mit Varimaxrotation wurde eine Drei-Faktoren-Lösung im statistischen Auswertungsprogramm vorgegeben, da aufgrund der Ergebnisse der Item-Skala-Analyse und theoretischer Vorüberlegungen erwartet wird, dass die Aufgaben ‚Zehnerkette‘, ‚Punktemuster‘, ‚Plättchen legen‘ sowie ‚Zwanzigerfeld‘ auf demselben Faktor laden, die Aufgabe ‚Rhythmus‘ beziehungsweise ‚Tastaufgabe‘ jeweils eigene Faktoren bilden.

Tabelle 4.4.2:
Rotierte Komponentenmatrix der Hauptkomponentenanalyse

	Komponente		
	1	2	3
1) Zehnerkette	.83	.03	-.14
2) Punktemuster	.67	.10	.19
3) Tastaufgabe	.03	.98	-.06
4) Rhythmus	.10	-.06	.97
5) Plättchen legen	.79	-.28	.04
6) Zwanzigerfeld	.67	.12	.18

Die obige Tabelle 4.4.2 zeigt die erwartete Lösung an. Die Aufgaben ‚Zehnerkette‘, ‚Punktemuster‘, ‚Plättchen legen‘ und ‚Zwanzigerfeld‘ laden mittelmäßig bis hoch auf Faktor 1, die Aufgabe ‚Tastaufgabe‘ lädt sehr hoch auf Faktor 2 und die Aufgabe ‚Rhythmus‘ sehr hoch auf Faktor 3. Die drei Faktoren erklären zusammen 72% der Varianz im Modell. Nach der Rotation besitzt Faktor 1 mit 37% ein doppelt so großes Erklärungspotential wie die Faktoren 2 und 3 mit jeweils gut 17% (vgl. Tab. II.2 im Anhang zur erklärten Gesamtvarianz sowie den Eigenwerten). Faktor 1 könnte als visuelle Strukturierungsfähigkeit beschrieben werden, Faktor 2 als haptische Anzahlerfassung und Faktor 3 als auditives Erfassen einer zeitlich sukzessiven Struktur.

4.4.2 Ergebnisse der Muster- & Strukturaufgaben

4.4.2.1 Deskriptive Statistiken

Die statistischen Kennwerte der Muster- & Strukturaufgaben sind in Tabelle 4.4.3 dargestellt. Aus den Mittelwerten wird deutlich, dass die Aufgaben ‚Zehnerkette', ‚Punktemuster', ‚Rhythmus' und ‚Plättchen legen' relativ leicht sind, da die Mittelwerte über der Hälfte der maximal erreichbaren Punktzahlen in den jeweiligen Aufgaben liegen. Im Gegensatz dazu handelt es sich bei der ‚Tastaufgabe' um eine schwere Aufgabe, da hier der Mittelwert weit unter der Hälfte der maximal erreichbaren Punktzahl liegt.

Tabelle 4.4.3:
Streubreiten, Mittelwerte und Standardabweichungen der Muster- & Strukturaufgaben; n = 74

	Minimum	Maximum	Mittelwert	Standardabweichung
1) Zehnerkette	0,00	4,00	3,18	1,23
2) Punktemuster	1,00	4,00	3,30	0,70
3) Tastaufgabe	0,00	2,00	0,21	0,44
4) Rhythmus	0,00	2,00	1,51	0,65
5) Plättchen legen	0,00	4,00	3,07	1,43
6) Zwanzigerfeld	0,00	4,00	2,14	1,17
gesamt ohne 3) & 4)	2,50	16,00	11,7	3,4

Diese Aufgabenschwierigkeiten spiegeln auch die relativen Lösungshäufigkeiten der Einzelaufgaben wider, die im Folgenden näher betrachtet werden.

Bei der Aufgabe ‚**Zehnerkette**' fädeln 66% der Kinder entsprechend der Vorlage fünf rote und fünf blaue Perlen auf, 26% fädeln die gleiche Anzahl an roten wie blauen Perlen auf, allerdings ist die jeweilige Anzahl entweder kleiner oder größer als fünf. 8% der Kinder fädeln unterschiedliche Anzahlen an roten und blauen Perlen auf. Insgesamt bewältigen also 92% aller Kinder am Schulanfang die Aufgabe des Nachmachens aus dem Gedächtnis richtig, wenn man die der Perlenkette zugrundeliegende Struktur als gleich viele rote wie blaue Perlen interpretiert.

Im zweiten Teil der Aufgabe, dem Fortsetzen des Musters, führen 68% das Muster aus jeweils gleich vielen Perlen einer Farbe wie vorher weiter (eine andere „passende" Fortsetzung des Musters kommt nicht vor), davon 19% in rot und blau, die übrigen 47% nutzen die zur Verfügung gestellten anderen Farben. 3 Kinder (4%) fädeln ein eigenes Muster aus zwei sich abwechselnden Farben, 28% der

Kinder fädeln beim Fortsetzen kein Muster auf. Analysiert man noch genauer, wird ersichtlich, dass von den Kindern, die im ersten Teil der Aufgabe unterschiedliche Anzahlen an roten und blauen Perlen aufgefädelt haben, im zweiten Teil der Aufgabe kein einziges Kind das Muster passend fortführt. Von den Kindern, die im ersten Teil genau fünf rote und fünf blaue Perlen auffädelten, führen 78% das Muster fort, von den anderen Kindern jedoch, die im ersten Teil jeweils Anzahlen kleiner oder größer fünf aufgefädelt hatten, führen nur 58% das Muster fort.

Die Lösungskategorien sowie die relativen Lösungshäufigkeiten beim Bestimmen der Anzahl und dem Nachlegen der Aufgabe ‚**Punktemuster**' sind in Tabelle 4.4.4 und der Übersichtlichkeit halber auch in Abbildung 4.12 dargestellt.

Tabelle 4.4.4:
Relative Häufigkeiten (%) der Aufgabenlösungen zur Aufgabe ‚Punktemuster'

		Punktemuster 1a	Punktemuster 1b	Punktemuster 2a	Punktemuster 2b	Punktemuster 3	Punktemuster 4
Anzahl-bestimmung	gleiche Anzahl	80	66	62	38	81	47
	andere Anzahl	15	19	26	38	8	20
	keine Antwort	5	15	12	24	11	33
Reproduktion	exakt gleiches Muster	70	60	34	29	75	57
	andere Anzahl & gleiche Struktur	6	9	12	24	15	31
	gleiche Anzahl & andere Struktur	16	9	38	20	3	5
	andere Anzahl & andere Struktur	8	22	16	27	7	7

Den Daten ist zu entnehmen, dass die horizontale Präsentation beider 4er-Muster der jeweiligen vertikalen sowohl im Bestimmen der korrekten Anzahl als auch im Nachlegen des Musters überlegen ist. Dabei ist die symmetrische Anordnung der vier Plättchen in horizontaler und vertikaler Präsentation einfacher zu bestimmen und nachzulegen als die nicht symmetrische. Bei allen Punktemustern, außer dem 7er, können mehr Kinder die korrekte Anzahl bestimmen, als das Punktemuster in Anzahl und Struktur richtig nachlegen. Beim komplexesten der Muster, dem 7er-Punktemuster, kehrt sich das Verhältnis um. Hier scheint das Erfassen und Reproduzieren der Struktur einfacher als die exakte Anzahlbestimmung.

Die Variation in der Reihenfolge der Punktemusterpräsentation (vgl. Interviewleitfaden im Anhang I) wird mit Hilfe eines t-Tests kontrolliert. Es ergibt sich kein signifikanter Unterschied in den Mittelwerten der Gruppen, die die Version A

(M=3.28; s=0.77) beziehungsweise die Version B (M=3.36; s=0.61) bearbeitet haben. Ein signifikanter Unterschied findet sich weder in der Aufgabe ‚Punktemuster' (t[72]=-0.369, p=.71), noch im Gesamtergebnis der Muster- & Strukturaufgaben (t[72]=1.042, p=.30) oder im OTZ (t[72]=-1.241, p=.22). Dies bedeutet, dass die unterschiedliche Reihenfolge der Punktemuster keinen Einfluss auf das Gesamtergebnis der Aufgabe hat.

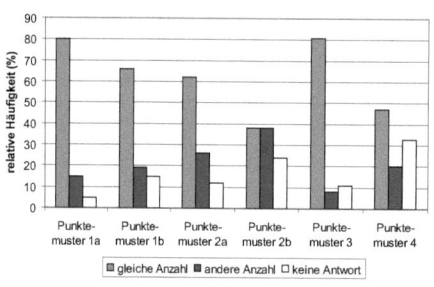 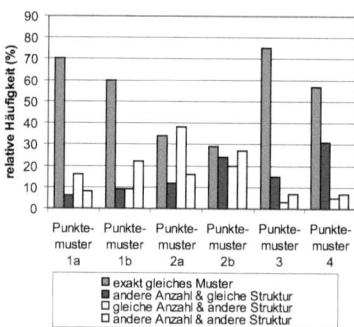

Abbildung 4.12:
Relative Häufigkeiten zur Anzahlbestimmung (links) und Reproduktion des Musters (rechts) der Aufgabe ‚Punktemuster'

Beim 4er-Muster der ‚**Tastaufgabe**' können 84% der Kinder die Anzahl richtig bestimmen, aber lediglich 12% die Struktur nachlegen. Beim 6er-Muster bestimmen 73% die Anzahl richtig und nur 10% legen die Struktur richtig nach. Nur ein einziges Kind legt beide Muster richtig nach. Unsystematische Beobachtungen legen nahe, dass diese Aufgabe in der gewählten Versuchsanordnung das Abzählen fördert und nicht die strukturierte Zahlwahrnehmung. Viele Kinder schoben einen Arm quer durch die Fühlkiste und zogen ihn sukzessive zurück, während sie dabei nacheinander die Würfel berührten und einzeln zählten. Eine zweizeilige Anordnung der Würfel wäre an dieser Stelle sicherlich sinnvoller gewesen.

Rhythmus 1 können 92% aller Kinder richtig nachklopfen, Rhythmus 2 nur 60%. Der erste Rhythmus stellt hierbei bereits ein Ausschlusskriterium dar: Kein Kind, das Rhythmus 1 nicht erfasst, klopft den zweiten Rhythmus richtig.

Die Lösungskategorien sowie die relativen Lösungshäufigkeiten der Aufgabe ‚**Plättchen legen**' sind in Abbildung 4.13 dargestellt.

Empirische Untersuchung der Muster- und Strukturfähigkeiten 167

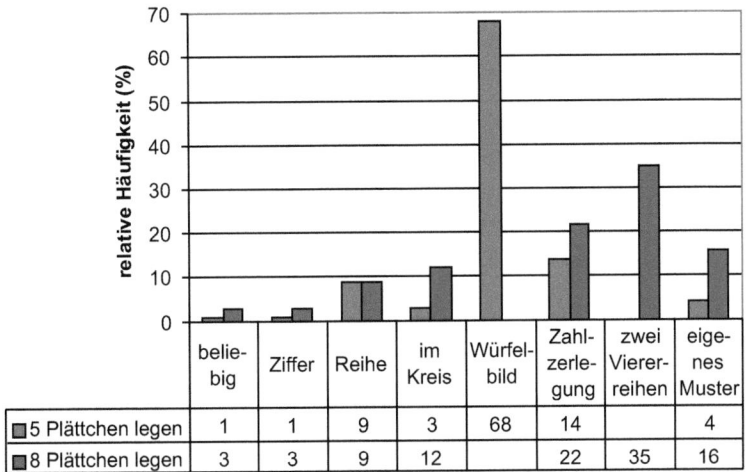

Abbildung 4.13:
Relative Häufigkeiten (%) der Aufgabenlösungen zur Aufgabe ‚Plättchen legen'
(Anmerkung. In der Kategorie ‚Zahlzerlegung' fehlt aus Platzgründen der Zusatz ‚aus Würfelbildern zusammengesetzt')

Unter der Kategorie ‚beliebig' sind alle Fälle zusammengefasst, in denen die Plättchen ungeordnet, irgendwie zufällig auf den Tisch gelegt wurden. Bei ‚Ziffer' wurde die äußere Form der Fünf beziehungsweise Acht mit den Plättchen gebildet. Die Reihen, die zur Kategorie ‚Reihe' gehören, sind unstrukturiert, das heißt die Abstände zwischen den Plättchen sind ähnlich groß, innerhalb der Reihe gibt es keine Gruppierungen. Wurden die Plättchen in einem Kreis gelegt, so war dieser meistens geschlossen, die Plättchen sehr nahe beieinander, und bei den acht Plättchen befand sich häufig ein Plättchen in der Kreismitte. Da es ein Würfelbild nur für die Fünf gibt, ist diese Kategorie nur für die erste Teilaufgabe besetzt, entsprechendes gilt für die Kategorie ‚zwei Viererreihen', die sich ausschließlich auf die zweite Teilaufgabe mit den acht Plättchen bezieht. Die Anordnung der Plättchen wurde nur dann unter ‚zwei Viererreihen' und nicht unter ‚aus Würfelbildern zusammengesetzt/ Zahlzerlegung' verbucht, wenn sich die Kinder beim Legen der Plättchen und verbal beim Erklären ihrer Anordnung klar auf die zwei Reihen bezogen. Der Unterschied zwischen den Kategorien ‚aus Würfelbildern zusammengesetzt/ Zahlzerlegung' und ‚eigenes Muster' besteht insbesondere darin, dass die Anordnungen der ‚eigenes Muster' nicht sprachlich begleitet wurden. Die Kinder konnten oder wollten ihre Anordnung nicht erklären. Bei Anordnungen, die der Kategorie ‚Zahlzerlegung' zugeordnet wurden, haben die Kinder die Anzahlen der einzelnen Teilmengen explizit benannt und sprachlich verknüpft. Beispiele der Kategorie ‚eigenes Muster' sind in Abbildung 4.14 zu sehen.

Bei der Reproduktion des **Zwanzigerfeldes** schaffen es 64% der Kinder, das Zwanzigerfeld durch Lücken getrennt entweder genau gleich mit viermal fünf Quadraten

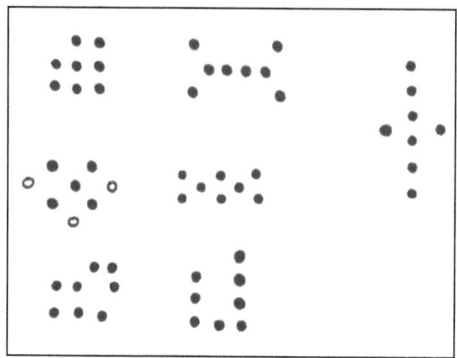

Abbildung 4.14:
Beispiele der Kategorie ‚eigenes Muster'

oder zumindest mit zwei Zehnerreihen oder zwei Zehnerblöcken nachzulegen (vgl. Zeile 1 in Tab. 4.4.5). 16% gruppieren ähnlich, verwenden innerhalb der Gruppierungen allerdings mehr/weniger Quadrate als die 5 beziehungsweise 10, die Gruppierungen enthalten jedoch gleich viele Elemente (vgl. Zeile 2 in Tab. 4.4.5). Weitere 20% der Kinder gruppieren die Quadrate ebenfalls indem sie Reihen oder durch Lücken getrennte Gruppen bilden, die Gruppen enthalten jedoch unterschiedlich viele Elemente (vgl. Zeile 3 in Tab. 4.4.5).

Tabelle 4.4.5:
Aufgabenlösungen zur Aufgabe ‚Zwanzigerfeld' – Reproduktion

	%	vier Gruppierungen	zwei Reihen	zwei Blöcke
1) gleiche Anzahl an Quadraten wie auf Vorlage	64			
2) mehr/ weniger Quadrate als auf Vorlage	16			
3) Gruppen enthalten unterschiedlich viele Quadrate	20			

Bei der letzten Aufgabe, dem Anmalen des Zwanzigerfeldes, malen 7% ihr Feld gegenständlich an, 47% malen es bunt bzw. betonen nicht die intendierte Struktur, 16% malen die Quadrate in einer fortlaufenden Farbfolge an und 30% betonen durch die Farbgebung die im Zwanzigerfeld enthaltene Struktur (vgl. Abb. 4.15).

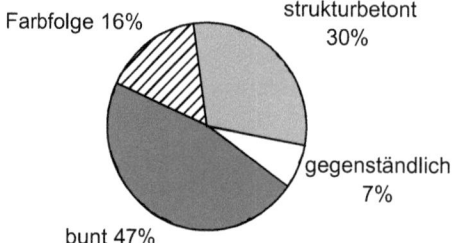

Abbildung 4.15:
Kategorien und relative Häufigkeiten beim Anmalen des Zwanzigerfeldes

4.4.2.2 Geschlechtsspezifische Unterschiede

Da die Messwertverteilung einer Normalverteilung entspricht, kann der t-Test angewendet werden, um einen Einfluss des Geschlechts auf die Leistungen in den Muster- & Strukturaufgaben zu überprüfen. Im Levene-Test der Varianzgleichheit wird eine Signifikanz von p<.01 erreicht, womit Varianzheterogenität gegeben ist. Aufgrund der nicht gleichen Varianzen wird der Mittelwertvergleich nach Welch durchgeführt.

Für den Gesamtwert der Muster- & Strukturaufgaben ergibt sich ein signifikanter Unterschied der Mittelwerte (t[67.219]=-2.48, p<.05), die Jungen (M=12.7; SD=2.7) sind den Mädchen (M=10.8; SD=3.8) wie vermutet (Hypothese 2.b ‚Unterschiede') überlegen. Dieser Unterschied ist auf die signifikant bessere Leistung der Jungen in der Aufgabe ‚Plättchen legen' (t[65.016]=-2.33; p<.05) zurückzuführen. In den anderen Aufgaben sind die Jungen nur tendenziell besser, die Leistungsunterschiede werden aber nicht signifikant (siehe Tabelle II.3 im Anhang). Bei Betrachtung der Effektstärken verliert der Befund der geschlechtsspezifischen Unterschiede weiter an Gewicht, da nur mittlere Effekte zu verzeichnen sind (Gesamtwert: d=.56, Aufgabe ‚Plättchen legen': d=.52).

4.4.2.3 Unterschiede zwischen Kindern mit und ohne Migrationshintergrund

Ein möglicher Einfluss des Migrationshintergrunds auf die Leistungen in den Muster- & Strukturaufgaben wird ebenfalls mit Hilfe eines t-Tests berechnet. Es kann hypothesenkonform (Hypothese 2.c ‚Unterschiede') kein signifikanter Mittelwertsunterschied festgestellt werden (t[72]=0.098, p=.922). Dies bedeutet, dass es bei den Muster- & Strukturaufgaben keinen Leistungsunterschied zwischen Kindern mit Migrationshintergrund und Kindern ohne Migrationshintergrund gibt.

4.4.2.4 Einfluss des Alters

Hat das Alter (genauer: die Altersspanne von 19 Monaten in vorliegender Untersuchung) einen Einfluss auf die Leistung in den Muster- & Strukturaufgaben? Die Pearson-Korrelation zwischen dem Alter und den Leistungen in den Muster- & Strukturaufgaben ergibt hypothesenkonform (Hypothese 2.a ‚Unterschiede') keinen signifikanten Zusammenhang (r=.02, p=.88).

4.4.3 Ergebnisse der Mathematiktests

4.4.3.1 Deskriptive Statistiken OTZ und DEMAT 2+

Die statistischen Kennwerte der Zahlbegriffsentwicklung am Schulanfang und die mathematischen Leistungen der Kinder am Ende des 2. Schuljahrs sind in Tabelle 4.4.6 dargestellt. Beim Vergleich der Mittelwerte mit den maximal zu erreichenden Punktzahlen wird deutlich, dass die Kinder als Gesamtgruppe sowohl im OTZ (M=27.08 von 40) als auch im DEMAT 2+ (M=20.64 von 36) eine durchschnittliche Leistung oberhalb der mittleren Punktzahl erzielen. Zugleich zeigt sich aber eine erhebliche Spannweite in den Werten.

Tabelle 4.4.6:
Streubreiten (min, max), Mittelwerte und Standardabweichungen der Leistungen im OTZ (n=74) und DEMAT 2+ (n=63)

	Minimum	Maximum	Mittelwert	Standardabweichung
OTZ (gesamt)	9	37	27,08	6,54
Subtests:				
Vergleichen	2	5	4,46	0,71
Klassifizieren	2	5	4,16	0,88
Eins-zu-eins-Zuordnen	1	5	3,73	0,97
Nach Reihenfolge ordnen	0	5	2,92	1,49
Zahlwörter benutzen	0	5	2,91	1,41
synchrones Zählen	0	5	2,96	1,35
resultatives Zählen	0	5	2,58	1,21
Anwenden von Zahlenwissen	0	5	3,36	1,44
DEMAT 2+ (gesamt)	2	35	20,64	8,61
Subtests:				
Zahleneigenschaften	0	2	0,93	0,87
Längenvergleich	0	4	2,24	1,63
Addition	0	4	1,60	1,53
Subtraktion	0	4	2,13	1,21
Verdoppeln	0	3	2,32	1,12
Division	0	4	2,89	1,40
Halbieren	0	3	2,05	1,02
Rechnen mit Geld	0	4	2,35	1,72
Sachaufgaben	0	4	2,69	1,15
Geometrie	0	4	1,44	1,23

Um die Leistungsverteilungen in den beiden Mathematiktests zu veranschaulichen, wurden Häufigkeitsverteilungen erstellt. Diese sind in Abbildung 4.16 zu sehen. Der Kolmogorov-Smirnov-Test auf Normalverteilung ergibt für die Häufigkeitsverteilung der Rohwerte des OTZ und des DEMAT 2+, dass die Daten beider Tests normalverteilt sind (OTZ: Kolmogorov-Smirnov-Z=1.236, p>.05; DEMAT 2+: K-S-Z=1.122, p>.05).

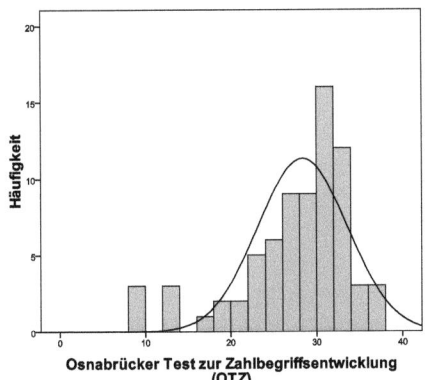
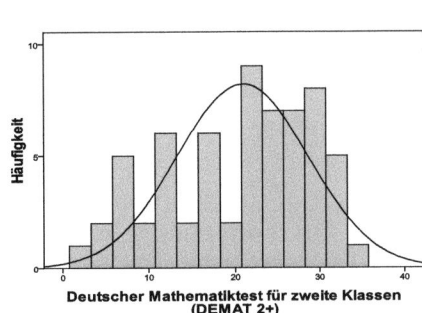

Abbildung 4.16:
Häufigkeitsverteilung der Rohwerte im Osnabrücker Test zur Zahlbegriffsentwicklung (OTZ, n=74) und im Deutschen Mathematiktest für zweite Klassen (DEMAT 2+, n=63)

4.4.3.2 Geschlechtsspezifische Unterschiede

Ein möglicher Einfluss des Geschlechts auf die mathematischen Leistungen (gemessen mit dem OTZ und dem DEMAT 2+) wird durch Mittelwertsvergleiche mit Hilfe des t-Tests für unabhängige Stichproben überprüft. Zur Einordnung der Größe der Mittelwertsunterschiede werden wieder Effektstärken (d) berechnet.

Nach Prüfung der Voraussetzungen der Normalverteilung und Varianzhomogenität kann für den OTZ kein signifikanter Mittelwertsunterschied festgestellt werden (t[72]=-1.82, p=.074). Es gibt in Bezug auf die vorschulische Zahlbegriffsentwicklung also keinen Unterschied zwischen Mädchen und Jungen.

Ein hochsignifikanter Mittelwertsunterschied ergibt sich jedoch erwartungsgemäß (vgl. Kap. 4.2.4.3) für den DEMAT 2+ (t[61]=-2.88, p<.01). Am Ende des zweiten Schuljahres zeigen die Jungen (M=54.27; s=9.45) bessere Mathematikleistungen als die Mädchen (M=47.67; s=8.75). Die Effektstärke ist mit d=.69 mittelhoch (siehe Tab. II.3 im Anhang).

4.4.3.3 Unterschiede zwischen Kindern mit und ohne Migrationshintergrund

Zur Überprüfung eines möglichen Einflusses des Migrationshintergrunds auf die mathematische Leistung, werden ebenfalls t-Tests berechnet. Es kann weder im OTZ (t[72]=0.27, p=.789) noch im DEMAT 2+ (t[61]=-0.04, p=.971) ein signifikanter Mittelwertsunterschiede festgestellt werden. In vorliegender Untersuchung gibt es also keinen Leistungsunterschied zwischen Kindern mit Migrationshintergrund und Kindern ohne Migrationshintergrund.

4.4.3.4 Einfluss des Alters

Mit Hilfe von Korrelationsanalysen kann eine signifikante ($p<.05$), aber schwache Korrelation mit $r=.32$ für die Ergebnisse des DEMAT 2+ festgestellt werden, hier erzielen ältere Kinder tendenziell bessere Leistungen als jüngere Kinder. Kein Zusammenhang mit der Altersspanne von 19 Monaten wurde beim OTZ gefunden.

4.4.4 Zusammenhänge zwischen den Mathematiktests und den Muster- & Strukturaufgaben

Um einen ersten Eindruck von den Zusammenhängen zwischen den Muster- & Strukturaufgaben und der Zahlbegriffsentwicklung am Schulanfang (OTZ) sowie der mathematischen Leistung Ende des 2. Schuljahrs (DEMAT 2+) zu erhalten, sind die Korrelationen in Tabelle 4.4.7 dargestellt.

Die am Schulanfang erhobene Leistung in den Muster- & Strukturaufgaben korreliert hypothesenkonform (Hypothese 1.a ‚Zusammenhang & Vorhersage') hochsignifikant auf einem mittelhohen Niveau mit der Zahlbegriffsentwicklung (OTZ, $r=.61$) und etwas niedriger mit der Mathematikleistung am Ende des 2. Schuljahrs (DEMAT 2+, $r=.57$). Zum Vergleich kann die Korrelation zwischen OTZ und DEMAT 2+ herangezogen werden: Die Zahlbegriffsentwicklung (OTZ) hängt in ähnlicher Höhe mit der Mathematikleistung (DEMAT 2+) zusammen ($r=.59$, $p<.01$).

Von den Subtests des OTZ korreliert der Bereich ‚Zahlwörter benutzen' am höchsten mit den Muster- & Strukturaufgaben ($r=.52$, $p<.01$), der Bereich ‚Vergleichen' dagegen mit $r=.29$ und $p<.05$ am niedrigsten. Fasst man die je vier Bereiche zum Mengenwissen sowie die vier zum Zahlenwissen zusammen, zeigt sich ein höherer Zusammenhang mit dem Zahlenwissen ($r=.60$) als mit dem Mengenwissen ($r=.53$). Die einzelnen Korrelationen der Subtests zum Mengenwissen liegen alle unter denen des Zahlenwissens.

Die Subtests ‚Halbieren' ($r=.47$) und ‚Sachaufgaben' ($r=.46$) des DEMAT 2+ korrelieren am höchsten mit den Muster- & Strukturaufgaben. Am niedrigsten ist der Zusammenhang wieder mit einer Vergleichsaufgabe, hier der Aufgabe zum ‚Längenvergleich' ($r=.31$, $p<.05$).

Empirische Untersuchung der Muster- und Strukturfähigkeiten 173

Tabelle 4.4.7:
Korrelationen zwischen den Muster- & Strukturaufgaben und den Mathematiktests OTZ (n=74) sowie DEMAT 2+ (n=63); **p<.01, *p<.05

	Muster- & Strukturaufgaben (gesamt)	*Subtests der Muster- & Strukturaufgaben*			
		Zehnerkette	Punktemuster	Plättchenlegen	Zwanzigerfeld
OTZ (gesamt)	.61**	.55**	.40**	.38**	.52**
Subtests zum Mengenwissen:					
Vergleichen	.29*	.33**	.11	.22	.17
Klassifizieren	.32**	.24*	.29*	.19	.29*
Eins-zu-eins-Zuordnung	.40**	.37**	.27*	.17	.42**
Nach Reihenfolge ordnen	.43**	.34**	.33**	.26*	.38**
Σ **Mengenwissen**	.53**	.46**	.38**	.31**	.47**
Subtests zum Zahlenwissen:					
Zahlwörter benutzen	.52**	.47**	.32**	.30*	.48**
Synchrones Zählen	.48**	.47**	.28*	.33**	.34**
Resultatives Zählen	.47**	.42**	.20	.32**	.41**
Anwenden v. Zahlenwissen	.47**	.40**	.34**	.30**	.38**
Σ **Zahlenwissen**	.60**	.54**	.36**	.39**	.50**
DEMAT 2+ (gesamt)	.57**	.51**	.39**	.38**	.35**
Subtests:					
Zahleneigenschaften	.41**	.38**	.34**	.25*	.23
Längenvergleich	.31*	.29*	.38**	.13	.17
Addition	.32**	.24	.04	.30*	.24
Subtraktion	.35**	.32**	.40**	.22	.15
Verdoppeln	.38**	.36**	.26*	.18	.29*
Division	.36**	.33**	.16	.27*	.23
Halbieren	.47**	.43**	.19	.38**	.27*
Rechnen mit Geld	.39**	.34**	.25	.28*	.23
Sachaufgaben	.46**	.34**	.33**	.38**	.24
Geometrie	.39**	.44**	.27*	.17	.25

4.4.5 Vorhersage der Mathematikleistung

Um zu überprüfen, inwieweit das Kriterium Leistung im DEMAT am Ende des 2. Schuljahres von einer der am Schulanfang erhobenen Prädiktoren, insbesondere der Leistung in den Muster- & Strukturaufgaben, vorhergesagt werden kann, werden nach Prüfung der Voraussetzungen zunächst einfache lineare Regressionen berechnet, also die Vorhersage der Leistung im DEMAT 2+ durch *eine* Variable.

Eine Übersicht aller Prädiktoren und ihrer Kennwerte bei der einfachen Regressionsanalyse ist in Tabelle II.4 im Anhang aufgeführt. Es zeigt sich, dass der Prädiktor Leistung in den Muster- & Strukturaufgaben 31% der Varianz der Leistung im DEMAT 2+ vorhersagt, der spezifische Prädiktor Leistung im OTZ erklärt sogar 34% der Varianz der Leistung im DEMAT 2+.

Eine mögliche verbesserte Aufklärung der Varianz soll durch das Hinzufügen der übrigen, am Schulanfang erhobenen unabhängigen Variablen und einer multiplen Regressionsanalysen untersucht werden (vgl. dazu auch Regressionstabellen II.5 und II.6 im Anhang). Da es in der vorliegenden Studie um die Bedeutung von Muster- und Strukturkompetenzen am Schulanfang geht, soll das Augenmerk der Analysen auf dem Gewicht der Leistung in den Muster- & Strukturaufgaben im Vergleich zu dem der anderen Prädiktoren bei der Vorhersage der Rechenleistung am Ende des 2. Schuljahres liegen und der Anteil der Muster- und Strukturkompetenzen an der Aufklärung der Gesamtvarianz möglichst genau bestimmt werden.

Für die Variablen Leistung im OTZ, Leistung in den Muster- & Strukturaufgaben, Alter, Geschlecht und Migrationshintergrund wurde eine schrittweise Aufnahme, geordnet nach dem statistischen Gewicht für die Vorhersage, eingestellt (vgl. Tab. 4.4.8). Dabei zeigt sich, dass die Leistung im OTZ hypothesenkonform (Hypothese 1.c ‚Zusammenhang und Vorhersage') als stärkster spezifischer Prädiktor 34% (wie bereits oben gezeigt) an der Varianz der Rechenleistung der 2. Klasse aufzuklären vermag. Die Leistung in den Muster- & Strukturaufgaben geht mit zusätzlichen 9% Varianzaufklärung in die Regressionsgleichung ein. Keinen zusätzlichen signifikanten Beitrag zur Varianzaufklärung leisten Alter, Geschlecht und Migrationshintergrund. Insgesamt werden so auf der Basis der Zahlbegriffsentwicklung und den Kompetenzen im Umgang mit Mustern und Strukturen 43% der Varianz der Mathematikleistung am Ende des 2. Schuljahres erklärt.

Tabelle 4.4.8:
Kennwerte der schrittweisen Regressionsanalyse zur Erklärung von Unterschieden in der Mathematikleistung am Ende des 2. Schuljahres (DEMAT 2+) durch die Prädiktoren OTZ, Muster- & Strukturaufgaben, Alter, Geschlecht und Migrationshintergrund

	Varianzaufklärung Mathematikleistung 2. Klasse (DEMAT 2+)			
	Korr. R^2	Korr. ΣR^2	β	Konditionsindex
Leistung im OTZ	.34	.34	.41**	9.57
Leistung in den Muster- & Strukturaufgaben	.09	.43	.36**	24.88
n = 63				

Anmerkungen. Korr. R^2 = durch einzelne Variable erklärter Varianzanteil (korrigierter Wert); Korr. ΣR^2 = korrigierter insgesamt erklärter Varianzanteil; β = standard. Regressionskoeffizient; Konditionsindex = Index für Kollinearität; F- Wahrscheinlichkeit für Aufnahme als Prädiktor p≤.05, für Ausschluss p≥.10.

Es zeigt sich also, dass die Kompetenzen bezüglich Mustern und Strukturen am Schulanfang – hier gemessen mit den für diese Studie entwickelten Muster- & Strukturaufgaben – die Mathematikleistung in der 2. Klasse (DEMAT 2+) über die bereichsspezifischen numerischen und pränumerischen Vorwissensleistungen (OTZ) hinaus vorhersagen (Hypothese 1.b ‚Zusammenhang und Vorhersage'); das Alter, Geschlecht und der Migrationshintergrund tragen in diesem Modell nicht zur Varianzaufklärung bei. Die standardisierten Beta-Koeffizienten werden zum direkten Vergleich der Variablen genutzt, wobei ihr Wert als relative Wichtigkeit der entsprechenden Variablen für die Vorhersage interpretiert werden kann. Die Leistung im OTZ trägt demnach zwar mehr, aber nur wenig mehr als die Leistung in den Muster- & Strukturaufgaben zur Vorhersage der Leistung im DEMAT 2+ bei. Der mittelhohe Konditionsindex zeigt dabei an, dass die beiden Variablen wie erwartet miteinander korreliert sind.

Wie konfundiert die Leistung im OTZ sowie in den Muster- & Strukturaufgaben bei der Prädiktion der Mathematikleistung am Ende des 2. Schuljahres sind, belegt neben dem Konditionsindex die weitere Regressionsanalyse, bei denen nach der Einschlussmethode die Leistung in den Muster- & Strukturaufgaben als erster Faktor in die Regression „gezwungen" wurde (vgl. Tab. 4.4.9). Für alle übrigen Variablen wurde dann in einem zweiten Block eine schrittweise Aufnahme geordnet nach dem statistischen Gewicht für die Vorhersage eingestellt.

Tabelle 4.4.9:
Regression der Prädiktoren Muster- & Strukturaufgaben (1. Block, Einschluss) und OTZ, Alter, Geschlecht und Migrationshintergrund (2. Block, schrittweise) auf die Mathematikleistung am Ende des 2. Schuljahres (DEMAT 2+)

	Varianzaufklärung Mathematikleistung 2. Klasse (DEMAT 2+)			
	Korr. R^2	Korr. ΣR^2	β	Konditionsindex
Leistung in den Muster- & Strukturaufgaben	.31	.31	.36**	9.57
Leistung im OTZ	.12	.43	.41**	24.88
n = 63				

Anmerkungen. Korr. R^2 = durch einzelne Variable erklärter Varianzanteil (korrigierter Wert); Korr. ΣR^2 = korrigierter insgesamt erklärter Varianzanteil; β = standard. Regressionskoeffizient; Konditionsindex = Index für Kollinearität; F- Wahrscheinlichkeit für Aufnahme als Prädiktor p≤.05, für Ausschluss p≥.10.

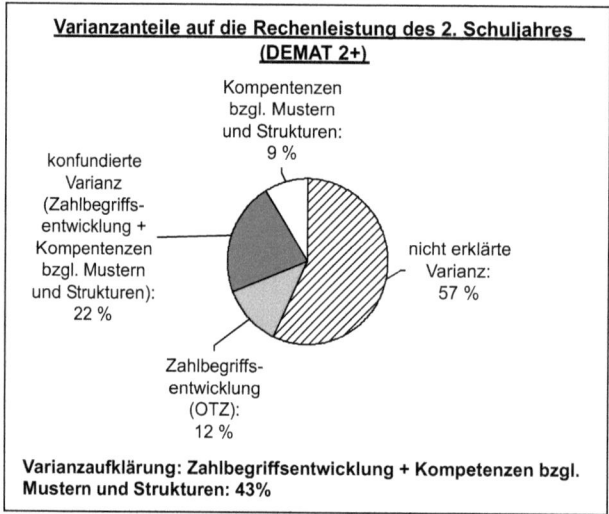

Abbildung 4.17:
Varianzanteile bei der Vorhersage der Mathematikleistung auf der Basis von Zahlbegriffsentwicklung (OTZ) und Kompetenzen bzgl. Mustern und Strukturen aufgeteilt nach spezifischen, konfundierten und nicht erklärten Varianzanteilen.

Hierbei wird eine Varianzaufklärung allein durch die Kompetenzen im Umgang mit Mustern und Strukturen von 31% an der Rechenleistung der 2. Klasse erreicht. Nur die Zahlbegriffsentwicklung (OTZ) (nicht jedoch das Alter, Geschlecht oder der Migrationshintergrund) trägt darüber hinaus mit einem signifikanten Beitrag von 12% zusätzlich zur Varianzaufklärung bei.

Fasst man die Ergebnisse zusammen, dann besitzt der Prädiktor Leistung im OTZ ein minimales Varianzaufklärungspotential von 12% und ein maximales Varianzaufklärungspotential von 34%. Der Prädiktor Leistung in den Muster- & Strukturaufgaben klärt minimal 9%, maximal 31% der Varianz in der Mathematikleistung des 2. Schuljahres auf. (vgl. FROMM 2004, 277) Man kann die Ergebnisse auch dahingehend interpretieren, dass sich auf die Leistung im DEMAT 2+ 12% spezifisch aufgeklärte Varianz durch die Leistung im OTZ, 9% spezifisch aufgeklärte Varianz durch die Leistung in den Muster- & Strukturaufgaben und 22% konfundierte Varianz durch die Leistung in OTZ und den Muster- & Strukturaufgaben ergeben (siehe Abb. 4.17) (vgl. DORNHEIM 2008, 362f.).

Die Berechnung von partiellen Korrelationen, die den linearen Zusammenhang zwischen dem Kriterium (DEMAT 2+) und einem der Prädiktoren beschreiben, wobei der Einfluss des zweiten Prädiktors aus Kriterium und erstem Prädiktor auspartialisiert wurde, bestätigen obige Befunde. Keine der beiden Variablen Leistung im OTZ beziehungsweise in den Muster- & Strukturaufgaben geht in der anderen auf, die Korrelationen erster Ordnung sind jedoch niedriger als diejenigen nullter Ordnung (Korrelation OTZ–DEMAT 2+ mit Kontrollvariable Muster- & Strukturaufgaben: r=.43; Korrelation Muster- & Strukturaufgaben–DEMAT 2+ mit Kontrollvariable OTZ: r=.38). Damit ist ein Modell additiver Multikausalität am wahrscheinlichsten, dass also die Zahlbegriffsentwicklung und die Muster- und Strukturkompetenzen – zumindest zum Teil – unabhängige, einander ergänzende Teile an der Mathematikleistung am Ende des 2. Schuljahres erklären. (vgl. FROMM 2004, 271; BAUR 2004, 204ff.).

Tabelle 4.4.10:
Homogene Gruppen im Duncan Test. Es sind die Mittelwerte der Ergebnisse im DEMAT 2+ für die in homogenen Untergruppen befindlichen Quartile angegeben.

Quartile	n	Untergruppe für Alpha = 0.05.	
		1	2
1	12	40,58	
2	17		50,41
3	16		53,06
4	18		56,00

Quartile. Vorherige Analysen zeigen bereits einen Zusammenhang zwischen Muster- und Strukturkompetenzen und der mathematischen Leistung am Ende des 2. Schuljahres. Für die folgenden qualitativen Analysen der Interviews werden alle Probanden aufgrund der Ergebnisse in den Muster- & Strukturaufgaben in Quartile geteilt. Die Quartile beinhalten folgende Punktzahlen: 1. Quartil 0 – 9,75 Punkte, 2. Quartil 10,00 – 12,75 Punkte, 3. Quartil 13,00 – 14,00 Punkte und 4. Quartil 14,25 – 16,00 Punkte. Diese Quartile werden als unabhängige Variablen benutzt, die Ergebnisse im DEMAT 2+ als abhängige Variable. An dieser Stelle soll nun untersucht werden, ob der Zusammenhang zwischen Muster- und Strukturkompetenzen und der mathematischen Leistung am Ende des 2. Schuljahres für spezifische Quartile besonders zutrifft: Unterscheiden sich also die Quartil-Gruppen in ihren Mittelwerten? Der Levene-Test auf Varianzhomogenität ergibt kein signifikantes Ergebnis, weshalb eine einfaktorielle Anova durchgeführt wird. Die Mittelwertsanalyse zeigt, dass sich die Mittelwerte unterscheiden (F[3;607]=9.19, p<.01). Um festzustellen, wo genau sich die Mittelwerte unterscheiden, wird der Test nach Bonferroni sowie nach Duncan durchgeführt. Das Ergebnis zeigt, dass sich nur ein Mittelwert von den anderen unterscheidet, nämlich der des 1. Quartils. Somit werden im Duncan Test zwei homogene Gruppen erstellt, die erste Gruppe enthält die Probanden des ersten Quartils, die zweite Gruppe enthält die Gruppen des 2. - 4. Quartils (vgl. Tab. 4.4.10).

Dies wiederum bedeutet, dass die Muster- & Strukturaufgaben eine gute Vorhersagequalität für die mathematische Leistung am Ende des 2. Schuljahres – wie der DEMAT 2+ sie erfasst – für Probanden mit niedrigen Werten in den Muster- & Strukturaufgaben bietet, während es andererseits so gut wie unerheblich für die Mathematikleistung am Ende des 2. Schuljahres ist, ob die Probanden sich im 2., 3. oder 4. Quartil befinden.

4.5 Ergebnisse der qualitativen Auswertung

Neben dem statistisch-quantitativen Nachweis des Zusammenhangs zwischen mathematischer Leistung und Kompetenzen bezüglich Mustern und Strukturen besteht ein weiteres Ziel vorliegender Studie in der inhaltlichen Beschreibung dieses Zusammenhangs und der Darstellung der Bandbreite sowie der interindividuellen Unterschiede und Gemeinsamkeiten kindlicher Mustererkennungs- und Strukturierungsfähigkeit am Schulanfang. Für diesen zweiten Analyseteil wurde auf der Basis der Quartilszugehörigkeit der Kinder der Gesamtstichprobe in Bezug auf ihre Leistung in den Muster- & Strukturaufgaben und dem OTZ eine kleinere Teilstichprobe gezogen und das Datenmaterial des gesamten Interviews dieser Teilstichprobe mit Hilfe des Verfahrens des Thematischen Kodierens ausgewertet (vgl. Kap. 4.3.2.2).

Die Ergebnisse der Analysen stellt dieses Kapitel zunächst am Beispiel der einzelnen Aufgaben dar, um eine möglichst umfassende Bandbreite empirisch vorgefundener Lösungen, typischer Strategien und Sichtweisen aufzuzeigen und auf dieser Grundlage einen Merkmalsraum zu entwickeln, welcher der systematischen Darstellung der unterschiedlichen Antworten und der damit verbundenen quartilsweisen Ausprägung der Mustererkennungs- und Strukturierungsfähigkeit dient. Zu den Ergebnissen jeder Aufgabe stelle ich erste Erklärungen und Interpretationen an und nehme eine Zuordnung zu den Quartilen vor, um das unterschiedliche Verständnis zu charakterisieren. Es erfolgt also eine Beschreibung der Gemeinsamkeiten und Unterschiede der Quartile bezogen auf die jeweilige Aufgabe des Interviews (vgl. Kap. 4.5.2). Dieser aufgabenbezogenen Übersicht schließt sich eine zusammenfassende, idealtypische Beschreibung der Mustererkennungs- und Strukturierungsfähigkeit der Quartile an (vgl. Kap. 4.5.3). Vorangestellt wird eine überblicksartige Darstellung der mathematischen Fähigkeiten der Quartile (vgl. Kap. 4.5.1).

4.5.1 Überblick der mathematischen Fähigkeiten der Quartile

Basierend auf den OTZ-Ergebnissen der Teilstichprobe erfolgt eine kurze Beschreibung der mathematischen Fähigkeiten der jeweiligen Quartile, damit der Leser die in den folgenden Kapiteln dargestellten Strukturierungsfähigkeiten, Strategien und Sichtweisen der Quartile auf dem Hintergrund der mathematischen Zahlbegriffsentwicklung der Kinder betrachten kann. Es handelt sich bei den Fähigkeiten um Miminalfähigkeiten, also Kompetenzen, die alle Kinder eines Quartils mindestens besitzen.

Die Kinder des **1. Quartils** sind alle in der Lage, Elemente qualitativ und quantitativ zu vergleichen, eine einfache Klassifizierung durchzuführen und an zwei Elementereihen einen Eins-zu-Eins-Vergleich vorzunehmen, wenn Hilfslinien gezeichnet werden dürfen. Sie können bis zehn zählen und die Zahlen Neun und Dreizehn ohne Veranschaulichung quantitativ vergleichen.

Alle Kinder des **2. Quartils** besitzen die Fähigkeiten des 1. Quartils und können zusätzlich multiple Klassifizierungen und Eins-zu-Eins-Vergleiche bei Anzahlen in Feldanordnung und mehrerer Anzahlen auf einmal durchführen, bis zwanzig zählen, geordnete Holzwürfel mit und ohne Berühren abzählen sowie einfache Additions- und Subtraktionsaufgaben im Zahlenraum bis zehn mit Hilfe von Bildern lösen.

Zusätzlich zu den obigen Fähigkeiten können die Kinder des **3. Quartils** Objekte nach Reihenfolge ordnen, von neun bis fünfzehn weiterzählen und eine Reihe mit elf Würfeln legen.

Die Kinder des **4. Quartils** besitzen alle Fähigkeiten der anderen Quartile. Außerdem sind sie zu einem Eins-zu-Eins-Vergleich von fünfzehn Luftballons und Kästen mit geordnet dargestellten Punkten ohne Hilfsmittel in der Lage, können Objekte nach zwei Merkmalen in eine Reihenfolge bringen, die Würfelbilder der Vier und Fünf gleichzeitig erfassen, die Anzahl von teilweise verdeckten Fenstern eines Hauses bestimmen und Additionsaufgaben im Zahlenraum über zehn mit Hilfe von Würfelbildern lösen und die entsprechende Zahl zeigen.

4.5.2 Aufgabenbezogene Unterscheidung der Lösungsprozesse und Handlungsmuster

Zur besseren Übersichtlichkeit und zum einfacheren Lesen sind in diesem Kapitel die Auswertungskategorien den Analysen der jeweiligen Aufgaben vorangestellt, wobei die schwarz gedruckten Kategorien näher beschrieben werden. Die in grau notierten Kategorien traten in der kleinen, für die qualitative Auswertung gezogenen Stichprobe entweder nicht auf oder sind für vorliegende Analysen nicht relevant, da sich die Quartile in diesen Merkmalen nicht unterscheiden. Zu auffälligen Ergebnissen werden größtenteils bereits im Rahmen der Analysen erste Vermutungen und Interpretationen angestellt. Die Aufgabe ‚Zehnerkette' und Aufgabe ‚Zwanzigerfeld' werden direkt nacheinander beschrieben, da mit diesen beiden „echten" Anschauungsmitteln ähnliche Aufgabenstellungen in der empirischen Studie und damit ähnliche Anforderungen an die Fähigkeiten der Kinder (Muster erkennen, reproduzieren, fortsetzen) und Kategorien des Kodierschemas verbunden sind. Übereinstimmende Ergebnisse und Unterschiede dieser beiden Aufgaben können bei einer direkten Gegenüberstellung besser verdeutlicht werden. Es folgen die Aufgaben ‚Punktemuster' (Muster erkennen, nutzen, reproduzieren) und ‚Plättchen legen' (strukturieren).

4.5.2.1 Aufgabe ‚Zehnerkette'

Tabelle 4.5.1:
Kategorienschema zur Aufgabe ‚Zehnerkette'

Anzahlbestimmung		Strukturierung		
Zeitpunkt	**Art & Weise**	**Reproduzieren**	**Fortsetzen**	**Erklärung**

• zählt während der Beschreibung
• zählt vor dem Wegnehmen der Kette
• zählt nicht
• zählt beim Reproduzieren
• zählt beim Fortsetzen
	• zählt alle Perlen - Gesamtmenge
	  – nennt nur Gesamtmenge
	  – nennt Gesamtmenge und Teilmengen
	• zählt alle Perlen - Teilmengen
	  – nennt nur Teilmengen
	  – nennt Teilmengen und Gesamtmenge
	• zählt nur Perlen einer Farbe und erschließt Anzahl anderer Farbe
	  – nennt nur Teilmengen
	  – nennt Teilmengen und Gesamtmenge
	• Vergleich durch 1-zu-1-Zuordnung/ Länge
		• fädelt gleich viele rote und blaue Perlen auf
		  – >5 pro Farbe
		  – =5 pro Farbe
		  – <5 pro Farbe
		• fädelt unterschiedlich viele rote und blaue Perlen auf
			• kein Muster
			• anderes Muster
			• gleich viele Perlen pro Farbe wie vorher
			  – alle Farben
			  – rot-blau
				• argumentiert über Farbe
				• argumentiert über Länge
				• argumentiert über Anzahl
				• andere Erklärung
				• keine Erklärung

Anzahlbestimmung. Bereits beim **Zeitpunkt** der Anzahlbestimmung lassen sich einige Unterschiede zwischen den Quartilen feststellen. Kein Kind des 1. Quartils zählt die Perlen der Kette, weder während der Beschreibung, noch nach dem Arbeitsauftrag zur Reproduktion der Kette aus dem Gedächtnis und dem Hinweis der Interviewerin, die Zehnerkette vorher genau anzuschauen. Im 4. Quartil dagegen zählen alle Kinder von sich aus während der Beschreibung. Im 2. und 3. Quartil kristallisieren sich keine übereinstimmenden Strategien heraus. Die Kinder die von sich aus, nach dem Hinweis der Interviewerin oder auch gar nicht zählen, sind über beide Quartile ungefähr gleich verteilt. Ich lege diese Befunde dahingehend aus, dass die Kinder des 4. Quartils die Zehnerkette auf einem mathematischen Hintergrund interpretieren, wozu gehört, die Anzahl der Perlen zu nennen. Außerdem ist ihnen bewusst, dass sie zur Reproduktion die *genaue* Anzahl der Perlen benötigen. Die Kinder des 1. Quartils hingegen beschreiben die Perlenkette aus einer Alltagsrahmung heraus, die Farben und die Gegenstandsbeschreibung der Perlen sind ihnen dabei wichtig(er). Zur Reproduktion reicht ihnen das Wissen um die Farbe und die ungefähre Ausdehnung der Farbabschnitte entsprechend der Vorlage. Im 2. und 3. Quartil scheint ein Wandel der Sichtweise von einer ausschließlichen Beachtung der räumlichen Ausdehnung hin zu einer numerisch quantitativen Betrachtungsweise stattzufinden.

Nur wenige Kinder, verteilt über das 2.-4. Quartil, zählen während der Reproduktion des Musters – zumindest tun sie dies nicht sichtbar durch Antippen oder lautes Mitsprechen. Die intensive Betrachtung der Videoaufzeichnungen lässt jedoch vermuten, dass viele Kinder beim Auffädeln die einzelnen Perlen im Kopf mitzählen und dadurch bewusst die genaue Anzahl jeder Farbe kontrollieren. Nur ein Kind, das vor dem Wegnehmen der Kette nicht (sichtbar) gezählt hatte, zählt bei der Reproduktion laut (Ares, 2. Quartil). Er fädelt fünf Perlen auf, zählt diese nach, fädelt dann eine sechste Perle der Farbe auf und anschließend sechs Perlen der anderen Farbe. Entweder „weiß" Ares, dass er je *sechs* Perlen auffädeln muss und kontrolliert die Anzahl der bisher aufgefädelten oder er weiß, dass er von beiden Farben *gleich viele* benötigt und zählt daher die erste Farbe, damit er bei der zweiten dieselbe Anzahl auffädeln kann.

In der **Art und Weise** der Anzahlerfassung lassen sich keine Unterschiede zwischen den Quartilen ausmachen (über das 1. kann keine Aussage getroffen werden, da kein Kind zählte). Einzig die Strategie, nur die Perlen *einer* Farbe zu zählen und daraus – ohne erneutes Zählen – die Anzahl der anderen Farbe zu erschließen, findet sich ausschließlich im 4. Quartil. Einige Kinder des 4. Quartils nutzen damit die erkannte Struktur zur Abkürzung der Zählprozedur. Die anderen, über die Quartile 2-4 verteilten Strategien bestehen darin, *alle* Perlen zu zählen, ein Teil der Kinder zählt die Gesamtmenge (1, 2, 3, ...10), ein Teil zählt jede Farbe extra (1, 2, ... 5, 1, 2, ... 5).

Ein Kind (Helene, 1. Quartil) vergleicht im Verlaufe des Auffädelns die Anzahl der Perlen scheinbar durch Eins-zu-Eins Zuordnung, indem sie die Kette knickt und die blaue Seite an die rote anlegt. Zu keinem Zeitpunkt zählt sie einzelne Perlen, beim Vergleich sind die blauen Perlen den roten jedoch auch nie exakt zugeordnet, so dass die Vermutung naheliegt, dass Helene lediglich „ungefähr" die *Länge* des blauen Abschnitts mit der Länge des roten vergleicht.

Strukturierung. Bei der **Reproduktion** der Zehnerkette fädeln alle Kinder, die vor der Wegnahme der Vorlage die Perlen gezählt haben (egal ob sie ausschließlich die Gesamtmenge ermittelt oder auch die Teilmengen benannt haben), entsprechend der Vorlage jeweils genau *fünf* Perlen auf. Eine Ausnahme bilden hier lediglich zwei Kinder, die beim Zählen die Gesamtmenge nennen und bei der Reproduktion jeweils *sechs* Perlen pro Farbe auffädeln (2./3. Quartil). Alle Kinder des 2. und 3. Quartils, die zu Anfang *nicht* zählten, fädeln bei der Reproduktion zwar jeweils die gleiche Anzahl, jedoch *mehr als fünf* pro Farbe[7] auf. Scheinbar ist diesen Kindern klar, dass „beide Seiten", also der rote und der blaue Abschnitt, *gleich* sind. Unklar ist allerdings, WAS für die Kinder gleich ist: die Länge der Abschnitte oder die Anzahl der Perlen, ob sie also die Aufgabe auf der Grundlage *nichtnumerischen quantitativen* Wissens (Wahrnehmung der räumlichen Ausdehnung) in Verbindung mit Symmetrieaspekten oder einer *Kardinalzahl*vorstellung bearbeiten. Für eine ausschließliche Beachtung der räumlichen Ausdehnung würde sprechen, dass die Länge von sechs Perlen der Kinder in etwa der Länge von fünf Perlen der Vorlage entsprechen (diese waren bewusst etwas größer gewählt) und die am häufigsten aufgefädelte Anzahl bei Kindern, die nicht die Perlenanzahl der Vorlage bestimmen, tatsächlich sechs Perlen ist. Ein Vorgehen wie das oben beschriebene von Ares legt jedoch auch die Möglichkeit einer Mischung beider Strategien nahe. Zunächst wird die Länge einer Farbe entsprechend der Vorlage aufgefädelt, zur Herstellung der Gleichheit beider Farbabschnitte wird dann die erste Farbe gezählt und die Anzahl in der zweiten Farbe reproduziert. Ketten mit *unterschiedlich vielen* roten wie blauen Perlen kommen ausschließlich im 1. Quartil vor (4 von 6), hier erfolgt keine Wahrnehmung der Gleichmächtigkeit beider (Farb-)Abschnitte, scheinbar steht ausschließlich die Farbe im Vordergrund. Betrachtet man die aufgefädelten Lösungen jedoch genauer, sind es jeweils *fast* gleich viele rote wie blaue Perlen (6&7 / 8&9 / 7&10) und ohne nachzuzählen könnten sie auf den ersten Blick auch ungefähr gleich lang sein. Das Vorgehen der Kinder im 1. Quartil erinnert damit an die protoquantitativen Schemata junger Kinder, die einen exakten Größenvergleich nur bei sehr kleinen Zahlen vornehmen können, bei größeren Mengen jedoch die räumliche Ausdehnung vergleichen (vgl. DORNHEIM 2008, 59f.).

Die Musterfolgenaktivität des **Fortsetzens** trennt die Quartile deutlich in zwei Lager. Im 1. und 2. Quartil fädeln die Kinder entweder kein Muster auf, sondern „irgendwie" bunte Perlen, oder es ist zwar eine Regelmäßigkeit in der Fortsetzung zu erkennen, diese passt jedoch nicht zum vorgegebenen Muster. Im zweiten Fall handelt es sich also nicht um die Fortsetzung eines Musters im Sinne des Erkennens und Anwendens einer Regelmäßigkeit, sondern um die Bildung eines eigenen, neuen Musters. Im 2. Quartil werden gehäuft symmetrische Muster gebildet. Alle Kinder des 3. und 4. Quartils führen das Muster fort wie vorher selbst aufgefädelt – die gleiche Anzahl Perlen pro Farbe – entweder in allen Farben oder weiter in rot-blau.

Die **Erklärungen** zu dieser Aufgabe gaben die Kinder von sich aus, so dass nur von ungefähr der Hälfte Angaben zu ihrem Vorgehen vorliegen. Im Rückblick hätte ich hier intensiver nachfragen müssen, um genauere Hinweise auf die Strategie des jeweiligen Kindes zu erhalten. Kinder aller Quartile argumentieren über Farbe (siehe Bsp. in Transkriptausschnitt 1), explizit über die Länge argumentiert

---

7 *Weniger als fünf* Perlen pro Einheit kam bei den ausgewählten Interviews nicht vor, wurde jedoch in der Gesamtstichprobe beobachtet.

kein Kind der Teilstichprobe, über die Anzahl zwei Kinder (4. Quartil; siehe Bsp. in Transkriptausschnitt 2).

Transkriptausschnitt 1:
Interview mit Rafael (3. Quartil) Aufgabe ‚Zehnerkette': Erklärung zur Fortsetzung des Musters

| 14 | R | Hier wieder rot (*zeigt auf Schnur*) dann wieder blau (*fährt mit dem Finger ein Stück weiter*) dann wieder rot. (*fährt mit dem Finger bis zum Ende der Schnur*) |

Transkriptausschnitt 2:
Interview mit Lukas (4. Quartil) Aufgabe ‚Zehnerkette': Erklärung zur Fortsetzung des Musters

| 22 | L | (*nimmt zwei gelbe P. auf einmal, beginnt zu fädeln*) Ich mach jede Sache fünf. |

An der Zehnerkettenaufgabe wird deutlich, dass es einen Unterschied in den Musterfolgeaktivitäten ‚Reproduktion' und ‚Fortsetzung' gibt. Das Nachmachen des vorgegebenen Musters differenziert vorliegende Stichprobe in drei Gruppen (1. / 2. & 3. / 4. Quartil), die Fortführung des Musters trennt in zwei Gruppen (1. & 2. / 3. & 4. Quartil). Die Fortsetzung einer Musterfolge scheint damit andere Fähigkeiten zu erfordern und anspruchsvoller zu sein als deren Reproduktion.

Die Rolle des Zählens kann dahingehend zusammengefasst werden, dass *keine* Anzahlbestimmung die Wahrscheinlichkeit einer strukturell falschen Reproduktion des vorliegenden Musters erhöht. Jedoch ist auch die Bestimmung der Gesamtmenge noch kein Garant für eine exakte Kopie des Musters. Das Zählen der Teilmengen wiederum ist zwar ein Garant für eine korrekte Reproduktion, allerdings nicht für die regelgerechte Weiterführung des Musters. Insbesondere die Kinder des 2. und 3. Quartils sind zwar in der Lage, das vorgegebene Muster in Struktureinheiten zu zerlegen, diese beim Fortsetzen im Sinne eines Aneinanderreihens zu integrieren, ist jedoch im 2. Quartil noch nicht immer möglich.

4.5.2.2 Aufgabe ‚Zwanzigerfeld'

Anzahlbestimmung. Das „Zähl-Verhalten" der Kinder unterscheidet sich in den Aufgaben Zehnerkette und Zwanzigerfeld trotz gleicher Aufgabenstellung („*Erzähle was du siehst.*") im **Zeitpunkt** der Anzahlbestimmung wesentlich voneinander. So gut wie alle Kinder zählen *von sich aus* die Quadrate des Zwanzigerfeldes (die wenigsten im 1. Quartil: 2 von 6), bei der Zehnerkettenaufgabe tun dies nur ca. die Hälfte. Mögliche Erklärungen für dieses unterschiedliche Verhalten sollen bereits an dieser Stelle diskutiert werden. Bei der Zwanzigerfeldaufgabe handelt es sich um die letzte Aufgabe des Interviews, vorher, bei der zweiten und dritten Aufgabe, wurde explizit nach der Anzahl gefragt. Möglicherweise haben einige Kinder die Erwartung der Interviewerin dahingehend interpretiert, dass diese immer die Anzahl wissen möchte und durch das Zählen der Quadrate diese „Erwartung" erfüllt. Auch wenn vor Beginn des Interviews mit den Kindern besprochen wurde, dass es sich um *Mathematik*aufgaben handelt, so haben evtl. einige Kinder erst im Verlauf des Interviews eine numerische Rahmung entwickelt. Eine weitere Erklärung für den sehr viel höheren Anteil an Kindern, die in der Zwanzigerfeld-Aufgabe von sich aus die Anzahl bestimmen, wäre, dass inzwischen auch die übrigen Kindern gelernt haben, dass für eine Bearbeitung der Aufgaben das Wissen um die exakte Anzahl von Vorteil ist. Darüber hinaus sind *konkret-dingliche* Perlenketten aus dem Alltag bekannt und verführen daher evtl. eher zu gegenständlichen Beschreibungen und Interpretationen. Das *Bild* des (unbekannten) Zwanzigerfeldes hingegen ist sehr viel abstrakter, weniger greifbar und phantasieanregend, die gleichen Quadrate regen daher evtl. eher zur Anzahlbestimmung an. Träfe diese letzte Überlegung zu, hätte dies direkte Auswirkungen auf den Einsatz von Veranschaulichungsmitteln im Anfangsunterricht.

Tabelle 4.5.2:
Kategorienschema zur Aufgabe ‚Zwanzigerfeld'

Anzahlbestimmung		Strukturierung		
Zeitpunkt	**Art & Weise**	**Reproduzieren**	**Fortsetzen (anmalen)**	**Beschreibung**

• zählt während der Beschreibung
• zählt nach Aufforderung
• zählt nicht
• zählt beim Reproduzieren
• zählt nicht (laut oder durch Zeigen) beim Reproduzieren
	• zählt alle Quadrate - Gesamtmenge
	  – nennt nur Gesamtmenge
	  – nennt Gesamtmenge und Teilmengen
	• zählt alle Quadrate - Teilmengen
	  – nennt nur Teilmengen
	  – nennt Teilmengen und Gesamtmenge
	• zählt nur Quadrate einer Struktureinheit und erschließt daraus die Anzahl der Quadrate in den anderen Struktureinheiten
	  – nennt nur Teilmengen
	  – nennt Teilmengen und Gesamtmenge
	• nicht erkennbar
		• legt durch Lücken getrennte Struktureinheiten
		  – gleich viele Quadrate in jeder Struktureinheit wie auf Vorlage
		  – gleich viele Quadrate in jeder Struktureinheit, aber mehr oder weniger als auf Vorlage
		  – unterschiedlich viele in jeder Struktureinheit
		• legt Struktureinheiten auf gleiche Weise
		• legt Struktureinheiten auf unterschiedliche Weisen
		• genaue Abstände wichtig
		• genaue Abstände unwichtig
		• nutzt 1-zu-1-Zuordnung beim Legen
			• gegenständlich
			• kein Muster/bunt
			• Farbfolge
			• strukturiert, Struktur passt aber nicht zur Vorlage
			• betont intendierte Struktur
				• eine
				• mehrere

Anmerkung. *Zur verständlichen Beschreibung der kindlichen Vorgehensweise beim Zählen und Legen der Quadrate wurden diese für die Transkription nummeriert. Die für diesen Zweck gewählte Reihenfolge soll jedoch keine grundsätzliche Festlegung der Sichtweise implizieren.*

Empirische Untersuchung der Muster- und Strukturfähigkeiten

Die **Art und Weise** der Anzahlerfassung lässt spannende Einblicke in die Strukturierungsfähigkeit der Quartile zu. Über die Hälfte der Kinder, verteilt über alle Quartile, zählen *alle* Quadrate einzeln nacheinander ab und nennen die Gesamtzahl der Quadrate. Ein Kind (Esther, 4. Quartil) nennt zusätzlich einen zur Anordnung passenden Zahlensatz (siehe Transkriptausschnitt 3), zeigt oder erklärt jedoch nicht, wie sie die zweimal 10 gesehen hat. Es bleibt unklar, ob sie die Zerlegung auswendig weiß oder tatsächlich in der geometrischen Anordnung „gesehen" hat.

Transkriptausschnitt 3:
Interview mit Esther (4. Quartil) Aufgabe ‚Zwanzigerfeld': Anzahlbestimmung der Quadrate im Zwanzigerfeld

123	E	*(tippt jedes Kästchen an in der Reihenfolge 10, 20, 19, 9, 8, 18, 17, 7 usw.)* Zwanzig Kästchen. Ganz schön viele. Weil zehn plus zehn sind zwanzig.

Die Strategie, das Zwanzigerfeld in Struktureinheiten zu zerlegen, in diesen die Quadrate jeweils mit 1 beginnend nacheinander abzuzählen und anschließend die Anzahlen der jeweiligen Teilmengen zu nennen, jedoch nicht die Gesamtmenge zu bestimmen, tritt ausschließlich im 1. und 2. Quartil auf (siehe Transkriptausschnitte 4 und 5).

Transkriptausschnitt 4:
Interview mit Celina (1. Quartil) Aufgabe ‚Zwanzigerfeld': Anzahlbestimmung der Quadrate im Zwanzigerfeld

94	C	*(zählt leise 10 bis 6 und 20 bis 16 mit jeweils zwei Fingern einer Hand auf den zwei übereinanderliegenden Quadraten)* Das sind sieben, hier *(zeigt auf rechten Block)* eins, zwei, drei, vier, fünf, sechs, sieben, acht, neun, zehn und hier sind's zehn *(zählt einzeln die Quadrate ab in der Reihenfolge 5, 15, 14, 4, 3, 13, 12, 2, 1, 11)*
95	I	Sonst noch was?
96	C	*(dreht Vorlage auf Rückseite)* Man kann die ja auch, also ich sehe (.) sieben Plättchen
97	I	Mhm, und was noch?
98	C	Und zehn Plättchen.

Transkriptausschnitt 5:
Interview mit Lion (2. Quartil) Aufgabe ‚Zwanzigerfeld': Anzahlbestimmung der Quadrate im Zwanzigerfeld

107	L	Eins zwei drei vier fünf, eins zwei drei vier fünf, eins zwei drei vier fünf, eins zwei drei vier fünf. *(zählt mit Fingern alle Vierecke auf Vorlage in der Reihenfolge 10-1, 11-20)* Überall fünf.

Eine ähnliche Zerlegungsstrategie, bei der das Zwanzigerfeld ebenfalls in Struktureinheiten gegliedert wird, allerdings nicht alle, sondern lediglich *eine* Struktureinheit gezählt und daraus die Anzahl der Quadrate in den übrigen Struktureinheiten erschlossen wird (siehe Transkriptausschnitte 6 und 7), findet sich bei 3 von 5 Kindern des 4. Quartils sowie bei einem Kind aus dem 2. Quartil (Ares). Ares zerlegt das Zwanzigerfeld in Zehner, wohingegen die Kinder des 4. Quartils es in Fünfer gliedern. Die Hälfte dieser 4 „Zerleger" nennen anschließend noch die Gesamtmenge, die anderen nur die Anzahl jeder Teilmenge.

Transkriptausschnitt 6:
Interview mit Ares (2. Quartil) Aufgabe ‚Zwanzigerfeld': Anzahlbestimmung der Quadrate im Zwanzigerfeld

118	A	*(schaut 10 Sek. auf linke Seite der Vorlage, nickt dabei mit dem Kopf, schaut kurz auf die rechte Seite)* zehn plus zehn (.) zwanzig.
119	I	Boa.
120	A	Ich kann zehn plus zehn rechnen.
121	I	Ich hab gesehen, du hast gar nicht alle gezählt, wieso denn nicht?
122	A	Weil ich zehn plus zehn weiß - [...]
132	A	Ich weiß, dass das das zehn sind, wenn das zehn sind, *(zeigt auf den linken 10-er Block)* dann sind das auch zehn. *(zeigt auf den rechten 10-er Block)*

Transkriptausschnitt 7:
Interview mit Joshua (4. Quartil) Aufgabe ‚Zwanzigerfeld': Anzahlbestimmung der Quadrate im Zwanzigerfeld

| 125 | J | *(zählt mit den Augen Quadrate 1-5)* Fünf Weiße in der einen Ecke, *(beschreibt mit dem Finger einen Kreis um 1-5)* fünf Weiße in der andern, *(beschreibt mit dem Finger einen Kreis um 6-10)* vermute ich, und also in jeder Ecke fünf. |

Dass Kinder des 1. wie die Kinder des 4. Quartils die Anzahl der Quadrate im Zwanzigerfeld strukturorientiert bestimmen, verwundert zunächst. Schaut man allerdings genauer auf ihre Vorkenntnisse und die Art und Weise wie sie zählen, entdeckt man einige Unterschiede und erhält mögliche Erklärungen. Die Kinder des 1. Quartils, die das Zwanzigerfeld zum Zählen in zwei Teile zerlegen, können zum Teil nur bis zehn zählen – sie „müssen" also strukturieren und die Teilmengen zählen, um auf die Frage der Interviewerin nach der Anzahl antworten zu können. Zudem besitzen sie noch keine Rechenstrategien, um die Teilmengen zu addieren, sind daher schlichtweg (noch) nicht in der Lage, die Gesamtmenge zu bestimmen. Die größere vertikale und/oder horizontale Lücke dient dabei je nach Sichtweise des Kindes als äußerer, visuell-geometrisch fassbarer Gliederungsreiz. Viele Kinder betonen diese „visuelle Grenze" durch Nachfahren mit dem Finger oder durch Auflegen der Handkanten. Ein wesentlicher Unterschied zwischen den in den Transkriptausschnitten 4 und 5 aufgeführten Beispielen des alle Teilmengen zählenden Vorgehens im 1. und 2. Quartil besteht (abgesehen von der Tatsache, dass Lion in

Fünfer und Celina in Zehner strukturiert) darin, dass Celina ihre Teilmengen nacheinander zählt, die Anzahl nennt, ihre selbst gebildeten Struktureinheiten anschließend jedoch nicht miteinander in Beziehung setzt. Sie nimmt nicht wahr, dass die Teile, in die sie gegliedert hat, gleich groß sind und ihr Zähl-Ergebnis (mit zwei unterschiedlichen Teilmengen) daher nicht stimmen kann. Lion hingegen kann sicher bis 20 zählen und hat natürlich den Vorteil, dass er sich nicht verzählt und deshalb die Struktureinheiten leichter miteinander in Beziehung setzen kann. Er tut dies aber auch und verbalisiert die erkannte Regelmäßigkeit explizit: „*Überall fünf.*"

Der Unterschied in der Vorgehensweise von Lion und den Kindern des 4. Quartils besteht nun darin, dass letztere das Zwanzigerfeld zwar auch in vier gleich große Struktureinheiten gliedern, aber lediglich die Anzahl einer Struktureinheit auszählen müssen. Ihnen ist bewusst, dass alle Teilmengen gleichmächtig sind. Der Fokus der Strukturierung scheint hier ein anderer zu sein. Diesen Blickwechsel macht Joshua in Transkriptausschnitt 6 anschaulich, indem er die Fünfer – und eben nicht die Lücke – durch das Einkreisen betont. Der Fokus der Kinder des 4. Quartils liegt auf den Struktureinheiten, nicht auf der äußeren Gliederungshilfe „Lücke".

Tabelle 4.5.3:
Reproduktion des Zwanzigerfeldes durch die Kinder des 1. Quartils

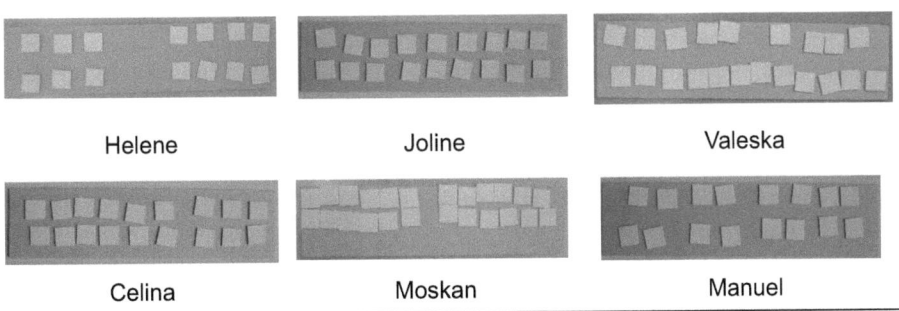

Strukturierung. Bei der **Reproduktion** des Zwanzigerfeldes mit quadratischen Plättchen legen alle Kinder des 1. Quartils und das schwächste Kind des 2. Quartils eine von der sichtbaren, bildlichen Vorlage verschiedene Anordnung der Quadrate. Drei Kinder legen zwar gleich viele Plättchen in jeder Struktureinheit, jedoch jeweils mehr oder weniger als fünf, vier Kinder legen sogar unterschiedlich viele Plättchen je Struktureinheiten (vgl. Tab. 4.5.3). Bei der Aufgabenbearbeitung wird deutlich, dass diese Kinder sehr wohl in der Lage sind, die Gesamtanordnung in Teile zu zerlegen und einige dieser Struktureinheiten miteinander in Beziehung zu bringen (hier in Form einer Eins-zu-Eins-Zuordnung). Die Schwierigkeit besteht jedoch darin, dass sie es nicht schaffen, *alle* Struktureinheiten aufeinander zu beziehen. Die Kinder, die zwar gleichmächtige Struktureinheiten legen, deren Anzahlen aber größer oder kleiner als die der Vorlage sind, sind möglicherweise in der Lage, ihre gebildeten Struktureinheiten *miteinander*, jedoch nicht zusätzlich mit der Vorlage in Beziehung zu setzen. Möglicherweise ist ihnen allerdings auch nicht bewusst, dass die Reproduktion eines Musters dessen exakte Anzahl mit einschließt und nicht nur die räumliche Ausdehnung der gebildeten Struktureinheiten (siehe Zehnerkette). Viele verbleiben beim optischen Gesamteindruck, der äußere Eindruck einer Lücke, Reihe oder eines Blockes siegt bei einigen Kindern sogar über das Zählen (siehe Transkriptausssschnitt 8). Alle anderen Kinder des 2., 3. und 4. Quartils reproduzieren das Zwanzigerfeld strukturell und anzahlmäßig entsprechend der Vorlage.

Transkriptausschnitt 8:
Interview mit Katharina (2. Quartil) Aufgabe ‚Zwanzigerfeld': Reproduktion des Zwanzigerfeldes

145	K	*(legt Quadrate 1-6 hintereinander sehr genau an die Kante, zählt dann mit dem Finger die ersten fünf Q der Vorlage, zählt ihre sechs gelegten Q, ebenfalls mit dem Finger, schiebt ihre Kästchen zurecht, so dass sie möglichst genau am Rand anliegen)*
146	I	Es ist nicht schlimm, wenn die nicht ganz gerade liegen. Ne, das ist auch schwierig, weil die so klein sind.
147	K	*(nimmt Hand voll Q, lässt eine Lücke und legt fünf weitere in die Reihe bis zum Ende (6 bis 10); beginnt dann in der Reihe darunter, legt fünf auf die Felder 11 bis 15 direkt an den unteren Rand, schiebt die sechs Q der Reihe darüber noch dichter zusammen; lässt eine Lücke zu den ersten fünf Q auf den Feldern 11 bis 15, legt 16 bis 20)*

Im 4. Quartil legen 4 von 5 Kindern die Struktureinheiten auf unterschiedliche Weise, im 2. und 3. je nur einer, im 1. Quartil legen alle die von ihnen gebildeten Struktureinheiten in der gleichen Abfolge. Dies legt eine Fähigkeit zum Wechsel der Sichtweise und zur flexiblen Strukturierung der Kinder des 4. Quartils, im Gegensatz zu den Kindern der anderen Quartile, nahe.

Beim **Anmalen** des Zwanzigerfeldes („*So, dass es für dich schön ist*"), unterscheidet sich nur das 1. Quartil von den anderen. Im 1. Quartil malt kein Kind das Zwanzigerfeld gegenständlich an, aber auch keines betont die intendierte Struktur. Im 2.-4. Quartil malen die Kinder in einer relativ gleichmäßig verteilten Mischung das Zwanzigerfeld bunt, als Farbfolge oder strukturbetont an. Eine gegenständliche Bemalung findet sich in der Teilstichprobe insgesamt nur einmal, beim schwächsten Kind des 2. Quartils.

Beschreibungen des Zwanzigerfeldes geben die Kinder im 1. und 2. Quartil nur zu einem inhaltlichen Bereich, die Kinder des 3. und 4. Quartils hingegen beschreiben mit mehreren, inhaltlich unterschiedlichen Nennungen[8].

Zusammenfassend zeigt die Aufgabe ‚Zwanzigerfeld', dass im 1. Quartil eher *eine* Sichtweise auf und damit auch eine Strukturierungsweise des Zwanzigerfeldes vorherrscht, die Kinder des 4. Quartils dagegen zu einem Wechsel ihrer Sichtweise und einer flexiblen Strukturierung des Feldes in der Lage sind. Im 2. und 3. Quartil kann eine steigende Tendenz zur Fähigkeit des Blickwechsels beobachtet werden. So gut wie alle Kinder können das Zwanzigerfeld zerlegen, beim 1. Quartil verbleiben

---

8 Eine Unterscheidung in arithmetische, geometrische und gegenständliche Beschreibungen wurde aufgegeben, da diese gleichmäßig über die Quartile verteilt waren.

die Struktureinheiten jedoch unabhängig voneinander, während die Kinder des 4. Quartils diese in einen Zusammenhang bringen können. Auch hier ist eine stetige Zunahme der Fähigkeiten im 2. und 3. Quartil zu beobachten.

4.5.2.3 Aufgabe ‚Punktemuster'

Das Kategorienschema der Punktemusteraufgabe musste häufiger als die der anderen Aufgaben überarbeitet werden, um einerseits Gemeinsamkeiten und Unterschiede in der kindlichen Bearbeitung überhaupt sichtbar werden zu lassen (Differenzierung in die einzelnen Muster) und andererseits aber auch solche Kategorien zu entwickeln, mit Hilfe derer Aussagen für potentiell andere Punktemuster als die in der Studie verwendeten getroffen werden können, also nicht allzu sehr an einem speziellen Muster verhaftet zu bleiben (Zusammenfassung „ähnlicher" Muster). Bewährt hat sich schließlich eine Differenzierung der verwendeten vier Punktemuster in die Reihen- und die Feldanordnungen. Die Reihenanordnungen zeichnen sich dadurch aus, dass die Plättchen in einer geraden Reihe angeordnet und durch eine größere Lücke gegliedert sind. Ihre Anzahl ist so klein, dass sie von einigen Kindern möglicherweise bereits simultan erfasst werden kann, zumindest bei einer Zerlegung in Struktureinheiten die jeweiligen Teilmengen jedoch für alle Kinder erfassbar sein sollten (Anzahlen zwischen eins und drei). Die Feldanordnungen vorliegender Studie bestehen aus maximal zwei Reihen/Spalten und die Anzahl der Plättchen ist so groß, dass sie nicht auf einen Blick wahrgenommen werden können. Die Muster müssen zerlegt und die Struktureinheiten quasi-simultan erfasst werden. In den Feldanordnungen ist ein bekanntes Würfelbild in ungewohnter Ausrichtung und als Teil eines komplexeren Ganzen integriert.

Tabelle 4.5.4:
Kategorienschema zu den Reihenanordnungen der Aufgabe ‚Punktemuster'

Anzahlbestimmung		Strukturierung
Anzahl	**Erklärung**	**Reproduzieren (4)**

• sagt keine Anzahl oder weiß nicht
• gesagte Anzahl ist nicht korrekt
• gesagte Anzahl ist korrekt
• gelegte Anzahl ist nicht korrekt
• gelegte Anzahl ist korrekt
• gesagte und gelegte Anzahl stimmen nicht überein
• gesagte und gelegte Anzahl stimmen überein
	• gibt keine Erklärung
	• weiß nicht
	• beschreibt räumliche Lage
	• zählen
	• zählen in Schritten
	• schnell gucken / sehen
	• Aussehen der Anordnung
	• rechnen
	• nennt Teilmengen
	  – beschreibt räumliche Anordnung der einzelnen Teilmengen
	  – nennt Zahlensatz
		• Reihe ohne Lücke
		• Reihe mit Lücke, aber an anderer Stelle
		• richtig im Sinne von Reihe *und* Lücke an richtiger Stelle
		• eigene Struktur
		• Lücke wird nicht wahrgenommen
		• Lücke als Gegenstand
		• Lücke als GruppierungsFOLGE (Fokus auf Struktureinheiten)
		• richtige Anzahl genannt, aber falsche Reproduktion des Musters
		• falsche Anzahl genannt, aber richtige Reproduktion des Musters

Im Folgenden werden zunächst die 4er-Punktemuster betrachtet (Reihenanordnung, eines symmetrisch [2&2], eines nicht symmetrisch [3&1] gegliedert).

Anzahlbestimmung. Erwartungsgemäß nennen die Kinder des 4. Quartils am häufigsten die richtige **Anzahl** (15 von 20), die (korrekte) Lösungshäufigkeit nimmt quartilsweise bis zum 1. Quartil ab (8 von 24). Bei der Reproduktion der Punktemuster wird häufiger die richtige Anzahl *gelegt* als vorher *genannt*, d.h. es können mehr Kinder die korrekte Anzahl reproduzieren, als vorher die Anzahl benennen. Dies trifft auf die Quartile 1-3 zu, die Häufigkeit nimmt ähnlich wie oben vom 4. (15 von 20) bis zum 1. Quartil (11 von 24) ab.

Von den Kindern **Erklärungen** zu ihrem Vorgehen bei der Anzahlbestimmung zu erhalten („*Woher weißt du, dass es [vier] sind?*") gestaltete sich schwierig, da viele trotz mehrmaligen Nachfragens keine Antwort gaben. Am seltensten erklärten die Kinder des 1. und 4. Quartils ihr Vorgehen. Die Art der Erklärungen werden im Zusammenhang mit Vermutungen zur Strukturnutzung bei der Anzahlbestimmung weiter unten dargestellt.

Strukturierung. Bei der **Reproduktion** der *Struktur* der Punktemuster (es geht hier *nicht* um die Reproduktion der korrekten Anzahl wie oben) ergeben sich ähnliche, aber nicht die gleichen Verteilungen für die symmetrischen und die nicht symmetrischen 4er-Punktemuster, die Zuordnung zu den Quartilen ist leicht verschoben. Der Vollständigkeit halber werden die Strukturierungen für die symmetrischen Muster beschrieben und für die nicht symmetrischen zum Vergleich in Klammern dahinter aufgeführt. Die Kinder des 1. und 2. Quartils (1., 2. und untere Hälfte des dritten Quartils) reproduzieren die Hälfte der Muster als Reihe *ohne Lücke*, die Kinder des 3. und 4. Quartils (4. Quartil) reproduzieren so gut wie alle beide Muster strukturell richtig (Anordnung in einer Reihe, Gliederung durch Lücke an der „richtigen" Stelle). Beim nicht symmetrischen 4er-Punktemuster findet sich bei der Reproduktion von Kindern des 3. Quartils gehäuft eine symmetrische Gliederung, also eine Zerlegung in 2&2 anstatt 3&1. Es liegt die Vermutung nahe, dass viele Kinder erst während des Interviews lernen, nicht nur auf die Anzahl, sondern auch bewusst auf die räumliche Struktur zu achten („*Sieht dein Muster genauso aus wie die Vorlage?*"), da sie im zweiten Anlauf häufiger in der Lage sind, die Struktur zu replizieren. Der Befund, dass relativ viele Kinder des 1., 2. sowie ein Kind des 3. Quartils (1., 2. und fast alle Kinder des 3. Quartils) zwar die Anzahl richtig nennen und diese – jedoch nicht die Struktur – reproduzieren, sondern eine Reihe ohne Lücke oder auch eigene Muster legen, bestätigt diese Vermutung.

Einen Fokus auf die Struktureinheiten, im Gegensatz zur Fokussierung auf das äußere Merkmal ‚Lücke', findet sich tendenziell eher im 4., 3. und der oberen Hälfte des 2. Quartils (4. und 3. Quartil).

Die Punktemusteraufgabe ist eine Aufgabe, bei der es um die Fähigkeit geht, die Struktur eines Musters zu erfassen, sie zur Anzahlbestimmung zu nutzen und sich so bewusst zu machen, dass das Muster anschließend aus dem Gedächtnis reproduziert werden kann. Da die Präsentation des Musters nur kurz erfolgte, waren die Kinder herausgefordert, sich bei der Erklärung und Reproduktion auf ihre mentale Repräsentation zu stützen. Mit dieser Aufgabe können also Aussagen zur Fähigkeit der Wahrnehmung und Nutzung von sowie dem Bewusstsein über Strukturen getroffen werden. Die nun folgenden, als Hypothesen aufzufassenden Thesen basieren auf den Antworten der Kinder zur wahrgenommenen Anzahl, ihren Erklärungen zur Anzahlbestimmung und auf der Reproduktion des Musters. Diese lassen im Zusammenhang mit der Bestimmung kleiner, möglicherweise simultan wahrnehmbarer Anzahlen eine unterschiedlich bewusste Strukturwahrnehmung und -nutzung im Verlauf der Quartile vermuten.

Die meisten Kinder des 1. Quartils nutzen die linear angeordnete, räumliche Struktur der Plättchenreihe nicht zur Anzahlbestimmung, sondern versuchen, die Anzahl der Plättchen zählend zu ermitteln. Da sie beim Zählen noch unsicher und langsam sind, schaffen sie es aufgrund der kurzen Präsentationszeit nicht, alle Plättchen abzuzählen und nennen deshalb vermehrt gar keine oder eine andere Anzahl als abgebildet. Von den insgesamt 24 möglichen Erklärungen zum Vorgehen bei der Anzahlbestimmung, werden nur sieben gegeben, diese sind verteilt auf die Kategorien ‚zählen', ‚Beschreibung der räumlichen Lage', ‚schnell gucken/sehen' und beim symmetrischen 4er-Muster geben zwei Kinder sogar eine bzw. zwei Teilmengen an. Die Erklärungen der Kinder des 2. und 3. Quartils sind gleichmäßig über alle Kategorien verteilt. Dennoch liegt die Vermutung nahe, dass viele die Anzahl des 4er-Muster ebenfalls zählend zu bestimmen versuchen und da sie bereits sicher und schnell zählen können, ist die genannte Anzahl häufig korrekt. Eine Bestätigung der Vermutung, dass die Kinder des 1. bis 3. Quartils zählen (oder dieses zumindest versuchen), könnte im Befund liegen, dass bei der Reproduktion des Musters vermehrt Reihen *ohne* Lücke gelegt werden. Die Kinder gliedern die Plättchenreihe also nicht. Solch eine unstrukturierte Reihenanordnung der Plättchen bestätigt eher das einzelne, nacheinander Abzählen und damit einen Fokus auf die Abzähl*reihe*, anstatt einer Strukturnutzung.

Gegen ein reines Abzählen aller 4er-Punktemuster spricht jedoch, dass sich diese Herangehensweise in der korrekten Lösungshäufigkeit widerspiegeln müsste. Bereits die Ergebnisse im quantitativen Teil zeigten aber, dass beim symmetrischen 4er-Muster die Anzahl (in allen Quartilen) häufiger richtig bestimmt wird als beim nicht symmetrischen. Wenn nur rein abgezählt würde, müsste die Lösungshäufigkeit jedoch gleich sein. Es ist also wahrscheinlich, dass zumindest einige Kinder das Muster tatsächlich zur Anzahlbestimmung nutzen (und dies teilweise auch mit falschem Ergebnis), die Struktur aber nicht so bewusst wahrnehmen, dass sie sie reproduzieren können. Eine solche Strukturnutzung würde einer quasi-simultanen Zahlerfassung entsprechen, bei der ein Gliederungsprozess blitzartig abläuft und daher im Nachhinein möglicherweise nicht mehr nachvollzogen werden kann.

Ich nehme deshalb an, dass die Kinder im 2. Quartil Reihen ohne Lücke legen, weil sie entweder abzählen und gar nicht auf die Struktur achten oder das präsentierte Muster mental strukturieren, die Gliederung durch Lücke trotz Nutzung jedoch nicht bewusst ist und deshalb nur der figurale Aspekte „Reihe" reproduziert wird. Bei einem solchen Vorgehen könnte man von einer „impliziten Strukturnutzung" sprechen. Implizit deshalb, weil ich annehme, dass der Vorgang des Strukturierens eher unbewusst abläuft, die eigene Strukturierung daher nicht unbedingt der vorgegebenen Strukturierung entsprechen muss und dadurch teilweise sicherlich nur die räumliche Struktur eines *Teil*musters erinnert wird, nicht jedoch in Beziehung zu den anderen Teilen gebracht werden kann. Eine „implizite Strukturnutzung" zeigt sich auch darin, dass zwar die Anzahl, nicht aber die Anordnung reproduziert werden kann.

Im 3. Quartil scheint sehr viel bewusster wahrgenommen zu werden, dass die präsentierten Punktemuster eine räumliche Struktur besitzen, jedoch scheint die vorgegebene Gliederung nicht immer der eigenen Vorstellung der jeweiligen Zahlzerlegung zu entsprechen. Dies zeigt sich in der Reproduktion anderer, strukturierter 4er-Muster. Insbesondere scheint eine Gliederung der Vier in 2&2 näherzuliegen als in 3&1. Auf jeden Fall ist zu beobachten, dass viele Kinder des 3. und 4. Quartils die vorgegebene räumliche Struktur des Musters nutzen, um seine Mächtigkeit zu bestimmen, insbesondere Kinder des 4. Quartils zerlegen bewusst in Struktureinheiten und setzen ihren Fokus auf diese Gruppierungen. Da sich die Kinder nicht mit der Nennung der Teilmengen zufrieden geben, sondern diese zur Gesamtmenge zusammenrechnen, ergeben sich teilweise Fehler in der Anzahlbestimmung – die räumliche Struktur wird jedoch richtig oder ähnlich reproduziert.

Insgesamt ist damit eine Zunahme der bewussten Wahrnehmung räumlicher Struktur und Strukturnutzung vom 1. bis 4. Quartil zu beobachten. Die Erklärungen der Kinder unterstützen die Beobachtung eines Strategiewechsels bei der Anzahlbestimmung vom Zählen hin zu einer zunehmend bewussten Zerlegung in und Nutzung von Struktureinheiten: die Kinder des 3. und 4. Quartils nennen Teilmengen als Erklärung fast dreimal häufiger als die Kinder im 1. und 2. Quartil.

Unklar bleibt schließlich, inwieweit die Simultanerfassung bei der Wahrnehmung der 4er-Punktemuster hineinspielt. Ich vermute, dass insbesondere im 4. Quartil das simultane Erfassen der Vier eine größere Rolle spielt. Da die Kinder „wissen", dass es vier Plättchen sind, die Wahrnehmung also eher spontan und unbewusst abläuft, ist eine Erklärung der Anzahlermittlung schwierig. Dies spiegelt sich in den Antworten des 4. Quartils wider. Von zwanzig möglichen Erklärungen wird lediglich die Hälfte gegeben, fünf dieser Antworten legen nahe, dass das Muster nicht (bewusst) in Struktureinheiten zerlegt wurde (vier Erklärungen fallen in die Kategorie ‚schnell gucken/sehen', ein Kind beschreibt grob die Lage der Plättchen, vier Kinder nennen Teilmengen, ein Kind gibt an, gerechnet zu haben). Denkbar wäre jedoch auch, dass bei einer Simultanerfassung die Strukturierung des Musters implizit bleibt und daher nicht reproduziert werden kann. Dies würde nahelegen, dass auch die Kinder des 2. und 3. Quartils, die zwar die Anzahl richtig bestimmen, die räumliche Struktur aber nicht reproduzieren können, möglicherweise die vier Plättchen simultan erfassen können. Die Daten vorliegender Studie lassen über die Fähigkeit zur Simultanerfassung der verschiedenen Quartile leider keine gesicherten Aussagen zu.

Die nun folgenden Feldanordnungen bestehen aus einem 6er- (zwei horizontale Dreierreihen) und einem 7er-Punktemuster (vertikale Dreier- und Viererspalte).

Tabelle 4.5.5:
Kategorienschema zu den Feldanordnungen der Aufgabe ‚Punktemuster'

Anzahlbestimmung		Strukturierung	
Anzahl	**Erklärung**	**Reproduzieren (6)**	**Reproduzieren (7)**

• sagt keine Anzahl oder weiß nicht
• gesagte Anzahl ist nicht korrekt
• gesagte Anzahl ist korrekt
• gelegte Anzahl ist nicht korrekt
• gelegte Anzahl ist korrekt
• gesagte und gelegte Anzahl stimmen nicht überein
• gesagte und gelegte Anzahl stimmen überein
	• gibt keine Erklärung
	• weiß nicht
	• beschreibt räumliche Lage
	• zählen
	• zählen in Schritten
	• schnell gucken / sehen
	• Aussehen der Anordnung
	• rechnen
	• nennt Teilmengen
	  – beschreibt räumliche Anordnung der einzelnen Teilmengen
	  – nennt Zahlensatz
		• erkennt die Würfelsechs
		• legt 2 und 2 und 2
		• legt 3 und 3
		• legt 4 und 2
		• legt 4 und 4
		• legt eine Reihe
		• legt zwei Reihen, die gleich viele P. pro Reihe enthalten
		• legt zwei Reihen die gleich lang sind, aber unterschiedlich viele P. pro Reihe enthalten
		• richtige Anzahl genannt, aber falsche Reproduktion des Musters
		• falsche Anzahl genannt, aber richtige Reproduktion des Musters
			• erkennt die Würfelsechs
			• legt 4 und 3
			• legt 5 und 2
			• legt 5 und 4
			• legt 6 und 1
			• legt 6 und 2
			• legt 6 und 3
			• legt 6 und 4
			• anderes Muster
			• legt die P. in 1-zu-1-Zuordnung
			• legt die Reihen unabhängig voneinander
			• richtige Anzahl genannt, aber falsche Reproduktion des Musters
			• falsche Anzahl genannt, aber richtige Reproduktion des Musters

Anzahlbestimmung. Die Anzahlbestimmung des 6er-Musters differenziert die Stichprobe in zwei Gruppen. Die Kinder des 4. bis zur oberen Hälfte des 2. Quartils können alle sicher die korrekte **Anzahl** benennen, während in der unteren Hälfte des 2. und im 1. Quartil nur ca. die Hälfte der Kinder in der Lage sind, die Anzahl zu bestimmen. Für das 7er-Muster ergibt sich eine ähnliche Verteilung: die Kinder des 3. und 4. Quartils bestimmen die Anzahl weitestgehend korrekt, so gut wie alle nennen bei der **Erklärung** ihres Vorgehens bei der Anzahlbestimmung Teilmengen. Im 1. und 2. Quartil sind lediglich Einzelfälle in der Lage, die Anzahl des 7er-Musters zu bestimmen, entsprechend erklärt kein Kind des 1. Quartils sein Vorgehen, die Kinder des 2. Quartils geben zur Hälfte an, gezählt zu haben, die anderen erklären nicht oder geben Teilmengen an.

Strukturierung. Bei der **Reproduktion** des 6er-Musters fällt das 1. Quartil auf. *Alle* Kinder des 2.-4. Quartils reproduzieren entsprechend der Vorlage zwei Dreierreihen bzw. je nach Sichtweise drei Zweierspalten (zwei Kinder des 3. Quartils), allein im 1. Quartil gibt es andere und bei sechs Kindern insgesamt fünf verschiedene Lösungen (vgl. Tab. 4.5.6).

Tabelle 4.5.6:
Reproduktion des Sechsermusters durch die Kinder des 1. Quartils

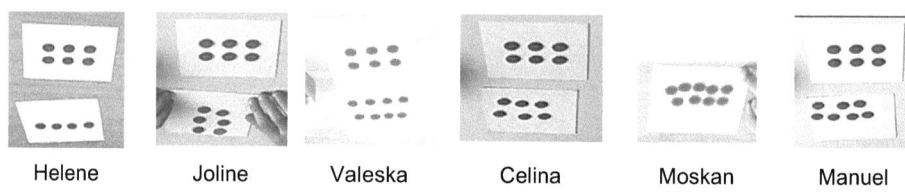

| Helene | Joline | Valeska | Celina | Moskan | Manuel |

Zwar nicht alle Kinder, aber Kinder *aller* Quartile – das wird auch in Aussagen von Kindern des 1. Quartils sehr deutlich – erkennen das bekannte Muster der Würfelsechs sowohl in der Anordnung des 6er-Punktemusters der Untersuchung als auch als Teil des komplexeren 7er-Musters. Jedoch entspricht die Wahrnehmung der Würfelsechs dabei unterschiedlichen Qualitäten: während die Kinder des 1. Quartils das Würfelbild erkennen und benennen, jedoch nicht unbedingt strukturell entsprechend reproduzieren können, wissen die anderen nicht nur den Namen, sondern können das Muster auch zerlegen (3 und 3; 2 und 2 und 2) und die Struktur reproduzieren.

Die meisten Kinder des 3. und 4. Quartils sind in der Lage, das 7er-Muster bewusst in Struktureinheiten zu zerlegen und diese zur Anzahlbestimmung zu nutzen. Dabei erkennen viele auch das Muster der Würfelsechs als Teil des 7er-Musters wieder. Die Sichtweise des Musters als entweder zwei Reihen oder als bekanntes Würfelmuster mit einem zusätzlichen Plättchen hält sich insgesamt die Waage. Bei der Reproduktion ordnen die Kinder die Plättchen in Eins-zu-Eins-Zuordnung an und stellen damit Beziehungen zwischen den Struktureinheiten her.

Zwei Kinder des 3. Quartils zerlegen das 7er-Muster zur Anzahlbestimmung in die Struktureinheiten ‚3' und ‚1', haben aber anschließend Schwierigkeiten, das Muster aus den Struktureinheiten zusammenzusetzen und entsprechend der Vorlage zu reproduzieren (siehe Rafaels Vorgehen in Transkriptausschnitt 9).

Transkriptausschnitt 9:
Interview mit Rafael (3. Quartil) Aufgabe ‚Punktemuster': Anzahlbestimmung und Reproduktion des 7er-Punktemusters

69	I	*(legt P4 auf den Tisch, deckt kurz auf)*
70	R	Mhm, sieben?
71	I	Wie hast du das gesehn?
72	R	Weil da einer war und da war'n drei. *(zeigt mit beiden Händen auf die Pappe)*
73	I	Aha.
74	R	*(legt sechs P in horizontale Dreier-Reihen, dreht die Unterlage um 90°, schiebt die Plättchen zum unteren Rand, legt die Dreier-Reihen wieder horizontal, dreht die Unterlage erneut um 90°, wiederholt dies noch ein weiteres mal, ergänzt eine dritte Dreier-Reihe über der zweiten, legt ein einzelnes Plättchen über das erste Plättchen der nun neun, dreht die Unterlage um 90°, schiebt alle P in die Mitte der Unterlage, so dass wieder ein 3x3-Feld mit einem Einzelnen über dem ersten entsteht)* So.

Das Beispiel von Rafael zeigt exemplarisch, dass es einfacher zu sein oder sich früher zu entwickeln scheint, ein Muster oder eine Struktur zu erkennen und zu nutzen als zu reproduzieren. Weitere Analysen bestätigen diese Vermutung. Auch im 1. und 2. Quartil können Kinder die Würfelsechs als bekanntes Muster in der Siebeneranordnung wiedererkennen, im Gegensatz zum 3. und 4. Quartil können in den unteren Quartilen jedoch kaum Kinder diese Mustererkennung zur Anzahlbestimmung nutzen. Mehrere zerlegen zwar das 7er-Punktemuster und erkennen meistens auch die Würfelsechs als eine Struktureinheit, sie wissen aber nicht über die andere(n) Teilmenge(n) Bescheid, sind also nicht in der Lage, beide (alle) Struktureinheiten gleichzeitig zu betrachten und zu integrieren. Sie erkennen das Bild des Musters, nennen seinen Namen, aber ziehen keine Verbindung zur Anzahl(bestimmung). Im 1. und 2. Quartil findet man dementsprechend Reproduktionen wie Anordnungen der Würfelsechs und darüber „irgendwie noch mehr Plättchen" (im Kategorienschema ‚6 und x', mit x>1) oder zwei Reihen, bei der die eine „irgendwie" länger als die andere ist (,5 und 2' oder ,5 und 4'). Figurale Aspekte stehen also mehr im Vordergrund als die genaue räumliche Struktur, was man auch daran sieht, dass die Reihen bei der Reproduktion unabhängig voneinander verbleiben.

Zusammenfassend zeigen die Ergebnisse der Punktemusteraufgabe, dass Kinder aller Quartile Muster mental zerlegen und bekannte Muster teilweise sogar in komplexen Anordnungen wiedererkennen können. Die Kinder des 1. und 2. Quartils haben Schwierigkeiten, die Struktureinheiten miteinander in Beziehung zu setzen, wohingegen die Kinder des 4. Quartils bereits in der Lage sind, Struktureinheiten zu integrieren. Sie können Strukturen zur Anzahlbestimmung nutzen und nehmen sie auch so bewusst wahr, dass sie das Muster strukturell richtig reproduzieren können. Die Ergebnisse legen außerdem nahe, dass das Bedürfnis bzw. die Notwendigkeit zur Strukturierung einer Anzahl von der Komplexität des Punktemusters abhängt. Kleine Mengen und Reihenanordnungen scheinen eher eine Zählstrategie hervorzurufen, große, mehrzeilig angeordnete Anzahlen eher eine (bewusste) Strukturierungsstrategie.

4.5.2.4 Aufgabe ‚Plättchen legen'

Tabelle 4.5.7:
Kategorienschema zur Aufgabe ‚Plättchen legen'

Muster	Erklärung
• ungeordnet	• weiß nicht
• Reihe	• keine inhaltliche Erklärung
• Kreis	• zählen
• Ziffer	• zählen in Schritten
• Würfelbild	• rechnen
• Viererreihen	• Zahlzeichen (Aussehen)
• eigenes Muster	• Argumentation über Abstände
	• Zahlzerlegung

Das Kategorienschema zu dieser Aufgabe ist nicht wie die anderen in die Bereiche ‚Anzahlerfassung' und ‚Strukturierung' aufgeteilt, da es hier ausschließlich um die Fähigkeit des selbständigen Strukturierens einer bereits vorgegebenen Anzahl konkreter Plättchen geht. Nach mehreren Analysedurchgängen kristallisierte sich heraus, dass allein die Erhebung der Art des Musters, verbunden mit der Erklärung der Kinder, ausreicht, um differenzierte Aussagen über Gemeinsamkeiten und Unterschiede zur Strukturierungsfähigkeit der Quartile treffen zu können.

Über zwei Drittel der gesamten Stichprobe legen bei vorgegebenen fünf Plättchen ein Würfelbild, was zunächst nichts über die unterschiedlichen Strukturierungsfähigkeiten aussagt. Bezieht man jedoch die Erklärungen der Kinder in die Analysen mit ein, zeigt sich, dass diese Aufgabe sehr gut zwischen den vier Quartilen differenziert. Die Zuordnung der Muster und Erklärungen zu den Quartilen ist der Übersichtlichkeit halber in der Tabelle 4.5.8 dargestellt.

Tabelle 4.5.8
Auswertung der Aufgabe ‚Plättchen legen' – Zuordnung der Muster und Erklärungen zu den Quartilen

	Muster	Erklärung
1. Quartil	ungeordnet Reihe Kreis (Würfelbild)	weiß nicht keine inhaltliche Erklärung zählen
2. Quartil	Reihe Würfelbild (Vierreihen)	keine inhaltliche Erklärung Zahlzeichen (Zahlzerlegung)
3. Quartil	(Reihe) Würfelbild Vierreihen	Zahlzeichen Zahlzerlegung
4. Quartil	Würfelbild Vierreihen eigenes Muster	zählen in Schritten rechnen Argumentation über Abstände Zahlzerlegung

Anmerkung. Muster und Erklärungen in Klammern ( ) kamen nur bei einzelnen Kindern des Quartils vor.

Der Tabelle ist eine Zunahme des Bewusstseins über räumliche Strukturierungen im Verlauf vom 1. bis zum 4. Quartil zu entnehmen. Beginnend bei beliebigen Anordnungen ohne Erklärung gibt es im 1. Quartil (wenige) Kinder, die scheinbar überhaupt keine Vorstellung davon haben, dass Plättchen irgendwie räumlich angeordnet werden können. Die meisten Kinder des 1. Quartils bilden aus den Plättchen eine Reihe für leichtes Abzählen. Auch der Kreis als kompakte Anordnung einer Reihe gehört hierzu, die Kreisanordnung kann im Gegensatz zur geraden Reihe von der Hand des Kindes verdeckt werden – der Kasper darf die Anordnung ja nur kurz sehen. Einige Kinder deuten das Zählen durch das Antippen der Plättchen an, andere verbalisieren, dass eine Reihe besonders gut abgezählt werden kann. Ab dem 2. Quartil werden Würfelbilder gelegt, an den unterschiedlichen Erklärungen des 2.-4. Quartils kann jedoch abgeleitet werden, dass dieses Strukturieren in Würfelbilder unterschiedlichen Qualitäten entspricht. So wird die Würfelfünf im 2. und 3. Quartil eher als Zahl*zeichen* interpretiert, im 3. und 4. Quartil wird eher über Zahl*zerlegung* argumentiert (siehe Transkriptausschnitte 10 und 11). Die Kinder des 4. Quartils strukturieren eine Anzahl Plättchen ganz bewusst, sie legen teilweise sogar eigene, strukturierte Muster und nennen den Abstand als Kriterium für eine einfache bzw. schwierige Wahrnehmung einer Anordnung.

Transkriptausschnitt 10:
Interview mit Lion (2. Quartil) Aufgabe ‚Plättchen legen': Erklärung zur Strukturierung der Plättchen als Würfelfünf

| 88 | L | Weil eigentlich so eine Fünf aussieht. |

Transkriptausschnitt 11:
Interview mit Lukas (4. Quartil) Aufgabe ‚Plättchen legen': Erklärung zur Strukturierung der Plättchen als Würfelfünf

| 116 | L | Weil man es gleich sieht, dass hier (*tippt auf die vier äußeren Plättchen*) auf jeden Seiten vier sind und, hier sind zwei und hier, vier (*tippt auf die oberen zwei und dann auf die unteren zwei Plättchen*) und in der Mitte ist noch der Fünfte. |

An der Tabelle 4.5.8 sieht man jedoch auch, dass es keine scharfe Trennung zwischen den Quartilen gibt, die Erklärungen und Strukturierungen zeigen vielmehr eine fließende Entwicklung. So findet man ganz vereinzelt bereits in niedrigen Quartilen fortgeschrittene Muster und Erklärungen und auch umgekehrt in höheren Quartilen basale Strukturierungen mit entsprechenden Erklärungen. Bei der Fähigkeit zur räumlichen Strukturierung einer vorgegebenen Menge findet demnach also sowohl eine quantitative Entwicklung, was die Häufigkeit bestimmter Strategien innerhalb eines Quartils angeht, als auch – und dies hauptsächlich – eine qualitative Entwicklung bezogen auf das Bewusstsein über die Funktion von Strukturierungen, die Art der Muster und die Sichtweise auf diese statt.

Die Ergebnisse der Aufgabe zeigen auch, dass fast alle Kinder zu einer räumlichen Strukturierung einer konkreten Menge in der Lage sind, wenn man eine Reihen- und Kreisanordnung bereits als strukturiert interpretiert. Vorliegende Ergebnisse geben jedoch vor allem zur Vermutung Anlass, dass sich die mathematischen Fähigkeiten eines Kindes in seiner Strukturierungsfähigkeit widerspiegeln. Die Kinder des 1. Quartils sind noch dabei, die Zahlwortreihe zu festigen und das korrekte Abzählen zu üben. Entsprechend ordnen sie die Plättchen in einer Reihe an, weil sie bereits gelernt haben, dass die Anordnung der Elemente in einer Reihe – im Vergleich zu einer ungeordneten Anordnung – beim Abzählen hilft. Sie bringen eine unstrukturierte Menge mit Hilfe des Zählens in eine lineare Ordnung (vgl. RÖDLER 2006, 140). Die Kinder des 2. Quartils verbinden mit einigen Zahlen Bilder und im Sinne von Zahlzeichen können sie diese Muster einer entsprechenden Anzahl Plättchen aufprägen. Die Kinder des 3. Quartils tun dies auch, aber entsprechend der Zunahme der Zähl- und erster Rechenfertigkeiten findet hier ein Wechsel der Sichtweise vom Bild des Musters hin zu seiner Struktur statt. Die Kinder des 4. Quartils, von denen einige beim Rechnen schon den Zahlenraum bis 20 überschreiten und viele Zahlensätze auswendig wissen, sind sich bewusst über die Funktion einer Ordnung für die quasi-simultane Zahlwahrnehmung. Die meisten setzen die räumliche Struktur ihres Musters mit einem passenden Zahlensatz in Verbindung. Sie besitzen bereits eine Vorstellung von Zahlen als geeignet gegliederte Quantitäten (vgl. GERSTER 2005, 234) und wissen, dass die räumliche Struktur eines Musters seine numerische Struktur darstellen soll.

4.5.3 Quartilbezogene Unterscheidung der Muster- und Strukturfähigkeiten

Nach der aufgabenbezogenen Beschreibung der Gemeinsamkeiten und Unterschiede werden diese nun verdichtet und eine idealtypische Beschreibung der Fähigkeiten und Handlungsmuster der Quartile in Bezug auf Muster und Struktur in Verbindung mit den mathematischen Fähigkeiten vorgenommen. Die Muster- und Strukturkompetenzen werden dazu in die bedeutsamen Fähigkeitskomplexe ‚Struktur erfassen', ‚Muster erkennen' und ‚Struktur nutzen' sowie in die Aspekte ‚Bewusstsein über räumliches Strukturieren' sowie ‚Sichtweise auf und Herangehensweise an Muster und Strukturen' unterteilt und zusammenfassend beschrieben.

1. Quartil

Struktur erfassen. Die Kinder des 1. Quartils sind im Sinne der Gestaltgesetze in der Lage, die räumlichen Bestandteile eines Musters zu erfassen. Sie können das Muster mental strukturieren, indem sie es entlang äußerer Gliederungshilfen (Farbe, Abstand, Ähnlichkeit, ...) in Teile zerlegen. Diese Strukturerfassung passiert eher unbewusst und die von ihnen gebildeten Struktureinheiten entsprechen nicht unbedingt der vorgegebenen Gliederung. Der Fokus der Wahrnehmung liegt auf figuralen Aspekten und dem optischen Gesamteindruck, die äußere Gliederung wird nicht mit numerischen Aspekten in Verbindung gebracht. Insgesamt verbleiben die gebildeten Struktureinheiten weitgehend unabhängig voneinander, da die besondere Schwierigkeit der Kinder des 1. Quartils darin besteht, die Bestandteile eines Musters miteinander in Beziehung zu setzen. Wenn die Kinder es schaffen, Struktureinheiten miteinander zu vergleichen, dann werden nur einzelne Teile in den Vergleich einbezogen, bei komplexen Mustern können nicht alle Struktureinheiten in Verbindung miteinander und evtl. mit einer Vorlage gebracht werden. Verglichen wird zudem die räumliche Ausdehnung der Struktureinheiten, nicht die Anzahl ihrer Elemente. Diese starke Bedeutung der Länge und figuraler Aspekte (hier: Wahrnehmung von Reihen oder rechteckigen Feldern) zeigt sich beispielsweise in Anordnungen, bei denen mit Plättchen reproduzierte Reihen zwar gleich lang, aber nicht (wie die Vorlage) auch gleichmächtig sind. Bei der Reproduktion der Zehnerkette werden die Farben korrekt reproduziert und die jeweiligen Farbabschnitte sind *ungefähr* gleich lang, jedoch stimmt die Anzahl der Perlen nicht miteinander und der Vorlage überein.

In Bezug auf ihre Zahlbegriffsentwicklung bleiben die Kinder des 1. Quartils bei der Strukturerfassung unter ihren Fähigkeiten. Sie wären durchaus in der Lage, die Anzahl der Elemente in den von ihnen gebildeten Struktureinheiten zu bestimmen, außerdem können sie Dinge miteinander vergleichen – ihre mathematischen und ihre Strukturierungsfähigkeiten bleiben jedoch seltsam unabhängig voneinander. Sie nehmen die äußere, räumliche Strukturierung wahr, wobei sie auf äußere Merkmale fokussieren, sie zerlegen ein Muster, setzen die Teile aber nicht in Beziehung.

Muster erkennen. Im 1. Quartil kann ein Muster zwar zerlegt, die Struktureinheiten aber nicht miteinander in Beziehung gesetzt und damit auch keine Regelmäßigkeit erkannt werden. Daraus ergibt sich, dass Musterfolgen nicht regelgerecht fortgesetzt werden können. Auch hier zeigt sich wieder, dass die Farbe (oder andere äußere Merkmale) im Vordergrund steht und numerische Aspekte außen vor bleiben (z.B. anstatt der Alternation von fünf Perlen zweier vorgegebener Farben, abwechselnde Alternation zweier anderer Farben). Einige, jedoch nicht alle Kinder erkennen bekannte Muster im Sinne von Bildern wieder und zwar sowohl in ihrer einfachsten Form, als auch als Teil einer komplexeren Anordnung.

Im 1. Quartil ist die Mustererkennung im Sinne einer bekannten Anordnung also in Einzelfällen bereits möglich, im Sinne des Erkennens einer Regelmäßigkeit hingegen noch nicht.

Struktur nutzen. Einige Kinder erkennen bekannte Muster im Sinne von Bildern wieder, es steht hierbei jedoch der figurale Aspekt im Vordergrund, d.h. sie können die räumliche Struktur nicht flexibel nutzen und nicht auf die numerische Struktur des Musters schließen. Sie sind daher kaum in der Lage, bekannte Muster zur Anzahlbestimmung zu nutzen. Ihre Herangehensweise an einfache, unbekannte Muster mit wenigen Elementen ist die des einzelnen Abzählens; diese Muster werden nicht mental strukturiert und die vorgegebene Gliederung nicht beachtet. Bei komplexen Mustern hingegen scheint sich die Abkürzung der Zählprozedur durch eine Zerlegung des Musters in Teile anzubahnen. Die Kinder können jedoch nur die Anzahl *einer* Struktureinheit bestimmen (evtl. durch zählen), sie sind nicht in der Lage, mehrere Struktureinheiten gleichzeitig zu betrachten und durch einen Vergleich auch die Anzahl der anderen Teilmengen sowie die Gesamtmenge zu bestimmen.

Bewusstsein über räumliches Strukturieren. Es gibt Kinder im 1. Quartil, die über keinerlei Bewusstsein über räumliches Strukturieren verfügen. Die meisten Kinder können aber eine ungeordnete Plättchenmenge durch konkretes Verschieben räumlich strukturieren, ihre mathematischen Fähigkeiten spiegeln sich jedoch in der gewählten Struktur wider: der Reihenanordnung zum übersichtlichen Abzählen. In ihrer mathematischen Entwicklung haben sie gelernt, dass in einer Reihe geordnete Elemente einfacher abzuzählen sind als eine ungeordnete Menge. Die Strukturierung in einer Reihe ist also die Ordnungsstrategie, die diese Kinder kennen. Die Kinder zerlegen vorgegebene Muster zwar mental entlang äußerer Gliederungsreize, dies geschieht jedoch unbewusst, weshalb sie nicht über Gliederungs*kriterien* verfügen und diese folglich nicht aktiv einer Anzahl von Elementen aufprägen können. Auch die Muster, deren Bild sie erkennen, können sie nicht unbedingt räumlich strukturell reproduzieren. Sie besitzen kein Bewusstsein über Kriterien der schnellen oder einfachen Zahlwahrnehmung, sondern nur des einfachen Abzählens.

Sichtweise auf und Herangehensweise an Muster und Strukturen. Die Kinder im 1. Quartil tendieren zu einer festgelegten Sicht- und Strukturierungsweise eines Musters. Sie haben Schwierigkeiten damit, Struktureinheiten in Beziehung zu setzen und tun dies, wenn überhaupt, auf eine Weise. Wird nicht explizit nach der Anzahl gefragt, zählen sie nicht von sich aus. Anschauungsmittel betrachten sie eher mit einer Alltagsrahmung als unter einem mathematischen Blickwinkel. Den Kindern ist nicht bewusst, dass die Kenntnis der exakten Anzahl eines Musters seine Reproduktion erleichtert, bzw. dafür benötigt wird. Äußere Merkmale, räumliche Ausdehnung und figurale Aspekte stehen bei der Strukturwahrnehmung im Vordergrund.

2. Quartil

Struktur erfassen. Die Kinder des 2. Quartils sind in der Lage, die räumlichen Bestandteile eines Musters zu erfassen. Sie können das Muster mental strukturieren, indem sie es im Sinne der Gestaltgesetze eher unbewusst entlang der äußeren Gliederungshilfen (Farbe, Abstand, Ähnlichkeit, …) in Teile zerlegen. Die von ihnen gebildeten Struktureinheiten entsprechen dabei der vorgegebenen Gliederung. Der optische Eindruck und figurale Aspekte spielen im 2. Quartil noch eine Rolle, die äußere Gliederung wird jedoch von den meisten Kindern mit numerischen Aspekten in Verbindung gebracht. Visuelle Symmetrieaspekte spielen aber eine noch größere Rolle. Die Kinder sind schon besser in der Lage, ihre gebildeten Struktureinheiten miteinander in Beziehung zu setzen, insbesondere die *Gleichheit* von Teilen wird hier fast durchgängig beachtet. Dabei konkurrieren Symmetriewahrnehmung („sehen", dass die Struktureinheiten gleich groß sind) und Zählprozeduren (durch zählen und vergleichen der Teilmengen erkennen, dass alle Struktureinheiten gleichmächtig sind). Schließlich werden im 2. Quartil meist nicht alle, sondern nur einige Teile miteinander in Beziehung gesetzt, Schwierigkeiten ergeben sich bei nicht symmetrischen Anordnungen.

Die besseren Zählfertigkeiten und erweiterten Fähigkeiten der Eins-zu-Eins-Zuordnung der Kinder des 2. Quartils, insbesondere jedoch ihre Fähigkeit zum Vergleich, spiegeln sich in den Aufgabenbearbeitungen wider, wobei nicht alle Kinder ihr Potential nutzen. Sie nehmen die äußere, räumliche Strukturierung wahr, wobei sie nach wie vor hauptsächlich auf figurale Merkmale fokussieren, sie zerlegen ein Muster und setzten seine Struktureinheiten soweit miteinander in Beziehung, dass sie deren Gleichheit erkennen.

Muster erkennen. Obwohl die Kinder des 2. Quartils ein Muster zerlegen und die Gleichheit der gebildeten Struktureinheiten reproduzieren, damit also scheinbar in der Lage sind, Regelmäßigkeiten zu erkennen, produzieren sie *keine* regelgerechte Fortsetzung der Musterfolge. Möglicherweise werden beim mentalen Strukturieren und beim Zählen nur die Bestandteile des Musters identifiziert, aber nicht miteinander in Beziehung gesetzt, also keine Regelmäßigkeit und damit nicht die Grundeinheit erkannt, weshalb folglich die Musterfolge auch nicht regelgerecht fortgesetzt werden kann. Oder es kann eine Regelmäßigkeit zwar erkannt, aber nicht bei der Fortsetzung angewendet werden. Die Struktureinheiten könnten demnach nur gebildet und verglichen, aber nicht integriert werden. Im zweiten Quartil zeigen sich außerdem große Fähigkeitsunterschiede zwischen den Kindern. Ein Kind leitet beispielsweise eine Regelmäßigkeit aus dem numerischen Vergleich der Teilmengen ab und kann die Musterfolge als einziges seiner Gruppe regelgerecht fortsetzen. Ein bekanntes Muster im Sinne eines Bildes erkennen die Kinder des 2. Quartils in seiner einfachsten Form relativ sicher wieder, als Teil einer komplexen Anordnung nur in Einzelfällen.

Zusammengefasst ist im 2. Quartil die Mustererkennung also im Sinne einer bekannten Anordnung möglich, das Erkennen von Regelmäßigkeiten bahnt sich an, das Integrieren von Struktureinheiten und das Bilden und Übertragen einer Regel zur Fortsetzung einer Musterfolge jedoch noch nicht.

Struktur nutzen. Die Kinder des 2. Quartils erkennen bekannte Muster im Sinne von Bildern wieder, es steht hierbei jedoch der figurale Aspekt im Vordergrund. Dennoch können sie Muster in ihrer einfachsten Form zur Anzahlbestimmung nutzen, wenn diese allerdings Teil einer komplexeren Anordnung sind, sind sie dazu nicht mehr in der Lage. Die Kinder des 2. Quartils haben Schwierigkeiten, bei komplexen Mustern alle gebildeten Struktureinheiten miteinander in Beziehung zu setzen und sind daher nur eingeschränkt in der Lage, (bekannte) Muster zur Anzahlbestimmung zu nutzen. Der Befund, dass diese Kinder eine präsentierte, kleinere Anzahl häufiger richtig reproduzieren als benennen können, könnte darauf hindeuten, dass sie ein gezeigtes Muster mental strukturieren und sich die Anzahlen der jeweiligen Struktureinheiten merken, jedoch nicht zur Gesamtanzahl addieren können. Möglicherweise ist die vorwiegende Herangehensweise aber auch das Abzählen, weshalb auch nur figurale Aspekte reproduziert werden, die eben nicht zur Anzahlbestimmung genutzt werden können.

Bewusstsein über räumliches Strukturieren. Bekannte Muster sind als Bilder vertraut und deren räumliche Struktur kann im Sinne eines Zahlzeichens einer Anzahl an Plättchen aufgeprägt werden. Die Kinder besitzen jedoch kein Bewusstsein über Kriterien der schnellen oder einfachen Zahlwahrnehmung, sie wissen nur, dass bestimmte Anordnungen Zahlen repräsentieren können.

Sichtweise auf und Herangehensweise an Muster und Strukturen. Bei der Strukturwahrnehmung stehen äußere Merkmale und figurale Aspekte in Verbindung mit einer starken Symmetrie-Fokussierung im Vordergrund, es ist jedoch ein Wandel von einer reinen nichtnumerisch quantitativen Sichtweise hin zu einem Einbezug numerischer Interpretationen zu verzeichnen. Schwierigkeiten macht das In-Beziehung-Setzen von Struktureinheiten. Schließlich bahnt sich die Betrachtung von Mustern und Strukturen unter mehr als nur einem festgelegten Blickwinkel an.

3. Quartil

Struktur erfassen. Die Kinder des 3. Quartils sind in der Lage, die räumlichen Bestandteile eines Musters zu erfassen. Sie können das Muster mental strukturieren, indem sie es zunehmend bewusst entlang der äußeren Gliederungshilfen in Teile zerlegen. Die von ihnen gebildeten Struktureinheiten entsprechen der vorgegebenen Gliederung. Der optische Eindruck und figurale Aspekte spielen im 3. Quartil eine weitaus geringere Rolle, es ist vielmehr eine steigende Tendenz zum Blickwechsel von äußeren Merkmalen auf die gebildeten Struktureinheiten zu bemerken. Die äußere Gliederung wird von den Kindern mit numerischen Aspekten in Verbindung gebracht. Dass Struktureinheiten gleichmächtig sind, mag bereits unter Beachtung von Symmetrien visuell erfasst worden sein, die Kinder des 3. Quartils kontrollieren dies jedoch durch Abzählen und In-Beziehung-Setzen der Teilmengen. Die Kinder sind schon recht gut in der Lage, alle gebildeten Struktureinheiten miteinander und mit einer Vorlage in Beziehung zu setzen, insbesondere die *Gleichheit* von Teilen wird hier durchgängig beachtet.

Muster erkennen. Im Gegensatz zum 2. Quartil können die Kinder des 3. Quartils Struktureinheiten besser miteinander in Beziehung setzen und aus der Wahrnehmung der Gleichheit von Struktureinheiten eine Regelmäßigkeit ableiten, ihre gebildeten Struktureinheiten integrieren und sind daher alle in der Lage, Musterfolgen regelgerecht fortzusetzen. Die Grundeinheit wird anscheinend erkannt, die Regel der Fortsetzung kann jedoch noch nicht unbedingt verbal formuliert werden. Ein bekanntes Muster im Sinne eines Bildes erkennen die Kinder des 3. Quartils in seiner einfachsten Form und als Teil einer komplexen Anordnung wieder.
Zusammengefasst werden im 3. Quartil Muster sowohl im Sinne einer bekannten Anordnung, als auch im Sinne des Erfassens von Regelmäßigkeiten erkannt.

Struktur nutzen. Das 3. Quartil ist vermehrt in der Lage, die Struktur eines Musters zur Abkürzung der Zählprozedur zu nutzen. Bekannte Muster werden in komplexen Anordnungen nicht nur wiedererkannt, sondern auch zur Anzahlbestimmung genutzt. Unbekannte, komplexe Muster zerlegen die Kinder in Struktureinheiten, nutzen diese zur Anzahlbestimmung, aber haben teilweise Schwierigkeiten, die selbst gebildeten Struktureinheiten bei der Reproduktion des Musters zu integrieren. Besonders auffällig ist im 3. Quartil, dass bei gleicher Anzahl gehäuft eine andere Gliederung (und damit ein anderes Muster) als vorgegeben produziert wird, obwohl die Struktur scheinbar genutzt und damit wahrgenommen wurde. Vermutlich konkurriert im 3. Quartil das bereits vorhandene Wissen über bestimmte Zahlzerlegungen mit der vorgegebenen Struktur, und es wird trotz der Fähigkeit zur Ausnutzung der räumlichen Struktur eher die geläufigere Zerlegung produziert als die vorgegebene Gliederung.

Bewusstsein über räumliches Strukturieren. Im 3. Quartil findet ein Wechsel der Sichtweise vom Bild des Musters hin zu einem Bewusstsein über seine Struktur statt. Die Kinder sind nicht nur in der Lage, ein bekanntes Muster zu erkennen und zur Anzahlbestimmung zu nutzen, sondern viele können es auch strukturell reproduzieren. Außerdem sind sie in der Lage, eine Zahlzerlegung in eine räumliche Struktur zu „übersetzen". Sie besitzen jedoch kein Bewusstsein über Kriterien der schnellen oder einfachen Zahlwahrnehmung, sie wissen nur, dass bestimmte Anordnungen Zahlen repräsentieren können und können deren räumliche Struktur mit der mathematischen Struktur in Verbindung bringen.

Sichtweise auf und Herangehensweise an Muster und Strukturen. Bei der Strukturwahrnehmung tritt eine Fokussierung auf äußere Merkmale zugunsten der Struktureinheiten in den Hintergrund, und die meisten Kinder betrachten Muster und Strukturen unter mehr als nur einem festgelegten Blickwinkel. Die Fähigkeit zur flexiblen Strukturierung eines Musters bahnt sich an, die Kinder zerlegen Muster weitgehend bewusst und setzen Struktureinheiten zueinander in Beziehung. Teilweise gibt es jedoch noch Schwierigkeiten beim Integrieren der Struktureinheiten. Auch wenn nicht explizit nach der Anzahl gefragt wird, bestimmen viele Kinder im Rahmen der Beschreibung eines Musters dessen Anzahl von sich aus. Figurale Aspekte werden zunehmend mit numerischem quantitativem Wissen in Verbindung gebracht und der Zusammenhang zwischen räumlichen und mathematischen Strukturen wird langsam deutlich.

4. Quartil

Struktur erfassen. Im 4. Quartil werden die räumlichen Bestandteile eines Musters flexibel erfasst. Muster werden bewusst mental strukturiert, indem sie entlang äußerer Gliederungsreize in simultan zu erfassende Struktureinheiten zerlegt werden. Die Struktureinheiten werden durchgängig miteinander in Beziehung gesetzt. Bei der Zerlegung eines symmetrischen Musters ist den Kindern die Gleichmächtigkeit der gebildeten Teile bewusst und muss nicht überprüft werden. Der kindliche Fokus liegt dabei auf numerischen Aspekten der Struktureinheiten und nicht auf figuralen Merkmalen. Überhaupt beziehen die Kinder des 4. Quartils die räumliche Struktur sofort auf Anzahlen und übersetzen die räumliche Struktur in arithmetische Operationen. Die räumliche Struktur scheint für sie ein Hinweis auf die mathematische Struktur zu sein, numerische und strukturelle Aspekte werden durchgängig verknüpft.

Muster erkennen. Die Kinder des 4. Quartils setzen Struktureinheiten durchgängig miteinander in Beziehung, erkennen Regelmäßigkeiten, können die Struktureinheiten integrieren und sind daher alle in der Lage, Musterfolgen regelgerecht fortzusetzen. Die Grundeinheit wird erkannt und die Regel der Fortsetzung ist bewusst, sie kann teilweise sogar verbal formuliert werden. Ein bekanntes Muster im Sinne eines Bildes erkennen die Kinder des 4. Quartils wieder, auch als Teil einer komplexen Anordnung.

Zusammengefasst werden im 4. Quartil Muster sowohl im Sinne einer bekannten Anordnung, als auch im Sinne des Erfassens von Regelmäßigkeiten erkannt.

Struktur nutzen. Die Kinder des 4. Quartils nutzen sowohl die räumliche Struktur einer Anordnung als auch bekannte Muster explizit zur Abkürzung der Zählprozedur. Bei der Anzahlbestimmung können komplexe Muster flexibel und bewusst zerlegt und entweder mit bekannten Zahlzerlegungen in Verbindung gebracht oder die Anzahl durch In-Beziehung-Setzen und Vergleichen ermittelt werden.

Bewusstsein über räumliches Strukturieren. Die Kinder besitzen ein Bewusstsein über die räumliche Struktur und Funktion bestimmter Anordnungen und haben teilweise sogar Kriterien für eine leichte oder schnelle Wahrnehmung metakognitiv verfügbar. Ihre bereits weit entwickelten mathematischen Fähigkeiten spiegeln sich in der konkreten Strukturierungsfähigkeit wider. Entsprechend eines ausgebildeten Teil-Ganzes-Verständnisses zerlegen sie Muster in simultan überschaubare Teile und argumentieren über Zahlzerlegungen, die sich in der räumlichen Struktur ihrer Muster wiederfinden. Sie besitzen bereits eine Vorstellung von Zahlen als geeignet gegliederte Quantitäten und wissen, dass die räumliche Struktur eines Musters seine numerische Struktur darstellen soll.

Sichtweise auf und Herangehensweise an Muster und Strukturen. Die Kinder im 4. Quartil besitzen die Fähigkeit zum Wechsel der Sichtweise und zur flexiblen Strukturierung eines Musters. Sie setzen Struktureinheiten auf unterschiedliche Weisen in Beziehung. Auch wenn nicht explizit nach der Anzahl gefragt wird, bestimmen sie im Rahmen der Beschreibung eines Musters dessen Anzahl von sich aus. Die Kinder besitzen offenbar ein Bewusstsein, dass eine Anzahlbestimmung zu Mathematikaufgaben oder zumindest zu einer vollständigen Beschreibung gehört. Anschauungsmittel interpretieren sie unter anderem auch auf einem mathematischen Hintergrund. Äußere Aspekte treten in den Hintergrund, der Fokus liegt auf der Zerlegung und den gebildeten Struktureinheiten. Figurale Aspekte und arithmetisches Wissen, mathematische Fähigkeiten und Strukturierungsfähigkeiten sind im 4. Quartil integriert und werden bei der Bearbeitung von Aufgaben wie selbstverständlich eingesetzt.

			Abstracting pattern
42	I		is the basis of structural knowledge,
			the goal of mathematics learning.
			(WARREN 2005b, 305)

42 I Wie hast du das gerechnet?
43 N Das seh ich doch ganz schnell. *([...])*
44 I Aber wie siehst du das?
45 N Weiß ich nicht.
46 I Zählst du die? Eins zwei drei vier fünf sechs?
47 N Neeiin! Ich seh einfach nur die Zahl so, dass die so liegt und dann ist das meistens ne Sechs.
(aus dem Interview mit Nick)

21 I Ja, das ist auch richtig. Aber wie geht's jetzt wohl weiter?
   Mach doch mal einfach weiter.
22 L *(nimmt zwei gelbe P. auf einmal, beginnt zu fädeln)*
   Ich mach jede Sache fünf.
(aus dem Interview mit Lukas)

5 Zusammenfassung, Diskussion und didaktische Konsequenzen

Die Bedeutung von Muster- und Strukturfähigkeiten für mathematisches Lernen weiter zu klären, ist das Anliegen vorliegender Arbeit. Hierzu definiert sie zunächst auf einer theoretischen Ebene, bezogen auf den Mathematikunterricht am Schulanfang, die Begriffe ‚Muster' und ‚Struktur' und betrachtet die unterschiedlichen Typen von Mustern im Anfangsunterricht. Nach der Entwicklung von Aufgaben zur Erhebung von Muster- und Strukturkompetenzen untersucht eine empirische Studie die Mustererkennungs- und Strukturierungsfähigkeiten von Schulanfängern und analysiert einen möglichen Zusammenhang zwischen diesen und der mathematischen Leistung der Kinder.

Die Ergebnisse sowie die Fragen, die diese Arbeit ebenso aufwirft, diskutiert dieses Kapitel. Für den schnellen Leser, der von der Einleitung direkt ins letzte Kapitel springt, fasse ich die Arbeit zunächst zusammen (Kap. 5.1), bevor ich die Forschungsfragen beantworte (Kap. 5.2), die Ergebnisse diskutiere (Kap. 5.3), didaktische Konsequenzen aufzeige (Kap. 5.4) und als Schlussfolgerung das Konstrukt des Struktursinns entwickele (Kap. 5.5). Offene Fragen und Vorschläge für die weitere Forschung zu kindlichen Mustererkennungs- und Strukturierungsfähigkeiten werden direkt in den einzelnen Unterkapiteln benannt.

5.1 Zusammenfassung

Was genau ist eigentlich ein *Muster* und was versteht die Mathematikdidaktik unter *Struktur*? Diese Fragen begleiteten diese Forschungsarbeit eine ganze Weile und tatsächlich lassen sich die Begriffe Muster und Struktur auch nur schwer voneinander trennen. Bei genauerer Betrachtung (vgl. Kap. 1.1) wird jedoch deutlich, dass ein Muster – im Gegensatz zu einer Struktur – sowohl in seiner alltagssprachlichen Verwendung als auch in der mathematischen Bedeutung immer eine Regelmäßigkeit beschreibt. Unter einem mathematischen Muster verstehe ich deshalb jegliche numerische oder räumliche Regelmäßigkeit. Als Struktur hingegen bezeichne ich die Art und Weise, in der das Muster gegliedert ist. Die Beziehungen zwischen den verschiedenen Bestandteilen eines Musters stellen also seine Struktur dar.

Bedeutsam ist weiterhin, dass mit der Tätigkeit des Mustererkennens in der Mathematikdidaktik zwei unterschiedliche Aktivitäten gemeint sein können. Muster erkennen kann zum einen das Entdecken einer Regelmäßigkeit und zum anderen das *Wieder*erkennen eines bekannten Bildes sein. Beim Strukturerfassen und Strukturieren müssen immer Beziehungen erkannt, bzw. hergestellt werden.

Am Schulanfang begegnen Kindern Muster und Strukturen sowohl in ihrer mathematischen Bedeutung als auch in ihrer Verwendung im Alltag (vgl. Kap. 1.2). Bezogen auf den mathematischen Anfangsunterricht lassen sich die mathematischen Muster unterscheiden in die Musterfolgen und die räumlichen Muster. Musterfolgen (die Wiederholung verschiedener Elemente nach einer bestimmten Regel) sind Klassiker in deutschen Erstklass-Lehrwerken, sie spielen jedoch im angelsächsischen Raum eine noch viel größere Rolle. Kapitel 1.2.1 arbeitet den in der deutschen Literatur bislang vernachlässigten Bereich auf. Als bedeutsam für die schulische Arbeit mit Musterfolgen kann das Erkennen der sich wiederholenden Grundeinheit herausgestellt werden, wenn Kinder lernen sollen, Regelmäßigkeiten zu erkennen, Regeln zu abstrahieren, Reihenfolgen zu bilden, Beziehungen zu erkennen oder Vorhersagen zu treffen. Räumliche Muster werden als Zahlbilder und Anschauungsmittel häufig genutzt, um numerische Strukturen in einer speziellen geometrischen Form zu veranschaulichen. Bestimmte Eigenschaften der Zahlen sind so darstellbar und werden zur Unterstützung der Entwicklung mentaler bildlicher Repräsentationen von Zahlen im mathematischen Anfangsunterricht genutzt. Das Erkennen von Mustern und die Fähigkeit zur Strukturierung bilden außerdem eine Grundlage für die Fähigkeit zur quasi-simultanen Zahlerfassung, die wiederum für einen flexiblen Zugang zu Zahlen bedeutsam ist (vgl. Kap. 2.3). Muster und Strukturen sind somit von Anfang an integraler Bestandteil des Mathematikunterrichtes in der Schule und damit die Fähigkeit zum Erkennen und Nutzen von Strukturen und Mustern eine unverzichtbare Voraussetzung.

Die Besonderheit mathematischer Beziehungen besteht darin, dass sie sich nicht konkret abbilden lassen, sondern abstrakt verstanden und in die Muster *hineingedeutet* werden müssen. Die Struktur eines Musters kann nicht durch einfaches Hinschauen erfasst, kann nicht einfach „abgelesen" werden. Wenn Kinder mit Mustern und Strukturen *umgehen*, wenn sie Muster und Strukturen *erkennen*, ist dies immer eine aktive, konstruktive Tätigkeit des einzelnen Individuums. Damit verbunden sind komplexe perzeptuelle und kognitive Wahrnehmungstätigkeiten (vgl. Kap. 2.1). Die Gestaltpsychologie beschrieb verschiedene Faktoren, die prägend für die Art und Weise sind, wie der Mensch sein Wahrnehmungsfeld strukturiert. Die Gestaltung von Unterrichtsmaterial, z.B. didaktisch vorstrukturierte Anschauungsmittel oder Veranschaulichungen in Mathematikbüchern basieren auf diesen sogenannten ‚Gestaltfaktoren' (vgl. Kap. 2.1.1). Zur Gruppierung von Einheiten zu Teilmengen oder einem Ganzen sind Gliederungen von Mengen durch beispielsweise ‚Nähe' (größere und kleinere Abstände), ‚Gleichheit' (z.B. gleiche/unterschiedliche Farben), Geschlossenheit (Umrandungen) oder in einer ‚gemeinsamen Region' (z.B. durch einkreisen) von Schulbuchautoren häufig genutzte Gestaltprinzipien.

Die kindlichen Vorgehensweisen beim Mustererkennen und Strukturieren werden durch die spezifische Konzeption des Anschauungsmittels sowie von perzeptuellen Organisationsprinzipien mitgestaltet und sind dadurch von den figuralen Aspekten des vorgegebenen Materials geprägt. Dennoch ist das Erfassen eines Musters oder einer Struktur aber ein konstruktiver Akt, den das Kind aktiv und eigenständig vornehmen muss (vgl. Kap. 2.1.2). Der Zugang zu Mustern und Strukturen ist nicht durch schlichtes Hinsehen möglich, sondern Muster müssen interaktiv erschlossen und produktiv entwickelt werden. Darüber hinaus vollzieht sich der Wahrnehmungs- und Deutungsprozess nicht in einem neutralen Kontext, sondern wird beeinflusst von dem Wissen, den Intentionen und der individuellen Rahmung des Kindes.

Die in Kapitel 2 aufgearbeiteten wahrnehmungspsychologischen Grundlagen, insbesondere auch die gestaltpsychologischen Faktoren, wurden beim Aufgabendesign der eigenen Studie berücksichtigt. Ein Forschungsinteresse vorliegender Arbeit bestand darin, inwieweit Kinder am Schulanfang solche äußeren, figuralen Gliederungsmerkmale wahrnehmen und auf mathematische Strukturen übertragen können.

Bei der Aufarbeitung des Forschungsstandes zum Bereich Muster und Strukturen (vgl. Kap. 3) wurde schnell deutlich, dass es mehr Vorstellungen über die Bedeutung und Funktion von Muster- und Strukturaufgaben für mathematisches Lernen gibt, als bisher empirisch nachgewiesen wurden. Lediglich einige wenige empirische Untersuchungen beschäftigten sich explizit mit Mustererkennungs- und Strukturierungsfähigkeiten und diese fanden bisher hauptsächlich im Bereich der frühkindlichen Bildung und der (Früh-)Algebra statt. Die meisten Befunde, insbesondere zu den räumlichen Mustern, sind eingebettet in Studien zu anderen Bereichen der mathematischen Entwicklung. Als kurze Zusammenfassung der empirischen Wirkungsforschung zu Muster und Strukturen sei an dieser Stelle festgehalten, dass für das räumliche Strukturieren (vgl. Kap. 3.3.1) der Aufmerksamkeitswechsel von Einzelelementen hin zu Gruppierungen sowie Strategien des Gliederns in (gleich große) Einheiten und das Herstellen von Beziehungen zwischen diesen Einheiten bedeutsam zu sein scheint. Das Wahrnehmen räumlicher Strukturen konnte von verschiedenen Forschern darüber hinaus als notwendige Grundlage für die Entwicklung weiterführender Zählstrategien und dem Zahlensinn allgemein, multiplikativem und kombinatorischem Denken, dem Bruchverständnis sowie als Basis eines konzeptuellen Verständnisses im Umgang mit Größen und dem Messen identifiziert werden. Untersuchungen zur Entwicklung von Musterfolgekompetenzen (vgl. Kap. 3.3.2) konnten in der frühen kindlichen Entwicklung Basiselemente der räumlichen und farblichen Gliederungsfähigkeit sowie Phasen beim Fortsetzen einer Musterfolge identifizieren. Außerdem existieren für eine breite Altersspanne durchschnittliche Lösungshäufigkeiten zu verschiedenen Musterfolgeaufgaben, wobei einfache und komplexe Musterfolgen sowie schwierige und leichte Musterfolgeaktivitäten unterschieden werden konnten. Noch nicht empirisch untersucht, jedoch theoretisch schlüssig dargelegt, wurde hingegen die verbreitete Vorstellung von Musterfolgekompetenz als Vorläuferfertigkeit für die Algebra. Die Unterrichtsforschung zeigte immerhin, dass sich Musterfolgen als Format für den Mathematikunterricht eignen, um algebraisches Denken anzubahnen.

In den letzten Jahren untersuchten international drei Forschergruppen gezielt die kindliche Strukturierungsfähigkeit und identifizierten übereinstimmend vier Ebenen bzw. Phasen in deren Entwicklung (vgl. Kap. 3.3.3). Im Verlauf der vier Phasen zeigt sich sowohl eine quantitative als auch eine qualitative Zunahme der kindlichen Fähigkeiten. In der ersten Phase erkennen die Kinder zunächst keinerlei Strukturen, strukturieren nicht selbst und haben eine rein dingliche Sicht auf Darstellungen. In den nächsten Phasen sind sie in der Lage, einzelne Aspekte zu beachten und wiederzugeben, Strukturen zu erkennen, und schließlich auch zu nutzen. Sie sind immer besser in der Lage, Muster zu zerlegen und Substrukturen zu integrieren. Die anfängliche empirische Sicht wandelt sich in eine relationale Sicht mit flexiblen Umdeutungen der Darstellungen. In der letzten Phase können die Kinder schließlich mehrere Aspekte gleichzeitig beachten und wiedergeben sowie selbst strukturieren. Außerdem entwickelt sich hier ein Bewusstsein über die Bedeutung von Strukturierungen zur Abkürzung numerischer Prozeduren. Die Modelle der drei Forschergruppen entsprechen und ergänzen sich und scheinen zusammengenommen eine gültige Theorie für die Strukturierungsfähigkeit von Kindern mehrerer Altersstufen darzustellen, weshalb ich insbesondere bei den qualitativen Analysen der vorliegenden Arbeit immer wieder vergleichend Bezug auf sie genommen habe.

Um sowohl statistisch belastbare Aussagen über einen möglichen Zusammenhang zwischen mathematischer Leistung und Muster- und Strukturfähigkeiten treffen zu können, als auch tiefer gehende Einblicke in Verständnis, Sichtweisen, etc. von Schulanfängern auf Muster und Strukturen zu erhalten, war die vorliegende Studie als kombiniertes Vorgehen quantitativer und qualitativer Forschung angelegt (vgl. Kap. 4.1 & 4.2). In Form einer Längsschnittstudie wurden die Muster- und Strukturfähigkeiten als Interviewstudie am Schulanfang sowie die mathematischen Fähigkeiten mit den standardisierten Tests OTZ und DEMAT 2+ am Schulanfang und am Ende des 2. Schuljahrs von 74 Kindern gemessen. Die Erhebung ermöglicht so einen Einblick in die mathematische Leistungsentwicklung in Abhängigkeit der Muster- und Strukturkompetenzen am Schulanfang.

Da zum Zeitpunkt der Datenerhebung kein Test zu Mustererkennungs- und Strukturierungsfähigkeiten vorlag, mussten im Rahmen dieser Arbeit entsprechende Aufgaben entwickelt werden. Die Aufgabenentwicklung basiert auf den theoretischen Vorüberlegungen zu den Begriffen Muster und Struktur, der Analyse, welche Art Muster und Strukturen Kindern am Schulanfang begegnen und natürlich den wahrnehmungspsychologischen und didaktischen Grundlagen der Mustererkennung und Strukturierungsfähigkeit. Der Schwerpunkt der Interviewaufgaben liegt folglich – und damit im Gegensatz zu entsprechenden Erhebungen aus dem angelsächsischen Raum – auf den räumlichen Mustern. Zum einen müssen sich deutsche Schulanfänger hauptsächlich mit räumlichen Mustern auseinandersetzen, zum anderen verdichten sich die Hinweise aus anderen Studien, dass insbesondere die Fähigkeit zur räumlichen Strukturierung bedeutsam für die mathematische Entwicklung sein könnte.

Die Interviewstudie stellt somit auch einen Versuch dar, eine Bandbreite an Mustererkennungs- und Strukturierungsfähigkeiten zu erheben, die jenseits des Fortsetzens einer Musterfolge und damit der Frage „Was kommt als nächstes?" liegen (vgl. ECONOMOPOULOS 1998).

5.2 Beantwortung der Forschungsfragen

Gibt es einen Zusammenhang zwischen mathematischer Leistung und Kompetenzen bezüglich Mustern und Strukturen?

In Übereinstimmung mit gängigen Vorstellungen zur Rolle von Muster- und Strukturkompetenzen für mathematisches Lernen und Hinweisen aus Untersuchungen zur Entwicklung kindlicher Strukturierungsfähigkeiten der letzten Jahre (vgl. MULLIGAN & MITCHELMORE 2009; SÖBBEKE 2005; VAN NES 2009) konnte ein solcher Zusammenhang bestätigt werden. Korrelationsanalysen ergeben einen mittelhohen, hochsignifikanten Zusammenhang zwischen der Zahlbegriffsentwicklung (OTZ) und den Fähigkeiten bezüglich Mustern und Strukturen (gemessen mit den Muster- & Strukturaufgaben) am Schulanfang von $r=.61$. Teilt man den OTZ inhaltlich in zwei Teile, so korreliert der Teil zum Mengenwissen ($r=.53$) niedriger mit den Muster- und Strukturfähigkeiten als der Teil zum Zahlenwissen ($r=.60$). Dies ist nicht verwunderlich, werden doch im Subtest zum zahlenbezogenen Wissen des OTZ Anzahlen an vielen Stellen strukturiert dargestellt und auch Würfelbilder kommen mehrmals zum Einsatz (vgl. Kap. 4.2.4.3). Die Rechenleistung am Ende der 2. Klasse (DEMAT 2+) korreliert mit $r=.57$ ebenfalls hochsignifikant in einem ähnlichen Größenbereich mit den Muster- & Strukturaufgaben.

Unter der Annahme, dass Fähigkeiten im Umgang mit Mustern und Strukturen am Schulanfang das weitere Mathematiklernen beeinflussen, wurde mit Hilfe von linearen Regressionsanalysen die Qualität der Muster- & Strukturaufgaben als Prädiktor für die Rechenleistung Ende Klasse 2 (DEMAT 2+) überprüft. Es zeigt sich, dass 31% der Varianz in den Mathematikleistungen des zweiten Schuljahres durch Muster- und Strukturfähigkeiten bereits am Schulanfang vorhergesagt werden können (*korr.* $R^2=.31$; $p<.01$). Zum Vergleich: Der OTZ (an derselben Stichprobe erhoben) erklärt mit 34% nur wenig mehr der Varianz im DEMAT 2+ (*korr.* $R^2=.34$; $p<.01$). Auch KRAJEWSKI (2003) oder DORNHEIM (2008), die die besondere Bedeutung des Zahlenvorwissens für das weitere Mathematiklernen betonen, liegen mit der Varianzaufklärung ihrer Aufgaben in einem ähnlichen Größenbereich[1] (zwischen 35% und 38%). Eine multiple Regressionsanalyse bestätigte den Einfluss von Muster- und Strukturkompetenzen auf das Rechnenlernen. Gemeinsam erklären die Muster- & Strukturaufgaben *und* die Leistung im OTZ 43% der Varianz im DEMAT 2+ (*korr.* $R^2=.43$; $p<.01$), wobei die standardisierten Beta-Koeffizienten, deren Wert als relative Wichtigkeit der Variablen für die Vorhersage interpretiert werden können, zeigen, dass der OTZ (Beta=.41) zwar mehr, aber eben nur wenig mehr als die Muster- & Strukturaufgaben (Beta=.36) zur Vorhersage der Leistung im DEMAT 2+ beiträgt.

Vorliegende Studie kann damit den in der mathematikdidaktischen Literatur postulierten Zusammenhang zwischen mathematischer Leistung und Fähigkeiten im Umgang mit Mustern und Strukturen auf einem mittelhohen Niveau bestätigen. Darüber hinaus weist sie auf die Bedeutung nicht-numerischer, eher bereichsunspezifischer Kompetenzen für mathematisches Lernen hin. Das Wissen über Zahlen mag zwar die wichtigste Vorläuferfertigkeit für die mathematische Entwicklung sein, es gibt aber weitere Basiskompetenzen – wie eben ein kompetenter Umgang mit Mustern und Strukturen – die von essentieller Bedeutung sind.

Über welche Kompetenzen bezüglich mathematischer Muster und Strukturen verfügen Kinder am Schulanfang?

Ein weiteres Anliegen der Arbeit bestand in der Erhebung von Muster- und Strukturfähigkeiten bei Schulanfängern, ähnlich den mathematikdidaktischen Untersuchungen zu zahlbezogenen oder geometrischen Vorkenntnissen am Schulanfang, und ähnlich lautet auch das erste, kurze Resümee: Schulanfänger bringen ein großes Wissen über Muster und Strukturen in die Schule mit.

Die gesammelten Ergebnisse sind in den Kapiteln 4.4.2.1 & 4.5.2 nachzulesen, an dieser Stelle fasse ich schlaglichtartig die wichtigsten Resultate zusammen.

Gut 90% der Schulanfänger können die Musterfolge der Studie richtig reproduzieren, knapp 70% setzen sie außerdem regelgerecht fort (*Muster erkennen* im Sinne einer Regelmäßigkeit).

Zwischen 70% und 80% sind in der Lage, das symmetrische 4er-Punktemuster zu erfassen und zu reproduzieren. Das Punktemuster in Form der Würfelsechs erkennen sogar über 80% (*Muster erkennen* im Sinne eines bekannten Bildes), ähnlich viele können seine Struktur reproduzieren. Beim 7er-Punktemuster (angeordnet in zwei Spalten) sind hierzu noch etwa die Hälfte der Schulanfänger in der Lage (*Struktur erfassen & Struktur nutzen*). Es bestätigte sich, dass das Vorliegen einer Achsensymmetrie eine allgemeine Vereinfachung in der Wahrnehmung der Muster bewirkt. So erfassten die Kinder die Struktur der symmetrischen Muster in der Studie häufiger richtig bzw. leichter als die der nichtsymmetrischen. Außerdem schei-

---

[1] Selbst der Einbezug von allgemeiner Intelligenz, Arbeitsgedächtnisleistungen, schulischen und sozialen Kriterien zusätzlich zum Mengen- und Zahlenwissen kann wenig mehr als 50% der Varianz in den Mathematikleistungen des 2. Schuljahres der Grundschule erklären (vgl. DORNHEIM 2008).

nen figurale Aspekte der Muster einen Einfluss auf die kindliche Wahrnehmung in dem Sinne zu haben, dass Reihenanordnungen und kleine Anzahlen eher zählende Herangehensweisen, Feldanordnungen und große Anzahlen eher Strukturierungsstrategien evozieren.

So gut wie alle Kinder können eine vorgegebene Anzahl Plättchen *strukturieren*. Ihre mathematischen Fähigkeiten spiegeln sich direkt in der Art und Weise ihrer Strukturierung wieder.

80% der Schulanfänger erkennen als Struktur die Gleichmächtigkeit der durch Lücken getrennten Gruppierungen im Zwanzigerfeld (*Struktur erfassen*).

Für Muster- und Strukturfähigkeiten gilt demnach genauso wie für die übrigen mathematischen Fähigkeiten: Der Schulanfang stellt keine „Stunde Null" (SELTER 1995) des Wissenserwerbs dar. Im Gegensatz zum Wissen über Zahlen gehen die meisten Lehrer hiervon aber auch gar nicht aus, sondern setzen häufig entsprechendes Wissen implizit voraus. Dass dieses Verhalten jedoch bei einigen Kindern fatale Folgen für ihre mathematische Entwicklung haben könnte, zeigen die Ergebnisse zur dritten Forschungsfrage, der Frage nach dem Unterschied in den Muster- und Strukturfähigkeiten.

Inwieweit gibt es am Schulanfang Unterschiede in den Kompetenzen bezüglich Mustern und Strukturen?

Wie zu erwarten war, gibt es große Unterschiede in den kindlichen Strukturierungsfähigkeiten. Keine Unterschiede zu entdecken waren jedoch zwischen Kindern mit und ohne Migrationshintergrund (vgl. Kap. 4.4.2.3) und auch das Alter (zumindest in der untersuchten Altersspanne; vgl. Kap. 4.4.2.4) hat keinen Einfluss auf die Muster- und Strukturfähigkeiten.

Allerdings zeigen die Jungen bessere Mustererkennungs- und Strukturierungskompetenzen als die Mädchen (vgl. Kap. 4.4.2.2). Dieser Unterschied ist auf die signifikant besseren Leistungen der Jungen allein in der Aufgabe, in der eine vorgegebene Anzahl an Plättchen strukturiert werden sollte, zurückzuführen. Die Jungen scheinen damit ein größeres Bewusstsein über die Bedeutung räumlicher Strukturen für die Anzahlerfassung zu besitzen und besser als die Mädchen die räumliche Struktur eines Musters mit seiner mathematischen Struktur in Verbindung bringen zu können. Hier genauer zu schauen, inwieweit diese Fähigkeit eine Auswirkung auf die besseren mathematischen Leistungen der Jungen im weiteren Verlauf der Schulzeit hat, ist eine spannende Aufgabe zukünftiger Forschung.

Sehr große Unterschiede gibt es zwischen den Fähigkeiten der schwachen und der starken Kinder (vgl. Kap. 4.5.3). Diese stelle ich im Folgenden kontrastierend gegenüber, um die große Bandbreite in den Mustererkennungs- und Strukturierungsfähigkeiten von Schulanfängern zu verdeutlichen.

Schwache Kinder sind im Sinne der Gestaltgesetze in der Lage, die *Struktur* eines Musters zu *erfassen*. Sie können das Muster mental strukturieren, indem sie es – eher unbewusst – entlang äußerer Gliederungshilfen (Farbe, Abstand, Ähnlichkeit, ...) in Teile zerlegen. Der Fokus ihrer Wahrnehmung liegt jedoch auf figuralen Aspekten und dem optischen Gesamteindruck, die gebildeten Struktureinheiten verbleiben weitgehend unabhängig voneinander und sie bringen die äußere Gliederung nicht mit numerischen Aspekten in Verbindung. Starke Kinder strukturieren ein Muster bewusst mental, indem sie es flexibel entlang äußerer Gliederungsreize in simultan zu erfassende Struktureinheiten zerlegen. Sie setzen die Struktureinheiten miteinander in Beziehung, wobei sie durchweg numerische und strukturelle Aspekte verknüpfen. Ihr Fokus liegt auf numerischen Aspekten der Struktureinheiten und nicht auf figuralen Merkmalen.

Einige schwache Kinder *erkennen* bekannte *Muster* (z.B. Würfelbilder) wieder und dies sowohl in ihrer einfachsten Form, als auch als Teil einer komplexeren Anordnung. Die starken Kinder erkennen Muster darüber hinaus auch im Sinne des Erfassens von Regelmäßigkeiten. Sie identifizieren die Grundeinheit einer Musterfolge und sind daher alle in der Lage, Musterfolgen regelgerecht fortzusetzen. Dabei ist ihnen die Regel der Fortsetzung bewusst, sie kann teilweise sogar verbal formuliert werden.

Starke Kinder *nutzen* sowohl die räumliche *Struktur* einer Anordnung als auch bekannte Muster explizit zur Abkürzung der Zählprozedur. Bei der Anzahlbestimmung können komplexe Muster flexibel und bewusst zerlegt und entweder mit bekannten Zahlzerlegungen in Verbindung gebracht oder die Anzahl durch in Beziehung Setzen und Vergleichen ermittelt werden. Schwache Kinder sind hierzu nicht in der Lage.

Die meisten schwachen Kinder können eine ungeordnete Plättchenmenge durch konkretes Verschieben räumlich *strukturieren*, ihre mathematischen Fähigkeiten spiegeln sich jedoch in der gewählten Struktur wieder: der Reihenanordnung zum übersichtlichen Abzählen. Sie besitzen kein Bewusstsein über Kriterien der schnellen oder einfachen Zahlwahrnehmung, nur des einfachen Abzählens. Die starken Kinder hingegen besitzen ein Bewusstsein über die räumliche Struktur und Funktion bestimmter Anordnungen und haben teilweise sogar Kriterien für eine leichte oder schnelle Wahrnehmung metakognitiv verfügbar. Ihre bereits weit entwickelten mathematischen Fähigkeiten spiegeln sich in der konkreten Strukturierungsfähigkeit wider. Sie verfügen über eine Vorstellung von Zahlen als geeignet gegliederte Quantitäten und wissen, dass die räumliche Struktur eines Musters seine mathematische Struktur darstellen soll.

Zusammengefasst tendieren schwache Kinder zu einer festgelegten Sicht- und Strukturierungsweise eines Musters. Sie haben Schwierigkeiten damit, Struktureinheiten miteinander in Beziehung zu setzen und tun dies, wenn überhaupt, auf nur eine Weise. Anschauungsmittel betrachten sie eher mit einer Alltagsrahmung als unter einem mathematischen Blickwinkel. Äußere Merkmale, räumliche Ausdehnung und figurale Aspekte stehen bei der Strukturwahrnehmung im Vordergrund. Starke Kinder dagegen besitzen die Fähigkeit zum Wechsel der Sichtweise und zur flexiblen Strukturierung eines Musters. Sie setzen Struktureinheiten auf unterschiedliche Weisen miteinander in Beziehung. Anschauungsmittel interpretieren sie unter anderem auch mit einer mathematischen Rahmung. Äußere Aspekte treten in den Hintergrund, der Fokus liegt auf der Zerlegung und den gebildeten Struktureinheiten. Figurale Aspekte und arithmetisches Wissen, mathematische Fähigkeiten und Strukturierungsfähigkeiten sind bei den starken Kindern integriert und werden bei der Bearbeitung von Aufgaben wie selbstverständlich eingesetzt.

Schulanfänger bringen viel Wissen über Muster und Strukturen mit, sie zeigen aber auch eine große Bandbreite an Fähigkeiten. Dies hat insbesondere Auswirkungen auf das weitere Mathematiklernen der schwachen Kinder. So zeigen Analysen (vgl. Kap. 4.4.5), dass die Kinder, die am Schulanfang zum Viertel mit den schwächsten Muster- und Strukturkompetenzen gehören, sich auch nach zwei Jahren im schwächsten Viertel in den mathematischen Leistungen befinden. Trotz also insgesamt großer Muster- und Strukturkenntnisse benötigt ein Teil der Schulanfänger offensichtlich einen anregenden, unterstützenden Unterricht, um seine Mustererkennungs- und Strukturierungsfähigkeiten weiterzuentwickeln.

5.3 Diskussion und offene Fragen der Studie

Mit dem Nachweis eines Zusammenhangs zwischen Muster- und Strukturfähigkeiten und mathematischer Leistung sowie der Beschreibung und Analyse von Mustererkennungs- und Strukturierungsfähigkeiten von Schulanfängern kann die vorliegende Studie Lücken in der Forschung zu Mustern und Strukturen schließen. Dennoch bleiben Fragen in diesem Bereich offen und die Ergebnisse werfen teilweise sogar zusätzliche Fragen auf. Die folgenden drei Kapitel diskutieren mögliche Implikationen des Ausschlusses der taktil und auditiv präsentierten Muster, einen möglichen Zusammenhang zwischen den Muster- & Strukturaufgaben vorliegender Studie mit einem Intelligenztest sowie einige weitere Grenzen der Untersuchung und benennen offene Fragen.

5.3.1 Zusammenhang zwischen visueller Wahrnehmung und mathematischen Vorkenntnissen

Nach Ausschluss der Items ‚Rhythmus' und ‚Tastaufgabe' im Rahmen der Reliabilitätsprüfung (vgl. Kap. 4.4.1) gingen ausschließlich visuell präsentierte Muster- & Strukturaufgaben in die Analysen ein. Es stellt sich daher die Frage, ob der Zusammenhang zwischen mathematischen Mustererkennungs- und Strukturierungsfähigkeiten und mathematischen Kompetenzen auf einen Zusammenhang zwischen visuellen Fähigkeiten und mathematischen Kompetenzen zurückgeführt werden kann. Tatsächlich weist KAUFMANN (2003, 97) einen Zusammenhang zwischen der mathematischen Zahlbegriffsentwicklung (gemessen mit dem Utrechter Zahlbegriffstest, der niederländischen Version des OTZ) und der visuellen Wahrnehmung (Frostigs Entwicklungstest der visuellen Wahrnehmung sowie informelle Einzeltests) nach ($r=.49$, $p<.01$). Die Ergebnisse vorliegender Studie auf unterschiedliche perzeptivvisuelle Fähigkeiten zu reduzieren, ist jedoch zu kurz gegriffen. Bei genauerer Analyse und Differenzierung der verschiedenen Wahrnehmungsfähigkeiten zeigt KAUFMANN nämlich, dass basale visuelle Wahrnehmungsfähigkeiten und das Operieren in der Vorstellung gar nicht zur Varianzaufklärung der mathematischen Kompetenzen beitragen. Als stärkster Prädiktor unter den visuellen Fähigkeiten sowohl bei der Vorhersage des Gesamttests (niederländische Version des OTZ; 27% Varianzerklärung) als auch bei den getrennt betrachteten pränumerischen (32% Varianzerklärung) und numerischen (17% Varianzerklärung) Vorkenntnissen erweist sich noch vor den mathematikrelevanten Begriffen die Wahrnehmung *räumlicher Beziehungen* (vgl. ebd., 100).

Das Erfassen räumlicher Beziehungen bedeutet, die Lage von zwei oder mehreren Gegenständen in Bezug zu sich selbst und in Bezug zueinander wahrzunehmen (vgl. Kap. 2.1.3.4). Da nun aber die Struktur eines Musters die *Beziehung* zwischen dessen Teilen darstellt, ist die Fähigkeit, Objekte zueinander in Beziehung zu setzen, gerade beim Strukturerfassen und Strukturieren nötig. Die Wahrnehmung räumlicher Beziehungen ist damit eine Teilfähigkeit des Strukturerfassens und des Strukturierenkönnens. Die Aufgaben, die KAUFMANN zur Erhebung der Fähigkeit zur Wahrnehmung räumlicher Beziehungen einsetzt, verlangen zudem Organisations- und Strukturierungsvermögen, die Fähigkeit zur Zerlegung einer flächigen Darstellung und teilweise auch die Beachtung numerischer Aspekte (vgl. KAUFMANN 2003, 84f.). Es handelt sich bei der Wahrnehmung räumlicher Beziehungen nicht um eine rein prezeptiv-visuelle Fähigkeit (wie der Begriff der visuellen Wahrnehmung zunächst suggeriert), sondern wie die Strukturerfassung um einen konstruktiven kognitiven Akt, in dem vom Individuum aktiv Beziehungen zwischen visuell wahrgenommenen Objekten gebildet werden. Es kann daher nicht von einem Zusammenhang zwischen visueller Wahrnehmung im Allgemeinen und mathematischen Kompetenzen gesprochen werden, hingegen sind spezielle Fähigkeiten wie das Zerlegen einer visuell wahrgenommenen Anordnung und das In-Beziehung-setzen-Können von Teilen wichtige Teilfähigkeiten der Muster- und Strukturerfassung und damit bedeutsam für die mathematische Entwicklung.

Weiterhin ist auffällig, dass die Aufklärung des zahlenbezogenen Wissens durch die Wahrnehmung räumlicher Beziehungen bedeutend geringer ausfällt als die des mengenbezogenen Wissens. Dieser Befund steht im Gegensatz zu dem vorliegender Untersuchung, in der Muster- & Strukturaufgaben zur Aufklärung der Zahlbegriffsentwicklung (OTZ) herangezogen wurden. Eine Erklärung könnte darin liegen, dass die Wahrnehmung räumlicher Beziehungen eine besondere Bedeutung für eher pränumerische Fähigkeiten besitzt. Im Mathematikunterricht spielen räumliche Beziehungen laut KAUFMANN bei Vergleichen zwischen zwei oder mehreren Objekten und dem Verhältnis von Mengen zueinander z.B. beim Aufbau von Relationen wie mehr/weniger, größer/kleiner, gleich/ungleich eine wichtige Rolle. Diese Fähigkeiten sind bedeutsam für die Eins-zu-Eins-Zuordnung und letztendlich für die Mengenerfassung (vgl. ebd., 74 sowie Kap. 2.1.3.4). Die Wahrnehmung räumlicher Beziehungen ist jedoch nur ein Teil der Muster- und Strukturfähigkeiten, wie sie in dieser Arbeit beschrieben werden. Es gibt andere Aspekte der mathematischen

Muster- und Strukturerfassung, die über die räumlichen Beziehungen hinaus gehen und insbesondere für numerische Fähigkeiten von Bedeutung sind.

Dennoch bleibt als eine Grenze vorliegender Studie zu benennen, dass sie nur Aussagen zur *visuellen* Strukturierungsfähigkeit treffen kann. Für statistisch belastbare Aussagen zur taktilen und auditiven Muster- und Strukturerfassung war sicherlich die Itemanzahl von vornherein zu gering. Als Hinweis für zukünftige Studien können aber folgende Ergebnisse festgehalten werden:

Die gewählten Reihenanordnungen der Muster, die durch Abstände gegliedert sind, eignen sich nicht für eine strukturierte Zahlwahrnehmung, sondern fördern eher eine abzählende Herangehensweise der Kinder. Die Wahl zwei- oder mehrzeiliger Anordnungen erscheint hier sinnvoller.

Das auditive Erfassen eines zeitlich-sukzessiv dargebotenen Musters in Form eines Rhythmus scheint eher eine Vorläuferfertigkeit für das Lesen als für das Rechnen lernen zu sein. Für die zwei Rhythmusitems konnte in vorherigen Studien ein Zusammenhang mit der Lese- und Rechtschreibfähigkeit am Schulanfang nachgewiesen werden (vgl. EGGERT & BERTRAND 2002). In der vorliegenden Studie konnte ein Zusammenhang mit mathematischen Fähigkeiten jedoch nicht einmal ansatzweise bestätigt werden.

5.3.2 Gedanken zu einem möglichen Zusammenhang zwischen den Muster- & Strukturaufgaben vorliegender Untersuchung und einem Intelligenztest

Die statistischen Analysen zeigen einen Zusammenhang zwischen mathematischen sowie Muster- und Strukturfähigkeiten am Schulanfang und sie zeigen darüber hinaus, dass beide Variablen ein ähnliches Gewicht für die Vorhersage der mathematischen Leistung am Ende des 2. Schuljahres besitzen. Da in vorliegender Untersuchung auf die Erhebung der Intelligenzleistung verzichtet wurde (vgl. Kap. 4.2.2), ist jedoch unklar, inwieweit die Intelligenz in diesen Zusammenhang hineinspielt, inwieweit also die Muster- und Strukturkompetenzen in der Variable ‚Intelligenz' aufgehen würden. Zu dieser Einschränkung vorliegender Studie möchte ich an dieser Stelle einige Gedanken äußern.

Dass die Muster- & Strukturaufgaben mit einem Intelligenztest korrelieren würden, scheint mir offensichtlich. Intelligenztests beanspruchen für sich, Schulerfolg vorauszusagen, die Muster- und Strukturaufgaben tun dies für den Bereich der Mathematik (bis zum Ende des 2. Schuljahres) auch. Warum es einen Zusammenhang geben sollte, wird noch deutlicher, wenn man die Fähigkeiten betrachtet, die bei der Bearbeitung eines Intelligenztests gefordert werden.

Als Beispiel eines gängigen Intelligenztests ziehe ich hierfür den Grundintelligenztest Skala 2 (CFT 20, Culture Fair Intelligence Test; WEISS 1987) heran, der allgemeine intellektuelle Fähigkeiten nonverbal, mit Hilfe von sprachfreiem, figuralem Material erfasst. Der CFT setzt sich aus den Subtests ‚Reihenfortsetzen',

‚Klassifikationen', ‚Matrizen' und ‚topologische Schlussfolgerungen' zusammen. Im Subtest ‚Reihenfortsetzen' muss das nächste Folgenglied einer figuralen Musterfolge bestimmt werden, bei der Art der Musterfolgen handelt es sich sowohl um sich wiederholende, als auch um wachsende Musterfolgen. Mit diesen Aufgaben wird also die Fähigkeit, Muster im Sinne einer Regelmäßigkeit zu erfassen und fortzusetzen und damit eine Muster- und Strukturkompetenz erhoben. Auch zur Bearbeitung der übrigen Subtests sind Muster- und Strukturkompetenzen erforderlich, es müssen hier unter anderem Gemeinsamkeiten erfasst und Beziehungen zwischen verschiedenen Teilen hergestellt werden.

Die Aufgaben des CFT beruhen auf CATTELLS Konzept der Intelligenz, welche er als Fähigkeit sieht, „in neuartigen Situationen […] Denkprobleme zu erfassen, Beziehungen herzustellen, Regeln zu erkennen, Merkmale zu erkennen und rasch wahrzunehmen" (CATTELL et al. 1997, 4). Faktorenanalysen des CFT zeigen spezielle Faktorenladungen in den grundlegenden Bereichen der Denkfähigkeit, unter anderem dem Erkennen von Regelhaftigkeiten und Gesetzmäßigkeiten („Reasoning") sowie dem Erkennen von und Operieren mit (figuralen) Relationen („Beziehungsstiftendes Denken") (vgl. WEISS 1987, 12), in anderen Worten – ein Teil des Tests misst die Fähigkeit, Muster und Strukturen zu erkennen.

Als Schlussfolgerung könnte man Mustererkennungs- und Strukturierungsfähigkeiten als Teilbereich der Intelligenz verbuchen und damit – wie es vielfach immer noch getan wird – als etwas Statisches, Unveränderliches ansehen. Viel wichtiger als die Diskussion, ob Muster- und Strukturfähigkeiten eine Intelligenzdimension, ein Bereich der Wahrnehmungsfähigkeit oder eine mathematische Kompetenz sind, scheint mir aber die Tatsache zu sein, dass die Fähigkeit zur Musterkennung und Strukturierung *bedeutsam für die kindliche mathematische Entwicklung* ist und es stellt sich daher die Frage nach einer gezielten *Fördermöglichkeit* von Muster- und Strukturfähigkeiten.

Sind Mustererkennungs- und Strukturierungsfähigkeiten beeinflussbar? Kann eine solche Förderung überhaupt erfolgreich sein in dem Sinne, dass sie Auswirkungen auf die gesamte mathematische Entwicklung hat? Diese Frage kann bereits aufgrund vorhandener Forschungsergebnisse bejaht werden.

Zum einen eröffnet sich eine Entwicklungsperspektive für eine schulische Förderung von Muster- und Strukturkompetenzen durch das Wahrnehmungslernen (vgl. Kap. 2.1.3.6). Die menschliche Wahrnehmung wird neben angeborenen Organisationsprinzipien eben auch von Wissen und Erfahrung mitbestimmt und unterliegt damit ständigem Lernen. Dies impliziert die Möglichkeit einer weiteren Entwicklung der kindlichen Mustererkennungs- und Strukturierungsfähigkeiten.

Zum anderen geben einige Studien Hinweise auf eine erfolgreiche Förderung durch gezielte Auseinandersetzung mit Mustern und Strukturen. HASEMANN & STERN (2002) zeigten, dass insbesondere die leistungsschwächeren Schulkinder von einem abstrakt-symbolischen Trainingsprogramm profitieren, welches Schwierigkeiten von Kindern mit bestimmten mathematischen Beziehungen und Strukturen explizit zum Thema des Unterrichts macht und auf eine Förderung der Wahrnehmung von Beziehungen zwischen Zahlen abzielt. Dieses Ergebnis kommt für HASE-

MANN & STERN nicht überraschend: „Es ist vielmehr plausibel, dass man gerade die weniger leistungsstarken Kinder am besten fördern kann, wenn man ihnen gezielt dabei hilft, die im Konkreten und Offensichtlichen enthaltenen Beziehungen, Muster und Strukturen zu erkennen, die sie – anders als die leistungsstärkeren Kinder – nicht selbst finden, und weniger dadurch, dass man sich auf das Offensichtliche und Konkrete zurückzieht" (ebd., 240).

PAPIC & MULLIGAN (2005 & 2007; vgl. Kap. 3.3.3.1) beobachteten positive Langzeiteffekte eines Interventionsprogramms zur Förderung der Entwicklung räumlicher und sich wiederholender Muster von Vorschülern nicht nur bzgl. Muster- und Strukturaufgaben, sondern auf die gesamte mathematische Entwicklung der Kinder bis zum Ende des 1. Schuljahrs. Ähnliche Erfahrungen machte VAN NES (2009; vgl. Kap. 3.3.3.3) mit einem Förderprogramm, das die Ausbildung eines Bewusstseins speziell für *räumliche* Strukturen zum Ziel hatte. Die Kindergartenkinder der Studie verbesserten ihre Fähigkeit der Nutzung räumlicher Strukturierungsstrategien.

Mustererkennungs- und Strukturierungsfähigkeiten müssen also keine festgelegte Größe sein. Weitere Forschung ist nötig, um zu evaluieren, ob nicht sogar *gerade* die Förderung dieser Fähigkeiten ein Stellrädchen zur Weiterentwicklung mathematischer Fähigkeiten insbesondere schwacher Kinder sein könnte.

5.3.3 Offene Fragen

Auch wenn nachgewiesen werden konnte, dass ein Zusammenhang zwischen Mustererkennungs- und Strukturierungsfähigkeiten und der mathematischen Leistung besteht, so bleibt doch der *kausale* Zusammenhang von mathematischer Entwicklung und Strukturfähigkeiten weiter ungeklärt. Sind mathematisch erfolgreiche Kinder so erfolgreich, weil ihre Muster- und Strukturfähigkeiten weit entwickelt sind oder sind die Muster- und Strukturfähigkeiten erfolgreicher Kinder so herausragend, weil sie in ihrer mathematischen Zahlbegriffsentwicklung weit voraus sind? Es scheint, als sei die räumliche Strukturierungsfähigkeit wichtig und damit förderlich für die Entwicklung der Einsicht in Zahlbeziehungen. Andersherum lässt die Kenntnis einer Zahlzerlegung diese jedoch auch leichter in einer räumlichen Anordnung entdecken. Zur Klärung der Frage, in welchem Abhängigkeitsverhältnis sich Mustererkennungs- und Strukturierungsfähigkeiten und mathematische Fähigkeiten tatsächlich entwickeln, ist weitere, grundlegende Forschung nötig.

Mögliche Hinweise zum kausalen Zusammenhang bei der Entwicklung von Muster- und Strukturfähigkeiten und mathematischen Kompetenzen könnten die in dieser Arbeit fehlenden Analysen von Strukturierungsfähigkeiten und -strategien derjenigen Kinder geben, die sich in ihren mathematischen Leistungen und ihren Strukturierungsfähigkeiten nicht im gleichen Quartil befinden (vgl. Kap. 4.3.2). Es handelt sich hierbei entweder um Kinder mit guten mathematischen Fähigkeiten, die jedoch schwach in den Muster- & Strukturaufgaben abgeschnitten haben oder andersherum um Kinder mit gut ausgebildeten Muster- und Strukturfähigkeiten, die in ihrer Zahlbegriffsentwicklung noch zurückgeblieben sind. Diese Fälle machen ca. 20% der Gesamtstichprobe aus. Aus einer Analyse der Strukturierungsfähigkeiten und -strategien dieser Kinder erhoffe ich mir Hinweise, inwieweit die mathematische Entwicklung und die Entwicklung von Muster- und Strukturfähigkeiten miteinander verwoben sind, sie war jedoch im Rahmen dieser Arbeit nicht zu leisten.

Schließlich scheint mir weitere Forschung zu der Frage nötig zu sein, wie sich das Wissen über mathematische Muster und Strukturen vorschulisch und während der Primarstufe, also ganz allgemein in der Kindheit, entwickelt. Darüber hinaus ist noch unklar, welche Grundlagen gelegt sein müssen, um für das Lernen von Algebra und zum funktionalen Denken anschlussfähig zu sein. Es ist didaktisch noch nicht schlüssig dargelegt, wie Musteraktivitäten in der Primarstufe mit den in der Sekundarstufe benötigten Fähigkeiten zusammenpassen.

5.4 Didaktische Konsequenzen

> „Schools for the past fifty years [have] failed to develop students' ability to detect patterns in similar and divers situations and [have] been directing children to the wrong element in problem solving, namely the answer." (ENGLISH & HALFORD 1995, 5)

‚Muster und Strukturen' sind ein Inhaltsbereich der Bildungsstandards in der Primarstufe, also „ohne wenn und aber" Unterrichtsinhalt. Für eine fundierte Anbahnung und Förderung von Mustererkennungs- und Strukturierungsfähigkeiten, die bedeutsam für das weitere mathematische Lernen sind, reicht es jedoch nicht aus, wenn die Kinder im Mathematikunterricht „spielerisch" ein paar schöne Musterfolgen fortsetzen.

Im Gegenteil – von Anfang an ist eine explizite Thematisierung und gezielte Bewusstmachung von Strukturen in Musterfolgen und vor allem in Anschauungsmitteln sowie anderen Zahldarstellungen notwendig. Schon im Anfangsunterricht ist den Kindern zu ermöglichen, ihr Umgehen mit Mustern und Strukturen, das Entdecken und Herstellen von Regelmäßigkeiten und Beziehungen zu verbalisieren und zu reflektieren. Das Konzept von Muster und Struktur darf nicht implizit bleiben, denn – und das hat vorliegende Studie gezeigt – gerade die schwachen Kinder sind nicht selbständig in der Lage, Muster und Strukturen zu erfassen, die Ideen von Regelmäßigkeit, Ordnung und Beziehung aus einer statischen Anordnung herauszulösen und benötigen folglich Unterstützung in der Ausbildung und Weiterentwicklung ihrer Muster- und Strukturkompetenzen.

Einen solchen Unterricht gestalten zu können, der die Anbahnung und Förderung der oben beschriebenen Fähigkeiten ermöglicht, verlangt von den Lehrern, sich sowohl mit den verschiedenen Arten und Komplexitäten von Mustern als auch mit den Phasen der kindlichen Strukturierungsfähigkeit auszukennen. In Bezug auf die unterschiedlichen Typen mathematischer Muster und ihrem didaktischen Potential herrscht im deutschsprachigen Raum jedoch bisher ein eher eingeschränktes Wissen. Mit ihrem Theorieteil trägt diese Arbeit damit insbesondere auch zu einer differenzierteren Sicht auf Muster und Strukturen bei.

Als wesentlich für den Aufgabeneinsatz im Unterricht sei hier in aller Kürze auf die Differenzierung mathematischer Muster in Musterfolgen und räumliche Muster hingewiesen. Als wichtig für ein strukturell fundiertes Verständnis von Musterfolgen kann das Erkennen der sich wiederholenden Grundeinheit herausgestellt werden. Eine Förderung des Erfassens der Grundeinheit hat direkte Auswirkungen auf andere mathematische Prozesse wie das Zählen in Schritten und das multiplikative Denken. Gerade bei der Arbeit mit Musterfolgen scheint jedoch die Gefahr zu bestehen, dass im Unterricht unreflektiert die klassischen Musterfolgeaufgaben der Fortsetzung einer vorgegebenen Folge *(„Was kommt als nächstes?")* übernommen werden. Eine inadäquate Behandlung von Musterfolgen, die bei den Schülern die Vorstellung von alternierenden Farben anstatt eines strukturellen Verständnisses der sich wiederholenden Grundeinheit festigt, kann jedoch die Entwicklung eines Verständnisses für wachsende Musterfolgen beschränken, möglicherweise sogar verhindern (vgl. Kap. 3.3.3.1). Zu Musterfolgeaktivitäten, die die Wahrnehmung der sich wiederholenden Grundeinheit und damit strukturelle Einsichten fördern, sei auf Kapitel 1.2.1 verwiesen.

Bei der Arbeit mit räumlichen Mustern, die den Kindern am Schulanfang in Form von Zahlbildern (z.B. Würfelbilder, strukturierte Zahldarstellungen und dekadisch gegliederte Anschauungsmittel) begegnen, sollten Lehrer ein besonderes Augenmerk darauf legen, dass ihre Schüler Würfelbilder nicht nur als Bild kennen, sondern explizit deren mathematische Struktur thematisieren. Gute Ansätze zu einer gezielten Auseinandersetzung mit einfachen und schwierigen Anordnungen einer Anzahl Plättchen und damit einer Fokussierung auf die mathematische Struktur eines Musters, gibt es mit den Blitzblickübungen beispielsweise in den Lehrwerken ‚Das Zahlenbuch' (WITTMANN & MÜLLER 2004a) oder ‚Matheprofis' (SCHÜTTE 2000), bei denen Kinder Zahlen nicht nur quasi-simultan erfassen, sondern Anzahlen auch selbst gliedern und die Güte der Gliederung mit anderen Kindern diskutieren. Zu beachten sind auch Hinweise aus vorliegender Studie, nachdem figurale Aspekte der Muster einen Einfluss auf die kindliche Wahrnehmung haben. Reihenanordnungen (selbst wenn sie gegliedert sind) sowie kleine Anzahlen evozieren eher eine zählende Herangehensweise, Feldanordnungen und große Anzahlen hingegen eher Strukturierungsstrategien.

Zur konkreten Konzipierung angemessener und herausfordernder Lernumgebungen und zur Gestaltung von Unterrichtsprozessen, die insbesondere auch die schwächeren Kinder bei der Weiterentwicklung ihrer Muster- und Strukturkompetenzen unterstützen, möchte ich an dieser Stelle jedoch keine vorschnellen Schlüsse ziehen. Es bedarf hierzu einer fundierten, weiterführenden Forschung auf Basis der bisherigen Studien zu Mustern und Strukturen.

Ich möchte jedoch versuchen, mögliche Nadelöhre in der Entwicklung von Mustererkennungs- und Strukturierungsfähigkeiten aufzuzeigen, also zu beschreiben, welche Fähigkeiten Kinder erwerben müssen und an welchen Stellen einige Kinder möglicherweise Unterstützung brauchen.

Stellt man die Muster- und Strukturfähigkeit der schwachen und der starken Lerner charakterisierend gegenüber, so zeichnet die schwächeren Kinder eine eher unbewusste, auf figurale Aspekte fokussierende Strukturierungsfähigkeit aus, die starken Kinder dagegen eine bewusste, flexible und auf mathematische Aspekte fokussierende Strukturierungsfähigkeit. Das Zerlegen- oder Gliedernkönnen eines vorgegebenen Musters scheint demnach keine Schwierigkeit zu sein, sondern der Blickwechsel, die figuralen, äußeren Aspekte mit mathematischen Aspekten in Verbindung zu bringen. Nadelöhre des Lernens bestehen zunächst allgemein in einem Wandel einer nichtnumerischen, quantitativen Sichtweise hin zu einem Einbezug einer numerischen Interpretation (evtl. überhaupt der Einnahme einer mathematischen Rahmung) und spezieller darin, ein Muster nicht nur zu zerlegen, sondern die gebildeten Struktureinheiten auch miteinander in Beziehung zu setzen und die Struktureinheiten anschließend zu integrieren, um sie beispielsweise zur Abkürzung der Zählprozedur nutzen zu können. Bei bekannten Mustern wie beispielsweise den Würfelbildern besteht das Nadelöhr in der Entwicklung der Strukturierungsfähigkeit darin, die räumliche Struktur in Verbindung mit der mathematischen Struktur zu bringen. Beim Umgehen mit Musterfolgen stellt bereits das Erkennen einer Regelmäßigkeit eine Schwierigkeit dar, das Übertragen der Regel zur Fortsetzung einer Musterfolge eine weitere. Das – bildlich gesprochen – kleinste Nadelöhr, also diejenige Muster- und Strukturfähigkeit, die nur bei wenigen Kindern beobachtet werden kann, ist die Flexibilität in der Wahrnehmung, das In-Beziehung-Setzen von Struktureinheiten auf verschiedene Art und Weisen, das bewusste Umdeutenkönnen von Strukturen in einem Muster. Auch wenn diese Fähigkeit bei Schulanfängern am seltensten ausgebildet ist, scheint sie nicht am unwichtigsten zu sein. Möglicherweise bedarf es hier aber der besonderen Unterstützung durch unterrichtliche Lernprozesse.

5.5 Struktursinn als Schlussfolgerung

Aus meinen Beobachtungen der Kinder, wie sie auf unterschiedliche Art und Weise und unterschiedlich erfolgreich mit Mustern und Strukturen umgehen, aus den bereits dargestellten Befunden der quantitativen und qualitativen Auswertungen der eigenen Studie, sowie aus den Ergebnissen anderer Untersuchungen zu kindlichen Strukturierungsfähigkeiten drängt sich eine Schlussfolgerung auf: *Es gibt einen Struktursinn*.

Diese Idee eines menschlichen Struktursinns möchte ich als Abschluss der Arbeit kurz darstellen, indem ich in Anlehnung an den Begriff des Zahlensinns (‚number sense') im Folgenden das Konstrukt des Struktursinns entwickele und in einem ersten Versuch die Fähigkeiten, die es ausmachen, spezifiziere.

Den englischen Begriff des ‚structure sense' prägten LINCHEVSKI & LIVNEH (1999) in einem Artikel, in dem sie Schwierigkeiten von Schülern mit der Nutzung von Wissen über arithmetische Strukturen beim Algebralernen beschreiben. HOCH & DREYFUS (2004, 2006) entwickelten die Idee des Struktursinns weiter und übertrugen ihn auf die High School Algebra. Ich adaptiere den Begriff ‚structure sense' nun für die frühe mathematische Entwicklung – es handelt sich also sozusagen um einen „early structure sense".

Der *Zahlen*sinn, auf den ich mich beziehe, ist zunächst einmal ein nicht scharf zu definierender Begriff, den eine Vielzahl an Fähigkeiten ausmacht. Ohne in die Details zu gehen, soll Zahlensinn hier beschrieben werden als „gute Intuition über Zahlen und ihre Beziehungen" (HOWDEN 1989, 11; Übersetzung aus dem Englischen ML; vgl. auch DEHAENE 1997; LORENZ 1998). *Struktur*sinn ist damit sicherlich ein Teil des Zahlensinns, da es sich bei Strukturen immer um die den mathematischen Objekten und damit eben Mustern, Zahlen etc. zugrundeliegenden *Beziehungen* handelt. Als Arbeitsdefinition und eben in Anlehnung an den Zahlensinn wird mit Struktursinn die gute Intuition über Muster und Strukturen oder anders gesagt, die Leichtigkeit und Beweglichkeit im Umgang mit Mustern und Strukturen bezeichnet.

Das Umgehen mit Mustern und Strukturen erfordert eine Vielzahl von Fähigkeiten, weshalb Struktursinn ebenfalls als eine Sammlung von Fähigkeiten beschrieben werden kann. Bezogen auf die frühe mathematische Entwicklung umfassen diese Fähigkeiten:
- das Wiedererkennen einer Anordnung als bereits bekanntes Muster (z.B. Würfelbilder, Fingermuster, ...), insbesondere das Wiedererkennen eines bekannten Musters in seiner einfachsten Form und als Teil einer komplexeren Anordnung;
- das flexible Aufteilen eines Musters in Teile (Struktureinheiten);
- das Erkennen wechselseitiger Verbindungen, Beziehungen und Zusammenhänge zwischen den Struktureinheiten (z.B. Finden von Regelmäßigkeiten, Entdecken von Ähnlichkeiten / Unterschieden, ...);
- das Integrieren der Struktureinheiten und Betrachten des Musters als Ganzes (z.B. um seine Mächtigkeit zu bestimmen, es fortzusetzen, ...).

MULLIGAN & MITCHELMORE (2009) schlagen ein ähnliches Konstrukt wie den Struktursinn vor. Sie sprechen von ‚Awareness of Mathematical Pattern and Structure (AMPS)', dem Bewusstsein über mathematische Muster und Strukturen, das sie als allgemeines, kognitives Charakteristikum bezeichnen. In ihren Studien mit Erst- und Zweitklässlern zeigen sie, dass sich Muster- und Strukturfähigkeiten über eine große Bandbreite an mathematischen Inhaltsbereichen generalisieren und beschreiben Stufen, anhand derer sich AMPS entwickelt (vgl. Kap. 3.3.3.1). MULLIGAN & MITCHELMORE sehen eine strukturelle Entwicklung im mathematischen Verständnis junger Kinder, welche expliziten Fähigkeiten das Bewusstsein über mathematische Muster und Strukturen ausmachen, führten sie bisher jedoch nicht aus.

Beobachtungen zeigen, dass Muster- und Strukturfähigkeiten nicht unbedingt metakognitiv zugänglich sind. So können einige Kinder zwar die räumliche Struktur eines Punktemusters nutzen, um dessen Anzahl zu bestimmen, hingegen eine vorgegebene Anzahl Plättchen nicht bewusst in eine räumliche Ordnung bringen, so dass die Anzahl „auf einen Blick" erfasst werden kann. Kinder mögen zwar in der Lage sein, eine Musterfolge regelgerecht fortzusetzen, haben aber Schwierigkeiten, die Regel zu verbalisieren, bzw. können ihr Vorgehen erst im Nachhinein erklären (vgl. hierzu auch VAN NES 2009). Es zeigte sich jedoch, dass die starken Kinder sowohl Muster und Strukturen nutzen, als auch Regeln erklären oder Fortsetzungen vorhersagen können und teilweise sogar Kriterien für eine einfache bzw. schwierige Wahrnehmung einer Anzahl Elemente metakognitiv verfügbar haben, demnach ein Bewusstsein über die räumliche Struktur und Funktion bestimmter Anordnungen besitzen. Es kann also davon ausgegangen werden, dass Kinder mit einem ausgebildeten Struktursinn bewusst mit Mustern und Strukturen umgehen.

Die eigene und auch andere Forschungsarbeiten weisen schließlich nach, dass Schulanfänger ganz unterschiedliche Muster- und Strukturfähigkeiten entwickelt haben, einige Kinder sogar komplexe Konzepte bzgl. Muster und Struktur in die Schule mitbringen. Es ist daher davon auszugehen, dass sich der Struktursinn bereits vorschulisch zu entfalten beginnt, der Struktursinn interindividuell unterschiedlich ist und einige Kinder bei der Weiterentwicklung ihres Struktursinns Unterstützung und Förderung benötigen.

Die Ergebnisse vorliegender Studie zeigen die besondere Bedeutung von Muster- und Strukturkompetenzen für das frühe Mathematiklernen. Das Konstrukt des Struktursinns mit seiner ersten inhaltlichen Ausdifferenzierung kann dabei als nützlicher Rahmen für weitere Forschung und didaktische Konsequenzen dienen.

Insbesondere möchte ich mit meiner Forschung zu einer veränderten Sichtweise von Lehrkräften auf die Bedeutung von und dem Umgang mit Mustererkennungs- und Strukturierungsfähigkeiten für die kindliche mathematische Entwicklung beitragen, die hoffentlich in einer veränderten Sichtweise von Kindern auf Muster und Strukturen resultiert.

„Rechnen lernen heißt sehen lernen."
(Altes mathematikdidaktisches Sprichwort)

„ [...] Seeing [means] grasping mentally a pattern or relationship."
(Mason et al. 1985, zit. nach ORTON et al. 1999, 122)

Literatur

Alexander, P.A. & Buehl, M.M. (2004). Seeing the possibilities: constructing and validating measures of mathematical and analogical reasoning for young children. In L. English (Hg.), *Mathematical and Analogical Reasoning of Young Learners* (S. 23-45). Mahwah, NJ: Lawrence Erlbaum Associates.

Basieux, P. (2000). *Die Architektur der Mathematik. Denken in Strukturen.* Reinbek bei Hamburg: Rowohlt Taschenbuch Verlag.
Bauersfeld, H. (1992). Drei Gründe, geometrisches Denken in der Schule zu fördern. *Beiträge zum Mathematikunterricht* (S. 7-33). Hildesheim: Franzbecker.
Baur, N. (2004). Kontrolle von Drittvariablen für bivariate Beziehungen. In N. Baur & S. Fromm (Hg.), *Datenanalyse mit SPSS für Fortgeschrittene. Ein Arbeitsbuch* (S. 203-225). Wiesbaden: VS Verlag für Sozialwissenschaften.
Battista, M. & Clements, D. (1996). Students' understanding of three-dimensional rectangular arrays of cubes. *Journal for Research in Mathematics Education, 27*(3), 258-292.
Battista, M., Clements, D., Arnoff, J., Battista, K. & Van Auken Borrow, C. (1998). Students' Spatial Structuring of 2D Arrays of Squares. *Journal for Research in Mathematics Education, 29*(5), 503-532.
Beba, F. & Szuwart, G. (2007). *Wochenplan Mathematik. Vorkurs.* Stuttgart: Klett.
Bertrand, L. (1997). *Das Verständnis raum-zeitlicher Begriffe beim 5- und 6-jährigen Kind und ihre Bedeutung für die schulische Leistung.* Dissertation, Universität Hannover, FB Erz. Wiss. I.
Bohnsack, R. (2000). *Rekonstruktive Sozialforschung: Einführung in Methodologie und Praxis qualitativer Forschung* (4. überarb. und erw. Auflage). Opladen: Leske+Budrich.
Bortz, J. (1989). *Statistik für Sozialwissenschaftler.* Berlin: Springer.
Bortz, J. & Döring, N. (2009). *Forschungsmethoden und Evaluation für Human- und Sozialwissenschaftler* (4. überarb. Auflage). Heidelberg: Springer.
Bortz, J., Lienert, G.A. & Boehnke, K. (2000). *Verteilungsfreie Methoden in der Biostatistik* (2. Auflage). Heidelberg: Springer.
Brockhaus. Enzyklopädie in 30 Bänden (2006). A. Zwahr (Hg.), Band 19 Mosc-Nordd, Band 26 Spot-Tola. Mannheim: F.A. Brockhaus.
Bronstein, I.N. & Semendjaev, K.A. (1997). *Taschenbuch der Mathematik* (3. überarb. und erw. Auflage). Thun, Frankfurt/M.: Verlag Harri Deutsch.
Brosius, F. (2008). *SPSS 16. Das mitp-Standardwerk.* Heidelberg: mitp.
Buehl, M.M. & Alexander, P.A. (2004). Longitudinal and cross-cultural trends in young children's analogical and mathematical reasoning abilities. In L. English (Hg.), *Mathematical and Analogical Reasoning of Young Learners* (S. 47-73). Mahwah, NJ: Lawrence Erlbaum Associates.
Burton, G.M. (1982). Patterning: Powerful Play. *School Science and Mathematics, 82*(1), 39-44.

Cattell, R.B., Weiß, R.H. & Osterland, J. (1997). *Grundintelligenztest Skala 1. CFT1. Handanweisung* (5. Auflage). Braunschweig: Westermann.

Chipman, S.F. & Mendelson, M.J. (1979). Influence of six types of visual structure on complexity judgements in children and adults. *Journal of Experimental Psychology: Human Perception and Performance,* 5(2), 365-378.

Clarke, B., Clarke, D., Grüßing, M. & Peter-Koop, A. (2008). Mathematische Kompetenzen von Vorschulkindern: Ergebnisse eines Ländervergleichs zwischen Australien und Deutschland. *Journal für Mathematik-Didaktik,* 29(3/4), 259-286.

Coburn, T.G. (1993). Patterns. In M.A. Leiva (Hg.), *Curriculum and Evaluation Standards for School Mathematics Addenda Series. Grades K-8.* Reston: NCTM.

Dehaene, S. (1997). *The Number Sense. How The Mind Creates Mathematics.* New York, Oxford: Oxford University Press.

Department for Education and Employment (1999). *The National Curriculum for England. Key stages 1-4.* Online Version. www.nc.uk.net [letztes Zugriffsdatum 01.02.2010].

Department for Education and Employment (2011). *The New Primary Curriculum.* http://curriculum.qcda.gov.uk/new-primary-curriculum/ [letztes Zugriffsdatum 08.02.2010].

Deutsches PISA-Konsortium (Hg.) (2001). *PISA 2000. Basiskompetenzen von Schülerinnen und Schülern im internationalen Vergleich.* Opladen: Leske + Budrich.

Devlin, K. (1997). *Muster der Mathematik. Ordnungsgesetze des Geistes und der Natur.* Heidelberg: Spektrum.

Devlin, K. (2003). *Das Mathe-Gen.* München: Deutscher Taschenbuch Verlag.

Donaldson, M. (1982). *Wie Kinder denken.* Bern: Verlag Hans Huber.

Dornheim, D. (2008). *Prädiktion von Rechenleistung und Rechenschwäche: Der Beitrag von Zahlen-Vorwissen und allgemein-kognitiven Fähigkeiten.* Berlin: Logos.

Duden. Das große Wörterbuch der deutschen Sprache. Band 5 Leg-Pow (1994), Band 7 Sil-Urh (1995). Hrsg. und bearb. vom Wissenschaftlichen Rat und den Mitarbeitern der Dudenredaktion, Mannheim: Dudenverlag.

Duval, R. (2000). Basic Issues for Research in Mathematics Education. In T. Nakahara & M. Koyama (Hg.), *Proc. 24th Conf. of the Int. Group for the Psychology of Mathematics Education* (Vol. 2, S. 55-69). Hiroshima, Japan: PME.

Economopoulos, K. (1998). What Comes Next? The Mathematics of Pattern in Kindergarten. *Teaching Children Mathematics,* 5(4), 230-234.

Eggert, D. & Bertrand, L. (2002). *RZI – Raum-Zeit-Inventar – der Entwicklung der räumlichen und zeitlichen Dimension bei Kindern im Vorschul- und Grundschulalter und deren Bedeutung für den Erwerb der Kulturtechniken Lesen, Schreiben und Rechnen.* Dortmund: borgmann.

Eidt, H., Lammel, R., Voß, E. & Wichmann, M. (2001a). *Denken und Rechnen 1. Schülerbuch.* Braunschweig: Westermann.

Eidt, H., Lammel, R., Voß, E. & Wichmann, M. (2001b). *Denken und Rechnen 1. Lehrerband.* Braunschweig: Westermann.

Eidt, H., Lammel, R., Voß, E. & Wichmann, M. (2001c). *Denken und Rechnen 1. Arbeitsheft.* Braunschweig: Westermann.

Einig, A. (2007). Entdeckungsreise ins Matheland. Mathematische Bildung im Kindergarten. In A. Filler & S. Kaufmann (Hg.), *Kinder fördern – Kinder fordern. Festschrift für Jens Holger Lorenz zum 60. Geburtstag* (S. 39-50). Hildesheim, Berlin: Franzbecker.

English, L.D. (1999). Assessing for Structural Understanding in Children's Combinatorial Problem Solving. *Focus on Learning Problems in Mathematics, 21*(4), 63-83.
English, L.D. (2004). Mathematical and analogical reasoning in early childhood. In L. English (Hg.), *Mathematical and Analogical Reasoning of Young Learners* (S. 1-22). Mahwah, NJ: Lawrence Erlbaum Associates.
Englisch, L.D. & Halford, G.S. (1995). *Mathematics Education: Models and Processes.* Mahwah, NJ: Erlbaum.
English, L.D. & Watters, J.J. (2005). Mathematical modelling in third-grade classrooms. *Mathematics Education Research Journal, 16*(3), 59-80.

Ferrini-Mundy, J. & Lappan, G. (1997). Experiences with patterning. *Teaching Children Mathematics, 3*(6), 282-288.
Feynman, R.P. (1995). What is science? In D.K. Nachtigall (Hg.), *Internalizing physics: making physics part of one's life; eleven essays of nobel laureates* (S. 99-112). Paris: UNESCO education sector.
Flexer, R. (1986). The power of five: The step before the power of ten. *Arithmetic Teacher, 2,* 5-9.
Flick, U. (1996). *Psychologie des technisierten Alltags. Soziale Konstruktion und Repräsentation technischen Wandels.* Opladen: Westdeutscher Verlag.
Flick, U. (1999). *Qualitative Forschung. Theorie, Methoden, Anwendungen in Psychologie und Sozialwissenschaften.* Reinbek bei Hamburg: Rowohlt Taschenbuch Verlag.
Fox, J. (2005). Child-initiated mathematical patterning in the pre-compulsory years. In H.L. Chick & J.L. Vincent (Hg.), *Proc. 29th Conf. of the Int. Group for the Psychology of Mathematics Education* (Vol. 2, S. 313-320). Melbourne, Australia: PME.
Fox, J. (2006). Connecting algebraic development to mathematical patterning in early childhood. In P. Grootenboer, R. Zevenbergen & M. Chinnappan (Hg.), *Identities, cultures and learning spaces* (Proceedings of the 29th annual conference of the Mathematics Education Research Group of Australasia, Canberra, S. 221-228). Adelaide: MERGA.
Franke, M. (2000). *Didaktik der Geometrie.* Heidelberg, Berlin: Spektrum.
Frobisher, L. & Threlfall, J. (1999). Teaching and Assessing Patterns in Number in the Primary Years. In A. Orton (Hg.), *Pattern in the teaching and learning of mathematics* (S. 84-103). London: Cassell.
Fromm, S. (2004). Multiple lineare Regressionsanalyse. In N. Baur & S. Fromm (Hg.), *Datenanalyse mit SPSS für Fortgeschrittene. Ein Arbeitsbuch* (S. 257-281). Wiesbaden: VS Verlag für Sozialwissenschaften.
Fromm, S. (2008). Faktorenanalyse. In N. Baur & S. Fromm (Hg.), *Datenanalyse mit SPSS für Fortgeschrittene: ein Arbeitsbuch* (2. Auflage, S. 314-344). Wiesbaden: VS Verlag für Sozialwissenschaften.
Fthenakis, W.E., Schmitt, A., Daut, M., Eitel, A. & Wendell, A. (2009). *Natur-Wissen schaffen. Band 2: Frühe mathematische Bildung.* Troisdorf: Bildungsverlag EINS.

Gaidoschik, M. (2009). Kein „Zahlenraum" ohne Stellenwertdenken. *Grundschule Mathematik, 20,* 12-15.
Garrick, R., Threlfall, J. & Orton, A. (1999). Pattern in the Nursery. In A. Orton (Hg.), *Pattern in the teaching and learning of mathematics* (S. 1-17). London: Cassell.
Gembris, H. (1987). Musikalische Fähigkeiten und ihre Entwicklung. In H. de la Motte-Haber (Hg.), *Psychologische Grundlagen des Musiklernens* (S. 116-185). Kassel/Basel/London: Bärenreiter.

Gerster, H.-D. (1994). Arithmetik im Anfangsunterricht. In A. Abele & H. Kalmbach (Hg.), *Handbuch zur Grundschulmathematik. Anregungen und Beispiele zum Bildungsplan Baden-Württembergs. Band 1: Erstes und zweites Schuljahr* (S. 35-102). Stuttgart: Klett.

Gerster, H.-D. (2005). Anschaulich rechnen – im Kopf, halbschriftlich, schriftlich. In M. von Aster & J.H. Lorenz (Hg.), *Rechenstörungen bei Kindern* (S. 202-236). Göttingen: Vandenhoek & Ruprecht.

Ginsburg, H. (2002). Little children, big mathematics: Learning and teaching mathematics in the pre-school. In A. Cockburn (Hg.), *Proc. 26th Conf. of the Int. Group for the Psychology of Mathematics Education* (Vol. 1, S. 3-14). Norwich, UK: PME.

Ginsburg, H., Cannon, J., Eisenband, J. & Pappas, S. (2006). Mathematical Thinking and Learning. In K. McCartney & D. Phillips (Hg.), *Blackwell Handbook on Early Childhood Development* (S. 208-230). Malden, MA: Blackwell.

Ginsburg, H., Inoue, N. & Seo, K.-H. (1999). Young Children Doing Mathematics: Observations of everyday activities. In J. Copley (Hg.), *Mathematics in the early years* (S. 88-99). Reston, V.A.: National Council of Teachers of Mathematics.

Ginsburg, H.P., Klein, A. & Starkey, P. (1998). The development of children's mathematical thinking: Connecting research with practice. In I. Sigel & A. Renninger (Hg.), *Handbook of Child Psychology. Vol. 4. Child Psychology and Practice* (S. 401-476). NY: John Wiley & Sons.

Goldstein, E.B. (2002). *Wahrnehmungspsychologie*. Heidelberg: Spektrum, Akademischer Verlag.

Gray, E., Pitta, D. & Tall, D. (2000). Objects, actions and images: a perspective on early number development. *Journal of Mathematical Behavior, 18,* 401-413.

Gura, P. (1992). *Exploring Learning: Young Children and Block Play*. London: Paul Chapman.

Guski, R. (1989). *Wahrnehmung: eine Einführung in die Psychologie der menschlichen Informationsaufnahme*. Stuttgart, Berlin, Köln: Kohlhammer.

Guski, R. (1996). *Wahrnehmen: ein Lehrbuch*. Stuttgart, Berlin, Köln: Kohlhammer.

Hacker, J., Lammel, R. & Wichmann, M. (2005). *Lernstands-Diagnose als Basis zur individuellen Förderung*. Braunschweig: Westermann.

Hackethal, R. & Rosenkranz, Ch. (1995). *Erfahrungen aus der Förderarbeit im Lesen – Schreiben – Rechnen. Eigene Wege finden*. Kiel: Veris Verlag.

Haller, W. & Schütte, S. (2000). *Die Matheprofis 1. Lehrerband*. München: Oldenbourg.

Hasemann, K. (1986). *Mathematische Lernprozesse: Analysen mit kognitionstheoretischen Modellen*. Braunschweig, Wiesbaden: Vieweg.

Hasemann, K. (1988): Kognitionstheoretische Modelle und mathematische Lernprozesse. *Journal für Mathematik-Didaktik, 9*(2/3), 95-161.

Hasemann, K. (2003). *Anfangsunterricht Mathematik*. Heidelberg, Berlin: Spektrum.

Hasemann, K. & Stern, E. (2002). Die Förderung des mathematischen Verständnisses anhand von Textaufgaben – Ergebnisse einer Interventionsstudie in Klassen des 2. Schuljahres. *Journal für Mathematik-Didaktik, 23*(3/4), 222-242.

Hatt, W., Kobr, S., Kobr, U., Plankl, E. & Pütz, B. (2008). *Kleine Mathe-Stars. Für Mathe-Einsteiger*. München: Oldenbourg Schulbuchverlag.

Hazewinkel, M. (Hg.) (1993). *Encyclopaedia of Mathematics. Volume 9 Sto-Zyg*. Dordrecht: Kluwer Acad. Publ.

Healy, L. & Hoyles, C. (1999). Visual and symbolic reasoning in mathematics: Making connections with computers. *Mathematical Thinking and Learning, 1,* 59-84.

Heimann, R. (1989). *Der Rhythmus und seine Bedeutung für die Heilpädagogik*. Stuttgart: Urachhaus.
Hellmich, F. & Jansen, S. (2008). Diagnose mathematischer Vorläuferfertigkeiten im vorschulischen Bereich. In F. Hellmich & H. Köster (Hg.), *Vorschulische Bildungsprozesse in Mathematik und Naturwissenschaft* (S. 59-81). Bad Heilbrunn: Klinkhardt.
Hess, K. (1997). Aufbau mentaler Mengenvorstellungen durch ein Repräsentationsformat mit figuralen Prototypen. In K.P. Müller (Hg.), *Beiträge zum Mathematikunterricht: Vorträge auf der 31. Tagung für Didaktik der Mathematik vom 3. bis 7. März 1997 in Leipzig* (S. 211-214). Hildesheim: Franzbecker.
Hess, K. (2003). *Lehren – zwischen Belehrung und Lernbegleitung: Einstellungen, Umsetzungen und Wirkungen im mathematischen Anfangsunterricht*. Bern: h.e.p. verlag.
Hoch, M. & Dreyfus, T. (2004). Structure Sense in High School Algebra: The Effect of Brackets. In M. J. Høines & A. B. Fuglestad (Hg.), *Proc. 28th Conf. of the Int. Group for the Psychology of Mathematics Education* (Vol. 3, S. 49-56). Bergen, Norway: PME.
Hoch, M. & Dreyfus, T. (2006). Structure sense versus manipulation skills: An unexpected result. In J. Novotná et al. (Hrsg.), *Proc. 30th Conf. of the Int. Group for the Psychology of Mathematics Education* (Vol. 3, S. 305-312). Prague, Czech Republic: PME.
Hoenisch, N. & Niggemeyer, E. (2004). *Mathe-Kings. Junge Kinder fassen Mathematik an*. Weimar, Berlin: verlag das netz.
Hoffmann, A. (2003). *Elementare Bausteine der kombinatorischen Problemlösefähigkeit*. Hildesheim: Franzbecker.
Howden, H. (1989). Teaching number sense. *Arithmetic Teacher*, 36(6), 6-11.
Hunting, R.P. (2003). Part-whole number knowledge in preschool children. *Journal of Mathematical Behavior*, 22(3), 217-235.

Ifrah, G. (1986). *Universalgeschichte der Zahlen*. Frankfurt: Campus.
Inizan, A. (1976). *Révolution dans l'apprentissage de la lecture*. Paris: Colin.

Jahnke, H.N. (1984). Anschauung und Begründung in der Schulmathematik. *Beiträge zum Mathematikunterricht* (S. 32-41). Bad Salzdetfurth: Franzbecker.
Jungwirth, H., Steinbring, H., Voigt, J. & Wollring, B. (1994). Interpretative Unterrichtsforschung in der Lehrerbildung. In H. Maier & J. Voigt (Hg.), *Verstehen und Verständigung: Arbeiten zur interpretativen Unterrichtsforschung. IDM-Reihe Untersuchungen zum Mathematikunterricht* (Band 19, S. 12-42). Köln: Aulis.

Kaufmann, S. (2003). *Früherkennung von Rechenstörungen in der Eingangsklasse der Grundschule und darauf abgestimmte remediale Maßnahmen*. Frankfurt a.M.: Peter Lang.
Kaufmann, S. (2006). Früherkennung von Rechenstörungen und entsprechende Fördermaßnahmen. In M. Grüßing & A. Peter-Koop (Hg.), *Die Entwicklung mathematischen Denkens in Kindergarten und Grundschule: Beobachten – Fördern – Dokumentieren* (S. 160-168). Offenburg: Mildenberger.
Kebeck, G. (1994). *Wahrnehmung. Theorien, Methoden und Forschungsergebnisse der Wahrnehmungspsychologie*. Weinheim, München: Juventa.

Kelle, U. & Erzberger, Ch. (1999). Integration qualitativer und quantitativer Methoden. Methodologische Modelle und ihre Bedeutung für die Forschungspraxis. *Kölner Zeitschrift für Soziologie und Sozialpsychologie*, 51, 509-531.

Kelle, U. & Erzberger, Ch. (2001). Die Integration qualitativer und quantitativer Forschungsergebnisse. In S. Kluge & U. Kelle (Hg.), *Methodeninnovation in der Lebenslaufforschung. Integration qualitativer und quantitativer Verfahren in der Biographieforschung* (S. 89-133). Weinheim, München: Juventa.

Kelle, U. & Kluge, S. (1999). *Vom Einzelfall zum Typus: Fallvergleich und Fallkontrastierung in der qualitativen Sozialforschung*. Opladen: Leske + Budrich.

Kephart, N. C. (1977). *Das lernbehinderte Kind im Unterricht*. München, Basel: Ernst Reinhardt.

Kim, S. L. (1999). Teaching Mathematics through Musical Activities. In J. Copley (Hg.), *Mathematics in the Early Years* (S. 146-150). Reston: National Council of Teachers of Mathematics.

Kiphard, E.J. (1984). *Motopädagogik*. Dortmund: Verlag modernes lernen.

Klahr, D. & Wallace, J.G. (1976). *Cognitive development: An information processing view*. Hillsdale, NJ: Erlbaum.

Klaudt, D. (2007). Kinder strukturieren ihren Zahlenraum. In A. Filler & S. Kaufmann (Hg.), *Kinder fördern – Kinder fordern. Festschrift für Jens Holger Lorenz zum 60. Geburtstag* (S. 69-76). Hildesheim: Franzbecker.

Klein, A. & Starkey, P. (2003). Fostering Preschool Children's Mathematical Knowledge: Findings from the Berkeley Math Readiness Project. In D.H. Clements, J. Sarama & A.M. DiBiase (Hg.), *Engaging young children in mathematics: Findings of the 2000 National Conference on Standards for Preschool and Kindergarten Mathematics Education* (S. 343-360). Mahwah, NJ: Lawrence Erlbaum Associates.

Kluge, S. (1999). *Empirisch begründete Typenbildung. Zur Konstruktion von Typen und Typologien in der qualitativen Sozialforschung*. Opladen: Leske + Budrich.

KMK: Sekretariat der Ständigen Konferenz der Kultusminister der Länder in der Bundesrepublik Deutschland (Hg.) (2003). *Bildungsstandards im Fach Mathematik für den Mittleren Schulabschluss*. Bonn.

KMK: Sekretariat der Ständigen Konferenz der Kultusminister der Länder in der Bundesrepublik Deutschland (Hg.) (2005). *Bildungsstandards im Fach Mathematik für den Primarbereich (Jahrgangsstufe 4)*. München, Neuwied: Wolters Kluwer.

Krajewski, K. (2003). *Vorhersage von Rechenschwäche in der Grundschule*. Hamburg: Verlag Dr. Kovač.

Krajewski, K., Liehm, S. & Schneider, W. (2004). *DEMAT 2+. Deutscher Mathematiktest für zweite Klassen. Manual*. Göttingen: Beltz.

Krajewski, K. & Schneider, W. (2006). Mathematische Vorläuferfertigkeiten im Vorschulalter und ihre Vorhersagekraft für die Mathematikleistungen bis zum Ende der Grundschulzeit. *Psychologie in Erziehung und Unterricht*, 53, 246-262.

Krauthausen, G. (1995). Die „Kraft der Fünf" und das denkende Rechnen – Zur Bedeutung tragfähiger Vorstellungsbilder im mathematischen Anfangsunterricht. In G.N. Müller & E.Ch. Wittmann (Hg.), *Mit Kindern rechnen* (S. 87-108). Frankfurt/M.: Arbeitskreis Grundschule.

Krauthausen, G. & Scherer, P. (2007). *Einführung in die Mathematikdidaktik* (3. Auflage). Heidelberg: Spektrum Akademischer Verlag.

Kyriakides, L. & Gagatsis, A. (2003). Assessing Students Problem-Solving Skills. *Structural Equation Modeling*, 10(4), 609-621.

Lamnek, S. (2005). *Qualitative Sozialforschung. Lehrbuch* (4. überarb. Aufl.). Weinheim, Basel: Beltz.
Landeshauptstadt Hannover (Hg.) (2009). *Strukturdaten der Stadtteile und Stadtbezirke.* http://www.hannover.de/de/buerger/wahlen/statistikstelle_LHH/strukturdaten1/strukturdaten_2009.html [letztes Zugriffsdatum: 25.05.2010].
Lannin, J.K. (2005). Generalization and Justification: The Challenge of Introducing Algebraic Reasoning Through Patterning Activities. *Mathematical Thinking and Learning, 7*(3), 231-258.
Lamon, S. (1996). The development of unitizing: Its role in children's partitioning strategies. *Journal for Research in Mathematics Education, 27*(2), 170-193.
Liebeck, P. (1984). *How Children Learn Mathematics.* Harmondsworth: Penguin.
Liljedahl, P. (2004). Repeating pattern or number pattern: the distinction is blurred. *Focus on Learning Problems in Mathematics,* 26(3), 24-42.
Linchevski, L. & Livneh, D. (1999). Structure sense: the relationship between algebraic and numerical contexts. *Educational Studies in Mathematics,* 40(2), 173-196.
Lorenz, J.H. (1992). *Anschauung und Veranschaulichungsmittel im Mathematikunterricht.* Göttingen: Hogrefe.
Lorenz, J.H. (1993). *Mathematik und Anschauung. Untersuchungen zum Mathematikunterricht.* Köln: Aulis Verlag.
Lorenz, J.H. (1995). Arithmetischen Strukturen auf der Spur. Funktion und Wirkungsweise von Veranschaulichungsmitteln. *Die Grundschulzeitschrift,* 82, 9-12.
Lorenz, J.H. (1998). Das arithmetische Denken von Grundschulkindern. In A. Peter-Koop (Hrsg.), *Das besondere Kind im Mathematikunterricht der Grundschule* (S. 59-81). Offenburg: Mildenberger.
Lorenz, J.H. (1999). *Mathematikus 1.* Braunschweig: Westermann.
Lorenz, J.H. (2006). Grundschulkinder rechnen anders. Die Entwicklung mathematischer Strukturen und des Zahlensinns von „Matheprofis". In E. Rathgeb-Schnierer & U. Roos (Hg.), *Wie rechnen Matheprofis? Ideen und Erfahrungen zum offenen Mathematikunterricht* (S. 113-122). München: Oldenbourg.

Matthews, G. & Matthews, J. (1990). *Early Mathematical Experiences.* Harlow: Longman.
Mayring, P. (2001). Kombination und Integration qualitativer und quantitativer Analyse. *Forum Qualitative Sozialforschung,* 2(1), http://www.qualitative-research.net/index.php/fqs/article/view/967/2111 [letztes Zugriffsdatum 22.05.2010].
Merschmeyer-Brüwer, C. (2002). Räumliche Strukturierungsweisen bei Grundschulkindern zu Bildern von Würfelkonfigurationen – Augenbewegungen als Indikatoren für mentale Prozesse. *Journal für Mathematik-Didaktik,* 23(1), 28-50.
Metzger, W. (1966). Figural-Wahrnehmung. In K. Gottschaldt, P. Lersch, F. Sander & H. Thomae (Hg.), *Handbuch der Psychologie, 1. Band* (S. 693-744). Göttingen: Hogrefe.
Ministerium für Kultus, Jugend und Sport Baden-Württemberg (2006). *Orientierungsplan für Bildung und Erziehung für die baden-württembergischen Kindergärten. Pilotphase.* Weinheim: Beltz.
Moser Opitz, E. (2006). Förderdiagnostik: Entstehung – Ziele – Leitlinien – Beispiele. In M. Grüßing & A. Peter-Koop (Hg.), *Die Entwicklung mathematischen Denkens in Kindergarten und Grundschule: Beobachten – Fördern – Dokumentieren* (S. 10-28). Offenburg: Mildenberger.
Motte-Haber, H. de la (1985). *Handbuch der Musikpsychologie.* Laaber: Laaber-Verlag.

Mulligan, J.T. (2002). The Role of Structure in Children's Development of Multiplicative Reasoning. In B. Barton, K.C. Irwin, M. Pfannkuch & M. Thomas (Hg.), *Mathematics Education in the South Pacific* (Proceedings of the 25th annual conference of the Mathematics Education Research Group of Australasia, Auckland, S. 497-503). Sydney: MERGA.

Mulligan, J.T. & Mitchelmore, M. (1997). Young Children's Intuitive Models of Multiplication and Division. *Journal for Research in Mathematics Education, 28*(3), 309-330.

Mulligan, J.T. & Mitchelmore, M. (2009). Awareness of Pattern and Structure in Early Mathematical Development. *Mathematics Education Research Journal, 21*(2), 33-49.

Mulligan, J.T., Mitchelmore, M., Marston, J., Highfield, K. & Kemp, C. (2008). Promoting mathematical pattern and structure in the first year of schooling: An intervention study. In O. Figueras, J. Cortina, S. Alatorre, T. Rojano & A. Sepúlveda (Hg.), *Proceedings of the Joint Meeting of PME 32 and PME-NA XXX* (Vol. 4, S. 129-136). México: Cinvestav-UMSNH.

Mulligan, J.T., Mitchelmore, M. & Prescott, A. (2005). Case studies of children's development of structure in early mathematics: a two-year longitudinal study. In H.L. Chick & J.L. Vincent (Hg.), *Proc. 29th Conf. of the Int. Group for the Psychology of Mathematics Education* (Vol. 4, S. 1-8). Melbourne, Australia: PME.

Mulligan, J., Mitchelmore, M. & Prescott, A. (2006). Integrating Concepts and Processes in Early Mathematics: the Australian Pattern and Structure Mathematics Awareness Project (PASMAP). In J. Novotná, H. Moraová, M. Krátká & N. Stehlíková (Hg.), *Proc. 30th Conf. of the Int. Group for the Psychology of Mathematics Education* (Vol. 4, S. 209-216). Prague: PME.

Mulligan, J.T., Prescott, A. & Mitchelmore, M. (2003). A framework for developing pattern and structure in early numeracy. *Reflections, 28*(1), 7-11.

Mulligan, J.T., Prescott, A. & Mitchelmore, M. (2004). Children's Development of Structure in Early Mathematics. In M. J. Høines & A. B. Fuglestad (Hg.), *Proc. 28th Conf. of the Int. Group for the Psychology of Mathematics Education* (Vol. 2, S. 393-400). Bergen, Norway: PME.

Mulligan, J.T., Prescott, A., Papic, M. & Mitchelmore, M. (2006). Improving Early Numeracy Through a Pattern and Structure Mathematics Awareness Program (PASMAP). In P. Grootenboer, R. Zevenbergen & M. Chinnappan (Hg.), *Identities, cultures and learning spaces* (Proceedings of the 29th annual conference of the Mathematics Education Research Group of Australasia, Canberra, S. 376-383). Adelaide: MERGA.

NCTM: National Council of Teachers of Mathematics (2000). *Principles and standards for school mathematics.* http://standards.nctm.org/ [letztes Zugriffsdatum 08.02.2010].

Niedersächsisches Kultusministerium (2005). *Orientierungsplan für Bildung und Erziehung im Elementarbereich niedersächsischer Tageseinrichtungen für Kinder.* Langenhagen: Schlütersche Druck GmbH & Co. KG.

Niedersächsisches Kultusministerium (Hg.) (2006). *Kerncurriculum für die Grundschule. Schuljahrgänge 1-4. Mathematik.* Hannover: Unidruck.

Nührenbörger, M. (2002). *Denk und Lernwege von Kindern beim Messen von Längen. Theoretische Grundlegung und Fallstudien kindlicher Längenkonzepte im Laufe des 2. Schuljahres.* Hildesheim: Franzbecker.

Oehl, W. (1962). *Der Rechenunterricht in der Grundschule. Didaktisch-methodische Überlegungen und Hinweise für die Unterrichtsarbeit.* Hannover: Schroedel.

Oerter, R. & Montada, L. (2002). *Entwicklungspsychologie*. Weinheim: Beltz PVU.

Oeveste, H. zur (1982). Kognitive Entwicklung. In W. Wieczerkowski & H. zur Oeveste (Hg.), *Lehrbuch der Entwicklungspsychologie, Bd. 1* (S. 319-370). Düsseldorf: Schwann.

Ontario Ministry of Education (2005). *The Ontario Curriculum. Grade 1-8. Mathematics.* http://www.edu.gov.on.ca [letztes Zugriffsdatum 08.02.2010].

Orton, J. (1999). Children's Perception of Pattern in Relation to Shape. In A. Orton (Hg.), *Pattern in the teaching and learning of mathematics* (S. 149-167). London: Cassell.

Orton, J., Orton, A. & Roper, T. (1999). Pictorial and Practical Contexts and the Perception of Pattern. In A. Orton (Hg.), *Pattern in the teaching and learning of mathematics* (S. 121-148). London: Cassell.

Ostermann, A. (2006). *Lernvoraussetzungen von Schulanfängern. Beobachtungsstationen zur Diagnose und Förderung* (4. Auflage). Horneburg: Persen Verlag.

Otte, M. (1983). Texte und Mittel. *Zentralblatt für Didaktik der Mathematik, 4*, 183-194.

Outhred, L. (1996). Representing a Multiplicative Structure: The Array. In H.M. Mansfield, N.A. Pateman & N. Bednarz (Hg.), *Young Children and Mathematics: Concepts and their Representations* (S. 114-123). Adelaide: The Australian Association of Mathematics Teachers Inc.

Outhred, L. & Mitchelmore, M. (2000). Young children's intuitive understanding of rectangular area measurement. *Journal for Research in Mathematics Education, 31*(2), 144-168.

Owen, A. (1995). In search of the unknown: a review of primary algebra. In J. Anghileri (Hg.), *Children's mathematical thinking in the primary years*. London: Cassell.

Papic, M. (2007). Promoting repeating patterns with young children - More than just alternating colours. *Australian Primary Mathematics Classroom, 12*(3), 8-13.

Papic, M. & Mulligan, J.T. (2005). Preschoolers' Mathematical Patterning. In P. Clarkson, A. Downton, D. Gronn, M. Horne, A. McDonough, R. Pierce & A. Roche (Hg.), *Building connections: Theory, research and practice* (Proceedings of the 28th annual conference of the Mathematics Education Research Group of Australasia, Melbourne, S. 609-616). Sydney: MERGA.

Papic, M. & Mulligan, J.T. (2007). The Growth of Early Mathematical Patterning: An Intervention Study. In J. Watson & K. Beswick (Hg.), *Mathematics: Essential research, essential practice* (Proceedings of the 30th annual conference of the Mathematics Education Research Group of Australasia, Hobart, S. 591-600). Adelaide: MERGA.

Papic, M., Mulligan, J.T. & Mitchelmore, M. (2009). The growth of mathematical patterning strategies in preschool children. In M. Tzekaki, M. Kaldrimidou & H. Sakonidis (Hg.), *Proc. 33rd Conf. of the Int. Group for the Psychology of Mathematics Education* (Vol. 4, S. 329-336). Thessaloniki, Greece: PME.

Paraskevopoulos, I. (1968). Symmetry, recall and preferences in relation to chronological age. *Journal of Experimental Child Psychology, 6*(2), 254-264.

Peter-Koop, A. & Grüßing, M. (2007). *Mit Kindern Mathematik erleben*. Seelze-Velber: Lernbuch Verlag bei Friedrich in Velber.

Peter-Koop, A., Wollring, B., Spindeler, B. & Grüßing, M. (2007). *ElementarMathematisches BasisInterview*. Offenburg: Mildenberger Verlag.

Piaget, J. (1978). *Das Weltbild des Kindes.* Stuttgart: Klett-Cotta.

Queensland Studies Authority (2006). *Early Years Curriculum Guidelines.* http://www.qsa.qld.edu.au [letztes Zugriffsdatum 08.02.2010].

Queensland Studies Authority (2008). *Year 1 Learning Statements.* http://www.qsa.qld.edu.au [letztes Zugriffsdatum 08.02.2010].

Radatz, H. (1986). Anschauung und Sehverstehen im Mathematikunterricht der Grundschule. *Beiträge zum Mathematikunterricht* (S. 239-242). Bad Salzdetfurth: Franzbecker.

Radatz, H. & Schipper, W. (1983). *Handbuch für den Mathematikunterricht an Grundschulen.* Hannover: Schroedel.

Radatz, H., Schipper, W., Dröge, R. & Ebeling, A. (1996). *Handbuch für den Mathematikunterricht. 1. Schuljahr.* Hannover: Schroedel.

Radatz, H., Schipper, W., Dröge, R. & Ebeling, A. (1998). *Handbuch für den Mathematikunterricht. 2. Schuljahr.* Hannover: Schroedel.

Rasch, R. (2006). Mathematische Leistungsfähigkeit mit offenen Aufgaben fördern. In E. Rathgeb-Schnierer & U. Roos (Hg.), *Wie rechnen Matheprofis? Ideen und Erfahrungen zum offenen Mathematikunterricht* (S. 147-158). München: Oldenbourg.

Rathgeb-Schnierer, E. (2007). Rechenschwache Kinder arbeiten mit Zahlbildern im Zehnerfeld. In A. Filler & S. Kaufmann (Hg.), *Kinder fördern - Kinder fordern. Festschrift für Jens Holger Lorenz zum 60. Geburtstag* (S. 103-115). Hildesheim: Franzbecker.

Rawson, B. (1993). Searching for pattern. *Education 3-13, 21*(3), 26-33.

Redaktion Grundschule (2006a). *Flex und Flo 1. Themenheft Geometrie.* Braunschweig: Diesterweg.

Redaktion Grundschule (2006b). *Flex und Flo 1. Eingangsdiagnostik und Lernstandskontrollen.* Braunschweig: Diesterweg.

Rinkens, H.-D. & Hönisch, K. (Hg.) (1998). *Welt der Zahl: 1. Schuljahr.* Hannover: Schroedel.

Rinkens, H.D. & Hönisch, K. (Hg.) (2006). *Welt der Zahl: 1. Schuljahr.* Braunschweig: Schroedel.

Rödler, K. (2006). *Erbsen, Bohnen, Rechenbrett: Rechnen durch Handeln.* Seelze: Kallmeyer.

Rottmann, T. (2006). *Das kindliche Verständnis der Begriffe „die Hälfte" und „das Doppelte". Theoretische Grundlegung und empirische Untersuchung.* Hildesheim: Franzbecker.

Rottmann, T. & Schipper, W. (2002). Das Hunderter-Feld - Hilfe oder Hindernis beim Rechnen im Zahlenraum bis 100? *Journal für Mathematik-Didaktik, 23*(1), 51-74.

Sawyer, W.W. (1955). *Prelude to Mathematics.* London: Penguin Books.

Schendera, C. (2008). *Regressionsanalyse mit SPSS.* München: Oldenbourg Wissenschaftsverlag.

Scherer, P. (1999). *Produktives Lernen für Kinder mit Lernschwächen: Fördern durch Fordern. Bd. 1. Zwanzigerraum.* Leipzig: Klett-Grundschulverlag.

Scherer, P. & Steinbring, H. (2001). Strategien und Begründungen an Veranschaulichungen - statische und dynamische Deutungen. In W. Weiser & B. Wollring (Hg.), *Beiträge zur Didaktik der Mathematik für die Primarstufe: Festschrift für Siegbert Schmidt* (S. 188-201), Hamburg: Kovač.

Schipper, W. (1982). Stoffauswahl und Stoffanordnung im mathematischen Anfangsunterricht. *Journal für Mathematik-Didaktik, 2,* 91-120.

Schipper, W. (1995). Veranschaulichungen in alten und neuen Rechenbüchern. *Die Grundschulzeitschrift, 82,* 13-16.

Schipper, W. (2002). Thesen und Empfehlungen zum schulischen und außerschulischen Umgang mit Rechenstörungen. *Journal für Mathematik-Didaktik, 23,* H. 3/4, 243-261.

Schmidt, S. (2004). Was können Kinder am Schulanfang mathematisch wissen? Mathematik als Prozess – eine fortwährende Herausforderung für schulische Lehr-Lern-Prozesse. In P. Scherer & D. Bönig (Hg.), *Mathematik für Kinder – Mathematik von Kindern. Band 117* (S. 14-25). Frankfurt/M.: Grundschulverband – Arbeitskreis Grundschule e.V.

Schmidt, S. & Weiser, W. (1982). Zählen und Zahlverständnis von Schulanfängern: Zählen und der kardinale Aspekt natürlicher Zahlen. *Journal für Mathematik-Didaktik,* H.3/4, 227-263.

Schmitman gen. Pothmann, A. (2008). *Mathematiklernen und Migrationshintergrund. Quantitative Analysen zu frühen mathematischen und (mehr)sprachlichen Kompetenzen.* Dissertation an der Carl von Ossietzky Universität Oldenburg.

Schütte, S. (2000). *Die Matheprofis 1.* München: Oldenbourg.

Schütte, S. (2004). Zur didaktischen Bedeutung eigenstrukturierter Zahlbilder. *Praxis Grundschule, 2,* 5-10.

Selter, Ch. (1995). Die Fiktivität der „Stunde Null" im arithmetischen Anfangsunterricht. *Mathematische Unterrichtspraxis, 16*(2). 11-19.

Selter, Ch. & Spiegel, H. (1997). *Wie Kinder rechnen.* Leipzig: Klett.

Small, M. et al. (2004). *Nelson elementary mathematics. Grade one workbook.* Toronto: Nelson Thomas.

Söbbeke, E. (2005). *Zur visuellen Strukturierungsfähigkeit von Grundschulkindern – Epistemologische Grundlagen und empirische Fallstudien zu kindlichen Strukturierungsprozessen mathematischer Anschauungsmittel.* Hildesheim: Franzbecker.

Stacey, K. (1989). Finding and using patterns in linear generalizing problems. *Educational Studies in Mathematics, 20,* 147-164.

Stambak, M. (1969). Trois épreuves de rythme. In R. Zazzo (Hg.), *Manuel pour l'examen psychologique de l'enfant.* Paris: Delachaux et Niestlé.

Steen, L.A. (Hg.) (1990). *On the shoulders of giants: New approaches to numeracy.* Washington, DC: National Academy Press.

Steinbring, H. (2005). *The Construction of New Mathematical Knowledge in Classroom Interaction – an Epistemological Perspective.* Mathematics Education Library (MELI), No. 38. Berlin, New York: Springer.

Steininger, R. (2005). *Kinder lernen mit allen Sinnen: Wahrnehmung im Alltag fördern.* Stuttgart: Klett-Cotta.

Steinweg, A.S. (2001). *Zur Entwicklung des Zahlenmusterverständnisses bei Kindern: Epistemologisch-pädagogische Grundlegung.* Münster: LIT Verlag.

Steinweg, A.S. (2006). Kinder deuten geometrische Strukturen und Gleichungen. „Ich sehe was, was du auch sehen kannst …". In E. Rathgeb-Schnierer & U. Roos (Hg.), *Wie rechnen Matheprofis? Ideen und Erfahrungen zum offenen Mathematikunterricht* (S. 71-86). München: Oldenbourg.

Stern, E. (1998). *Die Entwicklung des mathematischen Verständnisses im Kindesalter.* Lengerich: Pabst Science Publishers.

Stern, E. (2002). Früh übt sich: Neuere Ergebnisse aus der LOGIK-Studie zum Lösen mathematischer Textaufgaben in der Grundschule. In A. Fritz, G. Ricken & S. Schmidt (Hg.), *Handbuch Rechenschwäche – Lernwege, Schwierigkeiten und Hilfen.* Weinheim: Beltz.

Strauss, A. L. (1991). *Grundlagen qualitativer Sozialforschung.* München: Fink.

Strauß-Ehret, Ch. (2004). *Das Würfelhaus.* Herxheim: Christine-Strauß-Verlag.

Thomas, N.D., Mulligan, J.T. & Goldin, G.A. (2002). Children's representation and structural development of the counting sequence 1-100. *Journal of Mathematical Behavior, 21*(1), 117-133.

Threlfall, J. (1999). Repeating Patterns in the Early Primary Years. In A. Orton (Hg.), *Pattern in the teaching and learning of mathematics* (S. 18-30). London: Cassell.

Tzekaki, M. & Kaldrimidou, M. (2008). *Patterning in early childhood.* Folien zum Vortrag im Rahmen der Short Oral Communications, 32nd Conf. of the Int. Group for the Psychology of Mathematics Education, Mexiko.

van Luit, J., van de Rijt, B. & Hasemann, K. (2001). *OTZ. Osnabrücker Test zur Zahlbegriffsentwicklung. Manual.* Göttingen: Hogrefe.

van Nes, F. (2009). *Young Children's Spatial Structuring Ability and Emerging Number Sense.* Utrecht: All Print.

Verboom, L. (2006). „Mir fällt auf: Du hast die 1 krumm geschrieben!" In E. Rathgeb-Schnierer & U. Roos (Hg.), *Wie rechnen Matheprofis? Ideen und Erfahrungen zum offenen Mathematikunterricht* (S. 167-178). München: Oldenbourg.

Vernon, M. D. (1974). *Wahrnehmung und Erfahrung.* Köln: Verlag Kiepenheuer & Witsch.

Vitz, P.C. & Todd, T.C. (1967). A model of learning for simple repeating binary pattern. *Journal of Experimental Psychology, 75*(1), 108-117.

Vitz, P.C. & Todd, T.C. (1969). A coded element model of the perceptual processing of sequented stimuli. *Psychological Review, 76*(5), 433-449.

Voigt, J. (1993). Unterschiedliche Deutungen bildlicher Darstellungen zwischen Lehrerin und Schülern. In J.H. Lorenz (Hg.) *Mathematik und Anschauung. Untersuchungen zum Mathematikunterricht* (S. 147-166). Köln: Aulis Verlag.

von Glasersfeld, E. (1982). Subitizing: The role of figural patterns in the development of numerical concepts. *Archives de Psychologie, 50,* 191-218.

Walther, G., van den Heuvel-Panhuizen, M., Granzer, D. & Köller, O. (2007). *Bildungsstandards für die Grundschule: Mathematik konkret.* Berlin: Cornelsen Verlag Scriptor.

Warren, E. (2000). Visualisation and the development of early understanding in algebra. In M. van den Heuvel-Panhuizen (Hg.), *Proc. 24th Conf. of the Int. Group for the Psychology of Mathematics Education* (Vol. 4, S. 273-280). Hiroshima, Japan: PME.

Warren, E. (2005a). Patterns Supporting the Development of Early Algebraic Thinking. In P. Clarkson, A. Downton, D. Gronn, M. Horne, A. McDonough, R. Pierce & A. Roche (Hg.), *Building connections: Theory, research and practice* (Proceedings of the 28th annual conference of the Mathematics Education Research Group of Australasia, Melbourne, S. 759-766). Sydney: MERGA.

Warren, E. (2005b). Young children's ability to generalise the pattern rule for growing patterns. In H.L. Chick & J.L. Vincent (Hg.), *Proc. 29th Conf. of the Int. Group for* *the Psychology of Mathematics Education* (Vol. 4, S. 305-312). Melbourne, Australia: PME.

Warren, E. & Cooper, T. (2006). Using repeating patterns to explore functional thinking. *Australian Primary Mathematics Classroom, 11*(1), 9-14.

Warren, E. & Cooper, T. (2008). Generalising the pattern rule for visual growth patterns: Actions that support 8 year olds' thinking. *Educational Studies in Mathematics, 67*(2), 171-185.

Waters, J. (2004). Mathematical Patterning in Early Childhood Settings. In I. Putt, R. Faragher & M. McLean (Hg.), *Mathematics education for the 3rd millennium: Towards 2010* (Proceedings of the 27th annual conference of the Mathematics Education Research Group of Australasia, Townsville, S. 565-572). Sydney: MERGA.

Weiß, R.H. (1987). *Grundintelligenztest Skala 2. CFT 20. Handanweisung. 3. Aufl.* Hogrefe: Göttingen.

Winter, H. (1981). Mathematik. In H. Bartnitzky & R. Christiani (Hg.), *Handbuch der Grundschulpraxis und Grundschuldidaktik* (S. 202-268). Stuttgart: Kohlhammer.

Wittmann, E.Ch. (1982). *Mathematisches Denken bei Vor- und Grundschulkindern: eine Einführung in psychologisch-didaktische Experimente.* Braunschweig, Wiesbaden: Vieweg.

Wittmann, E.Ch. (1993). „Weniger ist mehr": Anschauungsmittel im Mathematikunterricht der Grundschule. In K.P. Müller (Hg.), *Beiträge zum Mathematikunterricht: Vorträge auf der 27. Bundestagung für Didaktik der Mathematik vom 22. bis 26.3.1993 in Freiburg/Schweiz* (S. 394-397). Hildesheim: Franzbecker.

Wittmann, E.Ch. (2006). Mathematische Bildung. In L. Fried & S. Roux (Hg.), *Pädagogik der frühen Kindheit. Handbuch und Nachschlagewerk* (S. 205-211). Weinheim: Beltz.

Wittmann, E.Ch. & Müller, G.N. (1994). *Handbuch produktiver Rechenübungen. Bd. 1. Vom Einspluseins zum Einmaleins.* Stuttgart: Klett-Schulbuchverlag.

Wittmann, E.Ch. & Müller, G.N. (2004a). *Das Zahlenbuch 1. Schülerbuch.* Leipzig: Klett.

Wittmann, E.Ch. & Müller, G.N. (2004b). *Das Zahlenbuch 1. Lehrerband.* Leipzig: Klett.

Wittmann, E.Ch. & Müller, G.N. (2007). Muster und Strukturen als fachliches Grundkonzept. In G. Walther, M. van den Heuvel-Panhuizen, D. Granzer & O. Köller (Hg.), *Bildungsstandards für die Grundschule: Mathematik konkret* (S. 42-65). Berlin: Cornelsen.

Wittmann, E.Ch. & Ziegenbalg, J. (2004). Sich Zahl um Zahl hochhangeln. In H. Steinbring & E.Ch. Wittmann (Hg.), *Arithmetik als Prozess* (S. 35-53). Seelze: Kallmeyer/Klett.

Wollring, B. (2006). Transparentkopieren. Lernumgebungen für die Grundschule an der Schnittstelle von Mathematik und Kunst. In E. Rathgeb-Schnierer & U. Roos (Hg.), *Wie rechnen Matheprofis? Ideen und Erfahrungen zum offenen Mathematikunterricht* (S. 57-70). München: Oldenbourg.

Wright, R.J. (1994). A study of the numerical development of 5-year-olds and 6-year-olds. *Educational Studies in Mathematics, 26*(1), 25-44.

Zimmer, R. (2006). *Mit allen Sinnen lernen: Sinneswahrnehmung fördern* (DVD). Freiburg im Breisgau: Herder.

Liste der verwendeten Mathematik-Schulbücher

Denken und Rechnen
Eidt, H., Lammel, R., Voß, E. & Wichmann, M. (2001). 1. Schuljahr
Eidt, H., Lammel, R., Voß, E. & Wichmann, M. (2002). 3. Schuljahr
Schmidt, R. (Hg.) (1985). 1. Schuljahr
Braunschweig: Westermann

Mathematikus
Lorenz, J.H. (Hg.) (1999). 1. Schuljahr
Lorenz, J.H. (Hg.) (2008). 3. & 4. Schuljahr
Braunschweig: Westermann

Die Matheprofis
Schütte, S. (Hg.) (2000). 1. Schuljahr
Schütte, S. (Hg.) (2004). 2. Schuljahr
Schütte, S. (Hg.) (2005). 3. Schuljahr
Schütte, S. (Hg.) (2006). 4. Schuljahr
München: Oldenbourg

Flex und Flo
Redaktion Grundschule (2006). 1. Schuljahr: Themenheft Geometrie
Braunschweig: Diesterweg.

Nussknacker
Leininger, P., Günter, E., Kistella, A. & Wallrabenstein, H. (1999). 1. & 2. Schuljahr
Leipzig: Klett

Primo Mathematik
Grassmann, M. (Hg.) (2009). 1. & 2. Schuljahr
Braunschweig: Schroedel

Welt der Zahl
Rinkens, H.-D. & Hönisch, K. (Hg.) (2006). 1. & 2. Schuljahr
Braunschweig: Schroedel
Oehl, W. & Palzkill, L. (Hg.) (1982). 1. Schuljahr
Oehl, W. & Palzkill, L. (Hg.) (1983). 2. Schuljahr
Hannover: Schroedel

Wochenplan Mathematik
Beba, F. & Szuwart, G. (2007). Vorkurs
Leipzig: Klett

Das Zahlenbuch
Wittmann, E. Ch. & Müller, G.N. (2004). 1. & 2. Schuljahr
Wittmann, E. Ch. & Müller, G.N. (2005). 3. & 4. Schuljahr
Leipzig: Klett

Anhang

I. Interviewleitfaden der Muster- & Strukturaufgaben

1. Zehnerkette

Schau mal, ich habe eine Kette gebastelt.
> [abgebildete Kette horizontal vor das Kind auf den Tisch legen]

Erzähl mal, was du siehst.
> [Kind beschreiben lassen, nicht unterbrechen; die Kette darf angefasst und die Perlen manipuliert werden]

Ich möchte, dass du <u>genau so</u> eine Kette machst wie meine.
> [auf Kette zeigen]

Wir haben hier Perlen und eine Schnur.
> [Schachtel mit roten, blauen, gelben, grünen und weißen Perlen sowie eine Schnur vor das Kind stellen]

Ich werde meine Kette aber gleich verstecken, guck sie dir also noch einmal gut an!
> [sobald das Kind zu verstehen gibt, dass es sich die Perlenkette gut genug angeguckt hat, die Kette vom Tisch nehmen; abwarten, bis das Kind ein Zeichen gibt, dass es das Auffädeln beendet hat]

Sieht deine Kette jetzt so aus wie meine? (Warum?)
> [das Kind auf jeden Fall loben, auf eventuelle Fehler wird nicht hingewiesen!]

Wir haben noch Perlen übrig.
> [auf die Schachtel mit den Perlen zeigen]

Wie geht's weiter?

2. Punktemuster

Reihenfolge Version A

2 a)

2 b)

Reihenfolge Version B

2 a)

2 b)

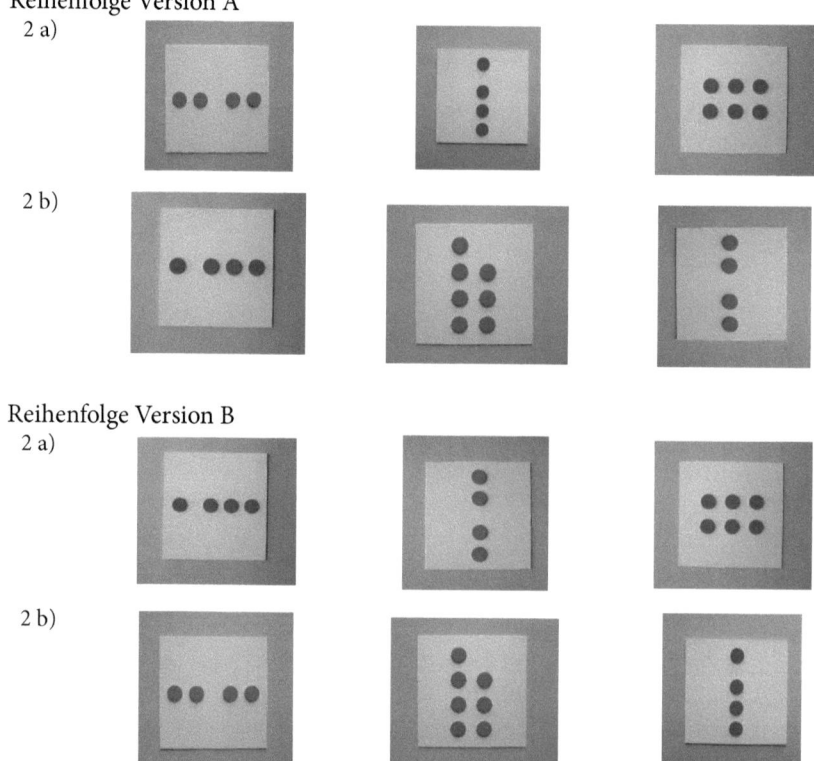

Ich habe einige Plättchen auf ein Stück Pappe geklebt.
   [*leeres Stück Pappe in der gleichen Größe sowie die Schachtel mit den Plättchen zeigen*]

Gleich decke ich die Plättchen <u>kurz</u> auf und du sollst mir sagen, wie viele es sind. Achtung!
   [*kontrollieren, dass das Kind auch tatsächlich guckt, dann erstes Muster ca. 2 Sekunden aufdecken; nochmaliges Aufdecken nicht erlaubt*]

Wie viele Plättchen hast du gesehen?
   [*falls das Kind keine Antwort gibt, die nächste Frage überspringen, ansonsten auf die Antwort des Kindes flexibel reagieren:*]

Woher weißt du das? Wie hast du das gesehen? Wie hast du gezählt?
   [*Plättchen und leeres Stück Pappe vor das Kind schieben*]

Nimm dir jetzt so viele Plättchen wie du brauchst und lege die Plättchen <u>so</u> auf die Pappe, wie du es bei mir gesehen hast.
   [*wenn das Kind ein Zeichen gibt, dass es mit dem Legen fertig ist, das gezeigte Punktemuster aufdecken und neben das des Kindes schieben*]

Schau, liegen deine jetzt genauso wie meine?
> [*jede Antwort des Kindes wird gelobt, auf eventuelle Fehler wird nicht hingewiesen und nicht verbessert!*]

3. Tastaufgabe

3 a) 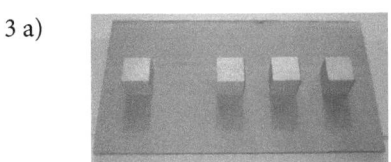   3 b)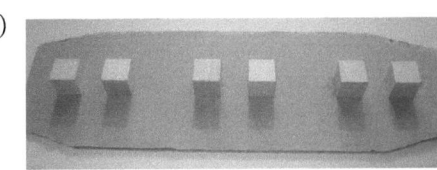

Bei dieser Aufgabe habe ich keine Plättchen aufgeklebt, sondern Klötzchen.
> [*Schachtel mit Holzwürfeln auf den Tisch stellen, einen Würfel zeigen*]

Und du sollst sie dieses Mal nicht sehen, sondern fühlen!
> [*Fühlkasten mit Anordnung a) vor das Kind auf den Tisch stellen*]

Fass mit beiden Händen in den Karton und fühle wie viele Klötzchen es sind und wie ich die Klötzchen aufgeklebt habe.
> [*abwarten, bis das Kind eine Antwort gegeben hat und die Hände aus dem Karton zieht*]

Jetzt nimm dir so viele Klötzchen wie du brauchst und lege sie vor dir auf den Tisch. Lege sie so, wie ich sie aufgeklebt habe.
> [*Kontrolle durch nochmaliges Fühlen ist erlaubt; wenn das Kind ein Zeichen gibt, dass es fertig ist, jedes Ergebnis loben; Anordnung b) in den Kasten einlegen und obige Prozedur ein zweites Mal durchführen*]

4. Rhythmus

R1: 4/4-Takt: ●●○○|●●○○|●●○○| ● = Klopfer

R2: 4/4-Takt: ●○●●|○○○○|●○●●|○○○○|●○●●|○○○○   ○ = Pause

Ich klopfe gleich einen Rhythmus auf den Tisch und wenn ich auf dich zeige, klopfst du bitte genauso nach, wie ich geklopft habe.
> [*Rhythmus 1 mit den Fingerknöcheln der geballten Hand immer an der gleichen Stelle auf den Tisch klopfen. Es besteht kein Sichtschutz zwischen Interviewer und Kind, das Kind kann den Rhythmus sowohl hören als auch sehen. Nach dem letzten Klopfer auf das Kind zeigen. Bei der Reproduktion des Rhythmus durch das Kind werden kleine Veränderungen im Zeitmaß nicht als falsch bewertet.*]

Jetzt klopfe ich noch einen anderen Rhythmus auf den Tisch. Wenn ich auf dich zeige, klopfst du wieder nach, was ich geklopft habe.
> [*Rhythmus 2 vorgeben wie oben*]

5. Plättchen legen

Diese Aufgabe wollen wir zusammen mit dem Kasper machen.
> [*der Kasper stellt sich vor*]

Der Kasper darf gleich nur ganz kurz hinschauen.
> [*vormachen und den Kasper so unter die Achsel stecken, dass er „nichts hören" kann*]

Ich gebe dir 5 (8) Plättchen.
> [*5 (8) Plättchen auf einmal und ungeordnet vor das Kind legen*]

Lege die Plättchen <u>so</u> auf den Tisch, dass der Kasper <u>sofort sehen</u> kann, wie viele es sind. Denke daran, er darf nur kurz gucken.
> [*nächste Frage(n) erst stellen, wenn das Kind signalisiert, dass es fertig ist*]

Warum kann der Kasper auf einen Blick sehen, dass es 5 (8) Plättchen sind? Warum ist das leicht?
> [*nach der Antwort des Kindes schaut der Kasper kurz auf die Plättchen und nennt die richtige Anzahl*]

6. Zwanzigerfeld

Für die letzte Aufgabe habe ich dir
dieses Bild mitgebracht.
    [*Bild des Zwanzigerfeldes
    auf den Tisch legen*]
Erklär doch mal, was du da siehst.
    [*falls das Kind in seiner Beschreibung keine Zahlen nennt:*]
Weißt du, wie viele Vierecke es sind?
    [*falls das Kind von sich aus den Begriff „Quadrat" nennt, kann auch dieser benutzt
    werden; jede Antwort loben; Pappunterlage und quadratische Plättchen auf den
    Tisch legen*]

Ich habe auch eine Unterlage und ganz viele von den Vierecken mitgebracht. Ich möchte,
dass du die Vierecke so auf die Unterlage legst, dass es nachher aussieht wie auf dem Bild.
    [*das Bild des Zwanzigerfeldes bleibt auf dem Tisch liegen*]

Zum Schluss möchte ich jetzt, dass du das Bild so anmalst, dass es für dich <u>schön</u> ist.
    [*sieben Buntstifte auf den Tisch legen; nach dem Malen das Bild/Muster
    erklären lassen*]

Quellen der Abbildungen im Interviewleitfaden:

1) Zehnerkette: eigenes Foto

2) Punktemuster und Blankounterlage: eigenes Foto

3) Wendeplättchen:
http://toco-verlag.de/cgi-bin/dpshop/shop.cgi?wrkid=&lang=Wende-Pl%E4ttchen%20blaurot,%2025%20mm%20D.,%20Box%20mit%2020%20Stck&kat=06.05&artnr=93260&sortart=&template= [letztes Zugriffsdatum 29.8.2009]

4) Tastaufgabe: eigenes Foto

5) Holzwürfel: http://shop.4teachers.de/popup_image.php/pID/37/imgID/0/XTCsid/a7b4a28e44f989a2622fc1edc7284503 [letztes Zugriffsdatum 29.8.2009]

6) Fühlkiste: eigenes Foto

7) Kasper-Handpuppe: eigenes Foto

8) Zwanzigerfeld: EIDT u.a. 2001a, 44

II. Statistische Kennwerte

Tabelle II.1:
Item-Skala-Statistiken zur Trennschärfe der sechs Items der Muster- & Strukturaufgaben

	Skalenmittelwert, wenn Item weggelassen	Skalenvarianz, wenn Item weggelassen	Korrigierte Item-Skala-Korrelation	Cronbachs Alpha, wenn Item weggelassen
1) Zehnerkette	10,24	7,74	.57**	.52
2) Punktemuster	10,11	10,47	.48**	.59
3) Tastaufgabe	13,20	13,02	-.02	.69
4) Rhythmus	11,90	12,00	.16	.66
5) Plättchen legen	10,34	6,97	.54**	.54
6) Zwanzigerfeld	11,28	8,38	.50**	.56

**$p<.01$

Tabelle II.2:
Faktorenanalyse Muster- & Strukturaufgaben - erklärte Gesamtvarianz durch die drei Faktoren

Komponente	Anfängliche Eigenwerte			Summen von quadrierten Faktorladungen für Extraktion			Rotierte Summe der quadrierten Ladungen		
	Gesamt	% der Varianz	Kumulierte %	Gesamt	% der Varianz	Kumulierte %	Gesamt	% der Varianz	Kumulierte %
1	2,288	38,14	38,14	2,288	38,14	38,14	2,229	37,15	37,15
2	1,108	18,47	56,61	1,108	18,47	56,61	1,055	17,58	54,73
3	,927	15,46	72,07	,927	15,46	72,07	1,040	17,34	72,07
4	,741	12,34	84,41						
5	,481	8,01	92,42						
6	,455	7,58	100,00						

Tabelle II.3:
Kennwerte zu den geschlechtsspezifischen Unterschieden in den Muster- & Strukturaufgaben und den mathematischen Tests mit dem t-Test für unabhängige Stichproben

	n (w/m)	Mädchen (w)		Jungen (m)		t	d
		M	SD	M	SD		
Σ Muster- & Strukturaufgaben	38/36	10,8	3,8	12,7	2,7	-2,48*	.56
Zehnerkette	38/36	2,95	1,37	3,42	1,02	-1,67	
Punktefelder	38/36	3,18	0,76	3,43	0,61	-1,54	
Plättchen legen	38/36	2,71	1,63	3,46	1,09	-2,33*	.52
Zwanzigerfeld	38/36	1,92	1,26	2,36	1,05	-1,63	
OTZ	38/36	64,89	10,05	68,78	8,15	-1,82	
DEMAT 2+	33/30	47,67	8,75	54,27	9,45	-2,88**	.69

Anmerkungen. n=Anzahl der Versuchspersonen; M=Mittelwert; SD=Standardabweichung; d=Effektstärke; **$p<.01$, *$p<.05$ (zweiseitig).

Regressionstabellen

Tabelle II.4:
Variablen am Schulanfang auf die Mathematikleistung der 2. Klasse (DEMAT 2+) (n=74)

Aufgabe	Korr. R^2	B	SE B	β
Zahlbegriffsentwicklung (OTZ)	.34	.78	.14	.59**
Vergleichen	.01	2.06	1.76	.15
Klassifizieren	.11	4.43	1.50	.36**
Eins-zu-eins-Zuordnung	.06	3.32	1.48	.28*
Nach Reihenfolge ordnen	.08	2.08	.81	.31*
Σ Mengenwissen	.19	1.90	.48	.46**
Zahlwörter benutzen	.08	2.25	.92	.30*
Synchrones Zählen	.19	3.50	.90	.45**
Resultatives Zählen	.09	2.95	1.09	.33**
Anwenden v. Zahlenwissen	.29	3.92	.77	.55**
Σ Zahlenwissen	.29	1.42	.28	.55**
Muster- & Strukturaufgaben	.31	1.80	.34	.57**
Zehnerkette	.25	4.34	.94	.51**
Punktemuster	.14	5.85	1.80	.39**
Plättchen legen	.13	2.66	.84	.38**
Zwanzigerfeld	.11	2.97	1.03	.35**
Alter	.06	0.57	.27	.27*
Geschlecht	.11	6.60	2.29	.35**
Migration	-.02	0.10	2.75	.01

Anmerkungen. korr. R^2=Bestimmtheitsmaß; B=unstandardisierter B-Koeffizient; SE=Standardfehler; β=standardisierter Beta-Koeffizient; **p<.01, *p<.05.

Tabelle II.5:
Variablen am Schulanfang auf die Mathematikleistung der 2. Klasse (DEMAT 2+):
Varianzaufklärung über die Zahlbegriffsentwicklung (OTZ) hinaus (n=74)

Aufgabe	Änderung R^2	Σ Korr. R^2	β	Kond. Index
Zahlbegriffsentwicklung (OTZ)	.34	.34	.59**	
Zusätzliche Varianzaufklärung:				
Muster- & Strukturaufgaben	.10	.43	.36**	24.88
Zehnerkette	.05	.38	.26*	25.78
Punktemuster	.07	.40	.27**	23.43
Plättchen legen	.06	.39	.25*	23.21
Zwanzigerfeld	.00	.34	.12	24.26
Alter	.00	.34	.13	42.60
Geschlecht	.00	.33	.01	20.92
Migrationshintergrund	.05	.38	.22*	22.20

Anmerkungen. R^2=Bestimmtheitsmaß; Σ Korr. R^2=korrigierte Gesamtvarianzaufklärung; β=standardisierter Beta-Koeffizient; Kond.Index=Konditionsindex für Kollinearität; **p<.01, *p<.05.

Tabelle II.6:
Variablen am Schulanfang auf die Mathematikleistung der 2. Klasse (DEMAT 2+):
Varianzaufklärung über die Muster- und Strukturkompetenzen hinaus (n=74)

Aufgabe	Änderung R^2	Σ Korr. R^2	β	Kond. Index
Muster- & Strukturaufgaben	.31	.31	.57**	
Zusätzliche Varianzaufklärung:				
Zahlbegriffsentwicklung (OTZ)	.13	.43	.41**	24.88
Vergleichen	.00	.31	.09	16.62
Klassifizieren	.09	.39	.30**	14.46
Eins-zu-eins-Zuordnung	.01	.32	.15	12.54
Nach Reihenfolge ordnen	.02	.33	.17	9.96
Σ Mengenwissen	.08	.39	.31**	16.96
Zahlwörter benutzen	.00	.31	.10	10.08
Synchrones Zählen	.06	.36	.26*	10.12
Resultatives Zählen	.01	.32	.13	10.06
Anwenden v. Zahlenwissen	.11	.41	.37**	10.19
Σ Zahlenwissen	.08	.38	.34**	10.46
Alter	.05	.35	.23*	42.40
Geschlecht	.02	.33	.17	9.78
Migrationshintergrund	.00	.30	-.05	9.07

Anmerkungen. R^2=Bestimmtheitsmaß; Σ Korr. R^2=korrigierte Gesamtvarianzaufklärung; β=standardisierter Beta-Koeffizient; Kond.Index=Konditionsindex für Kollinearität; **p<.01, *p<.05.

III. Auswertung der Muster- & Strukturaufgaben

1. Zehnerkette (maximal 4 Punkte)

Reproduktion: 2 Punkte für gleich viele rote und blaue Perlen
                     0 Punkte für unterschiedlich viele rote und blaue Perlen

Fortsetzen: 2 Punkte für das Fortsetzen der gleichen Anzahl wie vorher
                     1 Punkt für ein Muster, das jedoch in keinem Zusammenhang mit dem vorher aufgefädelten steht
                     0 Punkte, wenn keine Regelmäßigkeit erkannt werden kann

2. Punktemuster (maximal 4 Punkte)

gleiche Anzahl und gleiches Muster wie Vorlage	• • • •	• • • •	• • • • • •	• • • • • • • •
	0,5 Punkte	0,5 Punkte	1 Punkt	1 Punkt
andere Anzahl, aber gleiche Struktur wie Vorlage[1]	••• •••	•••• •	•••• ••••	•• ••• •••• ••••
	0,5 Punkte[2]	0,5 Punkte[3]	1 Punkt[4]	1 Punkt[5]
gleiche Anzahl, aber andere Struktur wie Vorlage[1]	•••• •• ••	•• ••	•• ••		•• ••••
	0,25 Punkte	0,25 Punkte			0,5 Punkte
andere Anzahl und andere Struktur wie Vorlage		0 Punkte			

1 Bei den eingezeichneten Mustern handelt es sich um Beispiele der jeweiligen Kategorie.
2 Die gleiche Struktur besteht hier in der linearen Anordnung und der Gleichmächtigkeit der Punkte rechts und links der größeren, mittigen Lücke.
3 Die gleiche Struktur besteht darin, dass sich ein einzelner Punkt in einer linearen Anordnung von den anderen räumlich getrennt befindet. Eine Ausnahme der Kategorie ‚andere Anzahl, aber gleiche Struktur' bilden lineare, durch eine größere Lücke gegliederte Muster, bei denen das Strukturierungselement „die Anzahl der zwei Teilmengen ist nicht gleich groß" beachtet wurde (beispielsweise: ••• ••). Diese Muster werden mit 0,25 Punkten bewertet.
4 Diese Muster bestehen aus zwei gleichmächtigen Reihen mit einander zugeordneten Punkten.
5 Diese Muster bestehen aus zwei Reihen mit einander zugeordneten Punkten, wobei genau ein Punkt einer Reihe „übersteht".

3. Tastaufgabe (maximal 2 Punkte)

Legen der richtigen Anzahl und der korrekten Reproduktion der Gliederung durch größere Abstände: 1 Punkt.
Falsche Anzahl und/oder keine oder andere Gliederung: 0 Punkte.

4. Rhythmus (maximal 2 Punkte)

Korrekte Reproduktion des Rhythmus': 1 Punkt.
Reproduktionen, bei denen der vorgegebene Rhythmus nicht zu erkennen ist: 0 Punkte.

5. Plättchen legen (maximal 4 Punkte)

0 Punkte	• beliebig • horizontal oder vertikal in einer Reihe • Kreis • Anordnungen in der (Teil-)Form einer Ziffer
1 Punkt	• eine Gliederung ist erkennbar, die Anzahl kann jedoch nicht auf einen Blick erfasst werden
2 Punkte	• Würfelbild, aus Würfelbildern zusammengesetzt • Zahlzerlegungen } Anzahl ist quasi- • Viererreihen simultan erfassbar

6. Zwanzigerfeld (maximal 4 Punkte)

In Anlehnung an SÖBBEKE (2005, 131ff.) wurden zur Auswertung der Zwanzigerfeldaufgabe Kategorien entwickelt, die eine differenzierte Bepunktung der kindlichen Fähigkeit, die Struktur des Zwanzigerfeldes zu erfassen, zu nutzen und umzudeuten, ermöglichen. Die folgende Tabelle zeigt die Auswertungsdimensionen, unter denen die Bearbeitungen aller Teilaufgaben betrachtet und bewertet wurden.

Beschreibung – Deutung	
gegenständlich, Farbe	
Einzeldeutung	
mehrere Deutungen	
Zählen	
Zählen von Einzelelementen *1,2,3,…20*	
strukturorientiertes Zählen von Einzelelementen *1,2,3,…10 und 1,2,…10*	
schrittweises Zählen *2,4, oder 3,6,, auch 2,4,5 2,4,5*	
Zählen mit individueller Struktureinheit *2,3,2,3,…*	
Zählen mit intendierter Struktureinheit oder Substruktur *1,2,…10 und 10 oder 1,2,3,4,5 und 5 und 5 und 5 oder 5, 10, 15, 20*	
Legen – Nutzung	
Orientierung an äußerer Struktur/ räumlichen Lücken	
Wahrnehmung gleich großer Mengen in der Substruktur	
Integration äußerer Struktur, gleich große Mengen & genaue Anzahl	
Gesamtdeutung: *arithm. Beschreibung & legen & malen*	
Einzelelemente	
individuelle Strukturen / Struktureinheiten	
intendierte Substruktur 2x10 oder 10X2	
intendierte Struktur 4x5	
Strukturelle Umdeutung	

Im Bewertungsprozess wurde für jedes Kind eine individuelle Zusammenstellung der obigen Fähigkeitsaspekte für jede einzelne Bearbeitungsphase herausgearbeitet und in der rechten Spalte der tabellarischen Darstellung eingetragen. Bei der Festlegung der Punkteanzahl wurde der Grad der Strukturierung berücksichtigt. So zeigt sich mit steigender Punktezahl eine stete Zunahme an Strukturierungen, Herstellung von Beziehungen zwischen den Struktureinheiten und an Flexibilität zur strukturellen Umdeutung.

Die Mindestanforderungen für die Vergabe der jeweiligen Punktezahl ist der nachfolgenden Übersicht zu entnehmen.

Insbesondere sind 0 Punkte zu vergeben, wenn die Beschreibung und Sichtweise des Zwanzigerfeldes bei Einzeldeutungen und Einzelelementen verbleibt und sich das Kind ausschließlich an der äußeren Struktur orientiert.

Für 1 Punkt muss die Wahrnehmung gleich großer Mengen in der Substruktur vorliegen.

Für 2 Punkte müssen zusätzlich mehrere Deutungen bei der Beschreibung des Zwanzigerfeldes gegeben sein, sowie ein Blickwechsel von der äußeren, visuell wahrnehmbaren Gliederung auf die numerischen Aspekte erfolgt sein.

Bei der Vergabe von 3 Punkten darf es keine Deutung von Einzelelementen mehr geben und die äußere Struktur, die Gleichmächtigkeit der Struktureinheiten, sowie die exakte Anzahl sind in der kindlichen Deutung integriert.

Ein Kind, das in der Aufgabenbearbeitung des Zwanzigerfeldes 4 Punkte erhält, ist zur strukturellen Umdeutung des Anschauungsmittels in der Lage.

0 Punkte

Beschreibung – Deutung	
gegenständlich, Farbe	•
Einzeldeutung	•
mehrere Deutungen	
Zählen	
Zählen von Einzelelementen	•
strukturorientiertes Zählen von Einzelelementen	
schrittweises Zählen	
Zählen mit individueller Struktureinheit	
Zählen mit intendierter Struktureinheit oder Substruktur	
Legen – Nutzung	
Orientierung an äußerer Struktur/ räumlichen Lücken	•
Wahrnehmung gleich großer Mengen in der Substruktur	
Integration: äußere Struktur, gleich große Mengen, genaue Anzahl	
Gesamtdeutung: *arithm. Beschreibung & legen & malen*	
Einzelelemente	•
individuelle Strukturen / Struktureinheiten	•
intendierte Substruktur 2x10 oder 10X2	
intendierte Struktur 4x5	
Strukturelle Umdeutung	

1 Punkt

Beschreibung – Deutung	
gegenständlich, Farbe	•
Einzeldeutung	•
mehrere Deutungen	
Zählen	
Zählen von Einzelelementen	•
strukturorientiertes Zählen von Einzelelementen	
schrittweises Zählen	
Zählen mit individueller Struktureinheit	
Zählen mit intendierter Struktureinheit oder Substruktur	
Legen – Nutzung	
Orientierung an äußerer Struktur/ räumlichen Lücken	•
Wahrnehmung gleich großer Mengen in der Substruktur	•
Integration: äußere Struktur, gleich große Mengen, genaue Anzahl	
Gesamtdeutung: *arithm. Beschreibung & legen & malen*	
Einzelelemente	•
individuelle Strukturen / Struktureinheiten	•
intendierte Substruktur 2x10 oder 10X2	•
intendierte Struktur 4x5	•
Strukturelle Umdeutung	

2 Punkte

Beschreibung – Deutung	
gegenständlich, Farbe	•
Einzeldeutung	•
mehrere Deutungen	•
Zählen	
Zählen von Einzelelementen	•
strukturorientiertes Zählen von Einzelelementen	•
schrittweises Zählen	
Zählen mit individueller Struktureinheit	•
Zählen mit intendierter Struktureinheit oder Substruktur	
Legen – Nutzung	
Orientierung an äußerer Struktur/ räumlichen Lücken	•
Wahrnehmung gleich großer Mengen in der Substruktur	•
Integration: äußere Struktur, gleich große Mengen, genaue Anzahl	•
Gesamtdeutung: *arithm. Beschreibung & legen & malen*	
Einzelelemente	•
individuelle Strukturen / Struktureinheiten	•
intendierte Substruktur 2x10 oder 10X2	•
intendierte Struktur 4x5	•
Strukturelle Umdeutung	

3 Punkte

Beschreibung – Deutung	
gegenständlich, Farbe	•
Einzeldeutung	•
mehrere Deutungen	•
Zählen	
Zählen von Einzelelementen	•
strukturorientiertes Zählen von Einzelelementen	•
schrittweises Zählen	•
Zählen mit individueller Struktureinheit	•
Zählen mit intendierter Struktureinheit oder Substruktur	•
Legen – Nutzung	
Orientierung an äußerer Struktur/ räumlichen Lücken	
Wahrnehmung gleich großer Mengen in der Substruktur	
Integration: äußere Struktur, gleich große Mengen, genaue Anzahl	
Gesamtdeutung: *arithm. Beschreibung & legen & malen*	
Einzelelemente	
individuelle Strukturen / Struktureinheiten	•
intendierte Substruktur 2x10 oder 10X2	•
intendierte Struktur 4x5	•
Strukturelle Umdeutung	

4 Punkte

Beschreibung – Deutung	
gegenständlich, Farbe	•
Einzeldeutung	•
mehrere Deutungen	•
Zählen	
Zählen von Einzelelementen	•
strukturorientiertes Zählen von Einzelelementen	•
schrittweises Zählen	•
Zählen mit individueller Struktureinheit	•
Zählen mit intendierter Struktureinheit oder Substruktur	•
Legen – Nutzung	
Orientierung an äußerer Struktur/ räumlichen Lücken	
Wahrnehmung gleich großer Mengen in der Substruktur	
Integration: äußere Struktur, gleich große Mengen, genaue Anzahl	•
Gesamtdeutung: *arithm. Beschreibung & legen & malen*	
Einzelelemente	
individuelle Strukturen / Struktureinheiten	
intendierte Substruktur 2x10 oder 10X2	•
intendierte Struktur 4x5	•
Strukturelle Umdeutung	•

IV. Kategorienschema

Aufgabe ‚Perlenkette'

Anzahlbestimmung		Reproduzieren	Strukturierung	
Zeitpunkt	Art & Weise		Fortsetzen	Erklärung

• zählt während der Beschreibung
• zählt vor dem Wegnehmen der Kette
• zählt nicht
• zählt beim Reproduzieren
• zählt beim Fortsetzen
	• zählt alle Perlen - Gesamtmenge
	  – nennt nur Gesamtmenge
	  – nennt Gesamtmenge und Teilmengen
	• zählt alle Perlen - Teilmengen
	  – nennt nur Teilmengen
	  – nennt Teilmengen und Gesamtmenge
	• zählt nur Perlen einer Farbe und erschließt Anzahl anderer Farbe
	  – nennt nur Teilmengen
	  – nennt Teilmengen und Gesamtmenge
	• Vergleich durch 1-zu-1-Zuordnung/Länge
		• fädelt gleich viele rote und blaue Perlen auf
		  – >5 pro Farbe
		  – =5 pro Farbe
		  – <5 pro Farbe
		• fädelt unterschiedlich viele rote und blaue Perlen auf
			• kein Muster
			• anderes Muster
			• gleich viele Perlen pro Farbe wie vorher
			  – alle Farben
			  – rot-blau
				• argumentiert über Farbe
				• argumentiert über Länge
				• argumentiert über Anzahl
				• andere Erklärung
				• keine Erklärung

Aufgabe ‚Punktemuster'

Anzahlbestimmung		Strukturierung		
Anzahl	Erklärung	Reproduzieren (4)	Reproduzieren (6)	Reproduzieren (7)

• sagt keine Anzahl oder weiß nicht
• gesagte Anzahl ist nicht korrekt
• gelegte Anzahl ist nicht korrekt
• gesagte und gelegte Anzahl stimmen nicht überein
• gesagte und gelegte Anzahl stimmen überein
	• gibt keine Erklärung
	• weiß nicht
	• beschreibt räumliche Lage
	• zählen
	• zählen in Schritten
	• schnell gucken / sehen
	• Aussehen der Anordnung
	• rechnen
	• nennt Teilmengen
	  – beschreibt räumliche Anordnung der einzelnen Teilmengen
	  – nennt Zahlensatz
		• Reihe ohne Lücke
		• Reihe mit Lücke, aber an anderer Stelle
		• richtig im Sinne von Reihe und Lücke an richtiger Stelle
		• eigene Struktur
		• Lücke wird nicht wahrgenommen
		• Lücke als Gegenstand
		• Lücke als GruppierungsFOLGE (Fokus auf Struktureinheiten)
		• richtige Anzahl genannt, aber falsche Reproduktion des Musters
		• falsche Anzahl genannt, aber richtige Reproduktion des Musters
			• erkennt die Würfelsechs
			• legt 2 und 2 und 2
			• legt 3 und 3
			• legt 4 und 2
			• legt 4 und 4
			• legt eine Reihe
			• legt zwei Reihen, die gleich viele P. pro Reihe enthalten
			• legt zwei Reihen die gleich lang sind, aber unterschiedlich viele P. pro Reihe enthalten
			• richtige Anzahl genannt, aber falsche Reproduktion des Musters
			• falsche Anzahl genannt, aber richtige Reproduktion des Musters
				• erkennt die Würfelsechs
				• legt 4 und 3
				• legt 5 und 2
				• legt 5 und 4
				• legt 6 und 1
				• legt 6 und 2
				• legt 6 und 3
				• legt 6 und 4
				• anderes Muster
				• legt die P. in 1-zu-1-Zuordnung
				• legt die Reihen unabhängig voneinander
				• richtige Anzahl genannt, aber falsche Reproduktion des Musters
				• falsche Anzahl genannt, aber richtige Reproduktion des Musters

Aufgabe ‚Plättchen legen'

Muster	Erklärung
• ungeordnet • Reihe • Kreis • Ziffer • Würfelbild • Viererreihen • eigenes Muster	• weiß nicht • keine inhaltliche Erklärung • zählen • zählen in Schritten • rechnen • Zahlzeichen (Aussehen) • Argumentation über Abstände / Bildung mehrerer Reihen • Zahlzerlegung

Aufgabe ‚Zwanzigerfeld'

Anzahlbestimmung			Strukturierung	
Zeitpunkt	Vorgang & Nennung	Reproduzieren	Fortsetzen (anmalen)	Beschreibung

• zählt während der Beschreibung
• zählt nach Aufforderung
• zählt nicht
• zählt beim Reproduzieren
• zählt nicht (laut oder durch Zeigen) beim Reproduzieren
	• zählt alle Quadrate - Gesamtmenge
	   – nennt nur Gesamtmenge
	   – nennt Gesamtmenge und Teilmengen
	• zählt alle Quadrate –Teilmengen
	   – nennt nur Teilmengen
	   – nennt Teilmengen und Gesamtmenge
	• zählt nur Quadrate einer Struktureinheit und erschließt daraus die Anzahl der Quadrate in den anderen Struktureinheiten
	   – nennt nur Teilmengen
	   – nennt Teilmengen und Gesamtmenge
	• nicht erkennbar
		• legt durch Lücken getrennte Struktureinheiten
		   – gleich viele Quadrate in jeder Struktureinheit wie auf Vorlage
		   – gleich viele Quadrate in jeder Struktureinheit, aber mehr oder weniger als auf Vorlage
		   – unterschiedlich viele in jeder Struktureinheit
		• legt Struktureinheiten auf gleiche Weise
		• legt Struktureinheiten auf unterschiedliche Weisen
		• genaue Abstände wichtig
		• genaue Abstände unwichtig
		• nutzt 1-zu-1-Zuordnung beim Legen
			• gegenständlich
			• kein Muster/bunt
			• Farbfolge
			• strukturiert, Struktur passt aber nicht zur Vorlage
			• betont intendierte Struktur
				• eine
				• mehrere

Empirische Studien zur Didaktik der Mathematik
herausgegeben von Götz Krummheuer und Aiso Heinze

Band 6

Stanislaw Schukajlow

Mathematisches Modellieren

Schwierigkeiten und Strategien von Lernenden als Bausteine einer lernprozessorientierten Didaktik der neuen Aufgabenkultur

2011, 244 Seiten, br., 49,90 €
ISBN 978-3-8309-2441-8

Ziel der Studie ist es, Schüler-Schwierigkeiten und -Strategien bei der Bearbeitung von Modellierungsaufgaben empirisch zu erfassen, mit kognitiven Lern- und Problemlösetheorien zu verbinden und erste Bausteine einer Didaktik der neuen Aufgabenkultur zu entwerfen.

Neben Schüler-Schwierigkeiten wurden erfolgversprechende Strategien wie z.B. die Organisationsstrategie „Zeichnen und Beschriften einer Skizze", die kooperative Strategie „Wechsel zwischen individueller Konstruktion und kooperativer Ko-Konstruktion" oder die metakognitive Strategie „Planung" identifiziert und ihre Ausführung dokumentiert.

WAXMANN
Münster • New York • München • Berlin

www.waxmann.com
info@waxmann.com

Empirische Studien zur Didaktik der Mathematik

herausgegeben von Götz Krummheuer und Aiso Heinze

Band 7

Anke Lindmeier

Modeling and Measuring Knowledge and Competencies of Teachers

A Threefold Domain-Specific Structure Model for Mathematics

2011, 232 pages, pb., 29,90 €
ISBN 978-3-8309-2453-1

Recent studies used content knowledge and pedagogical content knowledge as predicting variables for expertise in order to explain success in student learning for example. In this work, potential disadvantages of these approaches are analyzed: Acting competent in classroom situations demands more dispose of content and pedagogical content knowledge. Central topic is the analysis and description of these domain-specific competencies. Therefore, the study proposes a model compatible with existing approaches. It consists of three components of domain-specific competencies: First, a basic component of mathematical and mathematical pedagogical knowledge, second, reflective competencies, and third, action-related competencies.

Empirische Studien zur Didaktik der Mathematik

herausgegeben von Götz Krummheuer und Aiso Heinze

Band 8

Barbara Drollinger-Vetter

Verstehenselemente und strukturelle Klarheit

Fachdidaktische Qualität der Anleitung von mathematischen Verstehensprozessen im Unterricht

2011, 360 Seiten, br., 34,90 €
ISBN 978-3-8309-2606-1

Durch welche fachdidaktischen Qualitätsmerkmale kann das Verstehen eines konkreten Konzepts – im vorliegenden Fall des Satzes des Pythagoras – im Mathematikunterricht wirksam angeleitet und unterstützt werden? In dieser Arbeit werden drei fachdidaktische Unterrichtsqualitätsmerkmale bestimmt, die konzeptspezifisch und unabhängig von den im Unterricht verwendeten Aufgaben und Methoden formuliert sind.

Die Ausführungen zeigen, dass eine höhere fachdidaktische Qualität der Theoriephasen des Unterrichts mit höheren Fachleistungen der Schülerinnen und Schüler einhergeht.

WAXMANN
Münster • New York • München • Berlin

www.waxmann.com
info@waxmann.com